L'INVASION ALLEMANDE

EN 1544.

PUBLICATION DE LA SOCIÉTÉ DES SCIENCES ET ARTS
DE VITRY-LE-FRANÇOIS.

Tiré à 250 exemplaires.

L'INVASION ALLEMANDE

EN 1544.

FRAGMENTS D'UNE HISTOIRE MILITAIRE ET DIPLOMATIQUE

DE L'EXPÉDITION DE CHARLES-QUINT

Ecrite sur les Documents originaux inédits des Archives de Bruxelles, de Vienne et de Venise,

OUVRAGE POSTHUME

DE

CHARLES PAILLARD,

Lauréat de l'Institut de France,
Chargé de mission du Gouvernement français à Bruxelles,

Mis en ordre et publiés avec l'autorisation de la famille

PAR

G. HÉRELLE,

Professeur de Philosophie,
Correspondant du Ministère de l'Instruction publique.

PARIS
CHAMPION, ÉDITEUR,
15, QUAI MALAQUAIS, 15.

1884

AVERTISSEMENT.

M. Charles-Hippolyte Paillard est mort à Maroilles le 17 novembre 1881, dans sa cinquante-huitième année. Depuis longtemps, ses travaux d'érudition lui avaient acquis la haute estime de tous ceux qui s'intéressent aux questions historiques.

En 1864, alors que ses occupations professionnelles ne lui laissaient que peu de loisirs, il publiait déjà un recueil de lettres sur la Hollande, remarquables par une science sûre et par un aimable enjouement.

A partir de 1870, il se consacra tout entier à ses chères études. Il publia d'abord des recherches sur les *Causes des Guerres religieuses au XVI° siècle dans les Pays-Bas* (1874). Il fit suivre cet ouvrage d'une *Histoire des troubles religieux de Valenciennes pendant les années* 1560-1567, en quatre volumes, et ce livre lui valut une des plus précieuses récompenses qu'un historien puisse ambitionner : l'Académie des Inscriptions et Belles-Lettres, en décernant à M. Paillard un prix Gobert, donnait pour ainsi dire à son mérite supérieur la consécration d'une reconnaissance officielle.

En 1875, M. Paillard publie *Les Maubrulez*, drame historique dont l'action se passe à l'époque tourmentée de la Réforme. En 1877, il publie *Les grands prêches calvinistes de Valenciennes, du 7 juillet au 18 août* 1566. En 1878, il publie le *Procès de Pierre Brully, successeur de Calvin comme ministre de l'Eglise Réformée de Strasbourg.* En 1878 et 1879, il fournit à la Société d'Agriculture, Sciences et Arts de Valenciennes la matière de deux volumes intitulés : *Papiers d'Etat et documents inédits pour servir à l'histoire de Valenciennes pendant les années* 1566 *et* 1567. En 1879, il donne un nouvel ouvrage sous ce titre : *Notes et éclaircissements sur l'histoire générale des Pays-Bas et sur l'histoire de Valenciennes au XVIe siècle.*

Pour dresser un catalogue complet des publications de M. Paillard, il faudrait chercher encore dans les revues, dans les recueils spéciaux, dans le Cabinet Historique, dans les Mémoires de l'Académie Royale de Belgique, etc. Et on trouverait que l'ensemble de ces publications représente un labeur considérable, une féconde activité d'esprit, une patience et une sagacité au-dessus de tout éloge.

Nous sommes entré en relations avec M. Ch. Paillard au mois de janvier 1880. Il préparait alors l'*Histoire de l'invasion de la France par Charles-Quint en* 1544, ouvrage pour lequel le gouvernement français l'avait chargé d'une mission à Bruxelles. Dans sa pensée, ce devait être l'œuvre capitale de sa carrière d'historien. Pour mener à bien cette entreprise, il avait exploré pendant plusieurs mois les archives générales du royaume de Belgique ; il avait reçu communication de documents précieux conservés aux archives de Venise et de Vienne ; il se proposait d'aller bientôt en

Autriche pour compléter ces vastes recherches ; en attendant, il nous demandait des renseignements sur la marche de l'armée étrangère dans la vallée de la Marne et particulièrement sur la prise et l'incendie de Vitry-en-Perthois. Nous lui fîmes connaître le peu que nous savions ; une correspondance s'engagea, qui lui inspira le désir d'étudier sur place le théâtre des événements ; et, en effet, au mois de juin, il vint en Champagne et parcourut à pied les environs de Châlons, de Vitry et de Saint-Dizier. Nous l'accompagnâmes dans quelques-unes de ces promenades dont nous garderons toujours le souvenir attristé.

Dans les premiers jours de février 1881, nous eûmes la pénible surprise d'apprendre que, le 28 janvier, un grave accident, ou, pour mieux dire, un irréparable malheur était arrivé à M. Paillard : en sortant pour visiter un voisin malade, il avait glissé sur le verglas et s'était cassé la jambe. Le 16 février, il nous écrivait qu'il allait mieux ; mais, par une sorte de pressentiment, il ajoutait : « Vous devez comprendre que
« les directions de mon esprit sont bien changées ; je
« ne sais ce qui peut advenir ; toutefois, je tiens à ce
« que mon ouvrage soit terminé, et, s'il survenait
« quelque complication, je vous manderais près de
« moi aux vacances de Pâques. » Le fait est que M. Paillard ne retrouva plus la santé, que pendant les derniers mois de sa vie les médecins lui défendirent tout travail, et qu'il mourut enfin dans la force de l'âge, avec la douleur de laisser inachevée l'œuvre à laquelle il avait rêvé d'attacher son nom.

L'*Histoire de l'invasion de* 1544 devait primitivement se diviser en deux parties : 1° l'histoire militaire; 2° l'histoire diplomatique. Puis, au cours de son travail, M. Paillard avait songé à fondre les deux parties en un récit continu, et, lorsque la mort le surprit, il avait commencé ce remaniement. D'ailleurs, l'histoire diplomatique était beaucoup moins avancée que l'histoire militaire, et elle ne devait recevoir une rédaction définitive qu'après le voyage projeté en Autriche [1]. Ces circonstances expliquent pourquoi le manuscrit s'est trouvé dans un certain désordre au décès de l'auteur, pourquoi d'importants chapitres ne nous sont parvenus que sous forme de notes, et pourquoi nous avons à regretter qu'il y ait des lacunes dans un livre préparé avec un soin si diligent et une exactitude si scrupuleuse.

Sur notre demande, M. Jules Paillard, fils de M. Charles Paillard, a bien voulu nous confier tout ce qui, dans le manuscrit de son père, lui a paru de nature à être publié. Malgré les imperfections dont nous venons d'indiquer la cause, ce travail présente un haut intérêt. Il a pour sujet un événement considérable dans l'histoire de France, mais fort mal connu jusqu'à ce jour parce que les documents français qui s'y rapportent sont rares et peu explicites. L'auteur, en recourant aux documents étrangers, à la correspondance de Charles-Quint, de Henry VIII et de leurs ambassadeurs, a jeté une vive lumière sur cette période obscure. Cependant, toutes les ombres ne sont point en-

---

[1] Lettre de M. Paillard, du 19 janvier 1881.

core dissipées : le lecteur suivra sans peine la marche de l'armée envahissante et saisira les moindres détails de l'attaque ; mais il ne fera qu'entrevoir le plan de défense de François Ier, pris entre les forces coalisées de l'Angleterre et de l'Allemagne ; défaut irrémédiable, puisque Du Bellay et les chroniqueurs contemporains ne fournissent à cet égard que des indications incomplètes, et puisque les papiers de nos archives ne permettent point d'en réparer l'insuffisance.

Notre tâche d'éditeur a été modeste et néanmoins assez laborieuse. Nous avons partout retouché la rédaction qui n'était encore qu'une ébauche. Nous avons coordonné et divisé l'ouvrage. Nous avons joint au récit des faits militaires les trop courts fragments diplomatiques que nous avions entre les mains. Par endroits, nous avons pris la liberté d'abréger, mais sans jamais retrancher rien d'essentiel. Il ne nous a pas toujours été possible de contrôler l'orthographe des noms propres, qui n'est point partout la même dans le manuscrit de l'auteur ; en outre, l'écriture rapide de ce manuscrit laisse par moments le lecteur dans l'embarras. Pour les textes italiens, que nous n'avions pas moyen de collationner aux originaux, nous nous sommes efforcé de reproduire très-fidèlement les transcriptions de M. Paillard.

On rencontrera dans ce livre de longs extraits de documents. M. Paillard en a indiqué la raison dans des notes ainsi conçues :

« On connaît peu de lettres de l'empereur à sa sœur ;
« nous n'hésitons pas à reproduire, au moins par

« fragments, celles que nous avons trouvées. De cette
« façon, le lecteur aura en quelque sorte sous les yeux
« la correspondance de Charles-Quint avec Marie de
« Hongrie pour l'année 1544. Il faut noter que cette
« partie de la correspondance impériale n'est pas dans
« l'ouvrage de Lanz, *Correspondenz des Kaisers Karl V.*

« Nous donnerons des extraits des lettres françaises
« de Gonzague, parce qu'elles sont d'une extrême ra-
« reté. Toute sa correspondance avec l'empereur est
« en langue italienne.

« Ces dépêches de Navagero ne sont pas publiées ;
« aussi en rapporterons-nous le texte ; mais nous n'agi-
« rons pas de même pour celles de Wotton, imprimées
« dans les *State Papers.*

« Tous nos documents sont inédits. »

G. HÉRELLE.

L'INVASION DE 1544.

CHAPITRE Ier.

Composition de la première armée d'invasion ([1]).

En 1542, la guerre avait recommencé entre François Ier et Charles-Quint. La campagne de 1543 favorisa les armes françaises ; l'un des succès obtenus fut la conquête du Luxembourg par le duc d'Orléans. Mais, cette même année, le roi d'Angleterre fit alliance avec l'empereur d'Allemagne et ils se concertèrent pour envahir la France au printemps prochain par deux côtés à la fois. On sait que l'expédition anglaise se réduisit aux sièges de Boulogne et de Montreuil. Au contraire l'expédition allemande, dont l'histoire est l'objet propre de cet ouvrage, pénétra jusqu'au cœur du pays et menaça même un instant la capitale.

Dès le mois de février 1544, Charles-Quint et sa sœur Marie, reine de Hongrie, se préoccupèrent d'organiser une première armée. Cette armée, sauf un contingent

(1) Ce chapitre était précédé d'une Introduction que nous n'avons pas. (G. H)

de piétons hauts-allemands, était celle des Pays-Bas ou de la Basse-Allemagne ; elle devait avoir pour commandant supérieur Fernand de Gonzague, prince de Molfeta, vice-roi de Sicile. Quant aux chefs particuliers, l'empereur ne voulut point les choisir parmi les vieux généraux, auxquels il avait sans doute accordé depuis longtemps sa confiance, mais qui, fatigués par les campagnes précédentes, étaient peut-être meilleurs au conseil que sur le champ de bataille. Ainsi, le comte de Rœulx resta dans son gouvernement d'Artois et de Flandre, le duc d'Arschot dans son gouvernement du Hainaut, et Philippe de Lalaing, comte de Hooghstraeten, dans son gouvernement de la Gueldre. Louis de Flandre (ou de Bruges), sieur de Praet, second chambellan, conseiller et chef des finances de l'empereur, fut spécialement chargé d'assister la reine à titre de conseiller intime.

L'armée des Pays-Bas fut composée comme il suit.

Cavalerie. — Les Pays-Bas avaient 30 bandes d'ordonnance, formant ensemble 7,000 hommes, y compris les « crues » levées exprès pour la guerre ([1]). Il fut convenu que ces 7,000 cavaliers seraient ainsi répartis :

3,000 pour l'armée d'invasion,

2,000 pour rejoindre les Anglais,

2,000 pour garder les frontières et tenir garnison dans les provinces.

Les 2,000 cavaliers destinés à servir avec les troupes

---

(1) Voir pour l'histoire des bandes d'ordonnance des Pays-Bas le livre de feu M. le général Guillaume, ancien ministre de la guerre en Belgique.

anglaises furent placés sous la conduite de Maximilien d'Egmont, comte de Buren (¹).

Et les 3,000 cavaliers destinés à faire partie de l'armée d'invasion furent confiés, savoir :

1,000 à Renaud de Bréderode ;

1,000 à Jean de Hénin-Liétard, comte de Boussu, grand-écuyer de l'empereur ;

1,000 au prince d'Orange, ou pour mieux dire à son lieutenant Louis d'Yve (²).

Infanterie. — Les Pays-Bas avaient 20 enseignes d'infanterie, formant ensemble 8,000 hommes (³).

---

(1) D'après les traités, ce corps auxiliaire devait comprendre, outre les 2,000 chevaux dont il est parlé ci-dessus, 2,000 piétons payés par Charles-Quint. Le tout fut mis sous les ordres de Buren, à qui on donna aussi la conduite de 2,000 lansquenets levés pour le compte du roi d'Angleterre. — Buren exigea que les piétons fussent bas-allemands ; ils formaient 5 enseignes ; après les monstres, il se trouva qu'il n'y avait plus que 1,289 hommes, selon le détail suivant : 1° enseigne de Georges van Holl, 279 ; 2° enseigne de Hilmich van Wichel, 264 ; 3° enseigne de Wolter van Deventer, 249 ; 4° enseigne de Karste Piers, 274 ; 5° enseigne de Wolff van Wortsaw, 233. Total : 1,289. — Les bandes d'ordonnance devaient être au nombre de 13, savoir : 1° vieille bande de Buren, 250 chevaux ; 2° nouvelle bande (ou bande de cruc) de Buren, 150 ; 3° bande du comte d'Espinoy, 200 ; 4° bande du sieur de Praet, 150 ; 5° bande du comte de Hooghstraeten, 150 ; 6° bande de Georges Rolin, sieur d'Aymeries, 150 ; 7° bande du sieur de Mastaing, 150 ; 8° bande du sieur de Wysmes, 150 ; 9° bande du sieur d'Abbenbrouck, 150 ; 10° bande du sieur de Wynnezelles, 150 ; 11° bande du sieur de Beaurain, 150 ; 12° bande de Jean d'Yve, dit le Petit Yve, 150 ; 13° bande de Frédéric de Sombreffe, 150. Total : 2,100. Mais les bandes d'Aymeries, de Beaurain et d'Yve furent laissées au duc d'Arschot pour la défense du Hainaut, et elles furent remplacées par celles du sieur de Bryas (100 chevaux), de Jacques de Habarcq, sieur d'Aix (150 chevaux), et d'Adrien de Noyelle, sieur de Marles. (Liasse 20 de l'audience, lettre du comte de Rœulx, 1ᵉʳ mai 1544.) — Buren, outre ses autres traitements, touchait par mois 600 livres de 40 gros, monnaie de Flandre, à la livre. (Patente du sieur de Buren, ms. 20411 de la bibl. de Bourgogne, page 301). Cf. Brantôme, Capitaines étrangers, disc. 24.

(2) Louis d'Yve, chevalier, sʳ de Renescure, bailli et capitaine d'Aire-en-Artois ; il touchait 200 livres par mois.

(3) L'empereur à la reine, 7 février 1544 ; la reine à l'empereur, 19 février. (Correspondance, tome IV, archives de Bruxelles.)

Ces 8,000 piétons furent mis sous les ordres de René de Chalon (ou de Nassau), prince d'Orange, gouverneur de Hollande, Zélande, Utrecht (1).

Des Pays-Bas devaient encore partir :

1° Les vétérans espagnols de la légion dite *d'Italie*, commandés par don Luiz Pérez de Vargas (2) et don Sancho Bravo de Mardones ; ils avaient hiverné à Cambrai et au Cateau après la campagne de 1543 ;

2° Les 7 enseignes de piétons hauts-allemands commandées par Georges de Ratisbonne ; elles avaient hiverné à Cambrai avec les Espagnols ;

3° Environ 1,000 pionniers, sous la charge de l'écuyer Antoine de la Forge, sieur de Quiévigny (3) ;

4° L'artillerie avec les bombardiers, les soldats du train, etc., commandés par Frédéric de Meleun (4).

Cette armée avait pour objectif immédiat de reconquérir Luxembourg ; et elle devait encore être rejointe sous cette ville par trois autres contingents.

---

(1) Fils d'Henry de Nassau et de Claude de Chalon. Celle-ci hérita de son frère Philibert de Chalon, prince d'Orange, décédé sans enfant, et transmit à la maison de Nassau le comté de Chalon-sur-Saône et la principauté d'Orange. René prit ensuite le nom de Chalon et le titre d'Orange.

(2) Brantôme, Capitaines étangers, chap. 27, l'appelle Luis Lopez de Varguas.

(3) Antoine de la Forge, « maistre des trenchis et capitaine des pionniers », touchait 100 écus d'or par mois. Le 27 avril 1544, il reçut ordre de lever 3,000 pionniers. Ces pionniers, qui périrent ou désertèrent presque tous pendant la campagne, étaient formés en compagnies de 100 hommes, commandées par des capitaines. Ils portaient un hoqueton à manches de livrée, avec la croix de Saint-André par devant et par derrière ; la couleur des hoquetons variait suivant les *nations* ou provinces. (Arch. de Bruxelles, reg. 367 des patentes de guerre, folio 120). Chaque pionnier recevait par mois 5 carolus de 40 gros.

(4) Frédéric de Meleun, sr de Hellencourt, n'était que le lieutenant de Jean-Jacques de Médicis, marquis de Marignan. Il recevait 36 sols de gages par jour.

1° 20 enseignes de piétons hauts-allemands levés par Guillaume de Furstemberg sur les terres d'Empire, entre Metz et Strasbourg et dans le Palatinat : nombre nominal, 8,000 hommes ;

2° Les forces placées sous le commandement de Pierre, baron de Werchin, sénéchal du Hainaut et gouverneur de la province, savoir : 4 bandes de gendarmerie (¹) et plusieurs enseignes de piétons ;

3° Les 16 enseignes de vétérans espagnols de la légion dite *de Sicile*, commandées par Alvaro de Sande (²); ils avaient hiverné en Luxembourg.

Une correspondance ininterrompue s'établit jusqu'au commencement de la campagne entre Charles-Quint et la reine de Hongrie. Quelques extraits suffiront pour initier le lecteur aux projets de l'empereur.

Le 9 avril, l'empereur écrit de Spire à la gouvernante une lettre dont la pensée principale est qu'il faut cacher soigneusement tout ce qui se rapporte à l'invasion de la France, et n'accuser que la partie du plan relative à la reprise du Luxembourg : « Madame ma
« bonne sœur, lui dit-il,... j'ay résolu de amener mon
« armée à l'entour de Metz et que les gens de piedz et
« de cheval qui doivent venir de pardelà (³) y soyent
« endéans le XV° du mois prouchain. Et pour ce fauldra
« que vous faictes pourveoir et diligenter la venue d'i-

---

(1) C'étaient les bandes de Werchin, de Blétenges ou Bertranges, de Gilles de Chappoigne et de François d'Estrainchamps.

(2) Brantôme, Capitaines étrangers, disc. 26, consacre tout un chaptître à Alvaro de Sande, « fort brave, vaillant et digne maistre de camp et fort politique, grand et sévère justicier. »

(3) Les Pays-Bas. Le mot « pardeça » désignera au contraire le côté où se trouve l'empereur.

« ceulx, selon ce, *faisant courir le bruit que ce soit pour*
« *l'emprinse de Luxembourg seulement.* Et si seroit bien
« que les gens de cheval se advançassent de venir au-
« dict Luxembourg, que pourroit par adventure estre
« cause d'en retirer les François, ou de les (les gens de
« cheval) avoir à la main pour marcher et mectre le
« le piet en terre de l'ennemy. Et ce que je doubte le
« plus est la difficulté des victuailles ; de quoy regarde-
« rez, selon ce, de faire le mieulx que pourrez et de
« faire marcher lesdicts gens de cheval en une ou plu-
« sieurs bandes, conforme à la possibilité desdictes vic-
« tuailles. Et fauldra que faictes venir devers vous le
« sieur de Boussu incontinent, afin qu'il conduyse avec
« lesdicts gens de cheval mon escuierie et suyte d'icelle,
« ensemble mes tentes et pavillons ; et luy escriptz
« deux motz pour soy trouver devers vous *sans luy*
« *dire la cause, car il importe grandement de dissimu-*
« *ler l'entrée de France le plus qu'il sera possible,* pour
« obvier qu'ilz ne préviennent à gaster et brusler en
« leur royaulme, mesmes et sur les voisins, selon que
« vous sçavez que de longtemps c'est leur intention
« et fin. Aussy ay-je fait advertir ceulx de ma maison
« estans icy qu'ilz pourvoyent de faire venir leurs che-
« vaulx et armures pardelà le chemin de mon escuierie,
« *baillant à entendre que c'estoit pour Luxembourg.* Et
« aussy fauldra que faictes marcher les pionniers qui
« se doivent lever pardelà, et semblablement donner
« presse à mon artillerie, afin qu'elle puisse estre au-
« dict Metz endéans ledict XVᵉ » (1).

(1) Archives de Bruxelles. Correspondance de l'empereur et de la gouvernante, tome IV, p. 146.

Le 23 avril, l'empereur écrit encore de Spire une lettre qui n'est pas moins importante. Suivant lui, la victoire que le comte d'Enghien vient de remporter à Cérisoles sur le marquis del Guasto (14 avril) aura naturellement pour effet d'accroître l'assurance des Français. Ils voudront sans doute ravitailler Luxembourg ou en retirer la belle artillerie qu'ils y ont mise. « Et
« pour à ce obvyer et empescher le plus que l'on pourra,
« ajoute-t-il, et divertyr les forces audict coustel d'Ita-
« lye, est plus que requis avancer mon emprinse ; en
« quoy de ce Coustel je donne toute la presse possible
« sans perdre ung moment de temps ; et doit le conte
« Guillaume de Furstemberg faire la monstre oudict
« cartier (1) des XX enseignes dont il a charge le XIIe
« du mois prochain ; et aussy feray-je partir le seigneur
« don Fernando de Gonzaga pour y estre lors (2), afin
« de incontinent commencer à marcher et empescher
« que les ennemys ne bruslent et gastent sur les fron-
« tières, en attendant que la masse de l'armée soit
« assemblée, ce qu'il pourroit plus commodément et
« assheurément faire, s'il estoit assisté de gens de
« cheval ; et autrement y pourroit avoir du dangier, si
« lesdicts ennemys y envoyoient quelque trouppe des
« leurs. Et pour ce vous prie très affectueusement que
« vueilliez incontinent faire marcher les trois mille che-
« vaulx de pardelà audict coustel de Luxembourg et
« qu'ilz y soyent au plus tard au XXe dudict mois prochain,
« et que, s'ilz n'y pouvoient tous estre pour lors, que

(1) Le Luxembourg.
(2) Après sa mission en Angleterre, Gonzague avait rejoint l'empereur à Spire.

« tousjours fectes advancer les premiers preslz, et que
« du moins il y en aye jusques à II^m ou XV^c, que pour-
« rez encharger au sieur de Boussu, en attendant que
« les aultres chiefz et capitaines s'appresteront et arri-
« veront, auquel j'escriptz faire, quant à ce, ce que luy
« ordonnerez ; et je feray pourveoir du coustel de Metz
« pour les victuailles et choses nécessaires. Et aussy est
« très requis que, pour le mesme temps, y soyent aussy
« du moins jusques à mil pionniers (¹), si tous n'y peu-
« vent estre, et semblablement les Allemands et Es-
« paignolz estans à Cambrai et Cambrésis ; en quoy je
« vous prie et recommande encoires, austant affectueu-
« sement que je puis, vouloir pourveoir en diligence, et
« qu'il n'y ait faulte pour ledict temps, du moins jusques
« audict nombre de quinze cents chevaulx et mil pion-
« niers et desdicts Allemands et Espaignolz. Et aussy
« ay-je escript dès hier à ceulx de l'artillerie (²) d'en
« faire pareillement advancer quelques pièces pour
« estre oudict coustel de Luxembourg oudict temps, en
« quoy sera bien que faictes tenir la main. Et au sur-
« plus je vous recommande de haster et advancer le
« reste des gens de cheval et de pied pour estre au plus
« tard avant la fin dudict prouchain mois devers Metz,
« selon que le vous ay dernièrement escript » (³).

(1) D'après la patente de La Forge, les pionniers devaient être sur pied : en Artois, le 8 mai ; en Flandre, le 9 ; en Hainaut, le 10 ; en Brabant, le 11 ; dans les pays de Namur et de Liège, le 12 ; dans le Limbourg, le 13. Ils devaient avoir passé la Meuse le 15 mai.

(2) L'artillerie des Pays-Bas avait son entrepôt à Malines. Ses principaux officiers, outre Frédéric de Meleun déjà nommé, étaient l'écuyer Georges Dubois, qui recevait 200 livres par an, et le contrôleur Pierre Butkens, qui recevait 12 sols par jour.

(3) Même correspondance, tome IV, p. 165.

La reine Marie, cette femme au cœur viril, n'avait pas besoin d'être stimulée. L'activité de son esprit, l'énergie de son caractère, la passion qu'elle éprouvait pour la gloire de son frère, étaient des garanties suffisantes. Elle ne resta pas au-dessous de sa tâche.

Le 15 avril, elle écrit à l'empereur que l'artillerie va être chargée à Gand ; elle a fait retirer de Valenciennes les équipages de pont qui y étaient, et les expédiera lorsque le moment sera venu ; l'empereur doit demander à l'archevêque de Cologne et au duc de Clèves l'assistance de leurs bateaux pour transporter ladite artillerie (1) lorsqu'elle traversera leurs états (2).

Elle a prévenu les comtes de Buren et de Boussu ainsi que le prince d'Orange des charges qui leur ont été données, écrit-elle à son frère le lendemain 16 avril. Le prince a dépêché ses capitaines pour lever les soldats et les amener au lieu de la monstre qui se fera vers le 15 mai sur les terres de Hornes, au quartier de Weert (Hollande) ; ces piétons bas-allemands ne pourront être rendus aux environs de Metz qu'à la fin de mai ; elle fera renouveler le serment des hauts-allemands de Cambrai et pressera le départ des pionniers, de manière qu'ils puissent aussi passer leur monstre au quartier de Liège dans le pays d'Outre-Meuse (3).

---

(1) L'artillerie des Pays Bas fut embarquée à Gand sur l'Escaut, qu'elle descendit jusqu'à son embouchure ; par la mer elle entra dans le Rhin, et le remonta jusqu'à Coblentz ; de là, elle gagna Luxembourg et Thionville par la Moselle. C'est à Thionville qu'eurent lieu les débarquements, transbordements, etc.

(2) Même correspondance, tome IV.

(3) Le lecteur verra sans cesse revenir ces « monstres » ou revues. Elles étaient nécessaires parce que, sans cette précaution, les capitaines, surtout

La reine se préoccupe surtout de la façon dont elle devra s'y prendre pour nourrir les troupes pendant leur trajet à travers le Luxembourg : « Au regard de « ce que Vostre Majesté escript de envoyer les gens « de cheval vers Luxembourg, je le feroye très volun- « tiers ; mais je crains qu'ilz ne sçauroyent vivre pour « la povreté du pays ; et de leur faire mener vivres de « pardechà, iceulx seroient si très chiers qu'ilz ne les « pourroyent payer » (1).

Le 27 avril, elle informe l'empereur qu'elle a ordonné aux capitaines des bandes d'ordonnance (2) de se tenir prêts à marcher le 8 mai pour être le 20 aux alentours de Luxembourg et de Metz. Elle espère que le premier détachement sera de 2000 ou de 1500 chevaux. Elle compte avoir pour le 15 mai les pionniers dans le pays d'Outre-Meuse ; pour le 20 mai, ils seront sous les murs de Luxembourg, pourvu que Charles-Quint se charge de leur paiement (3) ; ils partiront avec la cavalerie de M. de Boussu qui les protègera. Frédéric de Meleun ira sous deux jours rejoindre l'empe-

---

ceux des troupes mercenaires, auraient fourni de faux rôles et touché la solde d'hommes présents seulement sur le papier. Les revues étaient passées par des commissaires spéciaux, et c'était seulement après cette formalité que chefs et soldats recevaient la solde de guerre.

(1) *Ut supra*, Correspondance, tome IV.

(2) La lettre aux capitaines des bandes est du 25 avril ; elle est conçue comme suit. «... Par charge de l'empereur monseigneur, je vous requiers tenir « prest les gens d'armes de vostre bende, avec tout ce qu'est requis et néces- « saire, pour tenir les champs au VIIIe de may prouchain, pour lors marcher « et tirer celle part que vous sera ordonné, sans y vouloir faire faulte ; et afin « que le puissiez faire plus commodieusement et que le service de Sa Majesté « ne soit retardé, je vous feray dresser cstat de vostre deu. » (Arch. de Bruxelles, liasse 19 de l'audience).

(3) L'empereur, par une lettre du 29 avril, annonce à sa sœur qu'il a pourvu au paiement des pionniers.

reur à Spire. La reine attend pour le 27 ou le 28 mai Bréderode et Louis d'Yve, à qui elle recommandera la diligence (1).

Le 29 avril, elle revient sur le même sujet avec de nouveaux détails. Bréderode, écrit-elle à son frère, a accepté la conduite de 1000 chevaux ; les bandes de M. de Boussu se rassembleront le 8 mai à Valenciennes et marcheront par Soignies, Braine-le-Comte, Nivelles, Namur, Marche et Arlon ; l'empereur fixera les autres étapes. Bréderode rassemblera ses bandes à Mons et suivra Boussu, avec qui il fera sa jonction à Arlon. Les chevaux du prince d'Orange prendront la même direction ; ils ne seront que 750, la vieille bande d'Orange de 250 chevaux demeurant avec l'empereur (2). Les hauts-allemands et les Espagnols de Cambrai et du Cateau seront à Namur aussitôt que les gens de cheval; ces hauts-allemands ont consenti à prêter un nouveau serment (3) pour trois mois (4).

Le 2 mai, nouvelle insistance de l'empereur. Le receveur général du Luxembourg, Nicolas Le Gouver-

(1) Même correspondance, t. IV.

(2) La reine avait compté que les cavaliers d'Orange seraient appuyés par l'infanterie basse-allemande du prince. Mais on verra que ces piétons ne purent être prêts au temps fixé.

(3) Voici le serment imposé aux gens de cheval et de pied de l'empereur :
« Vous jurez Dieu, vostre père créateur, et sur la dampnation de vostre âme,
« que servirez fidèlement et léalment l'empereur envers et contre tous, et que
« ne partirez de vostre bende ou lieu de vostre garnison sans le sceu, grey et
« passeport de vostre capitaine, à payne que, si estes trouvé sans icelluy, d'estre
« pugny comme parjure et désobéissant. Et si jurez aussy que chevaulx et harnaz
« sont à vous et que n'avez rien emprunté, et davantaige que, ayans bon paye-
« ment de vostre soldée, ne mengerez, pillerez ou adommaigerez les subgectz
« de l'empereur, leur faisans ou pourchassans quelque oultraige, à payne de la
« hart. » (Arch. de Bruxelles, Reg. 367 des patentes de guerre, f° 149).

(4) Même correspondance, t. IV.

neur (¹), est venu l'avertir que les Français feraient leurs monstres le 6 mai, « pour aller audict coustel de
« Luxembourg, et, comme l'on entend, est leur fin de
« retirer l'artillerie d'illec et mectre le feug où ils pour-
« ront, et après faire le semblable et gaster les vic-
« tuailles du coustel de Metz et Lorayne. » Par conséquent la reine doit se hâter. « Et pour ce est requis
« et nécessaire de faire advancer les gens de cheval et
« de pied qui doivent venir de pardelà, pour faire ce
« qui se verra estre expédient et nécessaire, soit d'em-
« pescher ausdicts ennemys leurs desseings audict
« Luxembourg à l'entrée ou saillir. Et sera très requis
« que en ce faictes faire toute diligence possible, et
« que les premiers prestz des gens de cheval et de
« pied marchent, pour les faire suyvir et mener en or-
« dre, pour non estre surprins desdicts ennemys. Et
« de ce coustel l'on fera aussi advancer le plus que
« l'on pourra l'armée, et sera bientost prest le conte
« Guillaume de Furstemberg sur la frontière pour
« marcher en France, et baille grand espoir de entrer
« et faire bon effect à la conservation des frontières. »

L'empereur pense que la première armée, ne sera pas obligée de s'arrêter devant Luxembourg, soit que la ville se rende, tout secours étant intercepté, soit qu'elle se trouve bloquée par les petites forteresses voisines au pouvoir des Impériaux. « Et, quant à l'em-
« prinse dudict Luxembourg..., ledict receveur dit
« qu'il ne sera besoing s'arrester sur la ville dudict
« Luxembourg, pour ce qu'il espère, selon l'advis qu'on

---

(1) Il y a de nombreuses lettres de lui dans les liasses de l'audience.

« a des espies, que, quant ilz entendront qu'il y aura
« puissance en ce coustel là du nostre, que ceulx qui
« sont dedens ne tiendront, et tant plus si l'on empes-
« che la venue desdicts François ; et aussi que, en
« marchant oultre noz gens contre France, ledict
« Luxembourg demeurera assiégé des villes d'Arlon,
« Mont-Saint-Jean, Soleure (¹) et autres garnisons en-
« vironnantes, èsquelles il fauldra que regardez de
« pourveoir ou lieu des Espaignolz (²) qui présente-
« ment y sont, afin qu'il n'en advienne inconvénient. »

L'empereur ne se préoccupe pas moins que sa sœur de l'alimentation des troupes qui vont arriver dans le Luxembourg. Il promet de tenir Pierre de Werchin et Alvaro de Sande au courant de ce qui se passera de son côté ou de ce qu'il apprendra touchant l'armée française ; il annonce le prochain départ de don Fernand de Gonzague ; il voudrait savoir exactement quel jour les bandes d'ordonnance, ainsi que les Espagnols de Cambrai et du Câteau, seront près de Luxembourg, pour que le vice-roi de Sicile se règle sur cette indication essentielle. Le prince d'Orange, lorsqu'il sera à proximité, devra entrer en correspondance avec Gonzague et se concerter avec lui : « Et je despescheray
« demain, écrit-il, ledict receveur de Thionville, pour
« pourveoir de victuailles les gens de cheval et de pied
« que me devez envoyer pour le temps qu'il sera re-
« quis au propoz de passer ou suyvir lesdicts ennemys.
« Et, pour ce, vous prie encoires affectueusement de les

---

(1) Solleuvre, Solwer.
(2) Les espagnols d'Alvaro de Sande.

« vouloir advancer le plus tost qu'il sera possible, et
« selon que l'on entendra le progrès desdicts ennemys,
« je ne fauldray de continuellement advertir le gouver-
« neur dudict Luxembourg et don Alvaro de ce que
« semblera estre requis ; et de brief se partira le sei-
« gneur don Fernando de Gonzaga pour aller en ce
« coustel-là, afin de regarder et pourveoir ce que
« conviendra, tant pour l'affaire dudict pays de Luxem-
« bourg que pour prévenir les ennemys au surplus.
« Et vous prie de m'advertir incontinent par ce cour-
« rier, que je despesche en diligence, précisément du
« jour que lesdicts gens de cheval avec le sieur
« de Boussu et les Espaignolz et Allemans de Cambray
« pourront estré ou coustel dudict Luxembourg, afin
« que, selon ce, ledict seigneur don Fernando se puisse
« mieulx régler. Et s'approchant nostre cousin le prince
« d'Oranges, sera bien qu'il advertisse ledict seigneur
« don Fernando de ce qu'il entendra des ennemys et
« tienne correspondance avec luy, pour, selon qu'ilz
« adviseront lors par ensemble, regarder si ledict
« prince devra passer avec ses gens devant ledict
« Luxembourg et assaier de l'empourter ou y mectre
« siège en attendant ma venue (¹), selon qu'ilz advise-
« ront ensemble pour le mieulx » (²).

Le 9 mai, Charles Quint recommande à sa sœur de
prolonger les relais de poste (³) jusqu'à Metz et Thion-

---

(1) Il est bon de remarquer que, fort peu de temps avant l'ouverture des opérations, l'empereur ne croyait pas que la prise de Luxembourg fut réservée à
Gonzague ; il pensait que le vice-roi envahirait de suite la France et laisserait
le soin d'assiéger Luxembourg à un de ses lieutenants.
(2) Correspondance, t. IV., p. 187.
(3) Il s'agit du service des courriers.

ville (¹). Le 10, nouvelle « rencharge », suivant l'expression du temps ; il compte que Boussu avec les bandes d'ordonnance, Georges de Ratisbonne, Perez de Vargas et Sancho Bravo sont déjà en marche ; il voudrait que la gouvernante rassemblât le plus d'argent possible et le fît convoyer par le prince d'Orange. « Madame ma bonne seur, lui écrit-il, je suppose que,
« suyvant plusieurs mes lettres et mesmes mes derniè-
« res envoyées par courrier exprès, faictes faire toute
« la diligence possible pour haster et avancer la venue
« des gens de guerre de pardelà, et que partie
« d'iceulx et mesmes le sieur de Boussu avec sa bende,
« et les Espaignolz et Allemans, marchent déjà contre
« Luxembourg, et que la reste suivra sans y perdre
« ung moment de temps. Et aussi fais-je le semblable
« de ce cousté, et se partira le seigneur don Fernando
« la sepmaine prouchaine pour soy trouver audict
« Luxembourg et donner presse à toutes choses le plus
« qu'il pourra. Et pour ce qu'il conviendra d'entrer
« prestement en pays d'ennemys pour non perdre la
« commodité et conjuncture, je vous fais encoire des-
« pescher cestes pour tousjours faire tant plus avan-
« cer et diligenter ceulx de delà, et aussi pour vous
« adviser que, quant ladicte armée sera entrée, il
« sera bien difficile de povoir après mener argent,
« mesmes en grosses sommes, pour le payement des
« souldars, sans grande escorte, et encoires estre dan-
« gier de se perdre et estre prins des ennemys ; et que,
« pour éviter le plus que l'on pourra cestuy dangier et

---

(1) Correspondance, IV, p. 201.

« inconvénient qui s'en pourroit ensuyvir, vous prie
« très affectueusement que regardez d'assembler et mec-
« tre ensemble le plus d'argent que possible sera pour
« le payement de ceulx qui sont à la charge de pardelà,
« tant des gens de cheval que de pied (¹), et du moings
« pour deux ou trois mois après qu'ilz seront entrez en
« pays, et que le faictes mener en la compaignie de nos-
« tre cousin le prince d'Oranges (²) pour entrer joincte-
« ment avec ledict prince, affin que après, à faulte de
« payement pour la difficulté dudict passaige ou sur-
« prinse dudict argent, désordre n'advint à mon armée;
« et je pourvéray de mesmes de ce cousté pour ceulx
« qui sont à ma charge. » (³)

Dans les premiers jours de mai, la reine prend les dernières dispositions. Le 6, elle écrit aux magistrats (⁴) de Soignies, Braine, Nivelles, Gembloux et Namur de faire provision de vivres, pour que les hommes de Boussu et de Bréderode puissent s'en procurer à prix raisonnable (⁵). Le 8, elle enjoint à ces deux chefs de faire hâter leurs gens. La veille, dans une lettre à son frère, elle marque nettement la situation : les pionniers

---

(1) Les finances des Pays-Bas devaient payer les 8,000 piétons d'Orange et les 3,000 chevaux de Boussu, Bréderode et Yve. Toutes les autres troupes étaient à la solde de l'empereur. Cependant la gouvernante paya les troupes de Pierre de Werchin jusqu'au 31 mai.

(2) Le 15 mai, la gouvernante répond qu'elle suivra ces instructions. Nous ne croyons pas cependant qu'elles aient été exécutées, à moins que l'argent ne soit parti avec Louis d'Yve.

(3) Correspondance, t. IV, p. 202.

(4) « Magistrat », corps de magistrature. Ce nom reparaîtra souvent.

(5) Liasse 20 de l'audience. — Nous avons retrouvé ces prix ; chaque homme « pour son repas et écot » devait payer à son hôte 2 gros et demi, monnaie de Flandre ; le gîte et la nourriture du cheval, à raison de 3 picotins d'avoine, coûtait 6 gros, (40 gros à la livre).

seront, dit-elle, dans le pays d'Outre-Meuse le 15 mai et sous Luxembourg le 20 ; les piétons du Cateau et de Cambrai ne pourront partir que lorsqu'ils auront été remplacés par les 6 enseignes, (3 de Hainaut, 3 d'Artois), qu'on a levées à cet effet ; elle suppose que Boussu et Bréderode seront à Namur le 15. Ce qui nous frappe dans cette lettre, c'est la mention à peine voilée de la pénurie financière, qui d'ailleurs, au XVI° siècle, était générale et faisait sans cesse obstacle à la réalisation de toutes les entreprises. Quand même Marie aurait voulu faire partir les premières compagnies avant le 8, elle n'en aurait pas eu le moyen : « Ne sçau« ray, avoue-t-elle, avant ledict jour avoir l'argent « qu'on leur doibt. » Pour les pionniers, « j'espère, « dit-elle, qu'ilz seront aussitost prestz que l'argent que « on doibt recepvoir en Anvers. » ([1]).

([1]) Correspondance, t. IV. p. 195.

CHAPITRE II.

L'armée des Pays-Bas s'ébranle.

Les choses ne se passèrent pas de point en point comme l'espérait la reine Marie. De nombreux tiraillements survinrent, dus surtout à ce que les gens d'armes n'étaient pas comme aujourd'hui casernés, mais logeaient, soit chez eux, soit chez l'habitant, lorsqu'ils vivaient en garnison ; aussi n'arrivaient-ils au lieu de rassemblement que par petits groupes.

Le recrutement des pionniers était toujours pénible : pendant toute la campagne, c'était une troupe sacrifiée. Mal nourris, exposés à toutes les intempéries, travaillant dans des tranchées pleines d'eau, servant de point de mire à la mousqueterie des places assiégées, ils périssaient misérablement et devaient être quelquefois entièrement renouvelés. Dans les circonstances présentes, on voit que le recrutement qui s'en fit dans les Flandres et dans l'Artois fut particulièrement difficile et qu'Antoine de la Forge dut employer des procédés analogues à la presse des matelots, telle qu'elle se pratiquait en Angleterre dans les derniers siècles (1). Enfin, les mille pionniers se mirent en marche à peu

(1) Les recruteurs allèrent jusqu'à enlever des vieillards et de riches paysans pour les forcer à se racheter. Cela paraîtrait incroyable, si la lettre suivante, adressée par la reine Marie au souverain bailli de Flandre, ne nous en fournissait la preuve. « Tres chier et bien amé, pour ce que nous sommes advertie

près au jour fixé, et la reine comptait qu'ils arriveraient à Bastogne le 18 mai au plus tard.

Les Espagnols du Cambrésis, troupe très-brave mais indisciplinée, comme on le verra par le récit du siège de Saint-Dizier, montrèrent d'abord un tel empressement que, sur les premières lettres du vice-roi, ils voulurent quitter leurs garnisons. La reine dût, pour les retenir, leur représenter qu'auparavant il fallait que le Cateau fut démantelé et que les enseignes de nouvelle levée fussent prêtes pour les remplacer. Malgré ces injonctions, ils commencèrent à marcher le 9 ou le 10 mai ([1]), avant que le démantèlement du Cateau fût achevé. Mais les soldats, sortant de cette ville sous la conduite de don Louis Perez de Vargas, refusèrent absolument de suivre le chemin indiqué par la reine et s'obstinèrent à passer par Valenciennes, où se rassemblaient déjà les bandes du sieur de Boussu et où dès lors un encombrement était à redouter. Le 10 mai, Boussu vit arriver à Valenciennes le sr de Malihan ([2]) qui prévint le grand écuyer du projet des vétérans espa-

« que aucuns de ceulx qui ont eu charge de lever pionniers en Flandres pour
« le service de l'empereur mon seigneur et frère se sont avancez de choisir les
« riches paysans et autres vieilles gens non accoustumez de ouvrer de pionnai-
« ges, et ce non en intention de servir, mais pour les composer, comme desjà
« ilz ont faict en aulcuns lieux, que sont choses non tollérables sans griefve et
« exemplaire punition, nous vous requérons et ordonnons de vous enquérir se-
« crètement de l'advenue desdictes compositions... etc. » (Liasse 20 de l'audience).

(1) Liasse 20 de l'audience, lettre de la reine au vice-roi de Sicile, en date du 11 mai : « Les espagnolz, ayans esté au Chateau en Cambrésis, marchent « aussi, et demain marcheront les Allemans, qu'ont esté en Cambray... »

(2) Philippe du Chesne, sr de Malihan, écuyer de la reine de Hongrie. Il reçut 26 livres « pour estre allé à trois chevaulx au Chasteau en Cambrésis « pour amener ou conduire les piétons espagnolz estans là jusques à Bastoigne, « 16 jours. » Ms. 2342 bis, fo 776, des archives de la chambre des comptes, à Bruxelles.

gnols et lui fit savoir qu'ils n'étaient plus qu'à une lieue de la ville. Boussu alarmé fit aussitôt fermer les portes et renvoya Malihan au devant d'eux, avec charge de leur dire que, sans l'ordre de la reine, il ne pouvait les recevoir ; mais il fut obligé de céder. Les Espagnols entrèrent et se conduisirent bien, c'est-à-dire qu'ils ne tuérent, ne blessèrent ni ne dépouillèrent les habitants. A partir de Valenciennes et sur les représentations de la reine de Hongrie, ils prirent le chemin qui leur avait été désigné [1].

Les papiers d'Etat ne parlent des Allemands de Georges de Ratisbonne que pour dire qu'ils marcheront le 12 mai ; sans doute ils firent route avec les Espagnols de Cambrai commandés par don Sancho Bravo de Mardones [2].

Boussu et Bréderode rencontrèrent aussi de sérieuses difficultés qui, on le verra plus loin, forcèrent à modifier les ordres de marche. Parlons d'abord de Boussu, sous la conduite duquel étaient les bandes de Ligne (ou de Fauquemberghe) [3], d'Egmont [4], de

---

[1] Le 12 mai, Boussu mande de Valenciennes à la gouvernante que Vargas a fait battre le tambourin à 4 heures du matin, et que les Espagnols sont partis par la route prescrite. — Voir liasse 20, la lettre du 11 mai écrite par la reine à Vargas et la réponse du maistre de camp. Voir aussi à la Correspondance de la reine, t. IV, p. 207, une lettre de Marie à Charles-Quint, en date du 13 mai ; cette lettre constate : 1° que le Cateau n'était démoli qu'en partie le 10 mai ; 2° que les Espagnols ont commencé à marcher le 11, (erreur, puisque le 10 nous les trouvons aux portes de Valenciennes) ; 3° qu'ils n'ont pas voulu suivre Malihan ni prendre le chemin le long duquel on leur avait préparé des vivres.

[2] Ils furent guidés par Georges de Souville, écuyer, homme d'armes de la bande du duc d'Arschot, qui reçut pour cette mission 40 livres. (Arch. de Bruxelles, chambre des comptes, vol. 2,342, f° 767).

[3] Jacques de Ligne, comte de Fauquemberghe. Sa bande était de 200 hommes.

[4] Lamoral, comte d'Egmond, prince de Gavre. Il se mariait au même mo-

Frentz (¹), la vieille bande du comte de Rœulx (²), la bande de crue du sieur de Bugnicourt (³), l'écurie, les chariots et les tentes de l'empereur; on le chargea en outre de conduire jusqu'en Luxembourg deux bandes faisant partie du corps du prince d'Orange, la vieille bande du duc d'Arschot et la bande de crue du sieur de Sicques (⁴). Lorsque, le 8 mai, le grand écuyer arriva à Valenciennes, il y trouva 4 bandes : la vieille bande d'Arschot, celle de Sicques arrivée depuis le 1ᵉʳ mai, celle de Ligne arrivée le 8, et enfin une bande que la reine appelle « de Fromy ». Le même jour, le grand écuyer écrit à la reine que les bandes d'Egmont et de Rœulx n'arriveront pas avant le 14 (⁵). Le lendemain il entre en délibération avec les capitaines, et on décide qu'en présence des ordres formels et itératifs qui prescrivent la plus grande hâte, les bandes partiront l'une après l'autre, au fur et à mesure qu'elles seront prêtes (⁶). Le 12 mai, Boussu est encore à Valenciennes ; ce même jour il va coucher dans son château de Boussu ;

---

ment à Spire avec Sabine de Bavière, et c'est pourquoi il n'était pas à la tête de sa bande (150 chevaux), qui marchait sous les ordres du sʳ de Boubers, son lieutenant.

(1) Le sʳ de Frentz était un Mérode. Il rejoignit fort tard l'armée, à cause d'une maladie. Sa bande comptait 184 chevaux.

(2) En garnison à Saint-Omer ; 250 chevaux.

(3) Ponthus de Lalaing, sʳ de Bugnicourt, capitaine d'Arras et lieutenant du comte de Rœulx, l'un des meilleurs officiers de cavalerie de l'époque. Il commandait la vieille bande de Rœulx et la bande de crue portant son nom, celle-ci de 200 chevaux.

(4) La vieille bande d'Arschot était en garnison au Quesnoy ; elle avait pour lieutenant Jacques de Recourt, sʳ de Sicques, bailli et capitaine de Saint-Omer, lequel en même temps commandait à sa bande de crue ; la première bande comptait 250 chevaux, la seconde 150.

(5) Liasse 20 de l'audience. — Le 14, lettre de rencharge de la reine à Boubers.

(6) Même liasse. Boussu à la gouvernante, 9 mai, de Valenciennes.

le 13, il est à Bruxelles où il va prendre congé de la reine ; le 14, il rejoint à Soignies la tête de sa colonne ; le 17, il arrive à Namur ; et le lendemain il fait partir de cette ville pour Ciney les bandes de Ligne et de Sicques, l'écurie, les chariots et les tentes de l'empereur (¹). Le 20, il est à Marche en Luxembourg, d'où il informe la reine qu'à son avis les monstres ne doivent être passées ni à Marche ni à Bastogne, mais seulement au camp ; si les hommes d'armes se plaignent du manque d'argent, on leur fera faire quelque « prest ». Le lendemain 21 mai, ses chevau-légers seront à Rochefort, et il écrit à Bréderode de ne perdre « ni jour ni heure »(²). Nous le verrons bientôt faire sa jonction avec le vice-roi.

Bréderode devait réunir à Mons les bandes de Mansfelt (³), Molembais, Moncheaux, Bersscle, Hallewin, Busancy (⁴) et la sienne propre (⁵). Mais il rencontra les mêmes difficultés que Boussu. Le 13 mai, il écrit à la reine qu'une seule de ses bandes a quitté Mons, celle

---

(1) Ibid., id., de Namur, 17 mai.
(2) Ibid., id., de Marche, 20 mai.
(3) Pierre, comte de Mansfelt, gouverneur du Luxembourg l'année suivante.
(4) Jean d'Aspremont, sʳ de Busancy et de Lumes.
(5) Pour achever les indications relatives à la répartition des bandes, travail ingrat et qui nous a donné beaucoup de peine, disons de suite que 7 bandes furent laissées dans le Hainaut : 1° bande de Charles comte de Lalaing, 2° b. de Charles de Croy, prince de Chimay, fils aîné du duc d'Arschot, 3° b. du sʳ de Bermerain, 4° b. de Georges Rolen, sʳ d'Aymeries, 5° b. du sʳ de Beaurain, 6° b. du bailli d'Avesnes, 7° b. du petit Yve ; elles furent logées à Bouchain, Avesnes, le Quesnoy, Valenciennes, avec détachements à Bavai et à Maubeuge. — Outre ces bandes et d'autres que nous avons déjà mentionnées, celles d'Artois, celles de Buren, celles du corps de Boussu, celles du corps de Bréderode, celles du duc d'Arschot, nous trouvons encore d'autres bandes éparses dans le pays, par exemple celle du sʳ de Grofay, celle de Philippe de Stavele sʳ de Glajon, celle du sʳ d'Armuyde, celle de Guillaume de Boullant sʳ de Rolle, celle du comte Jean d'Oost-Frize, gouverneur des Pays-Bas d'Outre-Meuse, etc. On peut juger par là de l'effort que firent les Pays-Bas en 1544.

de Mansfelt; il a résolu, dit-il, de faire partir les bandes « file à file ». La nécessité l'avait donc contraint à adopter les mêmes moyens que Boussu, et les instructions primitives étaient déjà modifiées en ce point, que les bandes se suivaient au lieu de marcher de compagnie (1). Le 18, il écrit à la reine que toutes ses bandes ont quitté Mons sauf celle de Hallewin; le chef ne donne pas signe de vie, et le lieutenant avec une partie des soldats attend à Mons. Le 19, il écrit à la reine que ses hommes font difficulté de dépasser Namur, s'ils ne reçoivent de l'argent. Le 20, il atteint Namur, qu'il quitte le lendemain. Le 23, il est à Marche, d'où il écrit que lui aussi est d'avis de ne faire passer les monstres de ses bandes qu'après avoir rejoint le viceroi. Le 25, il trouve à Bastogne la bande de Busancy. Il se repose ce jour là avec la permission du vice-roi, car ses chevaux sont exténués par les mauvais chemins (2). Peu après, Bréderode parvient à rejoindre Fernand de Gonzague.

Nous avons fort peu de renseignements sur la marche de Louis d'Yve. Il devait primitivement conduire, comme lieutenant du prince d'Orange, 750 chevaux d'ordonnance composés comme suit :

1° Nouvelle bande d'Orange, dite de crue...	150
2° Sa propre bande...	200
3° Vieille bande d'Arschot...	250
5° Bande de crue du sieur de Sicques...	150
Total...	750

(1) Liasse 20 de l'audience.
(2) Tous les renseignements qui précèdent proviennent de la liasse 20 de l'aud.

mais, puisque les deux dernières partirent avec Boussu, Yve ne commanda d'abord que 350 hommes. Il ne reste que deux lettres de Louis d'Yve. Par la première, datée du 23 mai, il annnonce qu'il est arrivé à Namur avec ses gens le 22 dans l'après-midi ; il compte être à Ciney le 24 ; il passera ensuite par Marche et la Roche. Par la seconde, datée du 27 mai et de la Roche, il mande à la gouvernante que ce même jour il arrivera à Bastogne ; les bandes qui ont passé, dit-il, sont superbes, mais elles manquent de lances ; « c'est la principale arme dont l'homme de cheval fayt « effort » (1).

Quant à la reine de Hongrie, elle se multiplie et ne prend pas une minute de repos. Nous trouvons d'elle le 9 mai une lettre de « rencharge » aux capitaines de Bréderode ; le 13 mai, une longue lettre à l'empereur, dont nous avons déjà donné des extraits ; le 14 mai, une lettre à Bréderode, où elle lui ordonne de mettre ses bandes en mouvement aussitôt qu'elles seront prêtes ; le 21 mai, une lettre à Boussu, où elle adopte ou suggère l'idée de ne passer les monstres qu'au camp, mais, s'il en est besoin, de faire un prêt aux gendarmes les plus nécessiteux ; le 22 mai une lettre collective à Bréderode et à Boussu, où elle annonce qu'elle leur envoie le clerc du trésorier des guerres pour le prêt aux hommes d'armes jusqu'à concurrence de leur solde de mai (2).

Il nous reste à retracer les obtacles que rencontra

---

(1) Liasse 20 de l'audience.
(2) Même liasse, sauf la lettre du 13, dont on a déjà indiqué la provenance.

le prince d'Orange dans la levée de ses 8,000 piétons. Ce sera un curieux tableau des mœurs militaires de l'époque.

Dans la lettre du 13 mai, la reine de Hongrie disait à l'empereur : « Le prince d'Orenge et le conte de Bu-
« ren sont partis pour assambler leur gens ; mais, sui-
« vant l'advertance que ledict prince avait de ses capi-
« taines, ne sçauront avoir tous leurs gens prestz au
« XVe de ce mois ; et comme j'ay entendu que aulcuns
« capitaines font demourer les bons piétons derrière
« sans venir à la monstre, pensant par ce moyen pra-
« ticquer plus grande soldée, j'ay mandé audict prince
« que, des capitaines qui n'ont leurs enseignes bien
« furnyes, il vuelle du commenchement casser aul-
« cuns et faire de deux enseignes une, afin que les au-
« tres capitaines, ce voyans, mandent ceulx qu'ilz ont
« fait demourer derrière. Mais il fait à craindre que ce
« sera bien le XXVe de ce mois avant qu'il pourra faire
« marcher ses gens. »

Laissons maintenant parler ce brillant général de 26 ans, que la mort allait atteindre et que sa terre natale semblait ne laisser partir qu'à regret.

« Madame, écrit-il à la reine le 21 mai, ...quant à
« mes gens, j'en ay trouvé icy une bonne partie, mais
« je crains bien ne trouver le nombre de VIII^m testes
« complet, à cause du petit traictement ; et il vient
« beaucoup de gens de bien que on ne pœult conten-
« ter de deux payes. Je supplie Vostre Majesté y avoir
« regard ; autrement ne demourera que la canaille, et
« les gens de bien s'en iront. » Il l'avertit ensuite

qu'il a déjà passé en monstre 6 de ses enseignes, que le 22 il en passera encore 4, et qu'il fera la plus grande diligence possible (¹).

Le 26 mai, la gouvernante presse le prince d'Orange d'aller rejoindre Gonzague dans le Luxembourg ; elle espère du reste qu'avant son arrivée la capitale du duché sera tombé au pouvoir du vice-roi (²).

Mais il ne fut pas possible à René de Châlon de répondre aux pressantes instances de la reine Marie. Le 30 mai, il lui écrit : « Plusieurs gens de service se sont
« retirez, et mesmes le jour d'hier plus de trois cens, à
« cause du petit trectement ; et crains que..... ne
« s'en retire encoires ; tellement, Madame, à ce que
« puis comprendre, n'y aura ès XX enseignes, jà toutes
« passées à monstre, plus de V^m hommes. » Il ajoute l'indication d'un fait important, à savoir, le partage qu'il a fait de son infanterie en deux corps de marche, et l'envoi en avant de celui qui a été prêt le premier.
« Comme j'ay adverty Vostre Majesté, les X enseignes
« partirent hier vers Luxembourg, avec Wolff van
« Paemerich pour mon lieutenant jusques mon arri-
« vée celle part, et tiendront les gistes au billet en-
« clos (³). Quant est de moy, je ne pourray partir jus-
« ques lundi prochain. Au surplus, Madame, moy
« arrivé vers le vice-roi, je me conduyray, comme il a

---

(1) Liasse 20 de l'audience ; lettre datée de Thoren.
(2) Même liasse ; lettre au vice-roi.
(3) Voici la teneur de ce billet : « Wollf van Baeverich zal houden de legeren als hier nae volghen : van Cotten over de Maeze by Maestricht tot Groensoelt und Hæghen ; sanderdachs tot Herff, III milen ; van Herff tot Schaert, III milen ; van Schaert tot Staveloo und Malmedy, II milen ; van Staveloo tot Saint Vyt, II milen ; ende voerts nae Lutzembourg de beste ende naeste wech. »

« pleu à Vostre Majesté me l'escripre (¹). Je adviseray de
« emplir les enseignes le plus tost et des plus gens de
« bien. »

Un billet du jour précédent adressé à la reine montrait du découragement. Parlant de ces 10 enseignes qui se mettaient en marche, il disait : « Les ay conten-
« tés le mieulx que m'a esté possible, que n'a esté
« de sorte que, sy ce ne fust pour le service de Vostre
« Majesté, laroy (²) tout là et serviroy je ailleurs de ma
« personne (³). » Quels étaient donc les embarras qui
« inspiraient au jeune prince de telles paroles ? Une lettre de la reine à l'empereur, en date du 31 mai, nous renseigne à cet égard. Le prince d'Orange, le comte de Buren et le colonel allemand Christophe de Landenbergher (⁴) avaient établi leurs quartiers de recrutement fort rapprochés (⁵), de telle sorte que les soldats couraient de l'un à l'autre, cherchant les meilleures conditions. « Les piétons venans à la monstre ont fait
« difficulté de servir sur la soldée que je avoye ordonné
« par la retenue, assavoir de V^c XX payes pour IIII^c
« testes..... et vouloient avoir beaucop davantaige ;
« de sorte que, si je eusse voulu obtempérer à leur
« demande, pour VI^c payes à grande paine on eust re-
« tenu IIII^c testes (⁶) ; et ont couru du lieu où le prince

---

(1) Nous n'avons pas retrouvé les originaux des lettres de la reine au prince. Peut-être sont-ils dans les archives de la famille d'Orange-Nassau.
(2) Je laisserais.
(3) Liasse 20 de l'audience.
(4) Landenbergher levait pour le compte du roi d'Angleterre 4,000 piétons et 1,000 chevaux.
(5) Le quartier du prince d'Orange était à Thoren, et celui de Landenbergher à Aix-la-Chapelle.
(6) Dans la même liasse, autorisation au comte de Buren d'attribuer 2,008

« avoit assigné la monstre au lieu où le conte de Buren
« avoit assigné la sienne pour entendre si on estoit si
« estroict de l'ung costé que de l'aultre (¹). »

Les 10 enseignes de Wolff van Paemerich arrivèrent au camp de Gonzague sous Luxembourg le 7 juin à midi (²), et firent toute la campagne sous les ordres du vice-roi. René de Chalon comptait aussi rejoindre Gonzague, puisque celui-ci devait commander à toutes les troupes basses-allemandes ; mais les choses tournèrent autrement ; lorsque ses 10 dernières enseignes furent enfin prêtes, il apprit que le vice-roi avait quitté le Luxembourg et marchait sur Commercy ; alors il résolut d'attendre dans les environs de Metz que l'empereur arrivât en cette ville. Désormais et jusqu'au jour de sa mort, il ne quittera plus Charles-Quint.

payes à 1,289 têtes. On voit qu'au XVI° siècle le prix des mercenaires était assujetti à la loi économique de l'offre et de la demande.

(1) Correspondance, t. IV, p. 221.
(2) Liasse 21 de l'audience. Lettre de Pierre Butkens, contrôleur de l'artillerie, à la reine.

CHAPITRE III.

Campagne de Luxembourg.

Dans la lettre du 2 mai 1544 reproduite ci-dessus, l'empereur supposait que les Français feraient leurs monstres le 6 de ce mois, pour entrer promptement au Luxembourg. Le 14 mai, un espion que Charles-Quint entretènait à la cour de Lorraine, écrivant au secrétaire Jean Bave (1), exprimait une semblable appréhension. « Je n'ay voulu faillir à vous advertyr que ung
« amy que j'ay trouvé icy (Bar-le-Duc) m'a dict pour
« tout vray qu'il a ouy parler quelques capitaines, de
« ceulx qui sont icy à l'entour, de l'amas qui se faict,
« et qu'ilz vont à Luxembourg pour en tirer leur mu-
« nition et l'explaner et raser du tout, et qu'ilz n'ont
« pour ceste heure autre desseing que cestuy-là. Ilz
« font leur monstre à Sainte-Menehou et autres lieux
« prochains pour incontinent marcher, et sont leurs
« Italiens accoustumez et la légion de Champaigne,
« qui seront environ XII^m hommes de pied, trois C
« hommes d'armes, et cinq C chevaulx légiers. Ilz se-
« ront là pour le XXIIIIe ou XXVe de ce moys, et n'ont
« autre intention que ceste-là (2). »

(1) Jean Bave ou plutôt Josse Bave avait le titre de secrétaire ordinaire et de contrôleur des sceaux de l'empereur. Il touchait à ce titre 15 sols par jour et était fort avant dans les bonnes grâces du chancelier Granvelle.
(2) Liasse 20 de l'audience.

Malgré ces témoignages concordants, disons de suite qu'en ravitaillant Luxembourg ([1]), en augmentant même la garnison de cette place, François Ier se proposait surtout de forcer Gonzague à faire le siège de cette place, et de gagner du temps pour mettre en état les fortifications du Barrois et de la Champagne, notamment celles de Commercy, Sainte-Menehould, Ligny-en-Barrois, Saint-Dizier et Châlons. Ni l'artillerie, ni la poudre, ni les munitions ne faisaient défaut à la ville menacée ; lui procurer des vivres en temps utile, telle était la difficulté.

La reine Marie était mieux encore que son frère au courant des desseins des Français et de la détresse de Luxembourg. Le 8 mai, Pierre de Werchin l'informe que les Français font leurs derniers préparatifs et qu'ils marcheront en avant le 12 ou le 13 mai au plus tard ([2]). D'autres lettres de Werchin offrent le plus grand intérêt ; ce sont celles où il dépeint sur le vif la situation intérieure de Luxembourg. « Madame, écrit-il à la
« reine le 11 mai, j'ay ce soir parlé à ung compaignon,
« qui, ce matin à huyt heures, s'est saulvé hors de
« Luxembourg. Dist que joeudy au soir ([3]), portit ung

---

(1) En janvier 1544 le ravitaillement avait été insuffisant ; le prince de Melfi avait introduit dans la place 1,200 chariots, mais seulement à demi-chargés, par crainte d'être obligé de les abandonner si un brusque dégel survenait. (Lettre à la reine, du 8 janvier.)

(2) De Thionville, 8 mai, liasse 20 de l'audience. Pierre de Werchin avait de nombreux espions ; l'un d'eux lui écrit : « Et si suys certiorez à la vérité que
« assemblée se doibt faire chauldement enthour de Sathenay, pour retirer l'ar-
« tillerye de Luxembourg et ruyner le plus de vivres qu'ilz poldront, pour rendre
» nécessiteuse l'armée de l'empereur ; et fais grand doubte que aurons la hurte
» par dechà, si de brief nous ne sommes secourus. » (Liasse 19, correspondant au mois d'avril 1544.)

(3) 8 mai.

« coureur lettre à monsieur d'Estoge (1) », qui, sans
« entrer en la ville, retournit, et dist ledict d'Estoge,
« souldain après avoir leu lesdictes lettres en malgréant,
« que ravictuaillement ne luy pooit encoires venir, mais
« que, en dedens les X jours, huyt cens chevaulx leurs
« devoint porter quelque peu de rafreschissement, ac-
« tendant mieulx. Et dist ledict compaignon que pour
« chose seure n'y a dedens ladicte ville bledz pour plus
« hault de dix jours ; que ledict d'Estoge a encoires
« demie pièche de vin blancq, XIIII ou XV moutons et
« une douzaine de maigres bestes à corne ; dist que le
« samedy de Pasques (2) firent monstres en la ville et
« que ilz estiont II^m testes souldartz ; mais que, mardy
« dernier (3), fust faicte une revue, où furent seulle-
« ment trouvé XIIII^c hommes... Madame, toutes mes
« advertences portent tout ung que nos ennemis se
« préparent fort, et si font grosse provision de vivres (4). »

Et, le 19 mai, il écrit de nouveau à la reine : « Mada-
« me, ceulx de Luxembourg sont encoires en leur mi-
« sère, et s'ilz ne sont secourus en dedans merquedy
« prochain (5), j'en espère bon succès ; car nous serons
« bon nombre ensemble (6) ».

Le succès de cette première partie de la campagne
allait donc dépendre de la diligence qu'apporteraient

(1) M. d'Estoges commandait à Luxembourg pour le roi de France.
(2) 12 avril.
(3) 6 mai.
(4) P. de Werchin à la reine, de Thionville, le 11 mai, liasse 20 de l'audience.
— Dans cette lettre, le sénéchal demande à être informé de l'arrivée des troupes des Pays-Bas, pour commencer aussitôt à tenir la campagne avec Alvaro de
Sande.
(5) 21 mai.
(6) De Thionville, (même liasse).

dans leurs opérations l'un et l'autre adversaire ; une lutte de vitesse était engagée entre eux, et l'avantage devait rester au plus rapide. La reine et le vice-roi de Sicile prirent si bien leurs mesures que les convois français rassemblés à Stenay ne furent même point mis en mouvement. Deux lettres de Marie de Hongrie, en date du 15 mai, nous la montrent attentive aux moindres détails et ne laissant rien à l'imprévu. Dans la première, qu'elle adresse à Pierre de Werchin, elle dit : « Ferez bien de envoyer quelque ung des vostres
« au-devant d'eulx (Boussu et Bréderode) à Bastongne
« pour les conduire et assister pour avoir vivres. »
Dans l'autre, qu'elle adresse au vice-roi, elle recommande d'instruire ces deux chefs de ce qu'ils auront à faire après leur départ de la même ville (1).

Gonzague avait écrit à Pierre de Werchin, qu'il quitterait Spire le 12 mai ; puis il fit savoir à don Alvaro de Sande qu'il ne partirait que lorsqu'il y aurait « gens
« aux champs » (2). Le 17 mai, il arrivait à Metz :
« Madame, écrit-il à la gouvernante le 18 mai, en ar-
« rivant hier en ceste cité, je receuz la lettre qu'il a
« pleu à Vostre Majesté m'escripre et la copie y
« joincte (3), par lesquelles ay entendu l'estat où que se
« retrouvoyent les gens de guerre de pardelà, lesquelz

---

(1) Liasse 20 de l'audience.

(2) Lettre précitée de P. de Werchin, du 11 mai. — Déjà, dans sa lettre du 8 mai à la reine, Werchin écrivait : « Le receveur général (de Luxembourg, « Nicolas Le Gouverneur) retournist yer tard de Speir ; dist que le vice-roy luy « dist dimenche (4 mai) que, de ce jour en X ou XII jours, il scroit icy (à « Thionville). »

(3) La lettre du 15 et la copie de la lettre précitée écrite par la reine à l'empereur le 13 mai. — Gonzague arriva de Spire avec Francisco d'Este et Mr de Marignan. Voir le discours 21 de Brantôme.

« nous sont grandement nécessaires par deça..... Ne
« supplieray Vostre Majesté à vouloir faire solliciter
« lesdicts gens de guerre ; car ce seroit chose supper-
« flue, saichant qu'elle a de ce plus soing que je ne
« sçauroye escripre. Je advertiray seulement Vostre
« dicte Majesté comme je suis séjourné ce matin en
« ceste cité pour le faict des vivres qu'ilz auront à en-
« voyer à l'armée de l'empereur mon souverain sei-
« gneur, et, après disney, partiray pour tirer vers
« Thionville, pour illec adviser ce que congnoistray
« estre plus requis et expédiant au service de Sa Ma-
« jesté, espérant avec l'ayde de Dieu que serons à temps
« pour dyvertyr et empescher le desseing des ennemys,
« et, oultre ce, faire quelque aultre bon service à Sa
« dicte Majesté. »

P. S. — « Depuis d'avoir escript ceste, suis arrivé
« en ceste ville de Thionville.... En ce moment, je suis
« pour monter à cheval et aller jusques à Mont-Saint-
« Jean recongnoistre le pays et faire ce que verray
« convenir au service de Sa Majesté [1]. »

Le 20 mai au matin, alors qu'il était encore à Thionville, Gonzague eut un moment d'alerte : « Madame,
« écrit-il le 21 mai à la reine de son camp sous Mont-
« Saint-Jean, je me retreuva hier matin le plus mal-
« content homme du monde pour ung advertissement
« qu'il m'estoit venu à la mynuyt comme les ennemys
« marchoient contre Luxembourg, considérant qu'il

---

[1] Liasse 20. — La réponse de la reine à cette lettre est du 22 mai ; elle s'excuse sur le retard des troupes basses-allemandes, qui ne lui est pas imputable ; Boussu et Bréderode ont dépassé Namur ; elle a dépêché vers eux un gentilhomme pour les presser.

« m'estoit impossible de y obvier, actendu que les gens
« de guerre de Flandres ny le conte de Furstemberg
« n'estoient arrivez et que ne me pouvoye ayder d'eulx
« à ce besoing. » Heureusement pour le vice-roi, le
renseignement était inexact. Il quitte donc Thionville
pour s'avancer vers Luxembourg : « Et diray seule-
« ment, continue-t-il dans la même lettre, comment en
« cest instant je suis arrivé dessoubz Mont-Saint-Jehan
« campéger avec mil cinq cens Espagnolz et environ
« cinq cens chevaulx ([1]) ; où j'espère que le conte de
« Furstemberg doit arriver ce soir ou au plus tard de-
« main matin avec partye de ses gens, et le surplus
« vient après avec diligence ; lesquelz arrivez, me dé-
« termineray d'exploicter ce qu'il me semblera pour le
« mieulx et verray convenir au service de Sa Ma-
« jesté ([2]). »

Les troupes destinées à former la première armée
étaient en effet à proximité. Boussu, aussitôt arrivé à
Martelange, laissa derrière lui ses cavaliers et courut
vers le vice-roi qu'il avait hâte de consulter ; il le trouva
le 22 mai ou le matin du 23 à son campement de Mont-
Saint-Jean, au moment où Gonzague n'avait encore avec
lui que 1,500 Espagnols et trois compagnies de che-

([1]) Ces troupes venaient de Thionville ; donc les Espagnols étaient ceux d'Alvaro de Sande. Quant aux cavaliers, peut-être faisaient-ils partie des quatre
bandes du Luxembourg (Werchin, Blétenges, Chappoigne, Estrainchamps), mais
peut-être aussi y avait-il parmi eux des chevau-légers espagnols venus de
Spire ; nous avons déjà fait observer que leur chef don Francisco d'Este (des
ducs de Ferrare et frère du célèbre cardinal d'Este) avait quitté cette ville avec
le vice-roi.

([2]) Liasse 20. La réponse de la reine est du 25 mai, elle contient des excuses et des encouragements. On y trouve la mention de l'arrivée à Calais des
Espagnols de nouvelle levée.

vaux. Le 23, dans la journée, Gonzague, toujours accompagné de Boussu (¹), vint coucher à Solleuvre, d'où il expédiait à la reine la dépêche suivante : « ... Bien
« dis-je à Vostre Majesté comme je partiray demain
« pour aler mectre siège devant Luxembourg, avec
« intention de séjourner illec *jusques à ce que nostre*
« *artillerye soit arrivée* et du tout bien équippée ; pen-
« dant lequel temps il pourroit facilement advenir que
« les ennemys de la garnison dudict Luxembourg, con-
« trainctz de la famine ou pour aultres causes, se ren-
« dissent à Sa Majesté ; mais en cas qu'ils fussent
« obstinez et que l'artillerye arrivast déans briefz jours,
« je suis déterminé pour gaigner du temps de laisser
« le prince d'Oranges audict siège avec ses gens et de
« faire marcher le surplus de l'armée vers le pays des
« ennemys, pour donner commencement à la guerre
« et tenter de faire quelque bon exploict et service à
« Sa Majesté ; à effect de quoy ay accourdé d'envoyer
« ung gentilhomme devers ledict prince pour le prier à
« vouloir venir avec diligence (²). »

Au moment où le vice-roi écrivait, avait-il reçu les renforts dont nous allons parler ? C'est ce qu'il serait difficile de dire (³). Quoiqu'il en soit, cette journée du

(1) Lettre de Boussu à la reine, 24 mai.
(2) Gonzague à la reine du camp de Solleuvre, 23 mai (liasse 20). — La réponse de la reine est du 26 mai (même liasse) ; elle a écrit au prince d'Orange de se hâter, mais elle espère que Luxembourg se sera rendu avant son arrivée ; elle loue la résolution du vice-roi d'aller camper sous Luxembourg :
« Ne sçauroye que grandement louer vostre détermination.... espérant que
« ferez singulier service à Sa Majesté, dont accroistrez honneur et réputation,
« et signamment de tous ceulx de pardecha, qui désirent fort la réduction de
« la ville de Luxembourg ; et si ne sera petite estimation vers les ennemis, avecq
« si bon commencement entrer en leur pays. »
(3) La raison du doute vient de ce que dans ses lettres à la gouvernante

23 mai fut décisive. Si le comte de Furstemberg avait d'abord rencontré pour le recrutement des hauts-allemands des difficultés, sa haine contre le roi de France les lui avait fait surmonter (¹). Le 14 mai, il écrivait à l'empereur de son campement de Marmoustier (Marmunster) : « Sire, cejourd'huy monseigneur le vice-roy « m'a escript que je parte incontinent avec mes gens. « Vous plaira sçavoir que desjà neuf enseingnes sont « party, et espère estre dedans quatre ou cinq jours « avec lesdictes enseingnes auprès dudict s^r vice-roy, « comme il me mande, et suis prest à partir tout-à-« l'heure. Aussitost que l'argent sera venu, les aultres « unze enseingnes commenceront à marcher et me « suyveront..... J'envoye présentement le baron de « Meydeck vers ledict s^r vice-roy pour entendre de luy « là où il vouldra que je marche.... (²). » Le condottiere fut exact au rendez-vous ; le 23 mai, il arrivait au campement de Solleuvre avec quatorze enseignes : c'est tout ce qu'il avait pu rassembler (³). En même temps que lui, se présentaient les 7 enseignes de hauts-alle-

---

Gonzague envoyait copie de ses rapports (en italien) à l'empereur, en sorte qu'il peut fort bien énoncer dans ses rapports des faits sur lesquels il ne revient pas dans ses lettres françaises.

(1) Furstemberg avait été chassé du service de France à cause de ses déprédations. *Ob rapinas pulsus*, dit Beaucaire.

(2) Liasse 20.

(3) En cette année, aucun effectif de l'armée impériale ne put être complété, surtout en Allemagne, à cause des levées qu'y firent simultanément Charles Quint, Henri VIII et même François Ier, en dépit de l'édit de Spire. Une autre cause qui enleva beaucoup de soldats à Furstemberg, c'est la médiocre solde offerte par Charles Quint : « Sébastien Schertle, écrit Furstemberg à l'empereur « le 14 mai, ensuyt son instruction et ne la veult excéder en riens, par quoy je « pense qu'il y aura plus de quatre mil hommes cassez, dont la plus part sont « armez et gens de bien. »

mands de Georges de Ratisbonne, les Allemands de Cambrai (¹).

Dès lors, le sort de Luxembourg était fixé. « Madame, « je tiens pour certain, écrit Boussu à la reine le 24 « mai, que l'emprinse des François pour le ravitaille- « ment de Luxembourg est rompue pour avoir attendu « trois ou quatre jours trop tard, et que, si la dilligence « n'eust esté de tous costelz faicte comme elle a esté, sans « point de faulte, ilz averoyent mis leur dicte emprinse « à exécution ; dont le vice-roy a faict ce que se povoyt « faire, non qu'il eust l'esquippaige que, si les aultres « fussent venus, eust esté contraint de faire place à « fortune, car il n'estoit puissant assez pour les atten- « dre. Maintenant il est très-bien…:… » Le grand écuyer se félicitait dans la même lettre d'avoir fait avancer ses cavaliers d'ordonnance à marches forcées. « J'entends que Vostre Majesté n'a mescontentement « de ce que ay faict tyrer tousjours les gens de guerre « le plus avant qu'il m'a esté possible, sellon la haste « aussy que le vice-roy me donnoit de heure en heure, « à quoy la dilligence a proffité, comme Vostre Ma- « jesté voyt, quy a esté entièrement cause rompre le « desseing des ennemis. » Il annonçait l'intention de faire passer les monstres aussitôt que toutes les bandes seraient réunies, c'est-à-dire seulement après l'arrivée de Bréderode et de Louis d'Yve ; il exprimait enfin l'espoir que les gens de cheval ne refuseraient pas de marcher faute de solde : « J'ai escry pour ce, ajoutait-il, « au s^r de Bréderode et au trésorier de leur faire

(1) Détails donnés par Boussu.

« quelque prest, si d'adventure laissoyent à marcher à
« faulte de ce ».

De son côté le vice-roi projetait de se rapprocher au plus vite de Luxembourg : « Auparavant mon parte-
« ment d'illecq, écrit encore Boussu à la reine, icel-
« luy vice-roy s'est entièrement résolu venyr cejour-
« d'huy camper près de Luxembourg, affin de éviter
« que les ennemis ne se advanchent avec force de che-
« vaux jecter quelques victuailles dedans la ville. » En effet, le 23 au soir, Gonzague et Furstemberg couchèrent à Manneren, distant d'une lieue de Luxembourg.

Le 24, à midi, Boussu y arriva avec trois bandes de cavalerie, celle du s^r de Ligne, celle du s^r de Frentz [1] et la nouvelle bande d'Arschot commandée par le s^r de Sicques. La veille bande d'Arschot était demeurée en arrière, à cause de la fatigue des chevaux et de la longueur de l'étape ; mais elle devait rejoindre le 25 mai à huit heures du matin. Boussu n'avait, malgré des messages multipliés, aucune nouvelle de la vieille bande de Rœulx, de la nouvelle bande commandée par Bugnicourt et de la bande d'Egmont sous le lieutenant Boubers. Presqu'en même temps que Boussu arriva au camp le maître de l'artillerie des Pays-Bas, Frédéric de Meleun, venant de Spire, où il était allé prendre les ordres de l'empereur [2].

Le même jour encore, Gonzague envoya un héraut

---

[1] La bande de Frentz fut longtemps pour se compléter à cause de la maladie de son chef. Nous voyons dans une lettre de la reine audit seigneur, écrite le 7 juin, qu'à cette date il n'y avait encore que 115 gendarmes présents (liasse 21).

[2] Ces détails sont encore tirés de la lettre de Boussu en date du 24 mai, très-longue et très-précieuse.

et un trompette sommer la garnison de Luxembourg de se rendre. La résolution du vicomte d'Estoges, quelle qu'elle fût, devait exercer une influence sensible sur le sort de la campagne et la tournure que prendraient les événements : s'il capitulait avant d'attendre le complet épuisement de ses vivres, il laissait toutes les forces de Gonzague et du prince d'Orange disponibles pour l'invasion de la France ; s'il ne se rendait qu'après avoir épuisé sa dernière ration, si même il cherchait à se procurer quelques vivres au moyen de sorties qui restèrent praticables jusqu'au 25 mai, il retenait la première armée impériale sous les murs d'une forteresse qu'on ne pouvait attaquer qu'après l'arrivée de l'artillerie de siège. Dans le camp impérial, on était inquiet ; on savait bien que les assiégés étaient « en grande nécessité » ; toutefois, en transmettant cette information à la reine, Boussu ajoutait : « Pour moy je
« ne pense qu'ilz soyent sy pressez comme ceulx quy
« en sortent disent ; car tous tiennent porpolz qui ne
« sçaveroient avoyr vivres pour XV jours au plus (1)....
« Ne sçay la response qu'ilz feront. Sy sont pressez
« comme l'on dict, je croy qu'ilz responderont à por-
« polz ; s'ilz ont encoyres à vivre pour cinq syx sep-
« maines ou envyron, croy qu'ilz responderont brave (2)
« comme ilz sont accoustumez » (3).

Le 25 mai, l'armée de Gonzague campa sous les murs de Luxembourg.

---

(1) Si d'Estoges eût tenu quinze jours de plus, l'empereur n'aurait pas dépassé Saint-Dizier et la campagne d'invasion eût été manquée.
(2) Par bravarde.
(3) Lettre du 24 mai.

Jusqu'à ce que le capitaine Lalande et le comte de de Sancerre eussent donné l'exemple de l'énergie et de la persévérance, les chefs français se montrèrent mous et presque lâches. Ils ne comprirent pas surtout que la grande affaire pour la France, c'était de gagner du temps, parce qu'à cette époque une armée, avec tous les *impedimenta* qu'elle traînait, ne pouvait tenir la campagne au-delà de la mi-septembre.

Les trois sommations d'usage furent faites du 24 au 27 mai. A la dernière sommation, il fut répondu par les assiégés : « Que le héraut revienne demain matin, « et nous lui ferons connaître nos dernières volontés ». Gonzague résolut, « pour plus de réputation », de ne pas renvoyer le héraut et d'attendre que les Français prissent l'initiative des propositions. Nous ignorons comment les choses se passèrent ; mais l'essentiel est que la capitulation eut lieu le 29 mai, à la grande joie de Gonzague, de ses généraux, de la reine de Hongrie et de l'empereur ([1]).

Voici les conditions de cette capitulation :

1° Si le roi de France ne secourt pas la place avant huit jours au moyen d'une armée, le gouverneur pourra sortir, ainsi que ses quatre enseignes de piétons et ses gens de cheval, avec armes et bagages.

2° Ces troupes seront conduites par des capitaines impériaux jusqu'à une lieue au delà de Longwy.

3° Les officiers et hommes d'armes pourront servir partout où ils le jugeront convenable.

---

(1) Le 28, Gonzague adressa à la reine la teneur des sommations et des réponses ; le 30, la reine lui écrivit pour le remercier. (Liasse 20 de l'audience.) Nous n'avons pas retrouvé aux archives de Bruxelles, les textes envoyés par Gonzague.

4° Les piétons ne pourront servir qu'en campagne ; ils ne pourront être employés dans les forteresses de la frontière que deux mois après la capitulation.

5° Les assiégés livreront quatre otages, pour assurer l'exécution de cette convention ([1]).

La clause la plus importante, à savoir celle qui stipule l'abandon de l'artillerie et des munitions de guerre, n'est pas reproduite dans l'extrait que nous avons sous les yeux ; mais cet abandon ne fait aucun doute ; le 31 mai, Gonzague écrivait à la reine : « Pour ce que d'une « novelle et succès si bon comme cestuy je sçay que « Vostre Majesté prendra singulier plésir, tant pour « l'acquest d'une ville importante commé ceste icy que « *aussi de la belle et importante quantité d'artillerie y* « *restant*... j'ay bien voulu envoyer à Vostre Majesté le « présent gentilhomme avec ladicte bonne nouvelle »([2]). On verra tout-à-l'heure les mesures prises pour l'enlèvement de cette artillerie.

Le lendemain de la capitulation, une discussion s'éleva. La garnison de Luxembourg, qui comptait quatre enseignes de piétons, avait quatre bannières ; le vice-roi l'autorisait à sortir de la place avec deux de ces étendards, mais il prétendait qu'elle laissât les deux autres dans la ville. Les vaincus murmuraient, disant que Gonzague leur avait promis de les traiter « en hommes de guerre », et que d'ailleurs, puisqu'on leur

---

(1) Manuscrits de Wynants. Ces manuscrits historiques sont la propriété de la Commission d'histoire du royaume de Belgique.

(2) Du camp devant Luxembourg, (liasse 20 de l'audience). — La reine fit délivrer 25 livres de gratification à Guillaume de Habize, courrier porteur de la nouvelle de la capitulation, et 190 livres au gentilhomme porteur du traité de capitulation. (Registre 2342 bis de la Chambre des comptes, N°s 847 et 850).

laissait leurs armes et bagages, on devait leur permettre de conserver aussi leurs bannières. Boussu, consulté par le vice-roi, trancha la question en faveur des assiégés et écrivit à la reine : « Me a icelluy vice-roy ce
« matin envoyé demander mon advis ; à quoy m'a samblé que, considéré que l'empereur est servy au principal point de son intention, quy est la reddition de
« la ville, l'artillerie et munitions, que les deux banières que le vice-roy prétendoit retenyr est peu de
« cas, et, en évitant toutte occasion d'excuse pour eulx
« de accomplir ce que avoyt hier esté traicté, avec malcontentement qu'ilz pourroyent avoyr pour raison
« desdictes deux banières, quy n'est grand chose au regard du principal, me a samblé que icelluy vice-roy
« se debvoit condescendre à leur prétendu ; sur quoy
« je présuppose qu'il se arrestera » (1).

Le même jour, la reine de Hongrie fait part de la reddition de Luxembourg au duc d'Arschot, au comte de Rœulx et aux autres gouverneurs de provinces :
« Mon cousin, j'ay à ceste heure eu nouvelles du visroy de Sicille, que la ville de Luxembourg s'est rendue à l'empereur monseigneur, à condition que les
« assiégés ont jour de partir déans le VI° de juing prochain, pour ce pendant en advertir le roy et savoir
« s'ilz auront secours ; dont je loue Dieu, mesmes
« de ce bon commenchement, espérant que, par sa
« grâce et bonté, impartira à Sa Majesté autre succès
« prospère à l'advenir, dont n'ay voulu laisser vous
« advertir pour en advertir les bons subgetz de Sa

(1) Boussu à la reine, 30 mai, (liasse 20 de l'audience).

« Majesté, affin d'en rendre semblables louenges à
« Dieu » (¹).

La gouvernante avait d'autant plus raison de s'applaudir « de ce bon commenchement » que la ville de Luxembourg avait été prise sans tirer un coup de canon. Du reste Gonzague n'avait alors que fort peu d'artillerie ; celle qu'il attendait des Pays-Bas n'était pas encore arrivée (²) ; en passant pas Thionville, il avait emprunté à Pierre de Werchin dix petites pièces volantes, sous promesse de les renvoyer ; mais, après la reddition de Luxembourg, il abondonna ces pièces en pleins champs et sans garde ; Pierre de Werchin dût les aller quérir lui-même et les ramener d'abord à Luxembourg, puis à Thionville (³).

---

(1) Lettre du 30 mai, (même liasse).
(2) Dans sa lettre du 30 mai à la reine, Boussu dit : « Nostre artillerie n'est encores icy, et n'y a apparence qu'elle y doibve estre de six jours ».
(3) Pierre de Werchin à la reine, 10 juin ; réponse de la reine, 12 juin. (Liasse 21):

CHAPITRE IV.

Séjour de Gonzague à Luxembourg. — Organisation de la première armée d'invasion.

Le 29 mai, jour de la reddition de Luxembourg, arrivèrent au camp la bande d'ordonnance de M. d'Egmont et les deux bandes de M. de Rœulx, avec M. de Bugnicourt. Renaud de Bréderode était attendu le 30 avec trois ou quatre compagnies. Il fut exact au rendez-vous, et, le 31, annonça son arrivée à la reine de Hongrie. Les pluies torrentielles de l'été de 1544, qui firent tant de mal à l'armée impériale, avaient déjà commencé ; car Bréderode dit en plaisantant : « Il y « a ung bien, que la pouldre et poussière ne nous « crévera point les yeux ; je ne vis jamais ung si mal« heureux tant de pleuye » [1].

Une fois la capitulation signée, Gonzague se préoccupa de l'artillerie que les Français avaient laissée dans la place. Le 2 juin, il écrivait à la reine de Hongrie : « Madame, je suis actendant le jour que les François « auront à sortir de Luxembourg, que sera sambedy [2] « à deux heures du souleil, afin que, depuis en avoir « prinse possession et semblablement de l'artillerye et

---

[1] Liasse 20 de l'audience.
[2] Le 7 juin.

« munitions, je me puisse déterminer d'aler avant et
« faire le debvoir que suis tenu au service de Sa Ma-
« jesté, dont Dieu m'en doint grâce... » (1). L'empereur pense aussi au même objet, et, le 3 juin, il mande
à sa sœur : « Pour ce qu'il y a grande quantité d'ar-
« tillerie et beaucop plus qu'il n'est besoing pour la
« garde de ladicte ville, il sera bien que, y laissant la
« provision nécessaire, que le surplus s'envoye par-
« delà (2) ; et pourroient à ce servir et estre à propoz
« les bateaulx qui ont amené la myenne. A quoy vous
« prie faire pourveoir incontinent et donner l'ordre
« qu'il sera requis, afin que, le plus tost que possible
« sera, ladicte artillerie se puisse tyrer de ladicte ville,
« soit par le moyen susdict ou aultre, comme mieulx
« vous semblera... » (3).

Le 4 juin, Louis d'Yve écrit à la reine de Hongrie :
« Madame, cejourd'huy matin, le visconte d'Estoges
« a mandé à monsieur le visse-roy que vandredy (4) de
« bonne heure envoye ses députez, affin d'inventoryer
« l'artillerye et munisyons estant en ladicte ville, des-
« quelles il dyt an toutte léaulté les randre, sans an
« abuser ny les gaster, *se sentant grandement obligé*
« *audict s^r visse-roy*, lequel de son costé se loue dudict
« visconte luy rendre une telle ville ainsi munye que
« elle est, et vient grandement à propos pour le bien
« de se pays que pour l'exsécution de l'emprinse de
« l'empereur » (5).

(1) Du camp, 2 juin, (liasse 21 de l'audience).
(2) Dans les Pays-Bas.
(3) Lettre du 3 juin. (Liasse 21 de l'audience).
(4) 6 juin.
(5) Du camp, le 4 juin, (liasse 21 de l'audience).

Nous apprenons en effet que, le 5 juin, Gonzague envoya à Luxembourg Frédéric de Meleun et un officier du marquis de Marignan pour faire l'inventaire de l'artillerie et des munitions (1). D'autre part, et conformément aux instructions de l'empereur, Marie de Hongrie envoya à Luxembourg Pierre Butkens, contrôleur de l'arsenal de Malines ; il avait pour mission de voir ce qu'il faudrait laisser d'artillerie à Luxembourg, Arlon et Thionville, et de renvoyer tout le reste à Malines par la Moselle et la voie de Trèves (2).

Le 7 juin, Butkens rend compte de sa mission à la reine. On laissera, dit-il, à Luxembourg, outre ce qu'il y a d'artillerie de l'empereur, 140 tonneaux de poudre, 2 canons et 2 bastardes ou courtaulx ; le reste de l'artillerie française, consistant en 44 pièces, dont 10 courtaulx, sera charrié jusqu'à Thionville, et les chevaux ramèneront l'artillerie impériale que l'on y débarque actuellement (3).

Ce n'est pas seulement sur ce point que se porte l'attention de la reine Marie. Sa vigilance pourvoit aux moindres détails.

Le 1er juin, elle recommande au vice-roi de ne pas laisser sortir de Luxembourg avec la garnison française les traîtres, c'est-à-dire ceux qui, pendant l'occupation, ont accepté de servir la France. « Au regard « de la capitulacion faicte avec le viconte d'Estoges,

---

(1) Lettres de Gonzague et de Boussu à la reine, du 4 juin, ci-après citées par extraits. Le marquis de Marignan (Jean-Jacques de Médici), commandant supérieur de l'artillerie, était arrivé de Spire au camp de Luxembourg.

(2) La reine à l'empereur, lettre du 6 juin déjà citée ; 2 lettres de la même à Gonzague et à Frédéric de Meleun, en date du 5 juin ; (liasse 21 de l'audience).

(3) Du camp, le 7 juin, (liasse 21 de l'audience).

« lui écrit-elle le 1ᵉʳ juin, je vous prye faire avoir bon
« regard à ce que, avec les François, quant ilz sorti-
« ront de Luxembourg, ne eschappent aucuns traistres
« subgectz de l'empereur, natifz de pardeça, et entre
« autres ung nommé Grisevol, qui a esté prévost de
« par le roy à Luxembourg... si avant que par ladicte
« capitulacion faire se peult » (1).

Elle prie aussi Gonzague de faire lever le plan des fortications de Luxembourg et de le lui envoyer avec son avis : « Et pour ce que ladicte ville est la clef entre
« Allemaigne et ces pays (2), me ferez bien grand plé-
« sir et vous prye, avant que partez, la visiter et faire
« pourtrayre, avec les désaings de la fortiffication que
« reste à y faire, avec vostre bon conseil et advis sur
« le tout, et m'envoyer le tout ou le laisser ès mains du
« sénéschal de Haynnau pour me le faire tenir, affin
« que, selon ce, je puisse ordonner y estre besongné,
« puisque la fortiffication que les ennemis y ont faicte
« pourra grandement ayder au parfait d'icelle. »

Le 4 juin, le vice-roi répond : « Madame..... ne
« fauldray, depuis avoir visité la ville de Luxembourg,
« de faire pourtrayre et désaingner la fortiffication
« d'icelle, et ledict désaing, ensemble mon advis sur ce
« que restera à faire en ladicte fortiffication, envoyeray
« à Vostre Majesté, comme elle me le commande ;
« mais, à ce propoz, je ne laisse de faire entendre à
« Vostre Majesté, comme ces Françoys qui sont icy en

(1) Lettre précitée du 1ᵉʳ juin ; lettre du 2 juin dans le même sens à Pierre de Werchin. (Liasse 21 de l'audience).

(2) On voit que dès le XVIᵉ siècle la haute importance stratégique de Luxembourg était appréciée comme il convient.

« hostaige m'afferment pour chose véritable, que ladicte
« ville est si bien fortiffiée qu'il n'est pas besoing d'y
« faire davantaige » (1).

Le 7 juin, Marie insiste sur le même sujet et demande au vice-roi de visiter avant son départ les fortifications d'Arlon. Gonzague n'eut point le temps de visiter cette forteresse, et nous ne savons ce qu'il advint du plan de Luxembourg. Si la reine le reçut, ce ne fut que tardivement. Le vice-roi avait chargé de cette besogne l'un des hérauts de l'empereur, nommé Hayrault, « lequel s'entendoit de paincture. » Mais celui-ci, envoyé pour sommer un château, fut retenu par les Français et ne revint au camp de Gonzague que le 13 juin au soir (2).

L'évacuation de Luxembourg fut précédée de quelques incidents que nous ne devons point omettre. « Madame....., écrit le vice-roi à la date du 4 juin,
« aulcuns chevaulx des ennemys coururent l'aultre jour
« vers Lonwy, pour rompre et gaigner les victuailles
« que, du pays de Lorraine, s'envoyent en ce camp ; et
« hier encore en coururent aulcuns à l'entour de Metz
« pour le même effect. Néantmoins ne les ungs ny les
« aultres n'ont faict aulcun dommaige, ains, comme
« je suis adverty, s'en sont retournez incontinent. J'ay
« envoyé ce matin cinq cens chevaulx à Thionville, affin
« que, si les ennemys fussent venuz pardelà pour venir
« renvictailler Luxembourg du costé de delà, lesdicts
« cinq cens chevaulx les eussent empesché, et, avec

---

(1) Du camp, le 4 juin, (liasse 21 de l'audience).
(2) Gonzague à la reine, 14 juin, (même liasse).

« ce, adomaigé le plus qu'ilz auroient peu. Don Fran-
« cisco d'Est et monsieur le Grant (¹) alarent hier
« courir avec mil chevaulx jusques à Stenay, et seront
« de retour icy ce soir ou demain. Dieu vueille qu'ilz
« se puissent rencontrer avec les ennemys, car ilz leur
« bailleroyent une bonne scousse. »

Lorsque Francisco d'Este et le grand écuyer furent rentrés au camp, M. de Boussu confirma ainsi les informations prédédentes : « Madame, écrit-il dans la
« soirée, le vis-roy m'envoya sur les frontières pour
« corre avec le sieur don Francisque, accompaignez
« d'environ mil chevaulx, là où estoient deux de nos
« vielles bendes, et y avons esté trente sept heures à
« cheval, dont aujourd'huy en avons faict vingt lieues
« d'une traicte. Toutesfois n'avons rien faict... (²) ».

Sans doute d'Estoges ne savait point ce qui se passait autour de Luxembourg. Il aurait dû pourtant se douter que les troupes françaises se tenaient toujours aux environs de Stenay ; et on a peine à s'expliquer pourquoi, devant sortir de la place le samedi 7 juin, il demanda à avancer d'un jour l'exécution du traité de capitulation (³). « Madame, écrit Gonzague dans le
« post-scriptum de sa lettre du 4 juin, l'on a plusieurs
« advertissemens que monsieur d'Orléans se acten-
« doit à Stenay et que le Daulphin venoit après, non
« ad aultre effect que pour renvictailler Luxembourg ;
« mais facent ce qu'ils pourront, car ilz n'y seront à

---

(1) Le grand écuyer, M. de Boussu.
(2) Du camp, 4 juin, (liasse 21).
(3) « Nec satis decoram deditionem fecit », dit Beaucaire.

« temps (¹), pour ce que ceulx du dedans, combien qu'ilz
« ne soient obligés par la capitulation de sortir d'icelle
« jusques à sambedy, ce néantmoings ilz m'ont envoyé
« dire ce matin par l'héraul de l'empereur qu'ilz dési-
« rent grandement laisser ladicte ville et en sortiront
« vendredy prochain » (²).

Il est inutile d'ajouter que cette avance d'un jour fut acceptée avec empressement. Gonzague donna à Pierre de Werchin l'ordre de faire entrer l'enseigne de piétons de Gilles de Chappoigne aussitôt après la sortie des Français (³). Le 6 juin, les Français quittèrent la place et se retirèrent dans la direction de Stenay.

Pour épuiser ce qui concerne l'expédition du Luxembourg, il nous reste à dire ce qui se passa dans la ville reconquise après le départ de Gonzague : « Madame,
« écrit Pierre de Werchin à la reine le 10 juin 1544,
« pour advertir Vostre Majesté de la disposition de
« ceste ville, je y entrez hier apprès que l'armée fust
« partie, où je treuvis une fort grande désolation, sans
« beaucoup de maisons excepter qui ne soient gastées,
« et sans nombre toutte démollyes. Je ne puis oublier
« le chasteau, auquel je ne sçauroye faire demeure,
« sans premier y avoir faict quelque réfection.... Je
« feis hier assambler tous les bourgois, et furent mis

---

(1) C'était aussi l'opinion de Louis d'Yve qui, le 4 juin, écrivait à la gouvernante : « Madame, j'entens les annemys n'ont pour le présent moyen de « donner secours à ladicte ville, et sont empeschés à Pondevoie, Sedan, Mai-« sières, Mouson, Stenay, Montmédi, Jamés et Yvoys. »

(2) Liasse 21. — Boussu dit dans sa lettre du 4 juin, déjà citée : « Madame, « messieurs les François ne debvoient sortir de la ville jusques à sembedy. « Toutesfois, le vis-roy, à nostre arrivée (de l'excursion vers Stenay), nous a « dit comm' ilz avoient envoyé devers luy pour en sortir le vendredi. »

(3) Pierre de Werchin à la reine, 5 juin, (liasse 21).

« en quattre pars. L'une, ceulx qui n'ont volu demou-
« rer en la ville (¹) ; les secondz qui y ont tousjours de-
« mouré ; les tiercz qui y sont demourez et puis sortiz ;
« et les quatriesmes, ceulx qui y sont demourez, sortiz
« et voluntairement rentrez ; lesquelz trois sortes der-
« nières feirent serment nouveau à l'empereur. Quoy
« faict, je leur donnis à entendre que je suppliroye Sa
« Majesté et la Vostre pour eulx, affin de user de mi-
« séricorde, et ce, pour non les desconforter, déclarant
« néantmoins que, nonobstant ledict serment faict, je
« laissoye la correction et pugnition au bon plaisir de
« Sa dicte Majesté ; et les premiers, les merchiant de
« leur bon debvoir avecq tous bons propos. Depuis ce,
« me fut amené Grisbol et ung messagier qui se estiont
« saulvez, lesquelz ne veullent aulcune chose cognois-
« tre jusques ichy. Et si a prins Gilles de Chappoigne
« prisonniers deux cordeliers de ceste ville et ung aul-
« tre compaignon, les quelz tous je garda jusques
« à la venue du président et conseil (²) pour avoir
« leur advis, ausquelz j'ay escript pour se trouver
« ichy » (³).

Le 12 juin, la reine de Hongrie répond à Pierre de Werchin : « Je loue le bon debvoir qu'avez faict de
« prendre Grisebol et ses complices, lesquelz fault bien
« et estroictement garder, examiner et questionner, et
« nous envoyez leurs dépositions et confessions par

---

(1) Ceux qui avaient quitté la ville lors de la conquête française.
(2) Le conseil provincial de Luxembourg, son président Nicolas de Naves en tête, avait évacué Luxembourg pendant l'occupation française et s'était retiré à Trèves.
(3) Liasse 21 de l'audience.

« escript, sans attendre la venue du président et gar-
« der autre solempnité » (¹).

On fit son procès au prévôt Grisevol, qui fut pendu le 7 juillet, après s'être refusé à tous aveux (²).

Le prévôt ne fut pas la seule victime des représailles exercées par la reine Marie. Pierre de Werchin livra encore au bourreau, appelé exprès de la ville de Deux-Ponts, « trois fils de bourgeois, » dont l'un, nommé Claustruel, était tonnelier. Ces malheureux étaient coupables d'avoir accompagné les Français lors de leur évacuation de Luxembourg, puis d'y être rentrés (³).

Nous ne pouvons abandonner le récit des événements accomplis en Luxembourg, sans parler d'une importante et longue négociation qui s'engagea à cette époque entre Gonzague, la reine de Hongrie et l'empereur.

Les forces du roi de France consistant surtout en une gendarmerie excellente, Gonzague demande un renfort de 800 à 1000 chevaux d'ordonnance ; et, comme ceux qui se trouvent dans le Luxembourg n'y ont plus guère d'utilité, il demande à en prendre 400 sur 550 ; le surplus serait prélevé sur les 2,000 chevaux laissés pour la garde des frontières. « J'envoye, écrit-il
« à la reine (⁴), une aultre copie à Vostre Majesté de ce

---

(1) Même liasse.
(2) « Grisebolle fut samedy passé exécuté par la corde, qui, ny en la géhenne, ny dehors, n'a aucune chose confessé digne d'advertence. » Werchin à la reine, 8 juillet, (liasse 22). Une autre lettre de Werchin, du 9 août, prouve qu'on rendit à la veuve une partie des biens du défunt.
(3) Compte d'Henry de Luz, prévôt de Luxembourg. N° 13329 de la Chambre des comptes, aux archives de Bruxelles.
(4) Dépêche précitée du 31 mai.

« que j'ay escript ce jourd'huy à l'empereur (¹) ; et,
« par icelle, verra mon advis touchant les huit cens ou
« mil chevaulx que sont ycy nécessaires et que voul-
« drois avoir de ceulx de pardelà pour renforcement
« de ce camp... »

La reine répond le 1ᵉʳ juin (²) ; elle distingue entre les chevaux que Gonzague pourrait tirer du Luxembourg, et ceux qu'il emprunterait aux garnisons du Hainaut et de l'Artois. En ce qui concerne le Luxembourg, elle lui laisse toute liberté, en faisant observer néanmoins que, plus il prendra de chevaux, plus elle sera obligée d'entretenir de piétons pour la garde des villes et forteresses du duché ; d'ailleurs, tant que les Français occuperont Jamets, Stenay, Montmédy, Yvoix et autres places, il sera indispensable d'avoir sous la main de la cavalerie pour garder les chemins et passages : sans cela, les communications de l'armée impériale risqueraient d'être rompues ; enfin elle stipule formellement que les cavaliers empruntés au Luxembourg seront à la solde de l'empereur ; les Pays-Bas, dit-elle, sont bien assez chargés par l'entretien des 3,000 chevaux que commandent Boussu, Bréderode et Louis d'Yve. Quant à la cavalerie d'Artois et de Hainaut, la reine refuse de l'affaiblir. D'abord, dit-elle, il s'y trouve, non pas 2,000, mais seulement 1,500 chevaux,

---

(1) Nous n'avons pas retrouvé cette lettre à Bruxelles.

(2) On ne peut que s'étonner de la rapidité des communications par courriers montés. Comme on le voit, le courrier de Gonzague, parti le 31 mai de Luxembourg, était arrivé le 1ᵉʳ juin à Bruxelles. Ces courriers trouvaient des relais échelonnés sur leur route ; et ce sont ces relais que l'on appelait « les postes ». (Liasse 21 de l'audience).

et encore faut-il y comprendre ceux de sa propre bande(¹);
« desquels XV⁰, ajoute-t-elle, ne me puis passer pour
« la garde et deffence de ces pays, comme les gouver-
« neurs de Haynnau et d'Arthois soustiennent, en tant
« que les ennemis sont fortz sur les frontières de
« Haynnau tant de gens de piedt que de gens de che-
« val, et ont quelque emprise sur main contre icel-
« luy...... Aussy les gouverneurs de ces pays doub-
« tent, après que les armées de l'empereur et roy
« d'Angleterre seront entrez en pays d'ennemis, que
« les Franchois n'attemptent d'essayer et dresser leurs
« forches contre lesdicts pays ou l'un d'iceulx, mesmes
« advenant que celle dudict sieur roy d'Angleterre s'al-
« last bouter en la Basse-Normandie, que aussi qu'il
« est très requiz en avoir tel nombre pour garder et
« préserver les bleds et grains croissans ès dicts deux
« pays, dont les demeureans de cesdicts pays se sus-
« tentent, que autrement seroient en dangier mourir
« de faim. Parquoy, mon cousin, si trouvez avoir à
« faire de tel nombre, ne les vous sçauroye envoyer de
« ce costé ».

Le 3 juin, l'empereur, qui a reçu la lettre de Gonzague, revient sur le même sujet : « Madame ma bonne
« sœur, écrit-il à la reine de Hongrie, semble que,
« estant gaigné ledict Luxembourg et y délaissant pour
« la garde le nombre de gens de pied qu'il sera requis,
« il ne sera besoing d'entretenir en ce coustel-là le nom-
« bre des gens de cheval qu'il estoit advisé, qu'estoit
« de cinq cens cinquante, pour austant que, passant

---

(1) Elle était commandée par Claude Bouton, seigʳ de Corberon.

« oultre mon armée en terre d'ennemys, il est vrai-
« semblable qu'ilz auront assez à faire à garder les
« terres et fortz sans entreprendre ailleurs ; et pour
« ce me vouldroie bien servir en ladicte armée des IIII^c
« ou quatre cens cinquante, délaissant le surplus au-
« dict Luxembourg pour la garde d'icelluy. Et vous prie
« affectueusement que ainsi le faictes pourveoir *et que*
« *le paiement soit envoyé au camp et tousjours prest*
« *avec celluy des autres*, afin que inconvénient et désor-
« dre n'en advienne. Et davantaige, pour ce que, avec
« lesdicts gens de cheval, le nombre que je meyne ne
« sera encoires égal à celluy que l'on scet les ennemys
« pourront assembler, et qu'il semble que, entrant
« l'armée d'Angleterre par le coustel de Haynnau et
« Arthois, n'y aura aussi besoing de si grand nombre
« de gens de cheval que celluy qui y est, et que les
« frontières seront assez asseurées, je vous prie regar-
« der s'il seroit possible, sans trop défurnir lesdictes
« frontières ny mectre le pays en dangier, d'en povoir
« tirer encoires cinq cens pour me servir en ladicte ar-
« mée, et en ce cas les faire marcher incontinent, afin
« qu'ilz puissent arriver en l'armée avant qu'elle entre
« en terre d'ennemys, *et pourveoir semblablement à*
« *leur paiement* » (1).

---

(1) De Spire, 3 juin, (Correspondance de l'empereur et de la reine Marie, tome V, p. 4 et 5. — Dès que l'empereur a pris cette affaire en main, Gonzague s'en désintéresse. « Ayant veu ce que Vostre Majesté m'escript sur le fait
« des huit cens ou mil chevaulx que je désireroye avoir des pays de par deça,
« convient que, en cecy et toutes aultres choses, je me riegle et contente des
« voulentez de l'empereur et de Vostre Majesté ; car, depuis que je leur auray
« recourdé et faict entendre ce que me semblera estre nécessaire à leur ser-
« vice, me semble que je ne doibs estre obligé plus avant ; et à ceste cause,

La correspondance ou plutôt le débat se continue entre le frère et la sœur, et on peut voir avec quelle énergie, quelle indépendance la gouvernante des Pays-Bas stipule et défend les intérêts de ces provinces. Charles-Quint voudrait adjoindre à l'armée active 800 à 1,000 chevaux d'ordonnance ; la reine ne consent à en abandonner que 400 ou 450 ; l'empereur voudrait que cette cavalerie fut payée des finances des Pays-Bas; sa sœur repousse absolument cette charge. Le 6 juin, elle écrit (1) : « De envoyer leur paiement ne d'aultres,
« sinon pour III^m chevaulx (2) et les piétons du prince
« d'Orenges, au camp, est impossible en tant que, pour
« envoyer le payement desdicts III^m chevaulx et pié-
« tons, m'a convenu de postposer le payement de tous
« les garnisons, notamment de ceulx de Luxembourg,
« et si est deu quatre mois, et n'ay journellement lettres
« des frontières que pour avoir payement, menaschant
« abandonner les garnisons s'ilz ne sont payez ; et si
« n'ay encoires moyen de y satisfaire, et sera bien la
« fin de ce mois avant que je leur puisse faire quelque
« payement, lequel encoires sera bien petit, mais je
« ne puis faire davantaige ; dont je n'ay voulu laisser
« advertir Vostre Majesté, afin de non se forcompter,
« de tant plus que, avant le mois de septembre, *toutes*
« *les aydes accordées seront despendues, et n'y ay moyen*
« *de lors sçavoir troever ung solz* ; et, quant ores on

« me remectz à ce que Voz Majestez se détermineront par ensemble sur cest
« affaire. » Le vice-roi à la reine, du camp devant Luxembourg, 4 juin 1544, (liasse 21 de l'audience).

(1) Même correspondance, tome V.
(2) Les bandes d'ordonnance de Boussu, Bréderode et Yve.

« vouldroit demander nouvelles aydes, ne voye appa-
« rence de les obtenir ; et, quant les Estatz les voul-
« droient consentir, qu'ilz ne les sceussent payer, que
« est la plus grande perplexité en laquelle je me sentis
« oncques, craindant que lors le tout tombe en confu-
« sion, n'est que Dieu y pourvoye ou que Vostre Ma-
« jesté exploite si bien qu'on se puisse défaire de la
« plus grande partie des gens de guerre » (1).

L'empereur pensa d'abord à ne prendre que 200 chevaux parmi les 550 du Luxembourg, et à y joindre les 200 chevaux de la bande de Jean d'Yve. La combinaison ne put aboutir, parce que, au moment où la reine en eut connaissance, cette bande était déjà partie pour l'Artois, où elle devait trouver M. de Buren (2). On revint alors au plan primitif, qui consistait à prendre 400 chevaux dans la seule province de Luxembourg; et Gonzague avertit Pierre de Werchin qu'il lui laisserait pour la garde de la province les 50 chevaux de la bande de Werchin et les 150 chevaux du s^r de Blétenges; le vice-roi entendait donc (3) emmener les trois bandes de Gilles de Chappoigne (150 chevaux), de Guillaume

---

(1) Les historiens qui accusent Charles-Quint d'avoir aspiré à la monarchie universelle feraient bien de méditer de pareils documents. Comment s'y serait-il pris avec de telles finances, avec un appareil politique variant suivant les pays, mais toujours incompatible avec l'exercice du pouvoir absolu, (cortès d'Espagne, diètes de l'Empire, états-généraux des Pays-Bas), avec un mécanisme gouvernemental si compliqué qu'il succomba de fatigue à 58 ans ?

(2) Lettre du vice-roi à la reine, 31 mai, (liasse 20). Lettre de l'empereur à la reine, 7 juin, (Corresp. de la reine, T. V). Réponse de la reine, 12 juin, (même correspondance, T. V. p. 20).

(3) Pierre de Werchin à la reine, 10 juin, (liasse 21); dans cette lettre le gouverneur annonce même que la bande de Chappoigne est partie le 10 juin pour suivre Gonzague. — François d'Estrainchamps à la reine, Arlon, 11 juin, (même liasse) ; il prévient la reine qu'il est appelé par le vice-roi et lui demande la permission de quitter Arlon.

de Boullant s^r de Roullers (100 chevaux), et de François d'Estrainchamps (100 chevaux).

Ce second plan n'eut pas plus de succès que le précédent, parce que toutes les mesures militaires étaient sans cesse contrariées par le manque d'argent. Les bandes désignées par Gonzague ne se mirent point en marche, parce qu'elles attendaient le paiement de leur solde arriérée et se trouvaient dans un dénûment complet (¹).

Il fallait cependant aviser et le moment n'était pas propice aux longues délibérations. Le 15 juin, Marie de Hongrie informe le vice-roi qu'elle envoie à Arlon, pour se tenir à sa disposition, les 400 chevaux de Chappoigne, de Blétenges et de Roullers ; la bande de Pierre de Werchin demeurera à Luxembourg et celle d'Estrainchamps à Arlon (²).

Voilà qui semble bien convenu, et il ne reste plus à statuer que sur le paiement de la solde. La reine de Hongrie fait payer aux bandes qui vont partir ce qui leur est dû jusqu'au 31 mai et elle compte en être quitte à ce prix ; à partir de ce jour, la charge doit retomber sur le trésor impérial (³). A cela qu'aurait pu répondre Charles-Quint ? Soutenir une opinion contraire à celle de la reine de Hongrie aurait été chose difficile ; car,

---

(1) Gonzague à la reine, du camp sous Mont-Saint-Jean, 8 juin (liasse 21).
(2) La reine au vice-roi, (liasse 21).
(3) La reine de Hongrie au vice-roi, 8 juin, (liasse 21) ; la même au même, 11 juin, (même liasse) ; la même à l'empereur, 12 juin, (Corresp. de la reine, tome V, p. 20.) — Dans sa dernière lettre, la reine maintient avec fermeté sa doctrine financière : « Tenons pour certain, dit-elle, que V. Majesté pour-
« verra à l'avenir, car il me serait impossible d'envoyer leur paiement au camp,
« pour les considérations touchées en mesdictes lettres du VI• de ce mois. »

d'après le bilan dressé à Bruxelles avant le départ de l'empereur pour la diète de Spire, il avait été formellement stipulé que, parmi les troupes envahissantes, les Pays-Bas ne solderaient que les piétons du prince d'Orange et les 3,000 chevaux de Boussu, Bréderode et Louis d'Yve. Malheureusement pour la reine, la question devait encore une fois changer de face ; l'affaire des renforts de cavalerie, après avoir été ajournée, ne fut reprise que pendant le siège de Saint-Dizier (¹).

(1) Voir chapitre XV.

CHAPITRE V.

Gonzague se remet en marche. Prise de Commercy.

Le 7 juin, le vice-roi avait vu arriver au camp sous Luxembourg les 10 enseignes de piétons commandées par Wolff Van Paemerich, lieutenant du prince d'Orange. D'un autre côté, il avait sans doute reçu son artillerie, qui, suivant Boussu, devait arriver au plus tard le même jour. Désormais, rien ne le retenait, et il leva son camp le 8 juin au matin. « Madame, écrit-il
« à la reine du camp sous Mont-Saint-Jean, je suis
« party ce matin de devant Luxembourg et venu avec
« l'armée dormir icy, espérant partir demain et tenir
« mon chemin envers Toul ; en quoy useray toute la
« diligence qu'il me sera possible pour faire quelque
« exploict contre les ennemys..... (¹) ».
Nous avons très-peu de détails sur la marche du vice-roi jusqu'à Commercy. La reine de Hongrie rappelle seulement, dans une lettre à lui adressée le mercredi 11 juin, qu'il comptait être à Toul le lendemain. La chronique messine d'Huguenin (²) nous apprend que « un peu devant que l'empereur arrivast à Metz, le
« vice-roy vint à Metz, et il y fust deux jours, et puis

---

(1) Liasse 21 de l'audience.
(2) Editée par Lamort, 1838.

« partist et alla mettre le siège devant Commercy ». Mais Gonzague vint-il seul à Metz comme il y était allé en quittant Spire, ou bien son armée prit-elle avec lui ce chemin ? Un autre document indique que l'armée passa par Malatour (Mars-la-Tour) et par Sorcy (¹). Enfin, selon Dom Calmet, le vice-roi traversa Toul (²). Là se bornent nos renseignements. D'ailleurs il est certain que Gonzague fit la plus grande diligence ; car le 12 juin il était, non pas seulement à Toul, mais devant Commercy.

La terre, ville et seigneurie de Commercy dépendait du duché de Lorraine ; elle comprenait, outre la ville, deux châteaux forts baignés par la Meuse, appelés, l'un le château haut, et l'autre le château bas. Primitivement le tout avait été réuni dans les mains d'un seul seigneur sous la suzeraineté du duc de Lorraine ; mais après la mort de Jean I de Sarrebruche, époux de Mahaut d'Aspremont, décédé en 1341, la seigneurie entière fut divisée en deux fiefs distincts ; l'un dit du château haut, alla à Jean II, fils du précédent ; l'autre, dit du château bas ou de Sarrebruche, échut à Simon I, frère de Jean II. Les deux seigneuries se partageaient par moitié la ville de Commercy, la halle aux champs, le village de Breuil, la moyenne et la basse justice, le droit de bourgeoisie, celui d'afforage sur le vin, etc. Au moment qui nous occupe, la seigneurie du château haut appartenait à Philippe de Sarrebruche, veuve de

---

(1) Rapport de Robert de Heu (ou Huy) au vice-roi, non daté, mais écrit entre le 12 juin et le 15 juin. Liasse 21 de l'audience.

(2) Edition de 1728, t. III, 78.

Charles de Silly, sʳ de la Roche-Guyon, Aulneau et Rochefort ; elle l'avait recueillie dans la succession de son frère Amé III, décédé en 1525. La « damoiselle » avait pris possession de son fief le 17 novembre 1526. Quant à la seigneurie du château bas ou de Sarrebruche, elle appartenait au commencement du siècle à Gérard d'Avilliers. Lui mort, une transaction était intervenue entre Catherine d'Haraucourt, sa veuve, et le duc Antoine de Lorraine. Par suite, la seigneurie était passée à ce dernier, qui en 1530 l'avait échangée contre la terre de Kœurs, appartenant à Jacques de Larban, sʳ de Villeneuve, l'un des gouverneurs du jeune François de Lorraine. Villeneuve mourut vers 1542, laissant pour héritière sa fille, épouse de Jean d'Urre, sʳ de Thénières-en-Dauphiné, maître d'hôtel ordinaire du duc (1).

Commercy et ses deux châteaux commandaient le passage de la Meuse, dont l'armée envahissante devait absolument s'assurer ; aussi François Iᵉʳ prit-il de bonne heure la résolution d'y mettre une garnison. Nous ne voyons point qu'il ait consulté pour cela le duc Antoine, ni non plus que celui-ci ait fait entendre aucune protestation.

Quelle était la force de la garnison ? c'est ce qu'il n'est pas facile de déterminer. D'après le rapport de Robert de Huy, elle aurait été d'environ 700 hommes. « Item, dit-il, pendant que Vostre Excellence estoit lo-
« gée vers Sorcey, il at entré dedans Commercey le

---

(1) Détails tirés de l'histoire de Commercy, de Dumont, 1844.

« sieur d'Eschenoy, qui se dict de Tinteville (1), lequel
« est en nombre de septz cens hommes, et at mandé
« au roy que, avec l'ayde de Dieu, il espeir de tenir
« Commercey trois sepmaines pour le moyen (moins)
« *contre les forces que la Majestée de l'empereur y at
« de présent.* »

Cette information est précieuse à recueillir. Probablement Robert de Huy se trompe en faisant défendre Commercy par le sieur des Chenets, que nous allons retrouver bientôt à Ligny-en-Barrois avec les comtes de Brienne et de Roussy. Il est possible d'ailleurs que ce seigneur, étant inspecteur des places fortes de Champagne (2), ait eu mission d'introduire à Commercy la garnison chargée de la défendre. Quoiqu'il en soit, tous les historiens donnent pour chefs à la garnison française, d'abord un ingénieur italien, nommé Carbon qui, après avoir fortifié Stenay, avait reçu ordre de réparer et d'augmenter les défenses de Commercy, puis un seigneur champenois que Beaucaire appelle *Rausa* et que Varillas nomme *du Rozoy*. Du Boullay ajoute un troisième nom, celui d'un fils de Rance de Cère, célèbre capitaine italien passé au service de François Ier (3).

Nous saurions peu de chose sur ce siège, si nous

---

(1) Guillaume de Dinteville, seigneur des Chenets (ou d'Eschenais, Eschenez), Polisy, Dompmartin, bailli de Troyes, gouverneur de Bassigny, capitaine de Langres, chef d'une bande d'ordonnance de 50 hommes d'armes, époux de Louise de Rochechouart. Il est mort en 1559.

(2) « Lustrator oppidorum castellorumque Campaniæ. » (Commentariolus d'Antoine de Musica).

(3) Rance de Cère était romain d'origine ; il paraît être entré au service de François Ier vers 1528, lors de la funeste expédition de Naples. V. du Bellay, livre III.

étions réduit, comme l'ont été nos devanciers, à Martin du Bellay, Beaucaire, A. Ferron, Varillas, Mézeray et autres historiens français. L'historien de Commercy, M. Dumont, ne nous donne sur les opérations du siège qu'un seul renseignement, c'est que, du côté d'Euville, les assiégeants coupèrent la prairie par un fossé, qui s'est depuis appelé *fossé des Allemands*. Mais le héraut d'armes lorrain, Edmond du Boullay, nous apprend que le fils de Rance de Cère incendia la ville et le château bas ([1]), de telle sorte que l'attaque et la défense se concentrèrent sur le château haut. Martin du Bellay, consacre six lignes à ce fait de guerre. « Après avoir,
« dit-il, tiré quelques coups de canon, et faict bresche au
« droict de la grosse tour dans laquelle estoient les mu-
« nitions, les capitaines qui en avoient la charge, co-
« gnoissans la place n'estre tenable, la rendirent à l'em-
« pereur ([2]), et s'en allèrent les bagues sauves où bon
« leur sembla » ([3]). Cette grosse tour n'est autre que le château haut.

Par Bernardo Navagero, l'ambassadeur vénitien, nous connaissons quelques circonstances nouvelles : « De
« Commercy, sérénissime prince, écrit-il au doge le
« 7 juillet du Pont-à-Mousson, je ne rendrai compte
« à Votre Sérénité, pour ne pas l'avoir vu. C'est une
« ville très-forte et telle que, si du côté battu on avait
« achevé le terre-plein, qui était déjà fait dans toutes

---

(1) C'est la version de Beaucaire : « a nostris incensum erat (Comarcium) » ; et de Ferron : « ab ipsismet Gallis incensum ». Wotton dit peu vraisemblablement que le feu prit par hasard : « by casualtey ».

(2) C'est-à-dire à Gonzague.

(3) Allégation douteuse.

« les autres parties de la place, mais auquel il man-
« quait en cet endroit 16 à 18 pas, c'aurait été une
« entreprise très-difficile... » (¹).

Nicolas Wotton, ambassadeur de Henri VIII auprès de Charles-Quint, dans une lettre écrite de Metz à son maître, le 19 juin 1544 : « Au commencement, dit-il,
« les Français faisaient les vantards (*braggid*) et mon-
« traient bon visage, se moquant des Impériaux et leur
« criant : *à Landrecy, à Landrecy, canailles !* (²). Mais
« après que l'artillerie eût tiré un certain temps et
« que les tours et les maisons eurent commencé à leur
« tomber sur les épaules, leur cri se changea tout-à-
« coup en celui de : *miséricorde, miséricorde !* et ils
« s'abandonnèrent au plaisir du vice-roi, la ville étant
« pillée et mise à sac.... (³) ».

Un point sur lequel tous les témoignages sont d'accord, c'est que la garnison et ses chefs montrèrent peu de courage. « Les deux chefs, dit Beaucaire, consternés
« jusqu'au fond de l'âme, se rendirent ignominieuse-
« ment (⁴) ». « Même dans cet état, écrit Navagero, si
« les capitaines et les soldats du dedans avaient été
« valeureux, ils auraient pu se défendre, ou du moins,
« en succombant, faire périr beaucoup d'ennemis (⁵) ».

(1) « Da Comars, serenissimo principe, io non ne rendero conto a Vostra Serenità, per non haver lo veduto, forte assai, et tale che, se alla parte della battaria s'havesse compiuto da fare il terrapieno, il quale era già fatto in tutte l'altre parte del loco, et in quella mancava per 16 over 18 passa, saria stata impresa molto difficile.... »

(2) Allusion à la levée du siège de Landrecies en 1543. Les mots soulignés sont en français.

(3) State papers, Henry the eight, Foreing. Nous ne reproduisons point le texte des dépêches de Wotton, puisqu'il est imprimé.

(4) « Uterque (Carbon et du Rosoy)... ignominiose se dedidit. »

(5) « Benche anche a questo modo, se li capitani e soldati di dentro fossero

Enfin, Wotton nous apprend que Gonzague fut surpris d'un succès si prompt et écrivit à l'empereur que la place aurait pu être mieux défendue (1).

Combien de jours dura le siège ? Navagero parle de 4 jours ; Edmond du Boullay avance que le siège ne dura que 3 jours et que la ville capitula le 14 juin, date de la mort du duc Antoine de Lorraine. Un fait certain, c'est que, dès le 16 au matin, l'empereur était informé de la prise de la ville (2).

Si du Rosoy et Carbon avaient pensé obtenir par leur lâcheté la pitié du vainqueur, ils furent bien trompés. Du Rosoy put se racheter ; mais Carbon, coupable aux yeux du vice-roi d'avoir conseillé à François Ier de fortifier Stenay, fut mis à mort. Arnould Ferron ajoute même que les soldats italiens partagèrent le sort de leur chef (3).

Après la reddition, la ville et le château haut eurent beaucoup à souffrir de la part des troupes impériales et surtout des soldats allemands. Dom Calmet parle d'incendie ; d'après certains papiers conservés dans les archives de la famille de Raigecourt, les deux châteaux, les deux églises et ce qui restait de la ville auraient

« stati valorosi, o s'harriano potuto defendere, o, perdendo, harriano fatto « morire molti nemici. »

(1) State papers, IX, 722. Lettre à Henry VIII, 29 juin.

(2) A une lettre du 14 juin adressée à la reine du camp de Commercy, Gonzague ajoute, le 15, un post-scriptum ainsi conçu : « Madame, depuis avoir « escript ceste..., est succédé ce que Vostre Majesté pourra veoir par la copie « que luy envoye icy joincte de ce que j'escriptz à l'empereur, à la quelle me « remectz... » Il est donc probable que les propositions de capitulation furent faites le 14, à une heure assez avancée, et que le traité de reddition fut signé le 15.

(3) « Carbo coesus, quod Stenaci muniendi auctor regi fuerat. » (Beaucaire). « Carbo Italique, qui in praesidio erant, necati. » (Ferron).

été détruits ; le commandant du château haut aurait été pendu à la porte de la forteresse. L'historien de Commercy constate, d'après des registres du temps, que les ravages furent considérables ; il signale l'incendie des halles, le démantèlement des tours du château haut, la destruction des digues des évantaux et du pont de pierre, le comblement du puits du donjon. Les chanoines auraient été particulièrement éprouvés. « Leur église, dit M. Dumont, servit de corps de garde
« et d'abri aux troupes impériales ; tout ce qu'elle
« contenait fut livré au pillage ou saccagé ; les mai-
« sons du chapître, situées dans le haut de la rue des
« Moulins, furent complètement ruinées.....; la da-
« moiselle ne fut pas plus épargnée que ses vassaux
« etc (1) ».

(1) Tome I, page 349.

CHAPITRE VI.

Marche du régiment allemand de Conrad de Bemmelberg. Embauchages pratiqués par les agents du roi de France.

Gonzague allait recevoir à son camp de Commercy un gros renfort de 10 enseignes de piétons provenant du régiment allemand de Conrad de Bemmelberg. Ces compagnies n'étaient pas « pleines », comme on disait alors, et elles avaient été éprouvées par la désertion [1]. D'où

[1] Avant de parler des désertions dans l'armée de la Haute-Allemagne, signalons des faits analogues dans l'armée de Gonzague pendant la période que nous venons d'étudier. — Le 20 mai, Bréderode écrit à la reine Marie : « Madame, si je n'estois ichy (à Namur), plusieurs demeurcroient derrière, comme « aucuns ont très bien commencé. » (liasse 20). En conséquence, le 21 mai, la reine prescrit au prévôt de l'hôtel, dont la juridiction portait sur les gens sans aveu et les vagabonds, de publier de suite un mandement pour ordonner aux soldats errants de rejoindre leurs capitaines sous peine de la hart, (même liasse). Boussu et Bréderode réclament une application sommaire de la loi martiale contre les déserteurs, et demandent qu'on attache à leurs corps des prévôts des maréchaux. La reine s'empresse de leur donner satisfaction. Le 31 mai, Bréderode écrit : « J'ay receu la commission du prévost des maréchaux qui vous « a pleu m'envoyer, dont j'ay esté très ayse, espérant que ce jour d'huy ou « demain pour le tard feray dépescher ung des bendes pour donner crainte « aux autres.... Je vouldroys bien qu'il pleust à V. M. commander au bailly « de Namur et autres officiers de passaiges de ne point laisser passer nulz hom-« mes à cheval, s'ilz n'ont congié de leur cappitaine par escript ; car je crains qu'il « y en a qui se desroberont. » Et le 4 juin, la reine écrit au bailly de Namur : « Les srs de Bréderode et aultres estans au camp devant Luxembourg trouvent « faulte en leurs gens de cheval et craindent que plusieurs d'entre eux sans « congié ou aultrement céléement s'en retirent et se mettent en leurs maisons, « délaissant le service de Sa Majesté au besoing, et se retreuvent en après au « jour de la monstre pour recevoir leur paiement. » Elle lui enjoint donc de s'opposer par la force au passage des gens d'armes non pourvus de passeports (liasse 21 de l'audience). Cette tendance à la désertion et à la fraude paraît avoir disparu lorsque Gonzague eut quitté le duché.

provenait ce fléau, qui au XVI⁰ siècle atteint toujours les troupes mercenaires, pour peu qu'elles arrètent leur marche? D'un embauchage aussi audacieux qu'acharné, pratiqué par les agents de François 1ᵉʳ. C'est ici le moment de nous occuper de ce système de corruption.

La diète de Spire avait pris plusieurs résolutions relativement aux sujets allemands qui étaient alors au service de la France ou qui manifestaient l'intention de la servir. Les premiers reçurent l'ordre de rentrer dans leurs foyers sous quinze jours ; quant aux autres, la diète statua que, pendant la guerre prochaine, tout sujet allemand prenant les armes sous un drapeau étranger contre l'empire ou l'empereur serait exilé à perpétuité et encourrait la confiscation de ses biens ; en outre il subirait la peine de mort, si ultérieurement il venait à être saisi de quelque manière que ce fût. Il n'est point parlé dans ces résolutions du crime d'embauchage, parce que, comme l'espionnage, il a toujours été passible de la peine de mort suivant les lois de la guerre.

François 1ᵉʳ tenta d'éluder ces mesures. Il fit délivrer à plusieurs capitaines des brévets ou commissions pour enrôler des soldats sur les territoires impériaux ou alliés à l'empire ; et une nuée d'officiers et d'espions français entreprit bientôt d'embaucher les troupes que Charles-Quint faisait lever ou passer à monstre entre Metz et Strasbourg, autour de cette dernière ville et dans les environs d'Epinal.

Nous pouvons suivre dans nos documents inédits les traces de ces manœuvres.

La première indication se rapporte à une échauffourée dont nous ne comprenons pas bien le sens. Elle est racontée par Christophe Mont, envoyé de Henri VIII à la diète de Spire, et nous n'en trouvons ailleurs aucune mention. Suivant Mont, quelques enseignes de piétons allemands, revenant de France au commencement du mois de mars, marchaient le long du Rhin lorsqu'elles furent attaquées près de Mayence par des gentilshommes du comte palatin (*nobiles ex palatina familia*). Ceux-ci, après en avoir tué ou blessé un certain nombre, emmenèrent les autres prisonniers. Un capitaine de la garde envoyé sur les lieux par l'empereur fit désarmer les simples soldats (*gregarii milites*), et reçut d'eux le serment que jamais plus ils ne serviraient le roi de France ; les capitaines et autres officiers (*centuriones et tribuni*), au nombre de seize, furent conduits enchaînés à Spire (1).

Mont cherche à expliquer la présence de ces soldats allemands dans les environs de Mayence : « On dit ici, « écrit-il, que le roi de France leur a ordonné de sor- « tir de son royaume, parce qu'il attend une armée « turque ; d'autres pensent qu'ils ont quitté le service « de ce prince à cause de la sévérité de la discipline et « de l'abaissement de la solde. » Mais pourquoi furent-ils attaqués par les gentilshommes de l'électeur palatin ? Ils revenaient de France (*revertentes ex Gallia*) ; donc ils prévenaient les édits ou résolutions ci-dessus analysés, dont la publication ne se fit qu'en avril 1544. Très-probablement, c'est parce que ces résolutions n'a-

(1) Dépêche latine, de Mont, dans les *State Papers,* IX, 617.

vaient pas encore été publiées que les agresseurs ne virent dans les gens qui descendaient le Rhin que des auxiliaires français. Il y eut là, ce semble, quelque malentendu.

Le 3 mai, un des premiers personnages de la cour de France, le cardinal de Lorraine lui-même, est en rapport avec un seigneur lorrain, le sieur de Frénay. Ce lorrain, qui aurait dû garder la neutralité comme son duc et son pays, avait d'ailleurs l'habitude de servir sous les drapeaux français avec des auxiliaires allemands, *landsnechts* (1). Le cardinal lui écrit : « … Sy
« vous luy (au roi de France) voulez faire service et
« serment comes les aultres cappitaines, *sans réserva-*
« *tion de l'empire, prince ou aultre, qui qu'il soit*, il
« se servira de vous avec les six enseignes qu'il vous
« a accordé, moiennant que vous lui envoiez ledict ser-
« ment, ensemble celluy de voz lieutenans et cappi-
« taines, pareil au vostre, signé de voz mains et sellé
« de voz armes…. (2) ».

Les menées du roi de France en Gueldre nous sont signalées par le prince d'Orange : « Madame, écrit-il
« de Thoren à la reine de Hongrie le 21 mai, ne veulx
« laisser de advertir Vostre Majesté comme il y a deux
« capitaines en Gheldres qui ont bestellinge du roy de
« France, chascun pour huyt enseignes, dont l'ung est
« Hanshen van Geldre. Je n'ay peu savoir le nom de
« l'autre. J'en ay incontinent adverty le sieur de Hooch-

---

(1) Il est souvent question de lui dans les Mémoires de du Bellay, qui l'appelle *du Fresnoy*, et qui le dit chef d'un régiment de 4,000 allemands. Il avait fait en 1543 la campagne du Luxembourg.
(2) Liasse 20 de l'audience, lettre datée de Ribécourt.

« trate (¹), et suis après pour le faire trousser s'il est
« possible (²) ».

Metz est aussi enveloppé dans ces manœuvres. L'empereur écrit le 31 mai de Spire au corps du Magistrat :
« Chiers et feaulx, nous fumes adverty que..... il y a
« aucuns capitaines en la dicte cité qui meynent plu-
« sieurs praticques contraires à nous et au Saint-Empire
« et travaillent à attirer les piétons pour le service de
« France, sans que y mectez aulcun empeschement ; et
« pour ce avons enchargé au porteur de cestes soy
« treuver devers vous et vous déclarer nostre inten-
« tion, vous requérant et enchargeant que, en tout ce
« dont il vous requerra, luy faictes donner toute fa-
« veur, ayde et assistence, et mesmes pour l'appré-
« hension desdicts capitaines... » (³).

Mais c'est surtout à Strasbourg et à Epinal (⁴) que se pratique hardiment l'embauchage des troupes impériales.

Dans les environs de Strasbourg et sur les deux rives du Rhin était rassemblé le régiment haut-allemand de Conrad de Bemmelberg ; il devait passer ses monstres dans la seconde quinzaine de mai. Un mot sur le « couronnel ». Bemmelberg, sieur d'Ehinghen et

---

(1) Philippe de Lalaing, gouverneur de la Gueldre. Le 25 mai, la gouvernante lui écrit dans le même but : « tâcher d'attraper et appréhender au « corps Hansten van Gelre et son compagnon avec leurs complices et adhé-
« rens, pour en faire la pugnition et correction exemplaires. »
(2) Liasse 20 de l'audience.
(3) Liasse 20 de l'audience.
(4) M. Ch. Paillard avait recueilli des documents et se proposait d'écrire un chapitre spécial sur les embauchages d'Epinal. Ce chapitre ne nous est point parvenu. (G. H.)

chevalier de la Toison d'or, était un personnage important ; néanmoins on le désigne le plus souvent par un surnom : colonel Hess, ou Hessen, ou encore le petit Hesse (cleine Hess), sans doute à cause de sa taille. D'après l'*Ordo militiæ* d'Antoine de Musica, son régiment était de 7936 piétons (¹) rangés sous 20 enseignes, ce qui donne 400 hommes environ par enseigne (²). Il avait sous lui quatre capitaines (*tribuni inferiores*) commandant chacun à 5 enseignes, savoir : Bernard de Schauembourg, Conrad de Hansteyn, Erasmus Van der Hauben et Hildebrand ou Aliprand de Madruce, ou, dans les documents allemands, Madrutch.(³). Van der Hauben devait passer ses monstres à Geispolsheim, Madruce à Rastadt, les deux autres dans les environs.

Vers le milieu de mai, Charles-Quint fut informé à Spire que la désertion sévissait d'une façon effrayante parmi ses piétons, et que, s'il n'y mettait bon ordre, la moitié de l'effectif disparaîtrait. Aussitôt il envoya à Strasbourg son homme de confiance, Jean de Lyère, sr de Berchem, surintendant des affaires militaires allemandes.

Lyère se mit en chemin sans retard. Sur sa route il rencontra les srs de Flagy et de Thoraise, qui l'instruisirent pleinement des « meschantes praticques fran-

---

(1) Selon le recensement du 24 juillet devant Saint-Dizier.

(2) Par conséquent des enseignes n'étaient pas au complet. « In Alemania « sotto una bandiera s'intendono 500 fanti ». (Navagero).

(3) Frère de l'évêque de Trente. Au commencement de la bataille de Cérisoles il se battit en combat singulier avec le capitaine la Môle, et eut la joue transpercée d'un coup de pique. Voir Mémoires de Montluc, et Brantôme, Capitaines étrangers, disc. 29.

« çoyses, lesquelles se menoyent en ceste ville (Stras-
« bourg) et alentour d'icelle pour mener ces piétons
« en France, aussi attirer ceulx mesmement lesquelz
« estoyent levez pour le service de Sa Majesté. »

Il arriva à Strasbourg le 25 mai au soir, et s'aperçut tout aussitôt que sa tâche était difficile et compliquée. Les Français avaient 1,200 hommes à Markirk et dans un village de Lorraine nommé Véron (¹) « qui est « oultre la montaigne à quatre lieues d'ici. » Les campagnes entre Markirk et Strasbourg, comme aussi la cité impériale elle-même, étaient inondées d'agents français qui embauchaient les piétons allemands à beaux deniers comptants et se faisaient aider dans cette besogne par des femmes de mauvaise vie ; les paysans alsaciens, qui sans doute y trouvaient leur compte, favorisaient la désorganisation. Le Magistrat de Strasbourg restait inerte (²), parce que dans cette ville commerçante on était habitué à laisser aux étrangers une grande liberté d'allures, et, pour ne pas indisposer la population, on se gardait de démarches qui auraient abouti à des rigueurs. Cette inertie était grandement facilitée par l'absence du bourgmestre Jacques ou Jacob Sturm, en mission à Spire avec quelques-uns de ses collègues.

A l'arrivée de Lyère, le peuple de Strasbourg manifesta contre lui une sourde hostilité, et même, s'il faut en croire le surintendant, une sympathie visible pour

(1) *Markirk*, Sainte-Marie-aux-Mines, au N. N. O. de Colmar. Nous ne savons quel est le village que Lyère nomme *Véron*.

(2) Il avait bien fait publier contre les embaucheurs un ban analogue au ban impérial ; mais, en réalité, il se désintéressait de la question.

les français ; ce qui vraisemblablement est une exagération. Les habitants de Strasbourg ne pouvaient désirer le succès des armes françaises ; car, à cette époque, toute la chrétienté, en dehors de la France, étaient indignée de voir le fils aîné de l'Eglise Catholique s'allier avec Soliman ; mais ils craignaient les empiétements, les abus d'autorité, la violation de leurs franchises et privilèges, la substitution de la justice impériale ou même d'une justice militaire sommaire à leur juridiction locale ; c'est ce sentiment qui apparait dans les documents que nous allons analyser.

Lyère se met de suite à la besogne. Dans la situation où il se trouve, l'argent est un auxiliaire précieux ; heureusement le « lauffgelt » est arrivé le 24 mai « sur « la montagne de Saltz » pour trois régiments, c'est-à-dire, croyons-nous, pour trois subdivisions de cinq enseignes ; ce qui permet au surintendant de verser à chacun des commandants 1,000 écus d'à-compte par enseigne.

Il était temps d'ailleurs que Lyère arrivât. « Les « émissaires français, écrit-il à l'empereur le 26 mai, « vont et viennent en ceste cité secrètement ; mais ilz « repairent la plus part aux villaiges d'ici à l'entour « et ont force bourgeois favorisans à eulx, lesquelz « leur envoyent les piétons là dehors ». Certaines enseignes ont perdu 20, 30, 40, 150 et jusqu'à 200 hommes ; si on eût retardé les monstres, on n'eût plus trouvé le tiers des gens. « Les piétons sont fort inso- « lens et intollérables, ainsi que le disent les capitai- « nes ; le bruyt des escuz françois en est cause. Ilz

« disent appertement qu'ilz ne se lairront contenter
« ainsy que les hommes du comte Guillaume (de Furs-
« temberg) ».

Pour découvrir les fauteurs du mal, Lyère résolut d'user de ruse. Le 26 mai, il choisit huit hommes sûrs et les expédia par les campagnes. « Si vous rencontrez les Français, leur dit-il, vous feindrez de vouloir entrer à leur service ; vous recevrez leur argent et vous leur promettrez de revenir avec des compagnons. » Le même jour, il fit arrêter un meunier suspect que par précaution il consigna aux sergents de la Loi, et dépêcha le sous-commissaire Cornelius Van der Ee « vers ceux de « la Justice, leur envoyant dire que ilz en fissent la jus- « tice, se il en estoit convaincu, ainsy que ilz pense- « royent en rendre bon compte à Sa Majesté. » A un foyer d'embauchage qui lui était signalé, il envoya encore Van der Ee avec 25 ou 30 hommes de cheval ; le sous-commissaire tomba sur les déliquants, en tua trois et en prit sept ou huit grièvement blessés, « dont l'un « recepvoit les piétons au service de France » ; les autres s'enfuirent. Lyère voulut persuader aux seigneurs de la Justice de se charger des prisonniers, « sauf à « les rendre aux commis de Sa Majesté »; mais les magistrats refusèrent, et Lyère se vit obligé de garder lui-même sa prise jusqu'à la réception des ordres de l'empereur [1].

La réponse de l'empereur fut prompte et menaçante. « Le roi Ferdinand, mande-t-il le lendemain, a « escript bien expressément au bourgmaistre de Stræs-

---

(1) Liasse 20 de l'audience. Lettre de Lyère à l'empereur, Strasbourg, 26 mai.

« bourg, luy donnant à entendre que s'ilz ne pour-
« voyent à empescher lesdictes praticques, nous serons
« contrainct y mectre l'ordre que verrons convenir
« pour nostre service ». En attendant, il faudra conduire hors de la ville les principaux prisonniers et les faire exécuter ; les autres seront amenés dans une barque à Spire. Il faudra en outre essayer de tomber sur les français avec les chevaux des s^{rs} de Dissey et de Méluzey (¹), et les écraser (²).

Lyère n'employa pas la journée du 27 mai moins activement que celle du 26.

Tout d'abord on lui signale « des piétons qui se ras-
« sembloyent et recevoyent argent d'aucuns Françoys,
« entre lesquelz estoyent aucuns de ceulx lesquelz
« avoyent prins argent des capitaines de Sa Majesté ».
Il les fait surprendre ; deux sont tués ; huit autres sont envoyés prisonniers à Geispolsheim, où campe Van der Hauben ; ordre est donné que désormais les campements des piétons impériaux soient gardés par des cavaliers.

Arrive ensuite un espion qui déclare que les capitaines français lui ont payé 5 écus et lui en ont promis 50 s'il amène dix compagnons. L'espion ajoute qu'en ce moment neuf embaucheurs et trois femmes soupent dans une hôtellerie près du logis du surintendant. Aussitôt Lyère somme le Conseil d'envoyer ses sergents à l'endroit désigné. Lui-même fait cerner l'hôtellerie par

---

(1) Marc de Rye, s^r de Dissey, commandant de 130 chevau-légers bourguignons. — Nous n'avons pu retrouver le nom patronymique du sieur de Méluscy.

(2) Charles-Quint au sieur de Lyère, Spire, 27 mai, (liasse 20 de l'audience).

quelques capitaines jusqu'à l'arrivée des sergents. Les capitaines pénètrent dans la maison ; déja neuf coupables ont réussi à se dérober ; les trois autres, « dont un gentilhomme », sont trouvés dans une cave. Mais le peuple de Strasbourg s'émeut, et la scène devient trop intéressante pour que nous ne laissions pas à Lyère lui-même le soin de nous la raconter.

« Le peuple se rassambla fort, écrit-il à l'empe-
« reur (1), et estoit mal content, selon le semblant
« que il fist, disans que ilz n'estoient accoustumez
« de veoir cest rudesse. Je me pourmenoys à l'en-
« tour du logis, parlant à aulcuns des principaulx, re-
« monstrant que je ne vouloys entreprendre quelque
« chose au préjudice de leurs privilèges, seulement
« faire appréhender ceulx lesquelz, contre le mande-
« ment de Vostre Majesté et de ceulx de la Loy, séduy-
« soyent le peuple et nous emmenoyent nos piétons
« pour mener en France ; de sorte que les contentay,
« et les fiz mener en prisons particulières, bien esbahyz
« et bien estonnez. Ceulx de la Loy ne firent semblant
« de riens. Je croy que ilz l'eussent voluntiers empes-
« chiez, se ilz eussent eut occasion ou couleur aulcune.
« Seulement, soubz umbre de mutination du peuple,
« lequel favorise ces gens et n'est accoustumé de veoir
« ces choses, ont tâché et tâchent encoires de me pro-
« hiber de faire ces exploictz, se offrans de faire pren-
« dre tous ceulx lesquelz je sçauroys culpables et favo-
« riser les François publicquement, sans que y eusse
« gens des ceulx de Vostre Majesté. A la vérité, sire,

(1) Le 27 mai, (liasse 20 de l'audience).

« se il fauldroit actendre ou eussions actendu jusques à
« ce que ilz les fachent ou eussent faict prendre, cer-
« tainement ilz eussent bien esté dehors du dangier
« auquel ilz se treuvent maintenant. Il me semble
« bon de faire traicter avec Jacob Sturmius à Spyere ;
« car ceulx de ceste ville se remectent de toutes cho-
« ses sur luy, et, les siens (1) estans présentement à
« Spyere, le peuple se monstre fort affectionné aux
« Francoys. Il semble à ceulx lesquelz sont bons pour
« Vostre Majesté et à plusieurs aultres de ces sei-
« gneurs lesquelz sont icy, que, se il pleust à Vostre
« Majesté venir par icy et prendre le serment d'eulx,
« que, de la veue de V. M. et pour raison dudict ser-
« ment, leurs affections et cueurs pourroient aucune-
« ment changer, et que ce ne pourroit que grande-
« ment profficter et avancer les affaires de Vostre
« Majesté pour l'advenir en ceste cité. »

La réponse de Charles-Quint est du 29 mai (2) ; elle n'est pas faite pour décourager Lyère dans ses entreprises contre les privilèges locaux. L'empereur approuve entièrement sa conduite et lui réitère l'ordre d'exécuter les prisonniers « sur le lieu des mons-
« tres, pour tant plus donner exemple et craincte....
« Quant aux trois prisonniers qui sont esté trouvez
« dans une cave, dont ceulx de la ville font difficulté
« les laisser emmener, nous avons sur ce bien expres-
« sément fait parler ce matin par le sieur de Granvelle
« au bougmestre Stormius, afin d'escripre ausdicts de la

---

(1) Les membres du Magistrat les plus affectionnés à Jacques Sturm.
(2) De Spire, (liasse 20 de l'audience).

« ville de les permectre emmener icy, et aussi de non
« souffrir telles praticques y estre menées ; en quoy il
« a promis de faire tout bon office, *et seulement mec-*
« *toit difficulté de emmener lesdicts prisonniers, pour*
« *estre contre les privilèges de ladicte ville, mais bien*
« *qu'ilz en feroient justice et pugnicion,* et qu'il en
« escriproit bien lettres ausdicts de la ville. Et pour
« ce, ferez toute instance possible devers eulx pour
« nous povoir envoyer lesdicts prisonniers ; et si enfin
« ne le povez obtenir, tiendrez main que justice exem-
« plaire s'en fasse conforme à leurs démérites et comme
« ennemys de nous et du Sainct Empire. »

La même lettre nous apprend que Charles Quint eut un moment le projet de passer par Strasbourg dans son trajet de Spire à Metz. « Et quant à nostre allée
« audict Strasbourg, nous avyons desjà pensé de des-
« sus ; et toutesfois n'y ne nous y sommes encores du
« tout résolu. Bien en pourrez donner quelque espoir
« auxdicts de la ville, comme avons aussi fait dire audict
« Sturmius, lequel eust bien désiré sçavoir nostre fi-
« nale déterminacion et le temps que y pourrions estre,
« pour, selon ce, pouvoir faire les provisions de chairs
« et autres choses ; mais nous ne l'avons du tout as-
« sheuré, et seulement fait dire que l'en advertirions
« par temps. »

De jour en jour, Lyère comprenait mieux l'étendue des ravages occasionnés par la désertion. « Sire, écrit-
« il à Charles Quint le 29 mai, il plaira sçavoir à Vostre
« Majesté que je ne me suis de riens abusé d'avoir es-
« cript à icelle que, se j'eusse tardé ma venue en ceste

« ville, que je n'eusse trouvé le tiers des piétons,
« quant, après avoir fait toute la diligence possible pour
« garder les passaiges et chastier tant iceulx lesquelz
« practiquoyent de noz piétons que les piétons mes-
« mes, desquelz y a tuez desjà tant que n'en sçay le
« nombre, oultre bon nombre de prisonniers (1), en
« continuant en cest affaire la mesme garde, je n'aye
« présentement espoir de povoir mener à Vostre Ma-
« jesté la moictié, ou guaires plus, du nombre que
« Vostre dicte Majesté demandoit, tant ilz sont aveuglez
« et endiablez des escuz et practicques de France. Tel
« capitaine, lequel en avoit améné jusques à six ou
« cinq cens cincquante piétons, ne luy sont demeurez
« deux cens cincquante. »

Ce n'était pas au moins que le sieur de Méluzey et les officiers qui lui avaient été adjoints ne fissent très bien leur devoir ; mais ils étaient trop peu nombreux pour garder la frontière, et d'ailleurs la nature boisée du terrain favorisait les désertions. Dans la nuit du 28 au 29 mai, deux cents piétons allemands passèrent aux Français avec deux capitaines. « Je crains que ilz ne
« voisent tous en France, s'écrie Lyère avec désespoir;
« car la frontière est trop grande ; avec deux cens che-
« vaulx ne la sçauroye garder, et tous les villageois
« sont favorisans aux François. » Les piétons persistaient à exiger une augmentation de solde ; les gens d'Erasmus Van der Hauben allaient jusqu'à demander qu'elle fut doublée (2) ; la moitié de l'effectif de Conrad

---

(1) Dans une autre lettre à l'empereur du même jour, Lyère dit qu'il y a 18 ou 20 tués et 40 prisonniers.

(2) « Erasmus van der Hauben ne passera ses monstres si on ne radoube cest affaire. »

— 82 —

de Hansteyn quitta le lieu de ses monstres et se dirigea sur Strasbourg. Hansteyn envoya un exprès à Lyère pour lui recommander « de serrer le pont de la rivière du Rhin » de façon à intercepter le passage (¹) ; mais ce n'était point chose commode (²).

Dans ces circonstances critiques, la présence du petit Hesse eut été bien utile ; malheureusement il n'était pas encore arrivé le 29 mai. En son absence, Lyère propose un moyen. « Sire, écrit-il à l'empereur, il sera
« maintenant tamps que Vostre Majesté face démons-
« tracions sur ceulx lesquelz vont ou iront en France,
« (on sçaura bien leurs noms des registres des capi-
« taines), et leur envoyer femmes et enfans après, et les
« faire mettre dedans le ban impérial, et faire impri-
« mer leurs noms et publyer partout, et confisquer leur
« bien et le donner pour Dieu aux povres. »

Le 28 mai, Lyère fait appréhender dans la ville dix piétons coupables de s'être laissé séduire, et les consigne à messieurs de la Justice (³). Le 30 mai, il fait pendre à Geispolsheim « jusques à cincq des principaulx. » Le 31 mai, il fait pendre au même lieu neuf autres prisonniers. La veille, il avait fait supplicier sur le front des piétons de Schauembourg « ung qui avoit reçut vingt escuz d'ung François ».

Il se hâtait aussi de faire passer les monstres pour

---

(1) Donc Hansteyn était cantonné, comme Madruce, sur la rive droite du Rhin.

(2) Il est à remarquer que la désertion ne sévissait ni sur le corps de Schauembourg ni sur les enseignes de Madruce.

(3) Le même jour, il conclut un marché avantageux avec le Magistrat ; il acheta 1000 maldres de froment, à raison de 19 bats le maldre, alors que le prix courant était de 30 bats ; le marché comprenait en outre 2000 maldres de seigle. (Lettres de Lyère à l'empereur, 29 mai, liasse 20 de l'audience).

soustraire le plus tôt possible les soldats de l'empereur aux tentations qui se renouvelaient « comme la hydre de Hercules ». Le 30 mai furent « lestées et concleues » 11 enseignes : les cinq de Schauembourg, les cinq de Van der Hauben et une de Conrad de Hansteyn. Les quatre autres avaient précédemment accompli cette formalité. Ces enseignes partirent dans la direction de Metz.

Jusques là, Lyère n'avait point désespéré de paralyser à Strasbourg la justice locale ; les premières arrestations avaient été opérées par ses gens ; c'est lui qui avait fait conduire embaucheurs et embauchés « ès prisons particulières ». Dans cette période d'autocratie, il consentait bien à remettre les prisonniers entre les mains du Magistrat, mais seulement à titre provisoire et sauf ressaisissement ultérieur au profit « des commis de Sa Majesté ». De même, à l'instigation de son lieutenant, l'empereur demandait en premier lieu que les prisonniers lui fussent envoyés à Spire, et ce n'était que subsidiairement qu'il pressait le Magistrat « d'en faire la démonstration. » Mais les représentations de Sturm, la sourde résistance du Magistrat, l'émotion du peuple, donnèrent à réfléchir. Lyère finit par conseiller à son souverain de laisser agir le Magistrat pour les arrestations dans la ville, en se réservant simplement le droit de réquisition. De son côté, la Loy strasbourgeoise comprit que le meilleur moyen de défendre sa juridiction, c'était de montrer quelque vigueur. Lyère lui rend témoignage à cet égard. « Il n'y a jour, écrit-il « le 31 mai, que ceulx de ceste ville ne prengnent jus-

« ques à dix, quinze et aulcunes fois vingt, et font *à
« ma requeste,* en ce, bon debvoir, dont plusieurs sont
« esmerveillez ». Mais, si le Magistrat se conduit bien,
s'il ne relâche plus personne sans le congé du surintendant, même alors que l'arrestation a été reconnue
mal fondée, c'est qu'il veut éviter que l'empereur n'y
mette la main. Lyère voit dans cette situation une occasion favorable pour traiter avec la Loy.

« Hier, traictay avec ceulx de ceste ville, écrit-il à
« l'empereur le 31 mai, ensuyvant et conforme à ce
« que il ait pleu à V. M. m'escripre ; et à cause qu'ilz
« n'avoient receupt aucunes nouvelles de Sturmius et
« de ce que monsieur de Grantvelle avoit traictié avec
« luy, ilz prendrent délay à me respondre jusques à
« ce que eussent esté informez dud. Sturmius du bon
« plaisir de Vostre Majesté, se offrans de obéir en tou-
« tes choses à V. M., *réservez leurs droictz et privilè-
« ges* ; et ne voy grand espoir que ilz doivent consigner
« les prisonniers ès mains des commis de Vostre Ma-
« jesté. A mon advis, soubz correction, on perdra paine
« de faire instance ; et sera plus grand exemple pour
« l'advenir, se eulx mesmes les fachent exécuter selon
« leur démérites ensuyvant les commandemens de
« Vostre Majesté, veu que ce sera chose non accous-
« tumée, principalement en ceste ville, et perderont
« ces meschans espoir d'y estre comme paravant sup-
« portez ; et pour les mener à ce point, il sera besoing
« que on fache instance avec Sturmius, et, de mon cos-
« té, ne le mettray en oubly de faire continuelle pour-
« suyte ».

Le 1ᵉʳ juin, Lyère soutient encore la même doctrine :
« Si Vostre Majesté, dit-il, presse ceulx de Stræsbourg
« que ilz facent justice des prisonniers lesquelz ilz
« tiennent, ce proffitera grandement ; car ilz (les Fran-
« çais) n'auront jamais la confiance de venir mener en
« ceste ville leurs meschantez. De ma part, avant de
« partir, feray instance à eulx que ilz en fachent telle
« justice comme le cas mérite, ensuivant les paines
« contenues ès mandement de Vostre Majesté et les
« receis de l'Empire, en les admonestant que, en ce,
« ilz se gouvernent de sorte que Vostre Majesté ait
« raison de se contenter d'eulx (1) ».

Le 2 juin, il mande à Charles-Quint qu'il compte quitter Strasbourg le lendemain pour aller attendre l'empereur à Metz. Que ferait-il plus longtemps à Strasbourg ? Les coupables appréhendés hors de la ville en flagrant délit d'embauchage, et qui pour cette raison tombaient sous sa juridiction, ont été ou pendus ou renvoyés à leurs capitaines. Les autres, ceux qui ont été arrêtés à Strasbourg et consignés au Magistrat, le Magistrat refuse de les soumettre à la torture ou de les laisser torturer. Dès lors, pourquoi s'occuper d'eux ? Certes, ils n'auraient garde d'entrer en aveu.

Lyère est fatigué de ses luttes contre la Loy strasbourgeoise. Malgré tous ses efforts, les manœuvres françaises continuent. « Les practicques d'iceulx sont mer-
« veilleuses en ceste ville et quasi incréables, et y sont
« fort soubtenuz par le commun peuple, *bien que je*
« *croy que le conseil n'en siet à parler. Toutes fois,*

(1) Lettre du 1ᵉʳ juin, (liasse 21 de l'audience).

« *après que seray party, on ne les cercera pas trop* (¹)...
« Quant à parler à ceulx de ceste ville qu'ilz permet-
« tent que les prisonniers soient envoyez à Vostre Ma-
« jesté ou qu'ilz en facent justice exemplaire, j'en faiz
« continuelle instance, combien que je ne pense que
« ilz y vouldront condescendre et consentir que lesdicts
« prisonniers fussent envoyez hors de leur ville à Vos-
« tre Majesté. Avant partir, j'en parleray encoires et y
« tiendray la main tant que possible me sera. *Aussy*
« *je ne voy guaires de moyen que on les puisse mener à*
« *l'ung ou à l'aultre poinct pour les envoyer à Vostre*
« *Majesté, ou que eulx-mesmes en fachent justice exem-*
« *plaire et cappitale*, principalement de celluy qui est
« gentilhomme... Après mon partement, je croy bien
« que ilz ne se travailleront pas grandement pour
« cercher ces piétons françoys, combien que ilz ne
« souffriront leurs menées publicquement (²) ». Ainsi,
pourvu que les Français soient assez prudents pour
couvrir leur jeu et pour éviter le scandale, le Magistrat de Strasbourg se gardera bien de réprimer l'embauchage.

Mais Charles-Quint ne veut pas lâcher prise. Le 3
juin, il écrit à Lyère : « Nous avons de rechief fait par-
« ler bien expressément par le sʳ de Granvelle à Stur-
« mius, lui remonstrant le contenu en vos dictes lettres
« et donnant à entendre l'occasion du mescontentement
« qu'en avyons, afin qu'il y face remédier comme l'exi-
« gence de l'affaire requiert (³). » Si, comme nous le

(1) Lettre précitée du 1ᵉʳ juin.
(2) Lettre du 2 juin.
(3) De Spire. Liasse 21. Les lettres de l'empereur sont en minute.

supposons, le surintendant quitta Strasbourg au jour indiqué; cette lettre ne put lui parvenir avant son départ (¹).

Revenons maintenant aux 20 enseignes de Bemmelberg, sur lesquelles s'était exercé cet embauchage effréné. Quinze d'entre elles, sous le commandement d'Erasmus Van der Hauben, de Bernard de Schauembourg et de Conrad de Hansteyn, étaient destinées à grossir l'armée du vice-roi de Sicile ; les cinq autres, conduites par Aliprand de Madruce, devaient entrer à Metz avec Charles-Quint.

Le 1ᵉʳ juin, Lyère avait distribué la solde aux quinze premières enseignes. Il avait fallu se résigner à un sacrifice : la somme payée dépassait sensiblement le chiffre ordinaire.

Conrad de Hansteyn se mit en marche le même jour. « Les aultres deux (Schauembourg et Van der Hau-
« ben) reposent, écrit Lyère à l'empereur, pour ce
« que il fault que ilz se rassemblent demain ; et y est
« messire Conraert de Bémelberg, lequel veult mar-
« cher en bon ordre, pour poinct les accoustumer au
« désordre du commencement, et *tirent le droit che-
« min de Lutzembourg* passant par Lutzelscrain et
« Sarbruck et Walderfingen (²), et font leur compte
« de arriver devers le sʳ don Fernande le VIIIᵉ ou Xᵉ

---

(1) Nos renseignements ne vont pas plus loin que la correspondance de Lyère, qui cesse après son départ. Pour la solution juridique de cette affaire, il faudrait voir s'il se trouve à Strasbourg des lettres patentes de l'empereur, des lettres de Sturm au Magistrat, des délibérations du Magistrat ou sentences de justice locale.

(2) Vaudrevange, près Suarlouis.

« jour de ce mois, se ilz ne sont par Vostre Majesté
« hastez, et feront trois lieues le jour (¹) ».

Quant aux cinq enseignes de Madruce, les choses étaient moins avancées. Lyère avait seulement envoyé(²) quatre commissaires à Rastadt pour passer les monstres de ces piétons.

Les quinze premières enseignes marchaient donc tout droit sur le Luxembourg pour y rejoindre Gonzague ; mais, dans le trajet, elles apprirent que le vice-roi se dirigeait vers le sud. Elles se rabattirent alors dans la même direction ; et vers le 13 juin, nous les retrouvons avec les enseignes de Madruce dans les environs de Metz.

« Les XV enseignes de Hessen, écrit Lyère (³) à
« l'empereur le 14 juin (⁴), estoient à mon arrivée à
« quatre lieues d'icy, en ung lieu nommé Bolchin (⁵) ;
« et, à cause que entendiz hier dudict Hessen, lequel
« avois fait venir icy, que le vis-roy luy avoit escript
« que il envoyast incontinent dix de ses enseignes
« devers Son Excellence, veu que les Françoys se
« amassoyent..., lui ay donné toute la presse possible
« pour le haster de se trouver auprès ledict seig^r ; et
« doubtant qu'il n'eust besoing d'eulx, l'ay fait partir et
« tirer le droict chemin de Pont-à-Mouson, et viendra
« ceste nuyct logier à Sainte-Barbe (⁶) ; de là il tirera

(1) Lettre précitée du 1ᵉʳ juin.
(2) Dès avant le 1ᵉʳ juin.
(3) Lyère s'était arrêté en route pour faire les logements des troupes qui arrivaient avec Charles-Quint ; il n'entra à Metz que le 13 juin au matin.
(4) De Metz, liasse 21 de l'audience.
(5) Boulay. — Les cinq enseignes de Madrucc étaient à Saint-Avold.
(6) Au nord-est de Metz, entre cette ville et Boulay.

« avec les dix enseignes passant le Pont-à-Mouson de-
« vers ledict sieur vice-roy, lequel il trouvera devant
« Commarsiz et Ligny (¹) ».

Ces enseignes sont celles de Conrad de Hansteyn et de Van der Hauben. Celles de Schauembourg et de Madruce entrèrent avec l'empereur à Metz. Bemmelberg rejoignit le vice-roi de Sicile devant Commercy vers le 18 juin.

(1) En résumé, ces 20 enseignes n'avaient qu'un déficit de 2000 hommes, ce qui permet de supposer que Lyère avait trouvé de nouveaux soldats pour combler les vides.

CHAPITRE VII.

Siège et prise de Ligny-en-Barrois.

Aussitôt après la prise de Commercy, Fernand de Gonzague (¹) envoya en avant un héraut d'armes pour faire sommation à la ville et au château de Ligny-sur-Ornain. Peut-être accompagna-t-il ou suivit-il son messager avec quelques troupes (²) ; mais le gros de l'armée ne délogea que le 24 juin (³).

Dans le château de Ligny s'étaient enfermés quatre seigneurs de marque : — 1° Le châtelain Antoine II de Luxembourg, comte de Brienne et de Ligny, baron de Ramerupt et de Piney, seigneur de Tingry, Pougy et autres lieux ; Antoine était fort avant dans la faveur de François Ier, qui l'avait fait capitaine de 50 hommes d'armes et colonel de la légion de Champagne et Brie ; il avait épousé en 1535 Marguerite de Savoie, fille du grand bâtard Réné, et était ainsi devenu le beau-frère du maréchal de Montmorency ; — 2° Louis de Luxembourg, comte de Roussy, baron de Saint-Martin, frère

---

(1) Du Bellay se trompe lorsqu'il écrit : « Partant de Commercy, *l'empereur* « vint assiéger Ligny. »

(2) Ce fait est indiqué par Charles-Quint, qui écrivait de Metz à sa sœur le 18 juin : « De chemin me vindrent des nouvelles de la reddition de Commercy à « la volunté du s[r] don Fernando,... et de la sommation qu'il a fait faire à « Ligny, *où il est allé.* »

(3) Wotton à Henry VIII, 24 juin. (State papers, IX, 718.)

du précédent ; — 3° Guillaume de Dinteville (¹), sieur des Chenets, de Dompmartin, etc., bailli de Troyes, gouverneur du Bassigny, capitaine de Langres ; François Ier, selon du Bellay, l'avait envoyé avec sa bande ou compagnie à Ligny « pour estre chef dedans la « place » ; c'est peut-être beaucoup dire ; mais Des Chenets, soldat expérimenté, avait probablement été adjoint au chatelain comme conseil ; — 4° un gentilhomme du Bourbonnais, écuyer d'écurie du roi, nommé Jacques de Gonsoles (²).

Ligny se composait de deux parties, le château et la ville. Le château, bâti au XIIe siècle et peut-être plus anciennement (³), était ceint de hautes murailles et flanqué de tours. La ville était entourée d'un remblai en terre soutenu aussi par des tours de belle construction. Cette place était donc assez forte ; mais les collines qui la dominaient lui faisaient perdre beaucoup de ses avantages.

Une première question se présente ici : à qui faut-il attribuer l'idée de défendre Ligny contre l'effort de toute une armée ?

M. du Bellay en rapporte la responsabilité aux comtes de Brienne et de Roussy ; après avoir mentionné que « ledict chasteau est commandé de deux ou trois mon- « tagnes, » et que « la place n'estoit pour endurer l'ef- « fort d'un empereur estant en personne », cet historien

---

(1) Le P. Anselme, VIII, 720.

(2) Les renseignements particuliers sur J. de Gonsoles sont tirés des archives de Bruxelles.

(3) Il en reste une tour, dite *tour de Luxembourg*, qui porte la date de 1191. Voir Bonnabelle, notice sur les seigneurs de Ligny.

ajoute : « Des principaux de la compagnie avoient as-
« seuré le roy qu'elle estoit gardable, et avoient promis
« de la garder ; mais, à vray dire, je pense que ces
« prometteurs se persuadoient que l'empereur pren-
« droit un autre chemin, et vouloient avoir l'honneur
« de l'avoir entreprins. »

Bernardo Navagero exprime la même opinion: les deux frères et M. de Senne (Des Chenets), écrit-il, avaient dit ne désirer rien tant que de voir l'empereur venir assiéger Ligny (1).

Suivant Beaucaire de Péguilhem (2), le coupable serait Des Chenets. Ce témoignage est important parce que Beaucaire a assisté au colloque où fut décidée cette défense. « Deux collines opposées, dit-il, dominaient
« Ligny et, pour cette raison, Claude de Lorraine, duc
« de Guise (3), et la plupart des officiers n'avaient pas
« jugé qu'on dût la fortifier. J'étais au château de Join-
« ville au moment où le duc objecta au sieur de Dinte-
« ville l'incommodité de l'assiette du château, et dé-
« clara que ce château ne pourrait soutenir l'effort
« d'une artillerie telle que celle qui d'ordinaire ac-
« compagne l'armée impériale. Dinteville répondit
« qu'aux collines il avait opposé deux boulevards so-
« lides (4), et il persuada ainsi au comte de Brienne et

---

(1) « Ancora che quelli duo fratelli et quello di Senne dicessero non deside-rar altro se non che l'imperatore andasse all' assedio di qual loco. » (Dépêche du 1er juillet.)

(2) Beaucaire de Péguilhem, auteur des *Rerum gallicarum commentarii*, fut évêque de Metz de 1555 à 1568.

(3) Gouverneur de Bourgogne et de Champagne.

(4) « Duos firmos aggeres. » L'*agger* est ce qu'on appelle au XVIe siècle un *bollevert* et aujourd'hui un *cavalier*.

« au comte de Roussy son frère d'endurer le siège avec
« courage, de peur que, en ne défendant pas leur bien,
« ils n'encourussent le déshonneur attaché à la lâ-
« cheté ».

Suivant Nicolas Wotton, François Ier lui-même aurait exigé que Ligny fût défendu, ce qui laverait Des Chenets de tout reproche de forfanterie. « Avant le siège,
« écrit-il à son souverain le 24 juillet 1544, M. de Tin-
« teville, autrement appelé Eschêne, fut envoyé à Li-
« gny pour assister lesdits comtes ; lequel, ayant bien
« considéré la situation de cette ville, revint à Saint-
« Dizier, où était alors M. de Longueval, et lui déclara
« que la ville n'était pas défendable ; mais Longueval
« répondit seulement : *le roy entend que l'on la tiègne
« et défende* (¹) ; sur quoi ledit Echêne y retourna, plus
« par crainte du déplaisir du roi que dans l'espoir de
« rien faire de bon (²) ». Cette hypothèse est la plus
vraisemblable, et elle s'accorde bien avec les faits suivants.

François Ier était venu en 1542 visiter en leur château le comte et la comtesse de Ligny ; c'est même de là que partit le cri de guerre qui ouvrit la campagne de 1542 (10 juillet). Sans doute il jugea alors que ce point stratégique était important ; car, en 1544, il pensa tout d'abord à se l'approprier. Ligny, situé à l'ouest de la rivière de Meuse, était sous la suzeraineté directe des ducs de Lorraine et de Bar, desquels à son tour les rois de France se prétendaient suzerains pour le Barrois

---

(1) Ces mots en français dans la dépêche anglaise.
(2) State papers, X, 5.

mouvant. En résultait-il pour François Ier le droit d'y mettre une garnison française sans consulter le duc de Lorraine ? Cela est douteux. Mais le temps pressait ; le 5 mai 1544, le roi de France écrivit à Antoine de Luxembourg, que « pour éviter à son comté les dé-
« sagréments de la guerre, il n'avait rien de mieux à
« faire que de s'emparer de la ville de Ligny pour la
« fortifier (¹) ».

Ce qui précède nous donne la clef d'un rapport fait à Pierre de Werchin en avril 1544 (²). « Il est certain
« que le roy de France *prent à luy* la ville et fort de
« Ligny-en-Barrois, pour soy en servir contre l'empe-
« reur et nous perturber ce pays ; et, ces jours, il [y]
« vient grand nombre de gens, et fournissent les Bar-
« risiens ledict fort de vivres à grande diligence... Le
« susdict fort de Ligny et baronnie de Commerchy sont
« les lieux par lesquelz le roy prétend plus nuyre l'ar-
« mée de l'empereur, que pour le présent sont entre-
« tenues en neutralité (³) ».

Navagero estime que la garnison française de Ligny comptait 2,000 piétons et 500 chevaux (⁴). Granvelle suppose d'abord qu'il y a 2,000 piétons ; puis, dans une

---

(1) Notice précitée de Bonnabelle. On voit encore dans cette notice que dès longtemps les seigneurs de la maison de Luxembourg avaient cherché à affranchir Ligny de la suzeraineté des ducs de Lorraine. En 1508, Antoine de Luxembourg avait soutenu devant le Parlement de Paris que son comté dépendait, non du Barrois, mais de la couronne de France ; il fut débouté de ses prétentions par arrêt de ladite cour en date du 21 juillet. Cependant le comté de Ligny jouissait de certaines franchises.

(2) Liasse 19 de l'audience.

(3) Le Barrois et la Lorraine avaient été déclarés neutres par François Ier et par Charles-Quint, (Actes du 10 juillet, datés d'Eclaron et de Bruxelles).

(4) Gachard, Trois ans de règne, p. 43.

lettre du 30 juin à la reine de Hongrie, il dit que 500 piétons italiens sont entrés dans le château quelques jours avant le siège (¹). Suivant Wotton, qui ne fait pas mention des chevaux, il y aurait eu 2,000 piétons. Du Bellay réduit ces chiffres à 1,500 piétons et 100 chevaux, et il paraît se rapprocher ainsi de la vérité. Si, comme on l'affirme (²), les Français brûlèrent eux-mêmes la ville pour concentrer la défense au château, où y auraient-ils logé tant de cavalerie et à quoi leur aurait-elle servi ? Gonsoles déclara plus tard qu'il avait amené 25 chevaux de la bande du duc d'Orléans ; supposons encore que Des Chenets soit venu avec toute sa bande de 50 chevaux. Et nous resterons bien loin des exagérations précédentes.

Le 26 juin, on devait poser les canons et asseoir les batteries (³), ce qui peut-être fut achevé ce jour-là pour l'artillerie de campagne ; mais la lourde artillerie de siège, destinée à pratiquer la brèche dans le mur du château, ne fut prête que le 28 (⁴).

Elle tira toute cette journée et pendant la matinée du 29 ; plus de 5,000 boulets furent lancés, tant gros que petits (⁵). La brèche, dit Beaucaire, était tellement large après cette formidable batterie qu'elle était ac-

---

(1) Manuscrits de Wynants.

(2) « I heere that the Frenchemenne have burnidde the towne and entende to defende the castell..... The Frenchemenne theim selfes have burnidde the towne... » Lettres de Wotton, du 24 et 29 juin, (State Papers, IX, 718 et 722).

(3) Granvelle à la reine, de Metz, 27 juin, (Manuscrits de Wynants).

(4) Wotton à Henry VIII, (State papers, IX, 722), donne sur ces travaux militaires des détails beaucoup plus clairs que ce qu'on lit dans Beaucaire.

(5) Granvelle à la reine, de Metz, 30 juin, (Manuscrits de Wynants).

cessible même aux cavaliers, et les défenseurs ne pouvaient plus se tenir sur le rempart.

La capitulation s'imposait. On fit un signal du haut de la muraille et un parlementaire sortit pour demander un sauf-conduit ; ce personnage s'appelait messire Balde ou Baldo, et commandait sans doute les 500 piétons italiens dont parle Granvelle.

Le sauf-conduit fut accordé, et presqu'aussitôt se présentèrent devant le vice-roi le comte de Roussy et le s^r de Berteville, lieutenant de la compagnie d'ordonnance du comte de Brienne (1).

Nous connaissons ce qui concerne la capitulation par deux récits complets et concordants : 1° la relation envoyée par Wotton à Henri VIII (2), 2° le rapport en langue italienne adressé par Gonzague à l'empereur. Voici en résumé ce qui se passa.

Berteville et Roussy proposèrent d'abord que la garnison fût admise à se retirer avec bagues et bagages. Leur proposition fut repoussée, et Gonzague exigea que les Français se rendissent à discrétion. Les deux gentilshommes rentrèrent dans la place, mais ne purent faire accepter cette condition. Les assiégés demandèrent alors qu'on leur assurât la vie sauve. Mais le vice-roi ne voulut rien relâcher de sa première exigence, et il préparait l'assaut, lorsque les Français firent savoir qu'ils consentaient à capituler sans condition. Alors Gonzague fit mine de ne plus rien entendre, sous pré-

---

(1) Du Bellay ne parle que de Berteville ; Wotton ne parle que du comte de Roussy ; Beaucaire cite l'un et l'autre. Les interrogatoires dont nous reparlerons bientôt mentionnent que Balde sortit le premier du château.

(2) De Metz, 5 juillet, (State papers, IX, 729).

texte que l'ennemi avait refusé de se soumettre ; mais ç'aurait été un véritable acte de barbarie que de contraindre ces gens à subir l'attaque, et M. de Boussu intervenant obtint du vice-roi l'autorisation de s'aboucher avec les assiégés. Bref, il fut conclu que le vice-roi recevrait la garnison à merci.

Mais en cet instant survint un fatal malentendu, resté presque aussi célèbre dans l'histoire militaire du XVIe siècle que le massacre de la garnison de Thérouanne par les Allemands de Ponthus de Lalaing quelques années plus tard (¹). Voyons d'abord la version de Martin du Bellay. « La bresche faicte, dit-il, les
« assiégés furent conseillés de parlementer, et, durant
« leur parlement, les ennemys entrèrent dedans par la
« porte du secours (²), et prindrent par derrière ceux
« qui estoient sur la bresche pour attendre l'assault, et
« les firent prisonniers sans faire grand meurtre....
« Les chefs s'en deschargèrent l'un sur l'autre, mais la
« plus part ne s'en sçauroit bien laver ».

La version de Gonzague dans son rapport à l'empereur est différente. « Au moment, dit-il, où je prenais
« mes dispositions pour faire sortir les ennemis, ils
« commencèrent à descendre par la brèche. Nos soldats s'y portèrent et firent prisonniers les assiégés
« après en avoir occis quelques-uns ».

Voici maintenant la version de Wotton. « Pendant
« que la chose était en question, les Espagnols, fâchés

---

(1) Le 20 juin 1553.
(2) « Portula », dit Beaucaire. C'est par là qu'étaient sortis Berteville et Roussy.

« de perdre le butin du pillage, coururent à la brèche,
« entrèrent dedans sans grande défense et tuèrent un
« certain nombre d'Italiens. Le vice-roi, craignant
« qu'ils ne les tuassent tous, entra après eux à midi,
« non sans quelque danger (¹) ». Et telle est sans doute
la vérité : les Espagnols du XVIe siècle étaient non
moins avares que féroces, et le dépit de se voir arracher les bénéfices de l'assaut aura été cause de cette
sanglante équipée (²).

Toutes les informations que nous avons entre les
mains prouvent que la prise de Ligny fut considérée
comme un fait d'une haute importance. Les vainqueurs s'étaient attendus à une résistance acharnée :
« Ceux de Ligny, écrit Wotton à Henri VIII le 29 juin,
« disent qu'ils le défendront jusqu'au dernier de leurs
« hommes ». La joie du triomphe fut d'autant plus vive.
Après la capitulation, M. de Granvelle tint à Navagero
ce langage : « C'est une victoire considérable ; car,
« sans compter qu'il se trouvait dans la place 2,000
« hommes de pied résolus à la bien défendre et beau-
« coup de munitions et de vivres, Ligny était reputé
« dans ce pays une place très forte. Aussi nous crai-
« gnions de ne pouvoir l'emporter, ou du moins de n'y

---

(1) Lettre précitée du 5 juillet.
(2) Dom Calmet et M. Bonnabelle disent que Ligny fut livré au pillage le 2 juillet. Cette date paraît fausse, puisque la ville fut prise le 30 juin. — Qu'advint-il de la garnison de Ligny après la prise de la place ? Varillas affirme que les simples soldats furent passés au fil de l'épée ; mais Beaucaire dit qu'ils se rachetèrent plus tard ; et Navagero, dans une lettre au doge datée du 16 juillet, avance même que les Italiens de Ligny sont rentrés au service du roi de France. Marinus de Caballis, dans une lettre du 29 juillet, rapporte que 300 Italiens de Ligny sont revenus, et qu'ils ont été mis en liberté sans caution à la requête de quelqu'un qui l'a demandé à l'empereur.

« réussir qu'avec du temps et des sacrifices ; mais
« tout a bien tourné, ce qui fait voir que Dieu favorise
« la juste cause de Sa Majesté Impériale (1) ».

François Ier au contraire fut atterré (2). Confiant dans les promesses du comte de Brienne (3), il avait compté que la ville pourrait tenir plusieurs semaines et il avait fait ses calculs en conséquence ; pour épargner quelque argent sur la solde des Suisses qui allaient constituer la meilleure partie de son infanterie, il les avait retenus seulement à partir du 15 juillet (4) ; et voilà que, après Commercy, Ligny succombaient presque sans résistance. Dans le premier moment, sa colère paraît s'être tournée contre Brienne, Roussy, Des Chenets et Gonsoles, devenus prisonniers de Gonzague.

Les défenseurs du château avaient-ils fait leur devoir ? S'étaient-ils comportés en gens de bien ? Les avis étaient partagés. Beaucaire croit qu'il était impossible de continuer la défense. Du Bellay est ambigu : on dirait qu'il se retient pour ne pas blâmer les défenseurs de Ligny. Mais d'autres témoignages sont en-

---

(1) « Questa ultima vittoria di Ligni è di molta importantia, perchè, oltra che vi erano dentro 2000 fanti entrati con animo di deffender il luogo, molte munitioni e vettovaglie, era poi riputato Ligni in questo paese molte forte ; et gia qui si stava con qualche pensiero, ò che non si havesse, ò non cosi presto e non senza danno. Ma il tutto è successo bene, et gia si vede che Iddio favorisce la giusta causa di Sua Maesta. » Dépêche de Navagero, de Metz, 1er juillet.

(2) Voir du Bellay.

(3) « Le comte de Ligney demeure en personne devant Ligney, et at mandé
« au Roy qu'il espoir de bien garder son chasteau contre les forces de l'em-
« pereur. » Rapport de Robert de Huy au vice-roi de Sicile, juin 1544. Liasse 21 de l'audience.

(4) « Negligentior in Helvetis accersendis cœteris que copiis fuerat. » Beaucaire. Varilas exprime la même opinion.

tièrement défavorables. Wotton, dans sa dépêche du 5 juillet, affirme que les Italiens se résignèrent difficilement à la capitulation. Granvelle est encore plus dur : « Par ma foi, dit-il à Navagero, la garnison s'est « comportée bien lâchement, n'ayant même pas voulu « attendre un assaut » (1). Arnould Ferron dit que, dans toute la France, Brienne, Roussy et Des Chenets passèrent d'abord pour des traîtres, puis que l'opinion publique finit par les absoudre en rejetant sur d'autres la responsabilité.

Dans tous les cas, le bruit se répandit bientôt que le roi avait confisqué les biens des comtes de Roussy et de Brienne. Louis d'Yve, devenu pendant l'invasion gouverneur de Ligny, en parle par ouï dire : « Ma« dame, écrit-il à la reine de Hongrie, à ceste heure « est revenu ung homme de ceste ville, revenant de « Troye et de Châlon. Dyt que audict Troye vyt sortir « de la ville la femme du conte de Brienne, et que des « enffans la jettoyent de fange et ordure avec mes« chantes et injurieuses parolles. Son bien est confis« qué, et l'a donné le roi à M. de Guyse. Le pauvre « conte est très mal récompensé » (2).

Wotton, dans une lettre du 24 juillet, révoque en doute le fait de la confiscation, surtout à cause de la démarche faite par Des Chenets auprès de M. de Longueval (3).

Pour notre part, nous étions peu disposé à admettre

---

(1) « Per mia fè, l'hanno reso molto vilmente, non havendo voluto aspettar per un assalto. » Dépêche précitée.
(2) Archives de Bruxelles. Lettres des Seigneurs, t. II, p. 419.
(3) State papers, X, 5.

la réalité de la confiscation au profit de Claude de Guise. D'abord le produit des confiscations était ordinairement distribué par la duchesse d'Etampes, qui le donnait à ses familiers et créatures, lorsqu'elle ne se le réservait point à elle-même ; or Claude de Guise et son frère Jean de Lorraine étaient mal vus de la maîtresse du roi, parce qu'ils étaient favorables à Diane de Poitiers et faisaient partie de sa petite cour. En outre, les comtes de Brienne et de Roussy ne sortirent de captivité qu'en payant de fortes rançons ; et comment se les seraient-ils procurées, s'ils n'avaient encore eu la jouissance de leurs biens ? Nos conjectures à cet égard ont été confirmées par la découverte d'un document qui prouve jusqu'à l'évidence que les biens du comte de Brienne ne furent pas attribués au duc de Guise. C'est une lettre adressée par la femme de Claude, la vertueuse Antoinette de Bourbon, au duc d'Aumale et au cardinal de Guise ses fils, le dernier jour de février 1547. « Mes enffans, écrit-elle, estant
« arrivée en ce lieu (¹), M. de Brienne m'a faict ce
« bien me venir veoir, m'ayant dict comme il envoye ce
« porteur à la court pour ses affaires et le désir qu'il a
« s'employer faire service au roy, me priant vous voul-
« loir escripre l'avoir en cest endroict pour recom-
« mandé et luy estre aydant, *mesmes à obtenir quelque*
« *exemption de taille pour ses subjectz du conté de Li-*
« *gny, que l'on contrainct à présent en payer, ce qu'ilz*
« *ne feirent oncques.* Vous me ferez plaisir luy estre en
« tout aydant au mieulx qu'il vous sera possible, *d'au-*

(1) Joinville.

« *tant qu'il est mon proche parent et allié* comme vous
« sçavez... (¹) ».

Cette lettre fournit plusieurs indications importantes.
— 1° Antoine de Luxembourg demande en 1547 à reprendre du service en France ; on pourrait donc penser qu'il était tombé en disgrâce et avait perdu ses emplois après la campagne de 1544 ; cependant nous allons voir que le duc d'Orléans prit en main sa cause ; ces deux faits sont difficiles à concilier. — 2° Le passage qui concerne l'exemption de taille au profit « des sub-
« jectz de Ligny » prouve que, si la confiscation des biens de Brienne eut lieu, elle fut de courte durée, et que trois ans plus tard Antoine de Luxembourg était rentré en possession de son comté. — 3° Le même passage prouve que ce comté, ne payant aucune taille française, faisait partie, non du royaume de France, mais du Barrois mouvant, comme nous l'avons déjà remarqué. — 4° L'ensemble de la lettre exclut toute idée de confiscation au profit du duc de Guise.

Si quelqu'incertitude règne sur le sort de la comtesse de Brienne, on sait du moins qu'elle fut rudement traitée par le vice-roi de Sicile. Gonzague l'aurait même fait enfermer dans une chambre du donjon qui, pour cette raison, reçut le nom de *Chambre de Madame* (²).

Le comte de Brienne, lui, fut emmené aux Pays-Bas pour y être emprisonné dans une forteresse. Ses aventures et celles de ses compagnons valent la peine d'être rapportées.

---

(1) Bibl. Nat., fonds français, 20468 (ancien Gaignières), f° 145.
(2) Bonnabelle, notice précitée.

Aussitôt après leur capture, Antoine de Luxembourg, Roussy, Des Chenetz et Gonsoles furent conduits devant le vice-roi de Sicile ; ils lui remirent leur gantelet, lui touchèrent dans la main ([1]), et par là, devinrent sa propriété, sa chose, jusqu'au paiement de la rançon. Gonzague ne pouvait garder dans son camp des « valeurs » aussi précieuses ; il les envoya donc à l'empereur, qui était alors à Metz. Nos gentilshommes y arrivèrent dans la journée du 3 juillet ([2]). Le lendemain Gonsoles, à qui ses gardes avaient fait entendre que sa rançon était fixée à 5,000 écus, s'évada de la maison où il était gardé par les chevau-légers de M. de Dissey, et se réfugia chez un maréchal-ferrant. Celui-ci, alléché par une promesse de 100 écus, cacha le fugitif dans une étable à moutons, où les hommes de M. de Dissey ne tardèrent pas à le retrouver. Il fut amené avec Des Chenets au logis de M. de Granvelle, sévèrement interrogé et menacé même de l'estrapade ; toutefois on ne donna pas suite aux menaces, et, le soir, l'empereur reçut les quatre prisonniers qui furent ensuite dirigés sur les Pays-Bas par Namur.

Mais, en traversant le Luxembourg, Des Chenets commit une imprudence qui faillit lui coûter cher. En ce moment l'évêché de Liège et le pays d'Outre-Meuse étaient ravagés par les Allemands du colonel Christophe de Landenberg, qui, retenu primitivement par Henri VIII, s'était brouillé pour une question de solde avec les délégués du roi d'Angleterre. Landenberg avait

---

(1) Interrogatoires devant Granvelle.
(2) Et non pas le 4, comme dit Vandenesse.

refusé de se mettre en marche vers Calais, et, en attendant qu'un nouvel arrangement intervînt, il vivait avec 10 enseignes de piétons et 1,000 cavaliers sur les terres de l'évêque Georges d'Autriche. Des Chenets conçut l'idée de faire passer ces troupes au service de France. A l'étape de Bastogne, il s'ouvrit sur ce beau projet à un archer de la bande du prince d'Orange, qui n'eût rien de plus pressé que de tout rapporter aux gardiens des quatre Français.

Le 13 juillet, la reine de Hongrie écrit de Bruxelles à l'empereur : « Les contes de Brienne et de Roussi, « le sr d'Escheney et l'escuyer arrivarent hier vers le « soir en ceste ville ; et ne puis délaisser d'advertir « Vostre Majesté d'avoir au vray entendu que ces pri- « sonniers, non puissans délaisser leur vray naturel, « passant par Bastoingne, ayant entendu le mescon- « tentement des piétons de Landenberghe, ont cuidé « suborner un nommé..... archier de la bende du « prince d'Orainges, d'aller vers lesdicts piétons pour « les mener et faire mener en France et les conduyre « le chemin le plus près de Namur, et les inciter et « persuader de faire menasches de brusler tout ce qu'ilz « trouveroyent au devant d'eulx, si les subgectz ne « donnoient ordre à faire délivrer et relaxer lesdicts « prisonniers ; dont ledict archer, en usant en homme « de bien, a fait devoir en advertir ceulx qu'estoyent « commis à les guyder et conduyre (1) ».

Charles Quint, ressentit une vive irritation. Il fit soumettre Des Chenets à un nouvel interrogatoire, et

(1) Correspondance de la reine, V. p. 89 verso et 90.

le gentilhomme français aurait peut-être payé de sa vie cette audacieuse entreprise d'embauchage, si la capitulation de Ligny n'eût expressément assuré la vie sauve à tous les prisonniers : « N'y a mal, répondait-il « à sa sœur le 26 juillet, sinon que ledict don Fernando « luy a assheuré la vie. Et fauldra adviser si, à raison « de la practicque qu'il a depuis mené en passant par « Luxembourg, l'on se pourra plus particulièrement « attacher à luy » (1). Il ne paraît pas que Des Chenets ait subi les rigueurs d'un procès, qui aurait fait perdre une belle rançon au vice-roi de Sicile ; mais, pour empêcher les prisonniers de se concerter, la gouvernante les sépara. Le comte de Brienne fut enfermé dans le château de Tournay, le comte de Roussy dans le château de l'Ecluse (Sluys), Des Chenets au château de Vilvorde et l'écuyer Gonsoles au château d'Ath. Un peu plus tard, au mois de septembre, le comte de Brienne fut transféré de Tournay à Vilvorde (2), et il y était encore au mois de mai 1545 : les papiers d'état de Granvelle contiennent une lettre du duc d'Orléans au vice-roi de Sicile en faveur d'Antoine de Luxembourg ; le jeune duc prend en main la cause du prisonnier, proteste contre les mauvais traitements qui peuvent amener la mort ou une grave maladie, et se plaint qu'on exige de lui une rançon beaucoup trop lourde (3).

(1) Même correspondance, V, p. 121, 122.
(2) Lettre de la reine de Hongrie à M. d'Orgnies, du 12 septembre 1544 (liasse 24 de l'audience) ; la reine accrédite le secrétaire de Gonzague qui va chercher le comte.
(3) Nous n'avons pas de renseignements sur la date à laquelle les prisonniers furent mis en liberté.

CHAPITRE VIII.

§ I. L'empereur à Metz. — § II. Dénombrement des troupes rassemblées à Metz et dans les environs.

§ 1.

La diète de Spire fut close le 10 juin. Aussitôt après la lecture du recès, qui fut signé par le roi Ferdinand et le chancelier Granvelle, l'empereur se mit en route pour Metz, où devait être rassemblée la seconde armée d'invasion. Charles-Quint et son entourage avaient le sentiment de la grandeur et des difficultés de leur tâche. « L'empereur se part aujourd'huy, écrit Charles « Boisot, l'un des plus importans conseillers, et *grandis* « *et periculosa nobis obstat via. Je vouldroie que en fus-* « *sions jà de retour, j'entens avec honneur et réputa-* « *tion* (¹). — Sa Majesté, écrit un autre conseiller, Vi- « glius de Zuichem (²), est montée à cheval accompa- « gnée du roy et aultres princes pour conduire Sa Ma- « jesté dhors la ville. Le prince Ferdinand (³) a pris « semblablement ce matin son chemin vers les Pays-

---

(1) Lettre à la reine de Hongrie, Spire, 10 juin. (Liasse 21 de l'audience).

(2) Viglius recevait 100 sols par jour de traitement (Reg. 2342 bis de la Chambre des Comptes de Bruxelles).

(3) Second fils du roi des Romains. Il resta pendant toute la campagne auprès de sa tante la reine de Hongrie, tandis que son frère, l'archiduc Maximilien, accompagnait l'empereur.

« Bas, et est allé devant le duc de Clèves (¹) à Mayence,
« lequel l'accompaignera par son pays. Le roy doibt
« partir demain. »

L'empereur coucha le 10 juin à Neustadt ; le mercredi 11, il s'arrêta à Kaiserslautern et y séjourna le 12 pour la Fête-Dieu ; le 13 il fut à Schœnenburg, le 14 à Zweibrucken, le 15 à Saint-Avold. Enfin, le 16 juin vers midi, il entra à Metz (²).

Dans le trajet il avait attiré à lui les contingents disponibles. Jean de Lyère nous fournit à ce sujet des renseignements intéressants (³). Il nous apprend que les cavaliers du marquis Albert de Brandebourg et ceux du duc Maurice de Saxe se rencontrèrent un moment à Saarbruck ; mais cette rencontre n'avait été que fortuite, « à cause que le marcquis print le chemin
« trop à la main droite (⁴) » ; le duc Maurice se dirigea le 14 juin sur Forbach, où il attendit le passage de l'empereur. Charles-Quint avait aussi trouvé près de Metz les 10 dernières enseignes de Conrad de Bemmelberg, commandées par Bernard de Schauembourg et par Aliprand de Madruce. Celles de Madruce étaient cantonnées le 14 juin dans une localité que Lyère appelle Hesenputlingen (⁵) ; elles devaient faire partie du cortège impérial et avaient été prévenues de leur destination par l'écuyer d'Andelot.

---

(1) Guillaume II de la Marck. Il avait perdu l'année précédente son titre de duc de Gueldre et ne conservait que celui du duc de Clèves et de Juliers.

(2) Itinéraires de Jean Vandenesse.

(3) Nous avons vu précédemment que Lyère, après sa mission de Strasbourg, s'était rendu à Metz où il arriva le 13 juin.

(4) Lettre du 13 juin.

(5) Puttelanges ?

De minutieuses précautions furent prises pour la sécurité de Charles-Quint. Ce n'était pas sans raison. Le 14 juin, 400 chevau-légers français, venant de Lorraine par Saint-Nicolas et « fesans grand tour », coururent entre Metz et Pont-à-Mousson ; aussi Lyère conseille-t-il à son souverain de tenir au plus près de lui la cavalerie de Brandebourg et les cinq enseignes de Madruce, « principalement en partant de Saint-Ago de-
« vers l'abbaye de Longeville (¹), là où il y a assez mau-
« vais passaige d'aulcuns bois. » Plus loin Sa Majesté ne risquera plus rien, parce que la route est dominée « par le château de Raville, dict Rollingen en allemand, « appartenant au sieur de Créanges (²) ».

En conséquence, l'empereur arrêta les mesures suivantes. Des archers furent placés dans l'abbaye de Longeville. Un exprès fut dépêché vers l'archiduc Maximilien, qui marchait à la distance d'une étape en arrière, pour lui recommander de rejoindre son oncle à Saint-Avold. Le marquis Albert et le capitaine Madruce reçurent ordre d'attendre Charles-Quint aux portes de Metz, en conservant chacun 150 cavaliers afin d'escorter l'empereur. Même disposition pour le grand maître de l'ordre de Prusse, Wolfgang Schuzbar. Dès le 15, la vieille bande du prince d'Orange était à Saint-Avold. Enfin l'on mit « des gens sur les adve-
« nues pour plus grande sheurté » (³).

---

(1) Saint-Avold, l'abbaye de Longeville-lès-Saint-Avold.
(2) Les barons de Raville étaient maréchaux héréditaires de la noblesse de Luxembourg. Lettre de Metz, 14 juin, (liasse 21 de l'audience).
(3) Lettre non signée, adressée à Lyère, datée de Saint-Avold, 15 juin. Le personnage de qui elle émane dit que Charles-Quint, après avoir reçu la lettre

L'empereur, alors qu'il cheminait (le 16) entre Saint-Avold et Metz, reçut trois nouvelles d'heureux présage : la prise de Commercy, la sommation de Ligny et la victoire de Tortone remportée par le marquis del Guasto sur Pierre Strozzi et le comte de Péligliano.

Charles-Quint fit son entrée à Metz par la porte des Allemands. Le corps des échevins alla au-devant de lui jusqu'à l'orme de Montois et le clergé jusqu'aux Bordes. Nous ignorons si l'orateur de la cité requit, comme en 1541, l'empereur de faire le serment accoutumé. Il paraît que la réception fut froide ([1]). Charles avait alors avec lui le « duc Maurice de Saxe, le marquis « Albert de Brandebourg avec leur gendarmerie, et « aulcunes enseignes de gens de pied ([2]). » Vandenesse porte à 3,000 gendarmes et 5,000 piétons le chiffre des troupes qui l'accompagnaient ; il faut entendre par là qu'il avait sous la main ces forces considérables, mais tous ces soldats ne pénétrèrent point dans la ville ; en réalité, son escorte ne se composait que de 300 cavaliers allemands et de 3 enseignes de Madruce ([3]).

du 14, l'a appelé à Saint-Avold pour tout concerter avec lui. (Liasse 21 de l'audience.)

(1) Cette froideur aurait eu pour cause principale la mission de Charles Boisot à Metz en octobre 1543. Ce conseiller avait été envoyé pour réprimer l'essor du luthéranisme, exiger le renvoi de Watrin Dubois, etc. Or, à Metz, il y avait deux partis qui se disputaient la prédominance ; d'un côté le parti catholique, dont le chef était Richard de Raigecourt, maître échevin en 1543, François Baudoche sr de Moulins, maître échevin en 1544, Michel de Gournay etc.; de l'autre côté le parti protestant, à la tête duquel se trouvaient plusieurs membres de la famille de Heu (ou de Huy).

(2) Lettre de l'empereur à la reine Marie, écrite le 17, mais datée du 18. (Correspondance de la reine, V, 22).

(3) Malgré le témoignage d'Huguenin, nous ne pensons pas que le prince d'Orange fût parmi les personnages qui accompagnèrent l'empereur à son entrée. Ni Vandenesse, ni Charles-Quint lui-même, qui l'aimait beaucoup, ne le nomment. Selon Vandenesse, l'archiduc Maximilien assistait à cette solennité.

Charles-Quint se logea chez un bourgeois patricien de Metz nommé Androuin Roncel, sr d'Aubigny, demeurant au Champaseille (¹).

D'après la *Chronique rimée*, Charles-Quint aurait eu un moment l'intention de déposséder le maître-échevin de la police de la cité et d'établir à Metz un lieutenant impérial ; mais il aurait été détourné de ce dessein par le sage et prudent Granvelle. Le Magistrat fut donc maintenu dans ses droits et privilèges.

Plusieurs affaires (²) retinrent l'empereur à Metz, contre son attente, depuis le 16 juin jusqu'au 6 juillet. L'une des plus graves fut l'organisation de la seconde armée d'invasion et le retard prolongé du contingent espagnol.

---

(1) Chronique de la noble cité de Metz. Dom Calmet, Preuves, II, 164. Suivant M. d'Hannoncelles (Metz ancien, p. 230), Androuin Roncel, écuyer, avait été maître échevin de 1505 à 1525.

(2) M. Paillard se proposait d'écrire sur ce sujet plusieurs chapitres, qui auraient trouvé leur place, soit dans l'histoire militaire, soit dans l'histoire diplomatique. Voici les points qu'il avait étudiés spécialement :

1º Question financière ; retard dans l'expédition des sommes destinées à la solde des troupes ;

2º Organisation de la défense du Luxembourg, menacé d'une invasion française ;

3º Procès du comte Hubert de Beckelingen et d'autres officiers allemands, arrêtés à Epinal pour crime d'embauchage ;

4º Mission diplomatique accomplie par le comte de Boussu de la part du vice-roi ;

5º Mort du duc de Lorraine Antoine-le-Bon, et visite faite à l'empereur, du 26 au 30 juin, par le nouveau duc François et par l'évêque de Metz son frère.

Charles-Quint reçut à Metz beaucoup d'autres visites, députations ou ambassades : de Pierre de Werchin, gouverneur de Luxembourg ; de Jean de Baentz, gentilhomme de la maison de la reine de Hongrie ; de l'évêque de Toul ; des députés de Verdun, etc. Mais toutes ces pages intéressantes ne sont point en état d'être publiées. A propos de Verdun, nous mentionnerons l'existence aux archives départementales de la Meuse des lettres de sauvegarde octroyées par l'empereur au chapitre de Verdun, datées du camp devant Saint-Dizier, 15 juillet 1544, (série G, nº 60, fonds de l'évêché). Cette pièce nous a été complaisamment signalée par M. Jacob, archiviste. (G. H.)

§ 2.

La seconde armée d'invasion, rassemblée à Metz et dans les environs, se composait de divers contingents de cavalerie, d'infanterie, d'artillerie et de pionniers, dont nous connaissons la composition par des témoignages précis (1).

Cavalerie.

L'empereur amenait avec lui la cavalerie allemande composée comme suit :

A. — La grosse cavalerie, (gens d'armes portant la cuirasse, *cataphracti*) ; ils recevaient le plus forte solde ; ils avaient pour pièces d'armement, outre la cuirasse, la longue lance, le bouclier de fer, le glaive, la massue ou maillet de fer, et une arme qui, vraisemblablement, est le modèle primitif du pistolet (2). Ils étaient au nombre de 1,120, sous le commandement en chef de Jean de Heyldessen, chevalier de la toison d'or, souvent nommé dans les documents « le mareschal » (3).

---

(1) Nous empruntons ces renseignements circonstanciés au *Commentariolus* déjà cité d'Antoine de Musica, dédié au roi Henri VIII. (Jean Burckhart Meneken ; *Scriptores rerum germanicarum*. Leipsick, 1728 ; tome I, p. 1289). Le dénombrement de Musica rend à peu près inutiles les renseignements donnés sur ce point par les ambassadeurs.

(2) « Lanceas longas cum cuspidibus ferreis gerebant, præterque gladios « malleosque ferreos et *pixides affixas* habebant. » Le mot *pixis* signifie généralement *arquebuse* ; mais il n'est pas probable que des hommes, munis déjà d'un armement si compliqué, portassent encore cette arme. Le long pistolet, dont les cavaliers allemands se servirent les premiers, était à proprement parler une petite arquebuse. « Pistoles, dit Martin du Bellay, qui sont petites ar- « quebouzes qui n'ont que environ un pied de canon, et tire-l-on avec une « main, donnant le feu... » C'est au combat de Châlons (septembre 1544) que les Français essuyèrent pour la première fois le feu des pistolets allemands.

(3) Musica l'appelle « Hilliquin, dominus Hilarez. »

Heyldessen en avait particulièrement sous lui	230
François, comte de Manderscheidt.........	200
Hermann, comte de Nieuwenaar..........	200
Jean, comte de Nassau................	200
Gwolfard, comte de Mansfelt............	120
Goric, baron de Créhanges(1)............	170

B. — Les cavaliers de Maurice de Saxe, au nombre de (2).................. 1,124

C. — Les cavaliers d'Albert de Brandebourg, au nombre de (3)................ 900

D. — Les cavaliers de Wolfgand Schuzbar, grand maître de l'Ordre Teutonique......... 130

E. — Ceux de Sébastien Schertel de Bartenbach, qui était en même temps grand prévôt de l'armée......................... 130

F. — A cette cavalerie allemande il faut ajouter les chevau-légers bourguignons, commandés par Marc de Rye, s^r de Dissey.......... 130

G. — La vieille bande du prince d'Orange, commandée par Libert ou Lubert Turck, s^r de Hémart, et les cavaliers de l'empereur (*phalanx cæsarea*) commandés par l'archiduc Maximilien....................... 500

Total de la cavalerie de la seconde armée... 4,034

---

(1) Musica dit en parlant de ces officiers qu'ils vinrent tous avec Hilliquin, « *corum supremus capitaneus.* »

(2) Navagero donne le nombre de 800 cavaliers seulement : « Che è in fama « 1,000 cavalli, ma per la verità s'arrivano à 800... »

(3) D'après Navagero, 500. « Quella del marchese di Brandenburgh che è di 700, ma per la verità poco piu di 500. »

Infanterie.

L'infanterie comprenait :

1° Les dix dernières enseignes de Conrad de Bemmelberg (1);

2° Le reste des enseignes basses-allemandes du prince d'Orange ; elles étaient probablement au nombre de huit (2);

3° Les Espagnols de nouvelle levée, sous Velasco de Acûna (3).

Nous ignorons les chiffres exacts de ces contingents.

Artillerie, Pionniers, Matériel.

Enfin Charles-Quint réunit 1,000 pionniers nouveaux, 100 barques pour faire des ponts, 3,000 barils de poudre, 760 cantares de plomb de 150 livres chacune pour faire des boulets, 8 pièces de canon (4).

Au dire d'Huguenin, tout ce matériel avait été, pendant le séjour de l'empereur, en magasin dans l'île dite le Saulcy, auprès du moulin à vent. Le chroni-

---

(1) Navagero les réduit à 4 enseignes : « 4 di Alemani fatti nelli contorni di Spira ; » ce qui semble indiquer qu'une partie des 10 dernières enseignes de Bemmelberg fut employée à l'escorte des victuailles.

(2) Voici pourquoi. Lorsque le prince d'Orange arriva devant Saint-Dizier, toutes les enseignes qu'il commandait se trouvèrent réunies. Or les historiens (entre autres Martin du Bellay) disent que le prince avait sous lui 18 enseignes c'est-à-dire les 10 qui avaient marché avec le vice-roi sous Wolff van Paemerich, et les 8 qui avaient accompagné Charles-Quint. Cependant Navagero donne le chiffre de 9 enseignes.

(3) Velasco de Acûna est cité par Brantôme, Capitaines étrangers, ch. 27, sous le nom de Vasco de Cunna.

(4) Ce chiffre nous paraît faible. Il est vrai que l'empereur avait cédé 8 autres pièces à Gonzague. C'est à Navagero, dépêche du 7 juin au doge, que nous empruntons ce renseignement.

queur messin n'énonce pas le nombre des pièces de canon ; il parle simplement de « grosses piesses d'artil- « lerie et de tonnelles de pouldre à grosse puissance. » Si faible que fût cette artillerie (¹), l'empereur ne la rassembla qu'avec difficulté.

Donnons maintenant quelques explications sur les Espagnols de Velasco de Acûna.

On s'est demandé d'où venaient ces Espagnols dits *nouveaux*, pour les distinguer des vétérans de Luiz Pérez de Vargas et d'Alvaro de Sande. Grâce aux documents originaux, nous pourrions les suivre pas à pas. Mais nous devons nous contenter d'indiquer leurs principales démarches.

Le 23 mai, 5,000 Espagnols ou environ étaient arrivés devant Calais (²). Ils furent reçus froidement par le comte de Rœulx, gouverneur de l'Artois, et par d'Estourmel, sieur de Vendeville, son lieutenant à Gravelines. Pourquoi ? Nous le devinons facilement : ces Espagnols étaient dans un état de misère incroyable, et l'on craignait que, pour vivre, ils ne pillassent les

---

(1) Dépêches de Navagero, des 22 et 26 juin. Lettre de l'empereur à G. de Furstemberg, en date du 2 juillet : « Et n'eusse tant tardé mon partement (de « Metz) sans l'empeschement que a esté de faire marcher l'artillerye, tant de- « vant que jointement, ensemble la municion... »

(2) Nous avons même trouvé (liasse 20 de l'audience) deux lettres de Velasco de Acûna, écrites le 23 mai de Calais à la reine de Hongrie et au sieur de Vendeville, capitaine de Gravelines. — Au sieur de Vendeville, il demande des barques et des bateaux plats pour débarquer au plus vite. — A la reine, il dit : « Muy poderosa senõra, esta es para hazer saber a Vuestra Alteza « como yo e desenbarcado aqui en Calès, con los capitanes y gente que en « servicio de Su Majestad venimos... » Velasco annonce à la reine qu'il lui envoie deux de ses capitaines, nommés Ruy Gomez et don Francis ; il se dirige, dit-il, sur Gravelines.

campagnes sur leur route. Le 28 mai, la reine écrivait à l'empereur :

« Présentement, le coronel desdicts Espaignolz a
« envoié vers moy deux de sa compaignie porteurs de
« cestes (¹), m'advertissant qu'ilz n'avoient payement
« pour lesdicts Espaignolz, et *n'avoient receu à leur*
« *embarquement que ung mois des chincq que on leur*
« *debvoit, et que M^r le prince d'Espaigne, vostre filz* (²),
« *ne leur avoit fait bailler que pour donner à chascun*
« *IIII réaulx, qui desjà estoient despendus*, et que, pour
« les tenir en obéissance et justice, estoit requis leur
« donner argent ; aultrement ne sçauroient vivre sans
« fouller les subgectz. Dont, Monseigneur, je me suis
« trouvée bien attonée, en tant que, s'ilz ne payent où
« ils passeront, les aydes de V. M. cesseront ; et si est
« à craindre que les povres paysans seront constrains
« d'abandonner leurs maisons... *Je eusse bien désiré,*
« *pour obvier aux inconvéniens avant dis, leur prester*
« *quelque argent, si je avoye le moyen de le povoir*
« *faire ; mais je me troeve partout si court d'argent que*
« *ne leur sçauroye riens prester,*... (³) »

Le comte de Rœulx, effrayé des conséquences que pourrait avoir la présence de ces soldats, écrivit le 25 mai à la reine (⁴) que, s'ils n'étaient point destinés à servir en Artois, mieux vaudrait les faire passer par une autre province ou leur conseiller de reprendre la mer jusqu'au port de l'Ecluse ou en Zélande, pour les

(1) C'est-à-dire de la lettre de Velasco du 23 mai.
(2) Le prince Philippe.
(3) La reine à l'empereur. Correspondance de la reine, t. IV, p. 219.
(4) De Saint-Omer, (liasse 20 de l'audience).

diriger ensuite vers Metz. Mais la reine, à force de sollicitations auprès du trésorier des guerres Jehan Carpentier, réussit à obtenir pour les Espagnols une avance de 6,000 écus (1). Dès lors, il n'y avait plus lieu de déférer au vœu du comte de Rœulx, et Marie décida qu'ils passeraient par l'Artois, le Hainaut, la province de Namur et le Luxembourg. La raison stratégique de cette décision était que l'Artois et le Hainaut se voyaient menacés d'une diversion française, et que, en dirigeant ces troupes par terre de l'Ouest à l'Est, on protégeait les frontières des Pays-Bas. En même temps le comte de Buren, avec ses cavaliers et ses piétons bas-allemands, rendait pareil service en descendant du Brabant sur Tournai et en gagnant la ville d'Aire, désignée pour le rassemblement du corps auxiliaire qui allait grossir l'armée anglaise (2).

Le 28 mai, le comte de Rœulx mande à la reine que les Espagnols marchent entre Dunkerque et Gravelines, et qu'il les fera passer au-dessus de Thérouanne, « adfin de gatter ce dont les ennemys pœuvent profficter et garder le pays qui nous nourrit ». Le 29 mai au soir, ces soldats arrivent auprès de Tournehem ; le lendemain, ils doivent loger entre Thérouanne et Saint-Omer. Le 2 juin, on les attendait à Estrée-Blanche, un

---

(1) Lettre de Rœulx à la reine, 1er juin (liasse 21) ; lettre de l'empereur à la reine, 3 juin, (manuscrits de Wynants). Dans une autre lettre du 3 juin, adressée par la reine au duc d'Arschot, il est dit que le clerc de Carpentier a déjà délivré 4,000 écus d'or et suit le contingent espagnol avec pareille somme pour vider ses mains en Hainaut seulement. — Les facteurs impériaux, don Juan Manrique de Lara et don Alphonse de Bacca s'étaient récusés.

(2) Lettre de la reine au comte de Rœulx, du 27 mai, en réponse à la lettre du 25 (liasse 20 de l'audience).

peu au-delà d'Aire. Le 5 juin, ils sont à Béthune (1).

Un seul document, à notre connaisance, constate le passage des Espagnols de Velasco de Acûna à travers le Hainaut ; c'est une lettre du duc d'Arschot à la reine, écrite de Mons le 22 juin. Elle énonce qu'ils sont « en « mauvais esquippaige pour la longhe demeure qu'ilz « ont eu sur la mer, » et qu'ils ont beaucoup de malades ; le duc les fait envoyer jusqu'à Namur (2).

Il est donc prouvé que ce contingent ne passa point par la Zélande comme l'affirme Musica (3). Cependant 330 soldats, soit par les conseils de Vendeville, soit pour tout autre motif resté inconnu, allèrent débarquer à l'Ecluse (Sluys) et gagnèrent Bruges, où ils laissèrent 120 malades dans les hôpitaux (4).

Le 14 juin, Jean de Lyère écrivait de Metz à l'empereur : « Des Espaignolz nouveaux... je n'ay sceu avoir « aulcune nouvelle jusques à ceste heure (5). »

Velasco d'Acûna n'arriva donc à Metz ou aux environs qu'assez longtemps après Charles-Quint, et ce contre temps contribua à retarder le départ de l'empereur (6). Nous ignorons le jour précis de la jonction.

Lorsque les Espagnols quittèrent Metz avec l'empe-

---

(1) Lettres du comte de Rœulx à la reine, en date des 28, 29 mai, 1er juin et 5 juin, (liasses 20 et 21 de l'audience).
(2) Liasse 21 de l'audience.
(3) « Qui apud Zelandiam appulerant. »
(4) Proclamation de la reine du 19 juin ; lettre de la même à Alphonse de Bacca, du même jour, (liasse 21 de l'audience).
(5) Liasse 21 de l'audience.
(6) Une lettre de la reine à d'Arschot, du 7 juin, prouve que Gonzague avait compté avoir ces Espagnols dans son armée ; il avait même envoyé au-devant d'eux un gentilhomme qui passa par Bruxelles. Si l'armée de Metz fut si nombreuse, c'est que beaucoup de troupes ne furent point prêtes assez tôt pour partir avec Gonzague.

reur, ils n'étaient plus, au dire de Navagero, que 3,700, divisés en 14 enseignes (¹). Le reste était tombé dans les non-valeurs.

Avant de quitter la ville, l'empereur fit demander à son de trompe si quelqu'habitant avait eu à se plaindre d'un soldat ou d'un personnage de sa suite. Nul, paraît-il, ne porta plainte, et la *Chronique rimée* témoigne que les Messins n'avaient reçu « ny desplaisir « ny domeage. » Même, ils avaient gagné beaucoup d'argent, en défrayant la cour impériale pendant trois semaines et en faisant à l'armée de grandes fournitures. Il se produisit un renchérissement considérable des denrées alimentaires ; la quarte d'avoine valut 30 gros, la quarte de blé 48 gros, la quarte de vin 4 gros. Tous ceux qui, possédant des capitaux, avaient empli leurs magasins en prévision des événements, réalisèrent de bons bénéfices, et on vit des fortunes considérables s'édifier pendant cette année-là.

(1) « 14 (fantiere) di Spagnuoli, lequali non arrivano al numero di 3,700. »

CHAPITRE IX.

Fernand de Gonzague arrive devant Saint-Dizier. Description de la place. Commencement du siège (du 5 au 13 juillet).

Trois ou quatre jours après la prise de Ligny, Fernand de Gonzague leva son camp et se dirigea sur Saint-Dizier, où il se présenta le 5 juillet ([1]). Les chroniques locales dépeignent un personnage que l'on pouvait apercevoir des murailles au moment où la première armée impériale, arrivant par Ancerville, défilait devant la place : il était monté sur un cheval espagnol caparaçonné de soie rouge velue à franges d'or ; il tenait en main un dard ressemblant à un épieu de chasse tout doré ; il portait un hoqueton violet pourfilé d'or et de soie, avec un morion à l'allemande et un corselet dorés. Si cette description n'est point l'œuvre de l'imagination populaire, elle s'applique à Fernand de Gonzague, et non pas à l'empereur qui n'arriva que plusieurs jours après le commencement du siège;

---

(1) « Intra biduum », dit Musica. Il n'y a pas de doute sur cette date essentielle. D'une part, le chancelier Granvelle écrit le 5 juillet à la reine Marie que le camp de don Fernando sera ce jour-là devant Saint-Dizier (manuscrits de Wynants) ; d'autre part le comte de Boussu écrit le 8 juillet : « Madame, « il y a 3 jours que ce camp est arrivé devant Saint-Dizier. » Par conséquent du Bellay et les historiens locaux ont une chronologie entièrement fausse. Seul M. l'abbé Fourot, dans son second mémoire sur le siège de Saint-Dizier (1884), a rectifié ces erreurs de date d'après nos indications.

La possession de Saint-Dizier était importante pour les deux adversaires. Si les Français conservaient cette forteresse, ils interceptaient la vallée de la Marne, et Charles-Quint n'avait plus de moyens sûrs pour amener les approvisionnements de son armée. Aussi le roi de France se préoccupa-t-il de bonne heure de tout disposer pour la défendre, et il y envoya d'abord Nicolas de Bossu, sieur de Longueval, lieutenant du gouverneur de Champagne, et Hiéronimo Marino, célèbre architecte et ingénieur bolonais au service de la France.

En juin 1544, Robert de Huy, sieur de Malroy, membre d'une famille patricienne et protestante de Metz, écrit au vice-roi de Sicile : « De Sainct-Diziers, le s^r de
« Longuevalle et aultres ont mandé au roy que ladicte
« ville est bien fortifiée et amonitionnée, et tiendrat
« contre les forces de la Majesté de l'empereur pour le
« moiens (moins) deux mois ».

Le mois suivant un personnage lorrain, à ce qu'il semble, va espionner François Ier jusque dans sa cour. A l'aller et au retour il examine le pays, visite plusieurs villes, prend des notes ; puis il adresse à l'empereur ou au vice-roi un long rapport. « A Saint-Dizier, dit-il,
« est le conte Sansac (Sancerre), La Landre avec III
« enseignes boulonnoys, du nombre d'environ 8 à 900,
« que viz passer prez Chaallon pour aller audict lieu,
« le conte de la Rivière, la bande Chesney, la bande
« Quecquy (1), dont en tout sont en extime vraye 2,500
« hommes et quelque III^c morte paye, et 150 hommes
« d'armes bien furnis de toute admonition. » Le même

---

(1) Nous n'avons point trouvé ces noms dans les autres relations.

rapport donnait un renseignement auquel Charles Quint eut tort d'attribuer de l'importance. « Vers le « chemin de Bar, prez d'ung lieu nommé Passe-Loup, « se trouve le plus foible ; car c'est un grand pan « qu'est peu remparé ; mais il y a platte forme au « mylieu que peult batir partout (1) ».

Quelles étaient en réalité les forces françaises mises dans la place ? Et d'abord, sur quels chefs allait peser la responsabilité de la défense ?

Ces chefs étaient : 1° le comte de Sancerre, lieutenant de la bande de 100 hommes d'armes du duc d'Orléans, capitaine effectif de cette compagnie, chargé par le roi du commandement supérieur ; 2° Pierre Lalande, « vieux routier et capitaine de guerre (2) », déjà connu par de beaux faits d'armes ; l'année précédente, il s'était distingué en défendant Landrecies ; à Saint-Dizier, la plus grande partie de l'infanterie était sous ses ordres ; 3° Hiéronimo Marino, spécialement chargé des travaux de fortifications.

Parmi les officiers, il faut nommer : dans l'infanterie, le vicomte de la Rivière, les capitaines Neufvilette, Linières, le sieur de Dourriers (ou Douilly), Ricarville etc. ; dans la cavalerie, Jacques de la Chastaigneraie, sieur de la Chesmière, lieutenant du comte de Sancerre, le sieur de Téligny, guidon de la compagnie du duc d'Orléans, M. de la Rochebaron, M. d'Esternay, M. de Cabron ou de Canteron, fils du sieur de Longueval, M. de Molinon, M. d'Ynstens, etc.

---

(1) Liasse 22 de l'audience. « Batir » pour *battre*.
(2) Brantôme.

Quant à la garnison, elle se composait, selon les traditions locales (¹), de 2,500 hommes de pied, de la bande de 100 gendarmes du duc d'Orléans, de 800 bourgeois de la ville, et de 75 jeunes gens enrôlés pour un service plus actif.

Wotton compte 3,000 hommes de pied sous la conduite de Lalande, et 100 lances du duc d'Orléans. « C'est, dit-il, l'élite de l'armée française. » Il suppose à tort que Gaspard de Saulx-Tavannes est dans la ville avec le comte de Sancerre (²).

Au moment de son arrivée devant Saint-Dizier, Navagero écrit au doge : « Le bruit court qu'il y a dans » la ville environ 2,000 fantassins et 200 cavaliers, et, « ce qui importe davantage, deux hommes de grande « réputation, M. de la Lande et Géronimo Marin, bo- « lonais.... Ils ont montré jusqu'ici peu de crainte et « n'ont pas donné signe de lâcheté (³). » Un peu plus tard, sur la foi d'un émissaire sorti de la place, il rectifie ainsi ces chiffres : 2,000 piétons, 100 hommes d'armes, 300 volontaires tous gentishommes, et 700 bourgeois.

Sur les remparts et dans les forts extérieurs il y avait, au dire des chroniqueurs, 43 canons de cuivre, 4 à mousquet, 17 canons de fonte, 2 pierriers, en tout 66 pièces d'artillerie, et beaucoup de fusils de rempart et de fauconneaux (⁴).

(1) Citées par M. l'abbé Fourot, dans son premier mémoire.
(2) Lettre du 15 juillet à Henry VIII. State Papers, IX, 733.
(3) « Vi sono dentro, par quello si dice, circa 2,000 fanti et 200 cavalli ; « ma quello ch'importa, doi huomini riputati d'assai, monsieur della Landa et « Geronimo Marin, bolognese. Hanno dimostrato fin horo poco timore ne hanno « dato segno alcuno di viltà. » Lettre du 7 au 16 juillet.
(4) L'abbé Fourot, 1ᵉʳ mémoire.

La ville était défendue par les ouvrages suivants, de construction ancienne ou récente ([1]). A l'Ouest, le bastion ou boulevard de la Victoire (n° 1) avec une pointe et deux ailes latérales ([2]); il n'était pas revêtu à l'époque qui nous occupe et ne le fut que sous Henri II, comme l'indiquaient les armes de ce roi incrustées dans une des murailles ([3]). — Dans la direction du Nord-Ouest, la courtine A, qui faisait communiquer le bastion de la Victoire avec celui des Capucins. — Un second bastion (n° 2) dit des Capucins (direction Nord), regardant Sainte-Menehould ([4]); le dessin en est encore saisissable dans le jardin de cet établissement. — Au Nord-Est, entre ce bastion et celui de Gigny, la courtine B, couverte par la demi-lune de Saint-Thiébault convertie depuis en fort carré ([5]); la demi-lune de Saint-Thiébault était l'un des ouvrages construits par Marino. — Un troisième bastion (n° 3), celui de Gigny (direction Est), l'un des plus anciens de l'enceinte et déjà revêtu sous François Ier ([6]). — Entre le bastion de Gigny et le château, la courtine C et des travaux en terre pour protéger le faubourg de Gigny ; c'est vraisembla-

(1) Selon l'abbé Fourot, les ouvrages nouveaux construits par Marino, consistaient en quatre bastions à casemate, une demi-lune, une redoute et une avancée avec contrescarpes.
(2) La pointe de ce bastion se trouvait dans l'emplacement d'un pâté de maisons à peu près triangulaire, dont un côté fait face à la place actuelle de la mairie et dont un autre côté borde (à gauche) la grande rue du faubourg de la Noue ; les ailes s'étendaient sur le terrain qu'occupe la mairie et vers les halles.
(3) Mémoire daté de 1681 et signé : Dupuy, Lespinasse, chargés de faire rapport à Louis XIV ou à Louvois.
(4) Du Bellay.
(5) Le fort carré n'a été revêtu que sous Henry II (mémoire de 1681).
(6) Même mémoire.

blement ce que l'on appelle la redoute de l'Etanche ; les vestiges de ces ouvrages sont visibles dans les jardins et les vignes du faubourg. — Le château, flanqué de 8 tours, séparé par des fossés de la campagne et de la ville, protégé à son extrémité Sud-Est par un grand cavalier (1) ; il était fort, quoiqu'en dise Navagero (2). A partir du château, une enceinte s'étendant sur le canal des Moulins. — Puis un quatrième bastion (n° 4) dit de l'Arquebuse, regardant les jardins de l'Arquebuse dans la direction Sud-Ouest. Il était relié à celui de la Victoire par la courtine D.

Pour être complet, il faut mentionner encore une redoute située vis-à-vis du château vers le Sud, à l'extrémité du Jard, entre le canal des Moulins et la Marne. Ce dernier ouvrage, placé à l'endroit où un pont de bois reliait l'île des Dévotes au pré Guillaume, était destiné à couvrir la porte des Moulins.

Un mot sur les portes de Saint-Dizier. Il y en avait deux : 1° La porte des Moulins, vers le Sud, entre le château et le bastion de l'Arquebuse ; 2° la porte des Allemands, vers l'Est, auprès du bastion de Gigny (3).

Ce système de travaux recevait de la nature une force nouvelle. L'Ornel, venant du Nord-Est par Sommelonne et Chancenay, se jetait dans le canal des

---

(1) Fort reconnaissable encore dans le jardin de M. de la Formière, qui est aujourd'hui propriétaire du château. Deux tours anciennes sont conservées.

(2) « Hanno oltre la città questi di San Desir un castello ove disegnano di « redursi, si perse ch'habbino le diffese della citta. Del castello ho sentito « parlar variamente. Dicono alcuni che è forte et si puo diffendere. Dicono « altri che, presa la città, non si può conservare. »

(3) Il ne paraît point qu'en 1544 la porte de Perthes, située près du bastion de la Victoire, fût déjà ouverte ; ce qu'il en reste aujourd'hui dans la cour intérieure du café du Commerce est orné des armes de Henri II.

Moulins contre le cavalier du château ; cette petite rivière emplissait les fossés à l'Ouest, au Nord et à l'Est ; on pouvait amasser ses eaux dans des étangs au-dessus de la ville. La Marne, divisée en deux branches (1), baignait la partie Sud de l'enceinte et opposait un double obstacle à l'attaque de l'ennemi.

Quand on apprit à Saint-Dizier que le vice-roi de Sicile marchait sur la place (2), Sancerre et Lalande prirent leurs dispositions. Tout d'abord, les digues des étangs de la Vacquerie et de la Loubert furent rompues (3) ; les eaux emmagasinées descendirent la pente et inondèrent la campagne au Nord et à l'Est. Puis, à l'intérieur, on se partagea la besogne. Le vicomte de la Rivière, avec sa première enseigne fut posté sur le bastion n° 1 ; un lieutenant, avec la seconde enseigne, sur la courtine A (4) ; le capitaine Linières sur le bastion n° 2 ; un lieutenant sur la courtine B ; le capitaine Neufvilette sur le bastion n° 3 ; un lieutenant sur la courtine C ; 200 hommes de pied (5) sur le cavalier du Jard, l'enceinte des Moulins et le bastion n° 4 ; un lieutenant sur la courtine D (6). Le château reçut 60 hommes d'armes et 500 piétons, sous le capitaine Ricarville (7). La demi-lune Saint-Thiébaut, couvrant la

---

(1) L'une de ces branches est le canal des Moulins précité.
(2) Le 3 ou le 4 juillet, Téligny, envoyé en reconnaissance avec 25 chevaux, ramena 10 ou 12 prisonniers qui donnèrent des renseignements.
(3) Nous remarquerons cependant que Musica ne dit rien de cette inondation artificielle. Il parle seulement de grandes pluies.
(4) Du Bellay et traditions locales.
(5) Selon les traditions locales, leur chef, le sr de Dourriers avait été fait prisonnier à Ligny.
(6) Traditions locales.
(7) Du Bellay place au château le capitaine Neufvilette et une enseigne.

courtine B, fut confiée à M. de Téligny ; et Hiéronimo Marino fut chargé de défendre la redoute de l'Etanche (1). La réserve centrale de la place fut composée de 20 hommes d'armes et de 500 piétons, avec charge de porter secours où il serait besoin (2). On dressa les ponts-levis, on baissa les grilles, et on attendit l'ennemi.

Nous avons fort peu de renseignements officiels sur les travaux, les marches et contremarches de Gonzague depuis le 6 jusqu'au 13 juillet. Le comte de Boussu se borne à écrire le 8 juillet (3) : depuis l'arrivée de l'armée, « nous avons toujours esté recongnoissans ladicte
« ville, laquelle trouvons en très belle forme et bien
« forte ; que néanmoins espérons en avoir bon compte
« comme des aultres, avec l'aide de Dieu, veu la grande
« puissance de ce camp et les gens de guerre bien délibérez de faire bon service, ne doubtans en riens les
« ennemys. »

L'historien est donc réduit à consulter les traditions locales et le *Commentariolus* de Musica.

Les traditions locales confondent perpétuellement l'action de Gonzague avec celle de Charles-Quint. A les en croire, l'artillerie de siège arriva de Ligny devant Saint-Dizier le 10 juillet, ce qu'on peut admettre à cause de la difficulté des transports. Mais elles ajoutent que l'empereur, après avoir déterminé l'emplacement des batteries, fit commencer le 12 juillet les lignes de circonvallation et construire des redoutes pour résister

---

(1) Traditions locales.
(2) Du Bellay.
(3) Lettre précitée, (liasse 22 de l'audience).

aux agressions françaises, et que, le 13 juillet, à deux heures du matin, il fit ouvrir la tranchée par 600 travailleurs armés de pelles, de pioches, fascines, gabions et autres ustensiles pour se parer contre la mousqueterie (¹). Evidemment toutes ces opérations furent exécutées ; mais nous allons voir que les dates proposées sont fausses, et que l'empereur ne put avoir aucune part à ces premiers travaux.

Musicà donne des renseignements précieux ; mais la difficulté est de les bien comprendre. Le vice-roi, dit-il, place son armée sur une éminence située près d'un bois (²) ; de cette hauteur, il examine Saint-Dizier et ses défenses, et il accorde à ses soldats deux jours de repos, pendant lesquels il se réserve de délibérer avec son conseil sur la façon d'occuper la plaine et de s'approcher de la ville (³). Deux routes, continue Musica, conduisent à Saint-Dizier (celle de Ligny par laquelle arrivait l'armée, et celle de Joinville qui cotoye la Marne); Gonzague les fait observer par Boussu et Bréderode, qu'il place avec leurs cavaliers bas-allemands dans les défilés du monticule et du bois (⁴). A gauche, près de la Marne, se trouve une vallée contiguë à l'éminence ; cette vallée est visible sur les cartes (⁵) entre la Marne et les coteaux placés au midi d'Ancerville, vers le moulin du Gué et en face de la côte aux

(1) L'abbé Fourot, p. 6 et 7.
(2) C'est la hauteur de la route d'Ancerville, laquelle fait une trouée à travers le Vert-Bois. « Exercitum ex occasionne in monticulo quodam prope « nemus collocat. »
(3) « De planitie occupanda et oppido propius accedendo. »
(4) « Ut hi cum suorum equitatu fauces monticuli et nemoris occuparent. »
(5) Voir la carte 68 de l'état-major, intitulée Vassy.

Chats ; c'est là que le vice-roi met provisoirement toute l'infanterie haute-allemande (¹).

Ensuite don Francisco d'Este, marquis de Padula, avec ses chevau-légers, Jean-Baptiste Guastaldo, maître de camp général, et Luis Pérez de Vargas avec quelques enseignes de vétérans de la légion d'Italie, furent chargés de choisir l'emplacement définitif du camp et de reconnaître le meilleur point d'attaque (²). Leur choix fut bientôt arrêté. Du côté du Nord et de l'Est, les opérations stratégiques étaient difficiles à cause des inondations ; à l'Est, le bastion n° 3 et les nouveaux ouvrages en terre formaient un obstacle très-sérieux ; l'agression étaient impossible au Sud-Est, où l'assaillant eût rencontré le château, la Marne, l'Ornel et la redoute de l'Etanche. Il fut donc décidé qu'on attaquerait à l'Ouest, et que l'armée s'établirait dans la plaine, en avant d'Hallignicourt, Hoëricourt, Valcourt et Moeslains, avec ses premières lignes vers les Pénissières et Prinvault. Valcourt et Moeslains étaient à gauche de la Marne, et Hoëricourt à droite ; mais on pouvait réunir les deux rives par un pont de bateaux, ce qui fut fait, si l'on s'en rapporte aux traditions locales (³).

Il n'est point facile de décrire avec exactitude le mouvement par lequel les troupes de Gonzague se transportèrent du Sud-Est au Nord-Est de Saint-Dizier :

---

(1) « In quia prorex omnes cohortes peditum superioris Germaniæ consistere « jusserat. »

(2) « Lustrandi et explorandi gratia. »

(3) Navagero : « L'essercito è alloggiato longo la Matrona, fiumara assai fa- « mosa e navigabile, la quale in molti luoghi si può sguazzar. »

Musica s'exprime sur ce sujet d'une façon très-brève et très-obscure (¹).

On laissa seulement dans la région Est les cavaliers bas-allemands de Bréderode et de Boussu et les 10 enseignes du prince d'Orange, alors commandées par Wolf van Baeverich (²), son lieutenant; leur rôle était d'intercepter les secours qui pourraient venir du Sud. C'est peut-être à la même époque, ou bien après l'arrivée de l'empereur, qu'un second corps d'observation fut détaché dans la vallée de la Blaise, vers Humbécourt et Eclaron, à l'endroit encore dénommé la contrée *des Bourguignons* (³).

La tradition rapporte que Gonzague, voulant se débarrasser des inondations artificielles causées par la rupture des étangs, mit son armée à l'œuvre pour creuser un canal de dérivation. Autrefois on appelait *Vieille Ornel* ce qui avait été sans doute le lit primitif du ruisseau : de la Loubert il se dirigeait vers l'Ouest et se jetait dans la Marne aux environs de Perthes ; le petit fossé qui suit cette inflexion de terrain porte aujourd'hui le nom de *fossé de Charles-Quint*. Si ces tra-

---

(1) « Ex ea (valle) jubet eos una cum parte equitatus cui imperitabat Jo. Hi-
« liquin, eques auratus, dom. de Lorck, mareschallus vel magister equitum
« superioris Germaniæ, recta oppidum accedere, primamque aciem ex ea parte
« committit Georgio a Ratispona, quem comes Guglielmus a Furstemberg et
« Conradus a Bemelberg, ordinibus instructis, cum suorum peditum cohortibus
« subsecuti sunt. Hos omnes oppidum præterire et castra simul ad flumen me-
« tari imperat Georgio a Ratispona, tum cum sex vexillis separato, quem conjungit
« hispanicis castris. Eam autem exercitus partem quæ in ipso monticulo et
« nemore castra habuerat, per Ligniacum iter propius proficisci majoribusque
« castris adjungi jubet. »

(2) Tel est le véritable nom de ce chef que Musica appelle « Wolfgand a
« Pomeren. »

(3) L'abbé Fourot.

vaux furent réellement exécutés, ils débarrassèrent la plaine au Nord-Est, et privèrent les assiégés de l'eau de leurs fossés.

Les Français avaient hissé un fauconneau dans la tour de l'église (¹) et inquiétaient de leurs projectiles le poste du Vert-Bois. Par ordre du vice-roi, le marquis de Marignan s'efforça d'éteindre le feu de cette pièce sans endommager l'édifice et il posta de l'artillerie à proximité dans les vignes, sans même prendre le temps de faire des épaulements. Réussit-il à démonter le fauconneau ? Probablement, puisque pendant tout le siège on n'entendit plus rien de ce côté (²).

Musica et du Bellay sont à peu près d'accord sur l'artillerie des assiégeants. Elle se composait de 24 karthaunes ou demi-karthaunes (³) et de deux serpentines. Une batterie de 6 karthaunes fut confiée à Frédéric de Meleun, qui l'établit à 200 pas du bastion de la Victoire (n° 1) pour en diriger le feu contre la pointe de cet ouvrage (⁴) ; les projectiles pouvaient se profiler le long du parement gauche jusqu'à la porte des Moulins (⁵). Les 20 autres pièces, sous le commandement du marquis de Marignan, furent dressées un peu plus au Nord, vers la plaine de Perthes, pour battre en brèche le parement

---

(1) « In turri ecclesiæ. »

(2) « Eo incumbit ut ea (falconea) absque templi detrimento in vineis prope. « oppidum, etiam absque aggeribus, concuterentur. Quæ an fuerint contusa con— « tinuis conquassationibus, hostes indicent. »

(3) Le karthaune est un gros canon de 48 livres de balles ; le demi-karthaune est une pièce de 24 livres. — Navagero compte, non pas 26, mais 27 pièces.

(4) « Sex enim carthaunas e regione propugnaculi, vulgo *valvarte*, ad CC « passus plantare jubet. » Navagero dit à 300 pas.

(5) Du Bellay.

droit. C'est là que se concentra toute la force de l'attaque ; Gonzague y stationna presque constamment, et il y coucha même la nuit à côté des canons (¹).

Musica affirme que, à raison du mauvais temps, il fallut onze jours entiers pour tous ces préparatifs ; en quoi il se trompe, car nous avons la preuve que les canons ouvrirent leur feu le huitième et peut-être le septième jour du siège, c'est-à-dire le 12 ou le 11 juillet. En effet, Navagero déclare que, quand il arriva à Saint-Dizier avec l'empereur, par conséquent le 13 juillet, l'artillerie tirait déjà sur la ville (²) ; ailleurs, en parlant de l'assaut du 15 juillet, il remarque que cet assaut eut lieu après trois jours et trois nuits de batterie (³). D'autre part, l'empereur écrit à sa sœur que le feu a commencé le *samedi* (12 juillet) ; puis, dans une seconde lettre, il recule d'un jour le commencement de l'attaque et dit que l'assaut du 15 fut précédé de *quatre* jours de batterie (⁴).

(1) « In aggeribus prope ipsa tormenta. »
(2) « Quando arrivamo a San Desir, li ritrovamo battuto d'all' artigliaria « cesarea. »
(3) « Havendosi battuto 3 giorni e 3 notte continue San Desir con le can— « noni. »
(4) Lettres de l'empereur, du 13 et du 15 juillet.

CHAPITRE X.

§ 1. *Arrivée de Charles-Quint devant Saint-Dizier.* — § 2. *Journée du 14 juillet. Mort du prince d'Orange et de Lalande.* — § 3. *L'assaut du 15 juillet.*

§ 1.

« Le dymenche 6° (juillet), Sa Majesté à bannières « desployées et en armes se partit dudict Metz. » Huguenin et la *Chronique Rimée* rapportent que l'empereur, « estant en rouge accoustrement », s'arrêta un instant au lieudit le Champapanne (¹), se retourna vers la cité, et pria Dieu qu'elle lui restât fidèle (²).

Le 6 juillet, il coucha au Pont-à-Mousson, où il séjourna le 7 ; le 8, il campa à Manonville. Le 9, il fit son entrée à Toul ; le Magistrat, l'évêque et le clergé sortirent de la porte du Gué pour présenter les clés de la ville. Charles-Quint se plaça avec l'évêque sous un dais de taffetas rouge aux armes de l'empire et de la maison d'Autriche, et gagna le palais épiscopal où il prit son logement. Le 10, il donna audience au maître échevin Aubry de la Fosse et aux échevins Jean Boi-

---

(1) Entre la ville et Saint-Arnould, à peu près sur l'emplacement de la gare actuelle.

(2) Avant de quitter Metz, Charles-Quint constitua le comte de Feria capitaine de son étendard et de sa maison. (Dépêche de Navagero, du 30 juin.)

leau, Clément de Boqueley et Jean Guérin, et leur promit de maintenir les privilèges de la cité. Ces officiers municipaux se rendirent ensuite chez M. de Granvelle, et, au nom de la communauté des citains, ils prêtèrent serment de fidélité à l'empereur et à ses successeurs ([1]).

Le même jour Charles-Quint alla coucher à Pagny-sur-Meuse. C'est évidemment à cette étape de Pagny que Charles-Quint se détourna pour visiter Commercy. Dans cette excursion il ne se fit accompagner que de quelques cavaliers, ce qui déplut fort à son entourage, parce que M. de Guise courait dans les environs.

L'empereur cependant se comportait en bon général. Comme l'armée se traînait assez péniblement sur les chemins détrempés par des pluies exceptionnelles, il veillait à ce qu'elle endurât le moins de privations possible dans ses campements. « Sa Majesté, dit Navagero,
« n'a pas manqué de remplir tous les offices que l'on
« peut attendre d'un prudent et valeureux capitaine ;
« elle a voulu ordonner toutes choses et être sur tous
« les points de son armée ([2]) ». Le 11 juillet, l'empereur coucha à Nançois-le-Grand. Le 12, accompagné seulement d'une faible escorte de cavalerie, il vint à Nançois-le-Petit pour voir le duc de Lorraine, la du-

---

[1] Dom Calmet, III p. 78; et Thierry, Histoire de Toul. Tous deux se trompent en assignant la date du 11 juillet à l'entrée de l'empereur. — M. Lepage, dans le Journal de la Société d'Archéologie et du Comité du Musée Lorrain, tome XVI, p. 123-127, a publié le procès-verbal de l'entrée de l'empereur et l'acte de prestation du serment de fidélité, d'après le registre des actes capitulaires de la cathédrale de Toul, conservé aux archives de Nancy sous la cote G. 76. (G. H.)

[2] « Nel marchiar non ha mancato Sua Maesta dit tutti quelli officii che si
« possono aspettar da prudente et valoroso capitano: Ha lei voluto ordinar ogni
« cosa et esser in ogni parte dell' esercito. »

chesse sa mère et l'évêque de Metz ; l'entrevue dura une heure ; puis l'empereur rejoignit ses troupes qui cheminaient sur Stainville (¹) par Ligny. Il s'arrêta encore à Ligny pour visiter la place, et, le soir, lorsqu'il rentra au camp, il était épuisé de fatigue (²).

Enfin le 13 juillet, il arriva devant Saint-Dizier à une heure assez avancée de l'après-midi (³). Pendant ces longues marches, il avait pu étudier son armée et en apprécier les divers éléments ; il savait que l'infanterie du prince d'Orange était une troupe bien disciplinée, bien exercée et bien armée (⁴) ; que les hauts-allemands, nouvellement levés, valaient moins ; que les espagnols de Velasco d'Acûna étaient suspects et qu'on les considérait comme « des gens à tout faire (⁵) » ; que la cavalerie était excellente et en mesure d'exécuter tout ce qu'on lui demanderait (⁶).

L'empereur avait suivi la même route que Gonzague ; il déboucha donc dans la vallée de la Marne auprès du Vert-Bois et contourna la ville vers l'Ouest pour atteindre les campements. Au cours de ce mouvement, les assiégés tirèrent quelques coups de canon, sans grand

---

(1) M. Gachard se trompe en plaçant à Nançois-le-Grand l'entrevue avec le duc de Lorraine ; la dépêche de Navagero est explicite. — Granvelle et les ambassadeurs n'assistèrent point à cette entrevue. « Che non hanno forsi vo- « luto che noi si ritroviamo a questa vista. » (Navagero.)

(2) « Arrivo quattro hore doppo tutti gli altri, poco inanzi la notte, tutto « stracco et affannato. »

(3) « Madame ma bonne seur, ceste sera pour vous advertir que je arriviz « hier en ce camp avec tous les gens de pied et de cheval....... Et est l'on « depuis samedi batant continuellement tout le jour Saint-Desir. »

(4) « Gente piu essercitata, meglio disposta et armata et piu obediente. »

(5) « Nell' esercito si chiamano da tutti bisogni. »

(6) « La cavallaria è tutta buona e bene armata et da far ogni fattione. »

dommage pour l'ennemi (¹). Mais Navagero dit que Charles-Quint s'exposa de façon à mécontenter son entourage (²), et Wotton ajoute qu'un boulet passa pardessus son cortège.

Charles-Quint alla loger au village d'Hoéricourt (³), et son armée prit position non loin du lieu dit *la Justice* (⁴), au-delà du cimetière actuel de la Noue, sur l'ancien chemin de Vitry (⁵). Vraisemblablement les troupes nouvelles s'amalgamèrent avec les anciennes selon leur nationalité, Espagnols avec Espagnols, Allemands avec Allemands; mais nous n'avons sur ce sujet aucune donnée positive (⁶).

§ 2.

Le quatorze juillet, après le dîner, le prince d'O-

---

(1) « Nell'arrivare furno da quelli della citta sparati molti tiri de cannoni, « li quali fecero qualche danno, ma non di momento. »

(2) « Volse il medesimo giorno Sua Maesta riconoscer il loco et ando tanto « inanti et cosi aperto che fu giudicato da tutti ch'andasse in loco che non se « li conveniva. »

(3) Vandenesse. L'abbé Fourot, qui donne la même indication, fait observer que le village d'Hoéricourt était alors plus rapproché de Saint-Dizier qu'il ne l'est aujourd'hui.

(4) Fourches patibulaires de la justice de Saint-Dizier.

(5) L'abbé Fourot, 1ᵉʳ Mémoire.

(6) Navagero décrit ainsi l'état de la place en ce moment : « San Desir, Se« renissimo Principe, è loco posto in un sito per natura fortissimo, sendo in « mezzo d'una pianura circondato dall' uno et l'altro lato da spessime silve. « La pianura poi è tutta aquosa et tale che da niuna parte se li puo accostare « con l'artegliaria, se non con difficultà da quella del mezzo giorno, dal quale « lo battero con 27 cannoni 300 passa pero lontano della muraglia. La città è « poi sita nella parte più rilevata della pianura, il che fa anche l'arcessa al « nemico piu difficile. Oltre la muraglia vi n' è scoperto uno gagliardo terra« pieno fin hora. La fossa è larga assai et profonda tanto che l'uomo vi puo « star fin alla coscia. »

range (¹) voulut voir la « batterie » dirigée contre le boulevard de la Victoire. Il était environ deux heures de l'après-midi. Gonzague se trouvait à la tranchée, près des 20 pièces de canon. Le vice-roi offrit au prince une chaise sur laquelle il était assis, et se plaça lui-même à terre pour causer avec le visiteur (²). C'est alors que les assiégés tirèrent une salve d'artillerie; et le boulet d'un fauconneau, traversant la partie inférieure du parapet, vint frapper René de Châlon vers la clavicule droite à l'endroit où l'épaule se réunit au cou (³). Il tomba par terre. On s'empressa de le transporter au quartier de l'empereur, qui assista aux opérations chirurgicales pour « recoustrer » la plaie (⁴). Les médecins espéraient d'abord lui sauver la vie (⁵). Pendant toute la soirée il conserva sa connaissance, parla beaucoup

(1) D'où venait le prince d'Orange lorsqu'il alla visiter la tranchée ? Du Bellay dit que l'empereur l'avait placé avec 18 enseignes allemandes et 6 grandes couleuvrines en face du château, près du pont de la Marne ; ce renseignement nous paraissait suspect, parce que le rôle et les travaux que du Bellay attribue au prince supposent plus de temps que la mort ne lui en laissa. Mais Musica explique très-clairement que les piétons bas-allemands ne furent postés vis-à-vis du château qu'après l'assaut du 15 juillet ; sa version seule est parfaitement intelligible.

(2) « Il falloit bien qu'il fust tenu pour fort grand, puisque le lieutenant de « l'empereur lui déféroit ainsi, à lui donner sa place et son siège. » (Brantôme, Capitaines étrangers, disc. 17.)

(3) « Ceux du dedens ont tyré parmi lesdites tranchiz ung mosquet *lequel* « *les a percé*, et a attaint ledit prince en l'épaule droite emprès du col. » L'empereur à sa sœur, 14 juillet. (Correspond. de la reine, V, 91). — Wotton (State Papers, IX, 733) dit que le boulet atteignit une grosse pierre dont un éclat frappa le prince. Même récit dans Brantôme. Mais Navagero dit que le projectile frappa directement le prince : « Una moschettata diede nella trincea « et cosi stracca lo feri sotto il petto destro, nella congiontura delle spalle col « braccio. » C'est aussi la version de Musica.

(4) Vandenesse, p. 289.

(5) « Dont les médecins et cireurgiens ont espoir qu'il guérira, moyennant « qu'il ne survienne accident de fièvre ou de pasme. » Lettre précitée de l'empereur.

de sa femme, fit grande recommandation d'elle (¹),
« reconnut Dieu de soy-même, selon qu'il avoit vescu en
« bon chrestien (²). » Mais, pendant la nuit, il tomba
dans le délire, et mourut le 15 vers 6 heures du soir (³).

« Il est impossible de dire, Sérénissime Prince, écrit
« Navagero au doge (⁴), combien cet événement a été
« cruel pour César, pour l'armée entière et pour la
« cour. Il avait sous ses ordres 8,000 fantassins, les
« meilleurs qui soient au service de Sa Majesté ; il fai-
« sait la guerre par honneur, par pure affection pour
« l'empereur ; il était cher, non seulement à ses sol-
« dats, mais encore aux Espagnols et à tout le monde.

(1) Lettre à la reine de Hongrie, du 15 juillet, (Corresp. de la reine, V, 96).
— Observons que le prince n'avait plus à se préoccuper de son testament, fait depuis le 25 juin. Il avait institué pour légataire universel, sauf le douaire et les droits d'usufruit de sa femme, Anne de Lorraine, son cousin-germain Guillaume de Nassau, qui fut le célèbre prince d'Orange. — On trouve à la Bibl. Nationale, FR. 2746, pièce 34, le contrat de mariage de René de Châlon avec Anne de Lorraine, suivi de la renonciation d'Anne de Lorraine et d'une notice généalogique. (G. H.)

(2) Liasse 22 de l'audience. — « Après avoir esté confessé et administré, » dit Vandenesse.

(3) Wotton et Vandenesse.

(4) « Non si potria dire, Serenissimo Principe, quanto habbia doluto a Ce-
« sare, all'essercito tutto e alla corta questo case. Guidava questo principe
« 8ᵐ fanti de megliori che servino Sua Maesta, et facea la guerra per pura af-
« fettione et servitio di Cesare. Era caro non solamenta a questi suoi soldati,
« ma alli spagnuoli e a tutti gli altri. Lo facevano amabile la molta humanità
« et liberalità sua, ornata poi dalla nobiltà et valore. Era giovanne di 26 anni,
« d'aspetto gratioso, ricco di 60 in 70ᵐ ducati d'entrata, et se fosse stato pa-
« drone di quello che gli tiene occupato il christianissimo re et lantgravio,
« arriveria a 110ᵐ ducati...... Hara perduto Cesare con la morte di costui
« non solamente capitano et principe cosi affettionato et valoroso come era
« lui, ma forsi anche la più brava et melior gente ch' habbia hora, da quale
« sendo usa a servir il principe suo, che la trattava cosi bene et la provedeva
« d'ogni cosa in tempo, se dubità che difficilmente potrà tolerare imperio d'al-
« tri ». — Wotton constate de même que c'est une inestimable perte pour l'empereur, à cause de son affabilité, de son autorité sur les soldats et de l'affection que l'armée lui portait.

« On l'aimait à cause de sa grande humanité, de sa
« libéralité, de sa noblesse et de sa valeur. C'était un
« jeune homme de 26 ans, bien fait, riche de 60 à
« 70,000 ducats de revenu ; avec ce que lui retiennent
« le roi très-chrétien et le landgrave, il aurait pu dis-
« poser de 110,000 ducats..... Par sa mort, César
« aura perdu plus qu'un bon capitaine et un prince
« dévoué et valeureux ; il y a dans l'armée beaucoup
« de braves gens qui, habitués à servir leur prince
« qui les traitait si bien, auront grand'peine à suppor-
« ter un autre commandement. »

L'empereur pleura sur le prince d'Orange comme il aurait pleuré sur un fils. Cette âme impénétrable laissa voir ses déchirements. Pendant l'agonie, il alla en personne visiter le moribond, l'embrassa avant de le quitter et sortit de la tente en laissant couler ses larmes (1).

Dès le 14 juillet, il avait chargé sa sœur d'informer la princesse de la blessure reçue par son mari. Aussitôt après la mort il dépêcha le sieur d'Immerseele, gentilhomme de sa chambre, pour « condouloir » la jeune veuve. Dans la lettre dont Immerseele fut porteur, l'empereur disait que la fortune advenue lui paraissait à lui-même aussi dure qu'elle le semblerait à la princesse ; il la consolait par la pensée que René de Châlon était mort en homme d'honneur et en fidèle catholique ; il terminait par ces mots : « Vous prie aussi
« affectueusement que je puis, vouloir porter constam-
« ment ceste adversité, encores qu'elle soit extrême,
« et vous assheure que, en ce que vous concernera, je

---

(1) Paul Jove et Brantôme.

« vous aurai tousjours en singulière recommandation
« et tiendray tousjours la protection de touz vos af-
« faires (¹) ».

Mais, avec Charles-Quint, la politique et l'intérêt ne perdaient jamais leurs droits. Dans la lettre à la reine Marie, écrite le 14 juillet, alors que René respirait encore, l'empereur recommandait de mettre la main sur les fiefs et villes appartenant au prince dans les Pays-Bas et dans le comté de Bourgogne. En effet, il ne connaissait pas à ce moment les dispositions testamentaires du blessé, et craignait que ce puissant héritage n'échût à des personnes suspectes, les unes à cause de leur religion luthérienne, comme les membres de la famille de Nassau, les autres à cause de leur affection pour la France (²).

Par testament, le prince d'Orange avait ordonné que sa dépouille mortelle fût enterrée, soit dans l'église collégiale de Notre-Dame de Bréda (³), soit dans celle de

---

(1) Lettre du 15 juillet (liasse 22 de l'audience).

(2) « Et oultre ce, aussy sera bien que regardez le moyen le plus convena-
« ble de soy asseurer sans bruyt des places importantes que le prince tient par
« delà, affin que, à l'occasion de ceulx qui pourront prétendre droict en son
« hoyrie, tous estrangiers, les ungs luthériens, et les aultres de nacion, profes-
« sion et volunté francoyz, inconvénient n'en advint à moy et mesdicts pays ;
« et j'escrips au sʳ de Lorrayne et aultres qui entendent avec luy aux affaires
« esdicts pays de pourveoir semblablement quant aux places estant en Lor-
rayne ». — En instituant pour légataire universel son cousin germain Guillaume de Nassau, l'héritage du prince d'Orange ne tombait pas, comme quelques historiens l'ont cru, entre les mains d'un luthérien. Il est vrai que Guillaume avait été élevé par son père dans le luthéranisme ; mais Charles-Quint lui avait ensuite fait embrasser la religion catholique. Aussi l'empereur insista-t-il lui-même pour que le testament de René sortît son plein et entier effet, et choisit-il lui-même les tuteurs du jeune prince, MM. de Mérode et Claude Bouton, baron de Corberon. Après son mariage avec Anne de Saxe, Guillaume retourna aux principes de la Réforme.

(3) C'est là qu'était déjà la sépulture de Henri de Nassau son père.

Nozeroy, ou bien, si ce double choix présentait des difficultés, au lieu que jugeraient convenable « ceux qui en « auroient emprins la charge ». La veuve de René fit d'abord transporter le cercueil à l'église Saint-Maxe de Bar-le-Duc, et elle y fit ériger « ce beau monument « qui représente la mort dans son affreuse réalité.([1]) ». Plus tard, selon Vandenesse, le corps fut transféré et définitivement inhumé dans la collégiale de Bréda.

La journée du 14 juillet, funeste pour les assiégeants, ne le fut pas beaucoup moins pour les assiégés. Jusqu'au soir les canons impériaux ne cessèrent point de battre la place, et leur feu causa aux Français une perte irréparable, celle du brave Lalande. « Estant travaillé « d'avoir remparé tout le jour », il avait été prendre un peu de repos dans son logis situé rue du Petit-Bourg, et il changeait de vêtements lorsqu'un boulet, passant par dessus la brèche, perça la muraille de sa maison et lui emporta la tête. Sancerre comprit de suite la grandeur de ce malheur, et il s'efforça de le dissimuler aux soldats le plus longtemps possible.

Telle est la version de Du Bellay, qui néanmoins a l'air d'admettre que cet événement arriva *deux* jours avant l'assaut, c'est-à-dire le 13, et non le 14. Plusieurs historiens français (Brantôme, Beaucaire, Ferron, etc.) admettent, au contraire que Lalande périt après l'assaut ; mais ils sont tous assez mal renseignés sur la chronologie des incidents du siège. Par exemple Gaillard, qui fait mourir Lalande le 17 juillet, suppose que

---

[1] L'abbé Fourot. — Une croix fut plantée sur la place où René avait succombé ; on en voit encore le socle à l'extrémité du faubourg de la Noue, à droite de la route de Vitry.

l'assaut eut lieu le 19, ce qui est certainement une double erreur. En général, on affirme que la mort de Lalande et celle du prince d'Orange arrivèrent le même jour, et, en ce qui concerne le prince d'Orange, on paraît confondre la date du décès avec la date du coup mortel ; c'est ce que fait entre autres Edmond du Boullay. Les correspondances des ambassadeurs ne permettent pas de résoudre définitivement le problème : Wotton ne nous fournit à cet égard aucun renseignement, et Navagero nous fournit deux renseignements contraires : dans une lettre du 17 juillet, il dit que Lalande est mort *la veille de l'assaut* (1), et dans une lettre du 23 juillet, il dit qu'il est mort *le jour de l'assaut* (2). De tous ces témoignages discordants, il nous semble cependant qu'il résulte une présomption en faveur de la date adoptée ci-dessus.

Quant à la façon dont Lalande a été tué, le doute n'est pas possible sur le fait principal : c'est un boulet qui lui a donné la mort. Mais, sur le détail, il y a dissentiment. Wotton dit qu'il a reçu le coup à la main et au bras (3). Navagero (4) dit que, au rempart, après avoir eu la main blessée d'un coup d'arquebuse, il s'assit sur une chaise pour continuer à animer ses soldats, et que, dans cette posture, il eut la tête emportée d'un coup de canon. Musica dit simplement que Lalande a péri d'un coup de serpentine. Sleidan rapporte qu'il

---

(1) « Da alcuni francesi presi in conformita s'intende la morte di monsr di « Landa, ferito d'artegliaria il giorno inanzi l'assalto. »
(2) « Il giorno del assalto. »
(3) State Papers, X, 5.
(4) Lettre du 23 juillet.

a été écrasé sous les ruines de sa maison (¹). Il n'est pas bien étonnant que les assiégeants aient été mal informés de ce qui s'était passé dans la ville, et, sur ce point, la tradition française nous paraît préférable. D'ailleurs nous la trouvons aussi confirmée par un document impérial : le secrétaire Bave écrit à la reine de Hongrie : « L'on dit pour certain que Lalande a esté « tué en son logis, qu'est au milieu de la ville, d'un « cop des nostres (²) ». Enfin, bien que Brantôme ne soit pas un témoin direct, son récit, conforme en ce point à celui de du Bellay, n'est pas sans autorité : le sieur de Bourdeilles est allé à Saint-Dizier, il a visité la maison de la rue du Petit-Bourg, il a causé avec l'hôte de Lalande qui lui a montré la chambre et le lit de la victime (³).

La journée du 14 juillet se termina par une forte alerte dont Wotton nous a seul conservé le souvenir (⁴). Sur le soir, les assiégeants virent une grosse troupe d'infanterie sortir de la place, en faisant mine de chercher à s'évader. Aussitôt, grande rumeur dans le camp impérial ; chacun s'empresse pour arrêter les fuyards. Mais tout à coup ces piétons revinrent sur leurs pas et rentrèrent à Saint-Dizier. Sans doute on avait eu affaire à une reconnaissance ; ou plutôt, comme le supposa Wotton, les assiégés avaient opéré cette di-

---

(1) « Oppressus ruina domus. »
(2) Liasse 22 de l'audience.
(3) S'il est certain que Lalande a été tué par un projectile d'artillerie, il devient certain en conséquence que sa mort est arrivée *au plus tard* le 15 juillet ; car, à partir du 16, les assiégeants cessèrent de tirer le canon.
(4) State papers, IX, 733.

version pour envoyer plus facilement vers François Iᵉʳ deux cavaliers chargés de faire rapport sur la situation de la ville.

§ 3.

Pendant la nuit du 14 au 15 juillet, l'artillerie de siège entretint son feu presque sans interruption pour agrandir la brèche et combler le fossé par l'écroulement des matériaux. Le matin, le bastion de la Victoire, but du tir depuis trois jours au moins, paraissait être ruiné et d'un accès facile (1). Dès la veille, il avait été question de donner l'assaut ; « Mais, avait écrit l'empereur à la
« reine Marie, il a semblé le plus sheur le remectre
« jusques à demain pour encore plus esplayner l'endroit
« par là où l'on espère entrer et pourveoir les choses
« nécessaires et convenables pour éviter le dégast que
« les assaillans pourroient recevoir ; et espère que
« demain il se fera bien (2). »

Vers 7 heures du matin, l'empereur, le vice-roi et plusieurs officiers supérieurs se rendirent aux tranchées ; après avoir examiné la brèche, ce conseil jugea utile de continuer encore la batterie pendant une heure.

L'heure passée, Gonzague envoya 15 ou 20 soldats pour reconnaître l'état de la muraille. Mais alors se produisit un fait étrange. Les Espagnols, campés à proximité de la brèche, s'élancèrent à l'assaut par un

---

(1) Wotton à Henry VIII. — Musica : « una muri pars ita videretur demo-
« lita ut facilis accessus crederetur. »
(2) Lettre du 14 juillet.

mouvement spontané, sans ordre, ou plutôt en dépit de tous les ordres (¹). Avaient-ils été entraînés par la soif du pillage ? Avaient-ils été trompés par quelque signal mal compris ? L'historien est étonné de trouver à leur tête dans de semblables circonstances des chefs distingués comme Alvaro de Sande et Luis Pérez de Vargas (²).

Ces soldats, très-braves, s'avancèrent avec impétuosité ; mais ils rencontrèrent des obstacles inattendus : le fossé n'était pas entièrement comblé ; la brèche était d'accès difficile (³) ; sur le rempart se tenait le comte de Sancerre, prêt à recevoir les assaillants. Un combat acharné s'engagea. On voyait les soldats français courir d'un point à l'autre de la muraille, où ils avaient arboré deux bannières (⁴) ; les habitants s'étaient joints à la garnison ; ils lançaient des pierres dont les effets, au dire de Navagero, furent très-redoutables, et, parmi ces défenseurs improvisés, on croyait reconnaître un certain nombre de vieilles femmes (⁵).

Enfin les assaillants furent repoussés et renversés au

---

(1).« Sans qu'on les a sceu tenir. » Lettre de l'empereur, du 15 juillet.

(2) Il est difficile de présumer le nombre des assaillants. Du Bellay parle de 18 enseignes, Wotton de 5 seulement ; Navagero et Musica n'énoncent aucun chiffre.

(3) « Mais ils ont trouvé l'entrée de la bresse, que l'on avoit faite difficile à « monter, et le fossé non encore rempli. » L'empereur, 15 juillet. — Navagero : « Perche l'ascesa era difficile. »

(4) « Non abbandonando mai li più pericolosi luochi da diffendere, discor— « rendo sempre con doi bandiere sopra la muraglia. »

(5) « La maggior diffesa ch'habbino fatto quelli di dentro, quando nemici « erano cosi sotto li mura ; è stata nelli sassi, dalli quali molto sono stati fe— « riti et malmenati, et dicono molti di questi feriti haver veduto fino alcune donne « vecchie, et con sassi et con quello che poteano, non haver mancato in quello « tempo alla diffesa sua. »

bas de la brèche. Du Bellay dit qu'ils avaient combattu
« main à main une grande heure, » et ce pas n'est assez dire : les témoins les plus autorisés (¹) rapportent
que cet assaut dura près de trois heures. Wotton (²)
prétend que les Espagnols revinrent quatre fois à la
charge. Leurs pertes furent proportionnées à l'acharnement qu'ils avaient montré (³) ; ils eurent environ 300
tués et peut-être 400 blessés (⁴) ; Luis Pérez de Vargas
reçut un coup d'arquebuse à la cuisse ; Alvaro de Sande
fut brûlé par une fusée à la main et à la figure (⁵) ; deux
capitaines, Jean de Saracate et Alonzo de Cammaja,
restèrent morts sur la brèche.

Au premier bruit que fit cette échauffourée, Charles-Quint, Gonzague et les officiers qui déjeunaient dans
leurs tentes se précipitèrent dehors, et, impuissants à
empêcher cette malencontreuse aventure, ils se préparèrent du moins à tout événement. Gonzague courut à
sa batterie de 20 pièces ; l'empereur donna ordre de
sonner la trompette et fit « ranger tous les bataillons
« ou escadrons, comme si on allait livrer une ba-
« taille (⁶). » Lorsque les Espagnols, poudreux, brûlés, sanglants, descendirent de la brèche, l'instant parut propice pour lancer de nouvelles troupes. Selon du

---

(1) D'après l'empereur, environ deux heures et demie. D'après Musica, trois heures. D'après Navagero, « doppo 3 hore et più. »

(2) Lettre du 15 juillet à Henri VIII.

(3) « Cosi rabbiosi ».

(4) D'après Musica, 150 tués, 400 blessés. D'après Navagero, plus de 400 tués et un très-grand nombre de blessés. D'après Wotton, 300 tués et autant de blessés.

(5) *Sic* Musica et Navagero.

(6) Musica. Du Bellay dit 8 ou 10 mille hommes.

Bellay, « sept ou huit cens hommes, tous ayans casac-
« que de velours et la bourguignotte en teste, » prirent part à ce deuxième assaut, et comme leurs prédécesseurs ils furent renversés dans les fossés. Alors aurait été tenté un troisième assaut; et huit enseignes d'Allemands se seraient portées en avant « avecques
« force petits barils de pouldre, lances et autre artifice
« de feux ; lesquels firent si bien leur prouffit qu'ils
« laissèrent dedans ledict fossé tous lesdicts artifices. »

Y a-t-il donc eu, à proprement parler, trois assauts dans cette mémorable journée du 15 juillet ? Et comment faut-il entendre les derniers mots de la phrase de du Bellay ? Navagero, Wotton et Musica vont nous fournir des indications complémentaires.

Pour le deuxième assaut, Musica nous apprend qu'il fut donné par trois enseignes (*cohortes*) de Georges de Ratisbonne, les Allemands de Cambrai, comme on les appelait ; c'étaient d'excellents soldats [1], qui marchèrent avec beaucoup de valeur, mais ils durent se retirer sous un feu écrasant [2]. Wotton et Navagero mentionnent leur attaque, sans rien préciser.

Quant au troisième assaut, Musica rapporte qu'il devait être donné par sept enseignes [3] de piétons bas-allemands, hier encore sous les ordres du prince d'Orange, et, depuis la mort du prince, confiées à Jean de Sallant. Tout faisait préjuger qu'ils se comporteraient

---

[1] « E sono quelli che sono riputati meglior soldati ch'habbia la natione
« tedesca in questo essercito. »

[2] « Sane fortissime, vixque demolitam muri partem oppugnandam susce-
« pere ; sed hi fere omnes cum Hispanis densitate telorum aut occubuere aut
« repulsi sunt. » (Musica).

[3] Huit selon du Bellay.

bien ; cependant, quand ces hommes virent ce que l'on attendait d'eux, ils perdirent courage et refusèrent de marcher (¹). — Wotton ne connait pas bien le rôle joué par ces bas-allemands : « Quant aux lansquenets, « dit-il (²), ni les six premières enseignes ni les six « autres enseignes commandées pour les secourir n'ont « rien fait qui soit digne d'éloge et dont j'aie entendu « parler. » — Navagero s'exprime au contraire sur leur compte avec une sévérité très-explicite : « Ils se sont « comportés lâchement, écrit-il au doge ; ils ont mon- « tré peu de courage en se présentant à la muraille, « et bien moins encore dans leur retraite et leur fuite, « après qu'un canon ennemi eût emporté d'un coup six « ou sept des leurs (³). »

Il résulte de ces témoignages que le troisième assaut fut manqué parce que les troupes lâchèrent pied devant la brèche ; et il faut sans doute attribuer cette défaillance au découragement causé par la mort du prince d'Orange.

Les Allemands eurent à peu près 150 tués et 300 blessés (⁴). Parmi les morts se trouvèrent 2 porte-drapeau, Eydelfred, comte de Torn, et Jean de Courteville (⁵).

(1) « Nec septem cohortes peditum Germaniæ inferioris, quos presto et pa-
« ratissimos adducebat Johannes a Sallant, alioquin voluntarios, oppugnare
« voluerunt. »

(2) Lettre du 15 juillet à Henri VIII. Les *premières* enseignes sont celles de Georges de Ratisbonne.

(3) « Si sono portati vilmente, havendo mostrato poco animo nell'appresen-
« tarsi alla muraglia, et minore assai nel retirarsi et fuggire, havendo uno pezzo
« d'artigliaria de quelli di dentro da uno delli belloardi portato via ad uno
« tratto 6 a 7 di loro. »

(4) Musica seul donne des chiffres.

(5) Musica. — Selon les traditions locales, il faudrait ajouter à ces noms ceux du duc d'Alvez et de Martin de Rosheim. Nous ne savons qui est ce duc

De plus, au témoignage du célèbre médecin André Vésale, presque tous les blessés avaient été frappés mortellement (1). Du Bellay n'exagère donc pas lorsqu'il évalue à 7 ou 800 morts la perte totale des Impériaux ce jour-là.

De son côté, Sancerre avait perdu une quarantaine d'hommes d'armes ou archers et environ 200 piétons, sans compter de nombreux blessés (2) ; lui-même avait eu le visage déchiré par les éclats de son épée, que brisa un coup de canon.

Le combat avait duré sept heures (3).

Outre l'imperfection de la brèche, déjà signalée, quelles avaient été les causes particulières de l'échec des Impériaux ? Beaucaire, comme tous les historiens, mentionne les engins employés par les Français, épieux, escopettes, récipients de bois ou de terre cuite qu'on emplissait de poudre et qui vomissaient des flammes (4),

---

d'Alvez ; peut-être serait-ce « le petit gentilhomme italien » dont parle Wotton. Quant à Martin de Rosheim, il s'agit certainement de Martin van Rossem, maréchal de Gueldre ; mais la tradition locale fait erreur complète à son sujet, attendu qu'en 1544 il ne quitta pas la Gueldre, et qu'il mourut plus tard de la peste à Anvers.

(1) Navagero, dans un billet du 17 juillet : « Doppo serrato il plico, è stato
« a visitacion mia il dottor Vesalio, che è uno delli medici di sua maestà, il quale
« mi a affirmato che, in questo assalto di San Desir, li feriti, per il conto
« della portion sua et delli altri medici, arrivano presso mille, et la maggior
« parte da ferite mortali. »

(2) D'après les traditions locales, 262 soldats et plusieurs bourgeois ; M. de Téligny aurait été au nombre des morts. Mais Brantôme dit qu'il l'a vu à Venise, où ce gentilhomme s'était réfugié pour fuir ses créanciers et où il mourut. (Discours 18). — Disons une fois pour toutes que les traditions locales sur le siège de Saint-Dizier sont pleines de fables ; la plus grave de toutes ces erreurs est celle qui consiste à multiplier les assauts, alors qu'il n'y en eut jamais d'autres que ceux du 15 juillet.

(3) Du Bellay.

(4) « Hastis, sclopetis, fictilibus tubisque ligneis pulvere sulfureo refertis et
« flammas evomentibus. » (Beaucaire). — « Continuisque hostium e sclopetis

quelque chose comme des bombes ou des obus. Mais il ajoute une observation importante : à chaque extrémité du boulevard, dit-il, là où la fortification faisait saillie, Lalande avait fait construire des embrasures masquées par de la terre ; quand les Espagnols approchèrent, les canons placés aux embrasures furent démasqués, et l'assaillant se trouva pris entre deux feux convergents (¹). — Ferron fournit une autre information intéressante. Le bastion, dit-il, était divisé en deux parties de hauteurs différentes, un parapet qui dominait le fossé, et un terre-plein (²) en retrait que sa position basse mettait à l'abri du feu de l'ennemi. Sancerre avait choisi 200 bons tireurs armés d'arquebuses (*leviora tormenta*) ; tour à tour, par escouades, ils montaient sur le parapet, déchargeaient leurs armes, puis redescendaient au terre-plein en cédant la place à d'autres. Gonzague déjoua cette tactique en faisant approcher de l'artillerie de campagne et en balayant incessamment le sommet du bastion.

L'empereur ne fut que contrarié de l'indispline des Espagnols, qui d'ailleurs s'étaient comportés avec bravoure ; mais il fut indigné de la mollesse des Alle-

---

« plumbeis et sulphureis pilulis obruerentur. » (Musica.) — « Ceux du dedans « tant remparez et pourveuz d'artillerie, feux, pierres et aultres matériaux « pour résister et eulx deffendre. » Charles-Quint, lettre du 15 juillet.

(1) « Sed Landa, in utroque aggeris limite paulo ultra rectam lineam pro-« cedente, fenestellas extruxerat globisque contexerat, ut ab hostibus de-« prehendi non possent, per quas, glebis sublatis, tormenta displosa accedentes « Hispanos in latera discerpebant. » C'est vraisemblablement de ces batteries masquées que Navagero dit : « Doi belloardi di terra non più scoperti batteano « cosi da ogni parte, che non se li potea remediare. »

(2) Icnographum.

mands (¹); il regretta alors de n'avoir pas levé des Italiens, dont il connaissait le courage et la docilité. L'armée partagea ces sentiments ; les Espagnols s'écriaient : « Où sont maintenant les Italiens nos frè-
« res (²) ? » Pour éviter la démoralisation des troupes on dissimula les pertes de l'armée, et les chefs blessés, Alvaro de Sande et Luis Pérez de Vargas, furent transportés, non pas dans leurs tentes, mais dans celle du comte de Feria.

La mort du prince d'Orange, le grand échec du 15 juillet, firent naturellement impression sur les troupes. Mais c'est surtout à distance, dans les Pays-Bas, que l'impression fut vive et douloureuse. La reine Marie put craindre pour son frère la triste fin de René de Nassau ; elle sentit aussi mieux que jamais la lourde responsabilité qui pesait sur elle et comprit que cette grande machine compliquée de l'Empire, si difficile à mettre en mouvement, se disloquerait aussitôt que viendrait à se glacer la main ferme et souple qui en connaissait et savait en manier les ressorts. Le 18 juillet, elle écrivait à Charles-Quint : « Je suis d'aultant en
« plus grande paine que aucuns ont eu lettres qui
« font mention de quelque reboutement d'assault et
« de la blessure du prince d'Orenges, de quoy ay esté
« très marye... J'entens, Monseigneur, que au mesme
« lieu où il a receu sadicte bleschure, Vostredicte Ma-

---

(1) Les Allemands lui donnèrent justement ce soir là un nouveau grief : ils réclamèrent de l'argent à grands cris : « Hieri sera li Alemani sendo passata
« do doi di la paga, commenciorno a criare : Ghelten. Ghelten !... et è stato
« necessario trovar modo ne contentarli. »

(2) « Ove sono hora los Italianos, nostros ermanos ? » (Navagero.)

« jesté s'y est quelque fois trouvée. Pour Dieu, Mon-
« seigneur, veullez-moy pardonner de ce que amour
« me contrainct à dire et vous supplier d'avoir plus de
« respect à vostre personne, de laquelle dépendt tant
« qu'il n'est exprimable. Je confesse que, estant en la
« guerre, l'on ne peult éviter d'y estre sans quelque
« dangier, mais de se mettre en lieu où le dangier est
« si grant et où par raison se peult et doibt excuser ;
« je retourne à supplier à Vostredicte Majesté que s'il
« ne vous plaist avoir regard à sa personne, qu'elle le
« ait à la faulte qu'elle feroit à toute la chrestienté et à
« tous nous aultres, voz pays et subgectz, si mal adve-
« noit à icelle ; de quoy prye de bien bon cœur le Créa-
« teur vous préserver, et qu'il vous plaise me pardon-
« ner si en parle trop avant ; car l'affection a trans-
« porté ma plume plus que avons délibéré. Par quoy
« n'en diray davantaige que me recommander très hum-
« blement en la bonne grâce de Vostre Majesté ([1]). »

François Ier se hâta de donner la plus grande publi-

---

(1) Correspondance de la reine, V, 97. — La réponse de l'empereur, dont l'original n'est point aux archives du royaume de Belgique, ne nous est connue que par l'analyse suivante : « L'empereur remercie la reine de la sollicitude
« qu'elle témoigne pour sa personne. Afin qu'elle sache bien que les choses
« sont toujours représentées comme plus grandes ou plus petites qu'elles ne
« sont réellement, il l'avise de ce qui suit. Il est bien vrai que depuis la mort
« du prince d'Orange il est allé aux tranchées, non pas si avant et à l'endroit
« où le prince a été blessé, mais seulement où il fallait qu'il fût, lorsqu'il
« voulut s'assurer si l'assaut pouvait être pratiqué. Ayant commencé, il dut
« continuer. Les soldats ont marché à l'assaut sans ordres, d'où il est résulté
« l'échec que la reine connaît. Depuis, il n'est plus retourné aux tranchées, et
« n'a vu la ville qu'en tournant tout autour, pour voir où l'on asseoirait le
« gué et pour empêcher que les ennemis n'entrassent dans la ville, ce dont ils
« ont belle envie. Toutefois il ne s'est jamais avancé si près qu'il ait couru un
« véritable danger. Depuis, les ennemis n'ont plus tiré un seul coup (de ca-
« non). La reine peut être assurée que l'empereur ne s'exposera pas en s'ap-
« prochant trop près de la place ». (Manuscrits de Wynants.)

cité aux exploits des défenseurs de Saint-Dizier. Il écrivit au cardinal de Meudon, son lieutenant-général à Paris, que l'empereur avait fait livrer trois assauts « aussi furieux que jamais on ouyt parler, et que ledict « comte (de Sancerre) et ses gens les avoient non seu- « lement virillement sousténus, mais aussi repoussé « l'ennemy, tellement que l'honneur en estoit demeuré « aux assaillys... (¹) » ; en conséquence le roi ordonnait que la Cour de Parlement fît une procession solennelle pour rendre grâces à Dieu de ce bon événement. Le cardinal communiqua cette lettre au premier président Pierre Lizet, qui, le 17 juillet, assembla ses collègues et leur fit part des ordres royaux. Le même jour, la Cour interrompit ses séances, revêtit la robe d'écarlate et se rendit processionnellement « depuis la « saincte chapelle du Palais jusques en l'église de Pa- « ris, accompaignée du clergé de la dicte saincte cha- « pelle et des quatre mendiants (²). » Devant le cortège était portée la relique de la vraie croix ; une messe d'actions de grâces fut chantée en la manière accoutumée.

---

(1) Il y a dans la lettre de François Ier une double erreur : le roi suppose que l'assaut a été donné le mercredi (16 juillet), et que c'est pendant l'assaut que le prince d'Orange a été tué. — (Archives nationales, section judiciaire, conseil, n° 89, f° 249 verso.)

(2) C'est-à-dire les ordres religieux des Carmes, des Jacobins, des Augustins et des Cordeliers.

CHAPITRE XI.

Continuation du siège de Saint-Dizier, (du 16 au 23 juillet). — § 1. Changement du système d'attaque. — § 2. Difficultés rencontrées par l'empereur. — § 3. Premiers travaux pour les boyaux, mines et tranchées.

Le 16 juillet, les Impériaux aperçurent sur la muraille un homme pendu par le pied. Ils soupçonnèrent que c'était ou un soldat français ou un habitant convaincu d'avoir correspondu avec l'ennemi ou d'avoir parlé de se rendre [1].

Le même jour, les assiégés enhardis par le silence de l'artillerie se figurèrent que Charles-Quint se préparait à lever le siège et firent sortir un homme de la ville pour voir ce qui se passait. Cet homme fut appréhendé et soumis à un interrogatoire ; il déclara [2] « .... que les assiégés espéraient pouvoir se défendre
« victorieusement et avaient tous juré de mourir avant
« que de manquer à l'honneur et au devoir ; que, de-
« puis l'ouverture du feu, l'artillerie ennemie avait tué
« 200 hommes et blessé 100 hommes ; que l'espace
« occupé par la muraille et la batterie française était
« juste ce qu'il fallait pour déployer le nombre de dé-

---

[1] Navagero au doge, 17 juillet.
[2] Nous avons rapporté plus haut les déclarations de ce prisonnier relatives à la force de la garnison.

« fenseurs nécessaire ; qu'après cette muraille il y avait
« un autre fossé protégé de même par des boulevards
« faciles à défendre ; que la ville abondait en vivres et
« en munitions ; qu'on avait plus redouté le premier
« assaut qu'on ne paraissait craindre ceux qui sui-
« vraient ; que, pendant que les soldats et les volon-
« taires repoussaient la première attaque, les femmes
« et les gens inutiles n'avaient cessé de prier Dieu, et
« qu'ils avaient fait une procession pour obtenir la con-
« servation de la place [1]. » Navagero se demande, non
sans motif, si cet homme ne s'était pas fait prendre
exprès et s'il ne récitait pas une leçon apprise.

§ 1.

Après l'assaut, les assiégeants avaient cessé le feu
de leur artillerie. Cette inaction fut mise à profit par
Sancerre avec la plus grande diligence. Pendant la

---

[1] « Hieri sera, vedendo quelli di San Desir, che tutto l'giorno non s'havea
« pur tirato un colpo d'artegliaria, sperando che l'essercito si fusse per levare,
« mandorno uno delli suoi fuori à veder quello che si facea. Costui conosciuto
« et preso, essaminato, dice prima la causa della sua uscita esser quella ch'io
« dico di sopra ; poi ritrovarsi 2^m fanti nel loco, 100 huomini d'arme, et sono
« 300 gentilhuomini tutti armati et presso circa 700 della città atti a portar
« arme et diffendersi ; sperar quelli dello loco di potersi diffendere et haver
« giurato di voler morire prima che mancar all'honor et debito suo ; dalli tiri
« dell' artegliaria cesarea, quando si faceva la batteria et il giorno dell' as-
« salto, esserne sta morti appresso 200 et cento feriti ; haver tanto spatio di
« terreno alla diffesa della muraglia et della battaria che possono star in ordi-
« nanza, et dapoi esser un' altra fossa diffesa medesimamente da belloardi, la
« qual facilmente si potrià diffendere ; abondar d'ogni sorte di vettovaglia et
« monitione ; haver temuto più quello primo assalto che non mostrano temer
« li altri che siano per haver ; le donne et le gente inutile, mentre si combat-
« teva dalli soldati e da quelli della terra atti à questo esercitio, haver quello
« primo giorno continuamente pregato Iddio et fatto processione per la conser-
« vatione loro. » (Navagero.)

nuit, Ricarville et Hiéromino Marino, descendus avec vingt soldats par la brèche, réussirent à l'escarper. De plus, ils eurent l'heureuse chance de ramasser dans le fossé des tonnelets ou des poires à poudre abandonnés par les Allemands de Georges de Ratisbonne, ce qui vint fort à point, parce que les munitions commençaient à se faire rares. On répara aussi le parapet avec des poutres, des mottes de gazon et des gabions, de telle sorte que, le 16 au matin, le rempart était plus fort que la veille (1). Puis, comme les canons impériaux continuaient à se taire, on exhaussa le rempart de trois pieds environ (2).

Pourquoi Charles-Quint avait-il fait cesser la batterie ? C'est que sa provision de boulets était épuisée. Peut-être Gonzague avait-il trop peu ménagé les munitions aux sièges de Commercy et de Ligny ; certainement le tir des 12-15 juillet avait consommé une énorme quantité de projectiles. Douze chariots chargés étaient en route, mais ils n'arrivaient pas ; et, le 16 juillet, le silence de l'artillerie impériale était forcé (3).

En outre, le temps continuait à être froid et pluvieux. A peine, dit Musica, vit-on deux fois le soleil pendant les mois de mai, de juin et de juillet. Les troupes commençaient à se décourager et à murmurer : « Dieu, disaient les soldats, favorise les Français (4) ».

(1) Du Bellay, l. X. — Wotton, lettre du 24 juillet, (State Papers, X, 5). — « Sequenti die, Cæsar animadvertit demolitos muros tignis, cespitibus, cœstis « que terræ plenis reparatos. » (Musica.)

(2) « Inalzatosi più tanto quanto à l'altezza di mezzo huomo. » (Navagero au doge, 16 juillet.)

(3) « Non essendo arrivati 12 carri di questa monitione. »

(4) « Palam murmurabant, Deum Gallo favere. » — Navagero parle à plu-

Pour comble de malheur, on souffrait déjà de la disette des vivres.

Dans ces circonstances critiques, l'empereur montrait une grande force d'âme. Ses lettres à sa sœur respirent un calme imperturbable. Le jour même de l'assaut, il écrivait à la reine de Hongrie : « Toutes « fois, sy a-il bon espoir d'emporter la dicte ville, et le « treuvent pour certain les coronelz, cappitaines et « autres expérimentez de la guerre, bien que il fauldra « douze ou XIIII jours (¹) pour picquer la muraille, « sesser le fossé et iceluy remplir et faire aultres choses « requises, ce que tous ilz trouvent faisable... Et est « bien vray que de prime face le dict temps semble « long, selon que la saison s'avance ; mais aussi ne « faut-il guère moins de temps pour faire venir les pro- « visions et victuailles que sont à Metz et Sainct-Mi- « chiel (²). »

Avant de prendre une résolution, Charles-Quint assembla un grand conseil de guerre (³) pour consulter ses généraux sur la situation.

Il y avait à choisir entre trois partis : 1° ou lever le siège ; 2° ou tenter un nouvel assaut par plusieurs côtés à la fois et contraindre ainsi Sancerre à diviser ses forces ; 3° ou procéder par les tranchées, les sapes et

---

sieurs reprises de ces pluies torrentielles. « Li tempi continuano ad essere freddi « et pieni di pioggia, di sorte che, aggiongendosi oltre l'altre incommodità an- « che questa appresso, ogn' uno patisce più di quello che si può ò scrivere ò « credere. » (Au doge, 17 juillet ; *item*, 25 juillet, etc.)

(1) Musica dit que, le lendemain du conseil dont il va être parlé, l'empereur comprit qu'il faudrait bien 20 jours pour ces travaux.

(2) Correspondance de la reine, V, 93.

(3) Musica.

les boyaux et approcher ainsi jusqu'à la muraille, qu'on ferait ensuite sauter au moyen des mines.

Le premier parti, condamné d'avance, ne fut pas même mis en discussion ; sans compter que l'empereur y eût perdu sa réputation et son prestige, le sort de la campagne dépendait de l'occupation de Saint-Dizier. Aussi Charles-Quint était-il décidé à tout faire pour s'emparer de la place (1).

Le second parti était impraticable. On ne pouvait pas songer à ouvrir plusieurs brèches, puisque les boulets manquaient ; et, en commandant aux soldats d'élite de franchir un fossé et de gravir une muraille bien gardée sans qu'une batterie préalable leur en eût facilité l'accès, on compromettait à la fois et leur vie et le succès de l'entreprise (2).

Le troisième parti présentait encore beaucoup de difficultés : pour établir les tranchées, les sapes et les boyaux, il était nécessaire d'avoir un nombre considérable de pionniers ; or, on n'en avait presque plus. D'ailleurs le terrain détrempé par les pluies se prêtait mal aux travaux de ce genre.

---

(1) « Conoscono tutti esser necessario, se ben si dovesso perder l'essercito
« tutto, impatronersi di questa fortezza, parte per la riputatione, ma molta più
« per la commodità delle vettovaglie, delle quali s'hora difficilmente si serve
« l'essercito, impossibil cosa saria servirsene, lasciando questo loco in mano
« de Francesi, e però si farà quanto si potrà fare e per ogni via per espu–
« gnar questo loco. » — Wotton (State Papers, IX, 733, lettre du 15 juillet) dit que l'honneur ne permettait pas à l'empereur de reculer, mais que peut-être ne serait-il pas venu avec tant de hâte sous les murs de Saint-Dizier, s'il avait encore été à Toul ou à Metz.

(2) « All'altra (parte), conoscono metter à risego et a' pericolo la meglior
« gente che habbino, dovendo, senza batteria et senza apertura alcuna, passar
« una fossa et ascendar una muraglia assai alta et molto ben guardata. » (Navagero, 16 juillet.)

— 158 —

Pourtant il fallait agir. Après délibération, le conseil opta pour le troisième parti.

Il fut donc décidé : 1° que l'on pratiquerait des galeries souterraines (1), et que par ce moyen on s'efforcerait de jeter bas le bastion de la Victoire avec un pan de la courtine adjacente (2) ; 2° qu'on construirait près des murs un ouvrage composé de gabions, de branchages et de fascines, assez haut pour dominer le rempart et pour démolir les défenses que les assiégés y avaient établies (3) ; 3° qu'on achèverait de détourner les eaux de l'Ornel et de la Marne pour mettre les fossés à sec et rendre l'abord de la muraille moins périlleux (4).

§. 2.

Mais avant d'étudier l'exécution de ce plan, insistons sur les difficultés principales qui paralysaient l'énergie de l'empereur.

A. — *Boulets*. La correspondance de Charles-Quint témoigne des préoccupations continuelles que lui causait le retard des munitions d'artillerie.

Le 15 juillet, il écrit au s^r de Lyère, qui alors était à Metz : « Cher et féal, pour ce que desjà, comme sçavez,
« l'on a tiré contre ceste ville de Sainct Désir plu-
« sieurs coupz, et que la pluspart des bouletz tirez de-

---

(1) « Minis subterraneis suffodiendum esse. » (Musica.)

(2) « Fieri posse ut ea ratione propugnaculum illud, magna cum murorum parte, dispositis cuniculis subrueretur. » (Musica.)

(3) « Moles quædam quam Hispani et Itali cavalliero vocant, ex qua fieri possemus superiores... » (Musica.)

(4) « Ut aqua, quæ ex rivo et fluvio in fossas fluebat, præriperetur, ac ita fossæ dessicarentur, tum que minori periculo liceret muros contingere. »

« vant Ligny sont demeurez perduz, et que par ce la
« municion qu'en avyons commence à amoindrir et
« qu'en pouvons avoir nécessité, vous requérons et en-
« chargeons que faictes charger, avec le surplus dont
« avez charge, les mille que la royne madame nostre
« seur a envoyé à Thionville.... Et nous escripvons
« aussi à nostre seur de faire haster les autres mille
« qui sont à Namur, afin que ilz se puissent envoyer
« selon le besoin qu'on en a (1). »

A la reine il écrit le même jour : « Y a-t-il faulte de
« bouletz de canon, dont l'on a tiré grande quantité à
« Commercy et à Ligny et encorres icy ; et sera requis
« que, oultre les deux mille bouletz que j'escrips par
« mes précédentes, que vous en faictes venir à toute
« diligence à Thionville le plus qu'il sera possible ; et
« je bailleray ordre les encheminer dou là en ce costel.
« Et, ce moyennant, j'espère que ceste dicte armée fera
« bon progrès avec l'aide du Créateur.... (2) »

Le 16 juillet il réitère sa recommandation à Lyère (3).

Le 22 juillet, la reine répond à son frère : « Quant
« aux bouletz de canon que Vostre Majesté demande,
« j'espère que les II^m que j'avoye fait envoyer à Thion-
« ville sont présentement arrivez... Le contrerolleur
« de vostre artillerie de pardechà m'a dit et affirmé
« que, pardessus les II^m bouletz que j'ay envoyé, Vos-
« tre Majesté pourra encoires bien prendre mil bouletz

---

(1) Liasse 22 de l'audience. Dans la même liasse et du même jour, lettre à Pierre de Werchin et à Nicolas Le Gouverneur, pour leur recommander d'aider Lyère de tout leur pouvoir.

(2) Corresp. de la reine, V, 93.

(3) Liasse 22.

« de canon estans à Thionville, procédans en partie de
« ceulx que l'on a troevé à Luxembourg, du mesme ca-
« libre et grandeur que les aultres de pardechà, dont
« Vostre Majesté se peult ayder promptement. Et, par
« dessus ce, ay ordonné au recepveir de vostre artil-
« lerie d'envoyer encoires II^m des dicts bouletz à toute
« diligence au dict Thionville, ce qu'il fera si tost qu'il
« pourra recouvrer chariotz (1). »

Récapitulons. Il s'agit en cette affaire :

1° D'un nombre indéterminé de boulets laissés à Metz ;

2° De 1,000 boulets qui sont à Namur ;

3° De 1,000 boulets qui sont à Thionville et proviennent de Luxembourg ;

4° De 1,000 boulets envoyés à Thionville par la reine ;

5° De 2,000 boulets provenant des arsenaux des Pays-Bas et dirigés encore sur Thionville.

Pour satisfaire à la demande de l'empereur, l'intendant Lyère déploie beaucoup d'activité et rend de grands services. Le 19 juillet, il mande que 1,000 boulets sont arrivés au Pont-à-Mousson, que ces boulets sont chargés et qu'ils partiront le lendemain ; dès qu'il disposera de chariots, il expédiera ceux de Metz et de Thionville (2). Le 22 juillet, il donne une nouvelle fort agréable : tous les boulets ont dépassé Metz et Thionville, et ils vont prendre le même chemin que les précédents. « Doubtant que Vostre Majesté en eusist besoing,
« écrit-il, les ay faict dépescher et mener au Pont les

---

(1) Corresp. de la reine, V, 109.
(2) De Metz. Liasse 22.

« premiers (¹), de sorte que tous les bouletz, tant
« venant de Flandres avec la municion de Vostre Ma-
« jesté que ceux que la royne y ait envoyé, sont pour
« l'heure présente au dict Pont (²) ».

Du Pont-à-Mousson les munitions venaient lentement, péniblement et périlleusement par les lignes
d'étape ; il fallait de grosses escortes pour conduire les
chariots jusqu'à Saint-Dizier en passant par Saint-Mihiel et Bar. Ceux-ci parvinrent tardivement à leur
destination ; les boulets qu'ils portaient furent inutiles
pour le siège, et, plus tard, l'occasion de s'en servir fit
défaut, puisqu'on ne força plus de ville et qu'on ne livra plus de grande bataille.

B. — *Pionniers*. Il est malaisé d'évaluer, même
approximativement, le nombre des pionniers présents
sous les murs de Saint-Dizier. Selon Musica, il en
serait venu 4,000 ; mais, ajoute-t-il, fatigués d'un travail incessant et mécontents d'être commandés par des
Espagnols, ils s'enfuirent par bandes après l'assaut, si
bien qu'il n'en resta pas plus de 500. Il fallut donc faire
de nouvelles levées, et, pour en trouver, on dut les
prendre presque de force (*vi quasi*) dans les Pays-Bas
et dans le comté de Bourgogne.

Les documents des archives de Bruxelles. nous permettent d'éclaircir ce sujet.

Ces 500 pionniers forment le solde de l'effectif réuni
dès le commencement de la guerre et qui a marché
avec Gonzague sous le commandement d'Antoine de la

---

(1) C'est-à-dire avant certains convois de grains.
(2) Même liasse.

Forge. Navagero dit qu'ils pouvaient être en tout 2,000 hommes, mais qu'il ne s'en présentait pas à la tranchée plus de 600, et que les autres s'excusaient de ne pouvoir travailler parce qu'ils étaient à demi affamés (¹).

Ainsi, 2,000 pionniers sur le papier, mais seulement 5 ou 600 travailleurs. C'était beaucoup trop peu, et, dès son arrivée sous Saint-Dizier, Gonzague réclama un renfort.

Aussitôt l'empereur écrivit à la reine sur le ton le plus pressant : « Madame ma bonne sœur, j'ay despesché ce
« courrier exprès, afin que incontinent vueilliez faire
« pourveoir ou coustel de Namur de lever jusqu'à mil
« pionniers, dont, à ce que m'a escript le seigneur
« don Fernando, il y a très grand besoing au camp,
« parce qu'il y en a grande quantité mortz et enfuiz...
« Et aussy escriptz le semblable au séneschal de Hayn-
« nau, afin que, comme gouverneur de Luxembourg et
« Namur, il s'y employe et face tout extrême debvoir,
« *et qu'ilz marchent incontinent.....* » Charles-Quint recommande en outre de châtier les pionniers fugitifs quand ils reparaîtront au pays : « *Et pour ce que ce que*
« *dessus empourte tant que plus ne pourroit, je vous*
« *prie encorres y faire user de toute extrême diligence*
« *et faire chastier les pionniers enfuyz*, si l'on en peult
« aucuns treuver, dont, estant au camp, je regarderay
« s'il est possible vous envoyer le rôle (²) ».

---
(1) « Di 2ᵐ guastadori che sono in campo, poco più di 600 comparono alle « fattioni, escusandosi gli altri di non poterlo fare per esser mezzi affammati. » Dans une autre lettre (17 juillet), Navagero présente la situation sous des couleurs plus sombres encore : « Pochissimi guastadori comparero à lavorar ; la maggior parte d'essi ò sono morti di fame ò sono fugiti. »
(2) Corresp. de la Reine, V, 86.

Quoique ces levées soient épuisantes pour les Pays-Bas (¹), Marie se met à l'œuvre. C'est le 15 juillet qu'elle donne des ordres. Sébastien Legrand, archer de corps de la reine, lèvera 200 pionniers dans le comté de Namur et 200 dans le Roman Pays de Brabant (²) ; Gaspard d'Ypre en lèvera 400 dans le duché de Luxembourg ; Claude Girard, fourrier de la maison de l'empereur, en lèvera 600, et, s'il est possible, 1,000 dans le comté de Bourgogne.

Ces pionniers marchèrent au fur et à mesure qu'ils furent prêts ; mais, comme les boulets, ils arrivèrent trop tard à Saint-Dizier, et l'on n'eut point l'occasion de s'en servir.

§ 3.

Revenons aux travaux du siège.

Selon le plan adopté, le marquis de Marignan, commissaire général de l'artillerie et des pionniers, fut chargé de la construction du cavalier, et Francesco Duarte, commissaire général des approvisionnements et du matériel, fut chargé de creuser les tranchées et de détourner les cours d'eau.

Comme Duarte n'avait pas de pionniers, il fut obligé d'employer des soldats, et il demanda aux chefs de

---

(1) Pierre de Werchin, dans une lettre du 13 juillet (liasse 26), fait observer à la reine que le comté de Namur est épuisé 1° par les levées faites pour Gonzague, 2° par une conscription de 700 pionniers et de 800 chevaux faite pour Henri VIII. Les mayeurs et échevins de Namur ont chargé Werchin de déclarer qu'une nouvelle levée serait la ruine des Pays-Bas (liasse 22).

(2) On appelait ainsi la partie du Brabant où l'on parlait la langue romane ou walonne.

l'infanterie allemande de lui procurer, moyennant un prix honnête, des campagnards robustes et, de préférence, d'anciens ouvriers mineurs (¹). Le régiment d'Hildebrand de Madruce, qui comptait beaucoup de Tyroliens, fournit ce qu'il désirait. Pour éviter la fatigue et le dégoût de cette rude besogne, Duarte fit travailler les hommes alternativement par brigades et offrit même des récompenses aux plus laborieux.

Du Bellay indique clairement la direction des tranchées et des mines, comme aussi l'emplacement du cavalier. « Quoy voyant, dit-il, l'empereur fit cesser « la batterie pour tenter la sappe, et fect en diligence « commencer les tranchées pour aller droit au boul-« levert de la Victoire ; et aussi du costé de la bresche « commença une plate-forme de dix-huit gabions de « front, sur lesquels, quand ils estoient emplis, on « en dressoit d'autres jusques à tant que la hauteur fût « convenable ». C'est-à-dire que les tranchées, partant à peu près de la batterie de 6 canons commandée par Frédéric de Meleun, s'avançaient vers le rempart dans l'axe du bastion n° 1 ; tandis que le cavalier, rapproché de la grande batterie de 20 pièces, s'élevait en face de la brèche, du côté du parement droit de ce bastion (²).

Selon les traditions locales rapportées par l'abbé Fourot, d'autres boyaux ou tentoirs furent encore pous-

---

(1) « Metallorum fossores » ou « berknappen », dit Musica.

(2) Navagero s'exprime assez vaguement sur ce sujet : « Ne dapoi la rebat-« tuta de Spagnuoli, è stato fatto altro; salvo che tutti questi giorni hanno at-« teso à lavorare con la zappa et badile, approssimandosi con trincee più vi-« cini che possono al loco, et disegnando de voler guadagnar una torretta et « uno belloardo che li fa molto danno. » (Lettre du 17 juillet).

sés dans des directions différentes et garnis de quatre batteries ; l'une de 4 pièces, dressée contre la redoute du canal des Moulins ; deux autres de 5 pièces chacune, contre les flancs de la demi-lune de Saint-Thiébault ; la quatrième de 3 pièces, contre la redoute de l'Etanche (¹). Musica dit seulement que, pour empêcher l'interruption des travaux de siège, le vice-roi jeta de l'autre côté de la Marne toutes les enseignes de piétons bas-allemands (²) avec 6 grosses couleuvrines ; ces troupes, les meilleures peut-être de l'armée, furent placées près d'un monastère brûlé (³), à deux cents pas du château ; et, comme elles étaient isolées, on les protégea en leur adjoignant 400 chevaux sous les ordres du comte François de Manderscherdt et du comte Hermann de Nieuwenaar (⁴).

Les tranchées et les mines avancèrent lentement. Les soldats montraient de la mollesse, bien qu'on leur eût accordé un supplément de paie de quatre plaques par jour (⁵) et qu'on ne leur demandât qu'un service de trois

---

(1) Première notice sur le siège de Saint-Dizier, publiée dans les Mémoires de la Société des Lettres, Sciences et Arts de Bar-le-Duc, t. V, année 1875. L'abbé Fourot n'a pas conservé ces détails dans sa seconde notice, publiée à Arcis en 1881 ; il est en effet peu vraisemblable qu'on ait construit 4 batteries nouvelles alors que les munitions d'artillerie étaient presque épuisées.

(2) « Jubet ut ex alia parte fluminis omnes XX cohortes peditum Germaniæ « inferioris castra collocent, prope monasteriolum exustum, ad ducentos passus « a castello ; quandoque jam erant separati a majoribus castris, ut ab hostium « equitatu essent superiores... » — Selon Du Bellay, il n'y avait que 18 enseignes de piétons bas-allemands.

(3) Le monastère de Saint-Pantaléon.

(4) Selon du Bellay, ces enseignes furent placées « à la forge près du pont « qui est sur la rivière de Marne. » En comparant cette indication avec celle de Musica et avec la tradition locale, on reste convaincu que le campement des bas-allemands était sur la rive droite de la Marne, à peu près à la hauteur des terrains qu'occupe aujourd'hui l'asile des aliénés.

(5) La plaque (plecke) était une monnaie brabançonne valant un tiers de sou. — Navagero, lettre du 17 juillet.

heures. Navagero se plaint avec insistance de cet état de choses. « L'artillerie n'est pas encore sortie de ses pre-
« mières positions, écrit-il au doge le 23 juillet.....
« On travaille, mais avec la nonchalance accoutumée ;
« et il paraît que les travaux ne seront pas terminés
« avant la fin de l'autre semaine (¹). »

Qui pis est, la désertion s'étendait des pionniers aux soldats réguliers, et l'empereur était obligé de prendre des mesures pour arrêter les fugitifs au moment où ils gagnaient les derrières de l'armée (²).

Les lettres écrites du camp pendant cette période sont brèves et mélancoliques. « Au demeurant, écrit
« le comte de Boussu à la reine de Hongrie, nous som-
« mes tousjours attendant quelle fin prandra l'expédi-
« tion de cette ville. Je ne sçay que Dieu en dorra,
« mais j'en vois assez mauvaise apparence (³). »

---

(1) « L'artegliaria non è mossa dal loco suo primo, ma pero non si è fatta
« sentire fin hora. Si lavora, ma con la solita negligentia et tardità, et per
« quello ch'intendo, li loro lavore, che sono mine et trincee, non saranno ri-
« dotte a fine prima che alla fine dell'altra settimana. »

(2) Lyère à l'empereur, le 22 juillet (liasse 22). Ce fait a été contesté, mais il est irréfragable ; les soldats prétextaient la faim pour s'enfuir. Du reste, nous avons retrouvé le placard de l'empereur qui vise ces désertions ; en voici le texte : « Cher et féal, pour ce que plusieurs piétons se retirent et desrobent
« journellement de nostre camp, et est à craindre qu'ilz feront encores davan-
« taige, s'il n'y estoit remédié et pourveu, nous vous advertissons et enchar-
« geons expressément que ayez l'œil au guet pour surprendre tous ceulx qui
« passeront par le lieu où vous estes sans passeport de leurs chiefz et capi-
« taines, et les despolliez et les desvalisez et faictes faire justice d'aucuns
« d'eulx et des plus culpables, afin que ce soit exemple aux autres. » (Même liasse). Nous apprenons par la dépêche de Lyère que les déserteurs étaient des piétons hauts et bas-allemands, et que les derniers désertaient depuis la mort du prince d'Orange, par répugnance pour tout autre commandement.

(3) Liasse 23 de l'audience.

CHAPITRE XII.

Le combat de Vitry-en-Perthois, 24 juillet 1544 (¹).

L'Empereur avait besoin d'un succès. Il l'obtint à Vitry-en-Perthois.

Après la prise de Ligny, le roi de France avait envoyé François de Clèves, duc de Nevers, à Châlons-sur-Marne, qui devint ainsi le lieu de rassemblement d'un petit corps d'armée. On prévoyait dès lors que les vainqueurs entreprendraient de pénétrer au cœur de la France par la vallée la Marne.

Martin du Bellay nous apprend que, vers le commencement de juillet, un détachement de la garnison de Châlons vint occuper Vitry-en-Perthois. « Monsei-
« gneur le Dauphin, dit-il, despêcha le seigneur de
« Brissac, général de la cavalerie légère (²), et environ
« deux mille hommes de pied, tant François que Ita-
« liens, pour se loger à Vitry-en-Parthois, cinq lieues
« près dudict Saint-Dizier, my chemin dudict lieu et
« de Challons. » Les espions de Charles-Quint nous fournissent sur le même fait des renseignements ana-

---

(1) M. Ch. Paillard avait bien voulu, dans une note de son manuscrit, rappeler que nous avons visité avec lui les environs de Vitry, que nous avons discuté les témoignages, que nous avons fourni diverses indications, et que, « pour ce « chapitre nous pouvons être considéré comme son collaborateur. » (G. H.)

(2) Charles de Cossé, seigneur de Brissac, dit le beau Brissac ou le maréchal de Brissac, mort en 1563.

logues. Dans un premier rapport écrit vers le 15 juin Robert de Huy dit seulement que les Français évacuent Vitry ; mais, dans un autre rapport écrit au commencement de juillet, il dit : « A Vitri est Brisac, « Sansac et d'aultres en nombre de III[c] à IIII[c] hom« mes d'armes, 500 chevaulx légiers et 800 arquebu« siers à chevaulx ([1]). »

Les témoignages s'accordent à déclarer que la ville n'était pas assez forte pour soutenir un siège. « Or, « dit du Bellay, est ledict lieu de Vitry une petite « ville mal fermée et un petit chastelet qui est sur la « pointe de la montagne..... » Pareille appréciation de Robert de Huy : « De la ville de Vittry, l'on n'espeir « poinct le tenir ([2]). » Quelles étaient donc les intentions de François Ier, en y envoyant son meilleur général de cavalerie légère ? Les voici :

1° Brissac devait, selon Du Bellay, « tenir l'empereur « en craincte de donner l'assaut. » Cela n'a pas besoin d'explication.

2° « Toujours donner empeschement à l'empereur et « à ses vivres » ; ce qui n'est que l'expression incomplète de la vérité. Brissac avait surtout pour mission

---

(1) Ces deux rapports ont été publiés intégralement dans le *Cabinet Historique*.
(2) Ferron dit de même : « Non eò locum eum tuendum suscepisse ut obsi« dionem toleraret aut vim hostium. » — Navagero : « Loco debile et cosi non « atto à portersi defendere. » — Ajoutons que la population n'était pas fort nombreuse. Une procuration donnée en assemblée générale pour le gagnage des Ormets (7 janvier 1486) n'énumère que 230 « manans et habitans de la ville « dudict Victry, faisans et représentans la plus grande et saine partie des ha« bitans d'icelle ville. » Pouvaient comparaître dans les assemblées générales tous les habitants chefs de maison, hommes et femmes veuves, inscrits au rôle de la taille. (Cartulaire de la ville, à la fin). En 1531, les revenus de la ville et de la maladrerie réunis n'atteignaient que le chiffre de 950 livres 13 sols 9 deniers. (Archives de l'hôpital de Vitry, comptes pour cette année.) (G. H.)

de faire la chasse aux fourrageurs ennemis (¹) ; et l'on comprend l'intérêt de cette tactique en lisant la correspondance du chancelier Granvelle. Pour alimenter sa nombreuse cavalerie, Charles-Quint fut obligé, dès le début du siège de Saint-Dizier, de faire faucher les récoltes sur pied dans un rayon de cinq à six kilomètres autour de la ville, et bientôt les fourrageurs durent aller plus loin encore.

3° Musica rapporte un autre motif. La grande boulangerie de l'armée impériale étant à Saint-Mihiel, l'empereur trouvait ce lieu trop éloigné parce qu'on ne pouvait y aller et en revenir en deux jours, et il aurait désiré établir cette boulangerie et d'autres magasins de vivres à Vitry-en-Perthois. Sans doute les Français pressentaient l'usage qu'on voulait faire de cette ville quand ils résolurent de l'occuper.

4° Musica et les ambassadeurs étrangers ajoutent un quatrième motif. Brissac aurait projeté de répéter la manœuvre qui, l'année précédente, avait réussi aux Français, lorsqu'ils avaient jeté un renfort dans Landrecies. « Ils étaient venus à Vitry, dit Navagero, dans
« le but de secourir Saint-Dizier en y faisant entrer des
« gens, se doutant bien que les assiégés devaient rece-
« voir de plus d'un côté un nouvel assaut (²). »

Quoiqu'il en soit, et bien qu'après la prise de Vitry l'empereur ait déclaré dédaigneusement que les incur-

---

(1) « Pabulatores infestare » (Musica). « Infesta omnia Cæsari reddere » (Ferron).

(2) « Tutti venuti per voler soccorrer San Desir di gente, dubitando che da
« più che d'una parte debbino haver questo novo assalto. » (Au doge, 24 juil-
« let, archives de Venise. Il y a copie de cette pièce aux archives impériales
« de Vienne. M. Gachard l'a analysée dans *Trois ans de règne*.)

sions de Brissac étaient de « peu de dommage pour
« les fourrageurs et les vivandiers du camp », dès le
lendemain de son arrivée devant Saint-Dizier il avait
formé le dessein de cerner Charles de Cossé et ses troupes et de les enlever par un coup de main. Le 16 juillet il avait écrit à Louis d'Yve (1) : « Chier et féal,
« depuis vostre partement d'icy, nous avons advisé de
« vouloir faire l'emprinse de Vitry ; mais, pour ce qu'elle
« est assise sur la rivière de Marne (2), delà de celle qui
« court devant Ligny et passe par Bar, ne se pourroit
« bonnement emprendre d'icy sans avoir ponts pour
« passer ladicte rivière, que ne se sçaroit faire sans grand
« bruyt, et que les ennemys n'en fussent advertiz et
« eussent temps d'eulx retirer ; et, pour ce, avons
« advisé que, au retour du voiaige que faictes avec
« nostre cousin le duc Maurice, luy et ses gens, Jean
« Heyldessen et vous avec les vostres, porrez plus
« commodément et sans suspicion et que lesdictz enne-
« mys s'en aperçoyvent faire ladicte emprinse ; mais
« il fauldroit, pour la mieulx dissimuler, que feissiés
« courir le bruyt de venir avec tout le charroy contre
« ledict Ligny, et que toutesfois prinsiés vostre chemin audict Bar pour illec passer le pont, et que
« nous advertissiez deux jours avant vostre arrivée
« audict Bar, afin que nous faisons encheminer les
« piétons et artillerie qu'il conviendra, pour arriver
« audict Bar le mesme jour que y arriverez, pour,
« encoires le mesme soir, partir tous ensemble pour,

---

(1) Qui marchait alors sur Saint-Mihiel. Voir chapitre XIII.
(2) Inexact. Vitry-en-Perthois n'est pas sur la Marne.

« le lendemain de bon matin, venir devant ledict Vitry
« avant que ceulx du dedans s'en aperçussent, et les
« surprendre, s'il est possible, du moins se saisir de
« ladicte ville ; et, à cest effect, pourrez mener des-
« dictz vivres ce que conviendra pour ladicte em-
« prinse (¹), en laissant le surplus audict Bar pour es-
« tre conduyt sheurement en nostre camp ; et sera
« bien que communicquez cecy audict duc Maurice et
« Heyldessen, et, moyennant qu'il soit bien guydé et
« avec le secret requis, il y a espoir de bon effect ; et
« nous rescripvez, et advertissez, comme dit est, et à
« tamps, de tout ce que vous en semblera, et nous des-
« peschons ceste trompette pour plus sheurement vous
« porter ceste.... Du camp devant Saint-Dizier, le
» XVIᵉ de juillet (²). »

Louis d'Yve fit à ce plan des objections décisives. Il répondit de Bar à l'empereur le 17 juillet (³) :

« Sire, j'ai receu la lettre qu'il a pleut à Vostre Ma-
« jesté m'escripre et communiqué de point en point
« au duc Moris et au mareschal (Heyldessen), les trou-
« vant grandement affectionné à vous fayre très humble
« service, estant à Saint-Myer où serons cest après
« midy. Il y a six bonnes lyeues d'ysy audict Saint-Myer,
« et sept d'ysy à Vytry, que font treize lyeues, que
« difficilement fera le charroy desdictz vyvres an sy
« brief temps quy seroit besoing. D'autre part, l'ar-
« tillerye ara aussy sept lyeues de chemin d'ysy, où il
« fauldra du temps, comme Vostre Majesté scet ; et,

---

(1) Yve était parti pour ramener à Bar-le-Duc un grand convoi de vivres.
(2) Liasse 22 de l'audience.
(3) Liasse 22 de l'audience.

« arivant de partyr sur le soyr avec la gendarmerye
« et que les nuytz sont courtes, sera difficile d'y estre
« au point du jour ; aussy que les guides quy se re-
« couvrent an ce pays ne sont pas bien seures... Quant
« il plaira à Vostre Majesté de résouldre pour l'exsé-
« cution, soubz correction, quy poroit de jour aprocher
« à deux ou troys lyeues dudict Vytry, le tout s'an fe-
« royt plus facillement pour les difficultés susdictes...

« De Bar, se XVIIe de juillet XLIIII.

 « Vostre très humble et très obéissant subject
  « et serviteur,

     « Loys d'Ive. »

Le plan primitif fut donc abandonné. Dès lors, il fallait que le corps expéditionnaire partît de Saint-Dizier. « L'empereur dissimula quelque temps, pre-
« mièrement, parce que les troupes de son armée es-
« toient réparties en plusieurs endroits sur les routes
« de Metz et de Luxembourg, pour l'assurance des
« charrois de vivres et pour garder les places recon-
« quises audict duché (1)...., secondement, afin d'en-
« gager à mettre beaucoup de monde dans Vitry (2) ; »
ce que les Français ne manquèrent pas de faire. L'ater-moiement ne fut point d'ailleurs de longue durée. Le 23 juillet, à 5 heures du soir, l'empereur assembla un conseil extraordinaire où assistèrent l'archiduc Maximilien, le vice-roi de Sicile, M. de Boussu, le duc Maurice de Saxe, le marquis Albert de Brandebourg,

---

(1) Au duché de Luxembourg.
(2) Relation de la chancellerie impériale. Elle a été publiée *in extenso* dans le Bulletin de la Société royale de Belgique, par M. Gachard, Analectes, 2e série, tome VII, page 165, et à part, I, 257.

le duc Francisco d'Este, le comte de Feria, le comte Guillaume de Furstemberg, le colonel Camillo Colonna « et autres colonelz et capitaines de l'armée. » Dans ce conseil, on décida de tenter immédiatement le coup de main et de partir avant la nuit.

Quelle était la composition du corps expéditionnaire ? Du Bellay dit que l'empereur, « pour cest effect, dé-
« pescha don Francisque d'Est, frère du duc de Ferrare,
« avec toute sa trouppe, et le duc Maurice de Saxe
« avec douze cens chevaulx allemands, et le comte
« Guillaume de Fustemberg, avecques huict ou dix
« mille lansquenetz, et de l'artillerie pour suivre la-
« dicte cavalerie. » Il omet le marquis Albert de Brandebourg et ses cavaliers.

La relation de la chancellerie impériale n'est pas beaucoup plus précise : « On conclut d'envoyer le duc
« Maurice de Saxen, le marquis de Brandenbourg, avec
« une partie de leurs gens de cheval, et don Francesco
« d'Est avec les chevaulx légiers tant bourguignons
« qu'italiens, et environ 250 arquebusiers à cheval
« tant espagnols que bourguignons, et le comte Guil-
« laume de Furstemberg avec 16 enseignes de hauts
« allemans. »

Selon l'ambassadeur anglais, les Impériaux comptaient 3,000 cavaliers, 5 ou 6,000 fantassins, et un peu d'artillerie.

Bernardo Navagero s'exprime ainsi : « Il fut délibéré
« que le colonel comte de Furstemberg et Gastaldo
« partiraient avec 4,000 Allemands et 1,500 Espagnols,

« accompagnés de la cavalerie légère de don Francisco
« d'Este et de 1,500 chevaux sous les ordres du duc
« Maurice, avec quatre pièces de canon ([1]). »

Ces indications ne s'accordent guère. Mais, avec l'aide de l'*Ordo militiæ* de Musica, on peut essayer de reconstituer approximativement l'effectif des troupes qui allaient assaillir Vitry.

Francisco d'Este et Guastaldo commandaient les chevau-légers espagnols et italiens (562 hommes) et les chevau-légers bourguignons de M. de Dissey (130 hommes) ; en déduisant les non-valeur, on peut admettre que les chevau-légers étaient au nombre d'environ.. 500

Maurice de Saxe avait 1,124 cavaliers, soit en chiffres ronds... 1,000

Albert de Brandebourg.................................. 900

Total de la cavalerie....... 2,400

Furstemberg avait 20 enseignes mal remplies, comptant en tout 7,936 têtes, ce qui donnait environ 400 hommes par enseigne ; l'empereur dit qu'il emmena 16 enseignes, tandis que Musica parle de 10 seulement ; en prenant un terme moyen de 13 enseignes comptant 400 hommes chacune, on a.............. 5,200

Enfin Navagero parle de 1,500 Espagnols... 1,500

Total de l'infanterie....... 6,700

Total du corps expéditionnaire....... 9,100

---

(1) Dépêche au doge, du 23 juillet. « Fu deliberato che il conte de Furs-
« tembergh, colonello, et il Gastaldo, partissero con 4^m Thedeschi et 1,500
« Spagnuoli, accompagnati dalla cavallaria leggiera di don Francesco da Este
« et di 1,500 cavalli sotto il governo del duca Mauritio, insieme con 4 pezzi
« d'artegliaria. »

Quelles étaient maintenant les forces de Brissac ?

Du Bellay ne mentionne pas le nombre des cavaliers ; il parle seulement de 2,000 hommes de pied, tant français qu'italiens ; mais, dans le cours de son récit, il désigne plusieurs bandes par le nom des chefs. Il y avait là :

1° Des chevau-légers, sous le capitaine La Motte Gondrin (¹) ;

2° Des Albanais d'ordonnance (²) ;

3° La bande de Martin du Bellay, sieur de Langey, laquelle, en l'absence de son chef (³), était conduite par le lieutenant Cathelin Raillart, sieur de Marville ;

4° La bande d'ordonnance de Jean d'Annebaut, sieur de la Hunaudaye, fils de l'amiral.

Les piétons français étaient commandés par Raffin Pothon, sénéchal d'Agénois et capitaine de cent archers royaux (⁴).

Les auxiliaires italiens obéissaient à deux capitaines distingués, Jean de Turin et San Piétro Corso (⁵). Ce dernier était depuis quelque temps en France et il jouissait de la faveur de la cour ; en 1536, il avait été attaché à la personne du duc d'Orléans avec Gaspard de Saulx-Tavanes, Castelnau, Jarnac « et quelques

---

(1) Désigné par du Bellay comme lieutenant du sr de Maugeron, capitaine d'une ordonnance.

(2) Cavalerie légère ordinairement recrutée en Albanie par la Seigneurie de Venise. On les appelle quelquefois *aventuriers*.

(3) Alors en Italie.

(4) Selon Ferron et Beaucaire. Du Bellay, dans ses Mémoires, parle plusieurs fois de Raffin Pothon.

(5) « Riputati cosi buoni huomini et capitani di guerra come habbia il « christianissimo re. » Navagero.

« autres qui avaient réputation dans les provinces et
« étoient connus pour leur valeur (¹). »

La relation impériale énonce que « les François y
« avoient mis 12 enseignes de gens de pied, à savoir
« 6 d'Italiens et 6 de François, ainsi que 800 chevaulx
« légiers. »

Selon Navagero (²), la garnison se composait de 4
bannières d'Italiens, de 4 bannières de Français et de
Gascons, (soit en totalité 1,500 fantassins), de 300 hommes d'armes, et de chevau-légers dont le nombre
n'est pas énoncé.

L'ambassadeur anglais parle de « quatre ou cinq
« enseignes de Français et 800 Italiens ou Corses de
« l'île de Corse, tous gens de pied, et environ 400 cavaliers (³). »

Musica ne spécifie rien (⁴).

La ville de Vitry-en-Perthois, coupée en deux parties
de l'Est à l'Ouest par la rivière de Saulx, n'était pas
munie de fortifications bien redoutables. Ses murailles

---

(1) Mémoires de Tavanes, t. XI de l'éd. Wahlen, p. 546. — Il survécut sans doute au combat de Vitry ; car, en 1563, nous voyons qu'un colonel nommé San Piétro Corso est chargé d'affaires du roi Charles IX à Constantinople. (Bibl. nationale, FR. 16168, f° 146, correspondance de M. de Pétremol). Cependant Wotton paraît croire qu'il a péri par suite d'un malencontreux hasard. (G. H.)

(2) « Vi si attrovava gio Pietro Corso et Giovanni da Turino, con 4 bandiere « d'italiani et altre tanti fra Francesi et Guasconi, che poteano esser circa « 1500..... Con 300 huomini d'arme et alcuni cavalli leggieri. »

(3) Lettre à Henry VIII. Il est probable que le nom de San Pietro *Corso* induit Wotton en erreur sur l'origine des Italiens.

(4) Notons pourtant que, selon lui, les piétons français étaient de nouvelle levée, *tumultuarii*. — Nous négligeons Beaucaire et Ferron, qui ne méritent pas d'être cités. Mézeray, Varillas et les auteurs du XVIIᵉ siècle doivent aussi être mis de côté.

étaient en assez mauvais état (¹), et le fossé qui les entourait était peu profond et insuffisamment alimenté d'eau.

La partie méridionale, du côté de Saint-Etienne et de l'abbaye de Saint-Jacques, était garnie de tours et percée de deux portes (²).

La partie septentrionale était protégée par un petit château fort bâti sur un mamelon isolé et par des tronçons de remparts où s'ouvraient deux autres portes (³). Le château lui-même, au moyen d'une cinquième porte située en dehors de la ville au Nord-Ouest, communiquait avec la campagne dans le voisinage de la route de Châlons. Un faubourg, non fortifié, mais adossé à l'Ouest du château, s'étendait sur cette route de Châlons.

A l'Est et au Sud, les abords de la ville étaient occupés par des prairies qu'aujourd'hui encore la Saulx inonde souvent et qui, en cette année pluvieuse, devaient être impraticables.

Dans les directions Ouest et Nord-Est, il y a une ligne de hauteurs qui tantôt s'allongent en arête, tantôt se creusent pour former de rapides descentes en forme de demi-entonnoir. La Saulx, dont les rives sont presque partout élevées, arrive de l'Est en faisant avec ces hauteurs un angle assez aigu dont le sommet est un peu

---

(1) Archives de l'hôpital de Vitry, registres des comptes de la ville pour les premières années du XVIe siècle, *passim*. (G. H.)

(2) Portes de Saint-Lazare et de Notre-Dame.

(3) Portes Jalôt et Saint-Mangé. — Il y avait à Vitry trois ponts-levis appelés grand pont, pont du bourg, pont de la porte Binde. (Archives de l'hôpital de Vitry, III E. 5, f° 66 verso). C'est sans doute la porte Binde qui faisait communiquer la ville avec le château, à l'intérieur de l'enceinte. (G. H.)

au-dessus de la ville ; elle reçoit à droite, en amont et à 1,200 mètres de la ville, le ruisseau nommé la Chée. Au-dessous de Vitry jusqu'à la Marne, sur un parcours de 4,000 mètres, la Saulx ne laisse qu'une bande de terre entre son lit et les côtes.

Une description détaillée de la région haute est utile pour l'intelligence des événements.

Au Nord de Vitry et à 1,000 mètres environ s'élève le Mont de Fourche, qui est le point culminant de toute la contrée. Il divise la région haute en deux massifs, l'un à l'Est, l'autre à l'Ouest.

Le massif situé à l'Est forme un plateau légèrement ondulé qui s'étend jusqu'à Changy et au-delà. Du côté de la vallée jusqu'à Outrepont, l'accès en est interdit, non-seulement par le cours de la Saulx et de la Chée, mais aussi par des escarpements difficiles à gravir. Près de Vitry, ces escarpements, par une brusque avancée, produisent la côte la Dame ; en arrière, le terrain s'abaisse et des pentes plantées de vignes descendent jusqu'à la ville. C'est par là que les deux chemins de Vitry à Changy et de Vitry à Châlons gagnaient le plateau.

Le massif situé à l'Ouest est une sorte de plaine déclive qui, à partir du Mont de Fourche, s'étend jusqu'à la Marne dans la direction de Couvrot. Du côté de la vallée, la Saulx et l'escarpement des hauteurs empêchent d'y accéder (1). Du côté de la ville, on y pénétrait par un chemin qui, débouchant près des Buttes à

---

(1) Il va sans dire qu'au XVIe siècle le pont de Vaux et la route qui le traverse n'existaient point.

proximité de la porte du château et de la porte Jâlot, montait derrière la côte Sainte-Geneviève (¹) et se dirigeait à peu près en ligne droite vers Couvrot.

Le massif de l'Est et le massif de l'Ouest sont mis en communication par deux endroits, 1° en avant du Mont de Fourche, par les dépressions qui le séparent de Vitry et de la côte Sainte-Geneviève ; 2° en arrière du Mont de Fourche, par une autre dépression en forme de gorge, approximativement parallèle à la précédente (²).

Essayons maintenant de reconstituer l'histoire de cette journée, non pas, comme la plupart de nos devanciers, avec la seule relation de Du Bellay, qui est souvent inexacte et même inintelligible, mais avec de nouveaux documents qui jusqu'à ce jour n'ont point été connus en France. Et, pour mettre de l'ordre dans ce récit compliqué, remarquons tout d'abord que l'affaire se divise en plusieurs phases : 1° la marche du corps d'attaque ; 2° l'engagement au bas de Changy ; 3° les combats sur le plateau entre Changy et Vitry ; 4° l'évacuation ; 5° le rôle militaire des habitants et le prétendu bombardement de la ville ; 6° les combats près de la Marne ; 7° le massacre dans l'église ; 8° l'incendie et la ruine de Vitry après la victoire des Impériaux ; 9° la justification de Maurice de Saxe.

(1) La côte Sainte-Geneviève, à l'Ouest de Vitry-en-Perthois et très-rapprochée de la ville, est un point éminent et abrupt de la ligne de hauteurs qui longent la Saulx. Elle doit son nom à une chapelle fort ancienne, aujourd'hui reconstruite, et dont on voit encore des restes. Le chemin dont nous parlons subsiste en partie.

(2) Nous devons plusieurs renseignements sur les remparts, les portes, et les chemins anciens aux obligeantes communications de M. Hagnerel, instituteur, qui a dressé une carte topographique du vieux Vitry-en-Perthois. (G. H.)

§ 1. *Marche du corps d'attaque* ([1]). — Les troupes impériales quittèrent le camp de Saint-Dizier le 23 juillet, deux heures avant la chute du jour. Musica nous donne quelques renseignements sur le départ des divers contingents : les chevau-légers de don Francisco d'Este prirent la tête ; ensuite marchaient les cavaliers plus pesamment armés de Maurice de Saxe et d'Albert de Brandebourg ; enfin Guillaume de Furstemberg, avec ses enseignes de piétons hauts-allemands, deux demi-kartaunes et de deux sacres ([2]), venait derrière. Ils suivirent d'abord la route ordinaire, laquelle reliait Saint-Dizier à Vitry en passant par Hallignicourt, Perthes, Thiéblemont et Reims-la-Brûlée ([3]). Mais bientôt le corps expéditionnaire se sépara en deux : Guillaume de Furstemberg, avec l'infanterie, l'artillerie et les cavaliers d'Albert de Brandebourg, continua sa marche sur Vitry par la grande route, tandis que Maurice

---

(1) Faisons ici quelques observations sur le récit de du Bellay. Il n'indique pas explicitement que l'attaque fut dirigée de deux côtés à la fois, ce qui rend sa relation très-obscure. De plus, en lisant le texte du capitaine historien, qui ne croirait que Changy est dans une vallée, tandis qu'au contraire il est bâti sur une côte presque abrupte ? Ces mots : « passer la rivière de Vitry à Changy, à une lieue françoise *au dessoubs* de Vitry, » fourmillent d'erreurs ; aucune rivière ne traverse Changy ; celle qui en est la plus rapprochée est, non pas la rivière de Vitry (la Saulx), mais son affluent la Chée ; enfin Changy est *en amont* et non pas *en aval* de Vitry. — Comme du Bellay n'avait point assisté au combat de Vitry, occupé qu'il était alors en Italie, on s'explique aisément ces inexactitudes topographiques.

(2) Le demi-karthaune est une pièce de 24 livres de balle ; le sacre est le quart de la couleuvrine et tire 5 livres de balle avec 5 livres de poudre fine.

(3) Ce chemin est indiqué dans le *Guide des chemins de France*, par Charles Estienne, 1553. Pour en reconstituer le tracé, nous avons consulté, outre les traditions locales, une carte de Sanson de 1656, sur laquelle une main du temps a ajouté cet itinéraire à la plume. (Bibliothèque nationale, section des cartes géographiques.) D'ailleurs, jusqu'à Vauclerc, il coïncide presque avec la route actuelle. (G. H.)

de Saxe et Francisco d'Este prenaient à droite quelqu'autre chemin (¹) dans la direction de Changy.

Ce fait est très-important ; il donne la clef de tout le reste ; il est mis hors de doute par le témoignage de l'empereur lui-même, et il est l'expression d'un plan stratégique facile à saisir. L'attaque devait être faite de deux côtés, au Sud par Furstemberg, au Nord par Maurice de Saxe ; si les Français s'enfermaient à Vitry, « le comte Guillaume venoit avec l'artillerie pour les « forcer ; » et, « s'ils vouloient se retirer vers ledict « Châlons, » la cavalerie du duc Maurice, par une sorte de mouvement tournant et après un long circuit, devait leur intercepter le passage du côté du Mont de Fourche (²). Louis d'Yve, dans une lettre du 27 juillet à la reine de Hongrie, confirme pleinement l'opinion de du Bellay : « Si eussions sceu, dit-il, trouver moyen « du costé de Bar la (Vitry) clore par la porte de Châlons, qui est oultre une rivière, ne s'en fust eschappé un seul (³). »

Ne nous occupons pas, pour l'instant, de la colonne commandée par Furstemberg. Aussi bien ne joua-t-elle aucun rôle dans les premiers événements de cette journée. Etudions seulement l'itinéraire de Maurice de Saxe et de Francisco d'Este.

Combien de temps Maurice de Saxe et Francisco d'Este cheminèrent-ils sur la grande route en compa-

---

(1) Relation impériale.

(2) Relation de du Bellay. — Navagero parle de même de l'artillerie : « per « batter la muraglia del loco, se si havessero voluto tener dentro et li far testa. » Lettre du 23 juillet.

(3) Liasse 22 de l'audience.

gnie de Furstemberg ? Quelle est la traverse par laquelle ils se rapprochèrent de Changy ? A défaut d'indications positives, voici des hypothèses probables.

« Toute la nuicte (¹), dit Maurice de Saxe, nous avons
« marchez par chemins estroictz et mavaix. » Navàgero
est plus explicite encore : « Conduits hors de la route
« ordinaire *par un chemin plus long, mais secret*, sans
« tambour et avec le moins de bruit qui se pût faire,
« ces gens arrivèrent au-dessus de Vitry lorsque le jour
« commençait (²). »

Il n'existe point, que nous sachions, de carte, soit imprimée, soit manuscrite, qui représente l'état des routes en Champagne pendant le XVIᵉ siècle ; en outre il s'agit ici, non de grandes voies de communication, mais de petits chemins de terre, qui depuis ce temps-là ont pu être déplacés. Ce qui est absolument certain, c'est que la cavalerie de Maurice de Saxe et de Francisco d'Este avait pour objectif d'atteindre le plateau situé à droite du mont de Fourche, et qu'elle se proposait d'y monter par les pentes qui, près de Changy, s'abaissent vers Outrepont. Avant d'arriver à ces pentes, elle devait traverser d'abord la Saulx, qui, dans sa partie la plus rapprochée, coule à 2,000 mètres environ de Changy, puis la Chée, moins large et moins profonde, qui coule à 200 ou 300 mètres au bas du même village.

Pour traverser ces cours d'eau, il fallait des ponts ou

---

(1) « Nocte intempesta », dit Ferron. — Nous publions à la fin de ce chapitre le Mémoire de Maurice de Saxe.

(2) « Questa gente cosi ordinata parti dall' essercito nell' embrunir della
« notte, et conducta fuori del camino ordinario per strada piu longa, ma se-
« creta, senza suon di tambouro et con quello minor stropito che si hà potuto,
« arrivo nel far del giorno sopra Vitry. »

des gués. En ce qui concerne la Saulx, il n'y a pas mémoire dans le pays qu'un pont ancien ait existé ni à Plichancourt, ni à Ponthion (¹), ni au Buisson ; mais la rivière n'est pas si grande qu'un ou plusieurs gués n'aient dû exister dans ces parages pour relier les villages des deux rives (²). Quant à la Chée, elle avait un pont ancien un peu au-dessus d'Outrepont (³), et le nom même de cette localité en fait foi.

Or, sur la grande route de Saint-Dizier à Vitry, il y avait autrefois et il y a encore aujourd'hui des chemins qui se dirigent de l'artère principale vers les lieux que nous venons de décrire. Ces chemins gagnaient le Buisson par Blesme, et Ponthion par Favresse et Dompremy.

Nous devons donc conclure que le corps de Maurice de Saxe et de Francisco d'Este s'est séparé du corps de Furstemberg non loin de Thiéblemont, au point d'amorce de ces chemins avec la grande route de Saint-Dizier à Vitry. Maurice de Saxe et Francisco d'Este traversèrent la Saulx à gué, soit au Buisson, soit à Ponthion, et il n'est pas question de ce passage dans les documents ou dans les chroniques, parce qu'il se fit sans encombre.

§ 2. *Les engagements au bas de Changy.* — Brissac avait placé à Changy un poste avancé de 300 ou 400

---

(1) Les ponts qui existent aujourd'hui à Ponthion et au Buisson sont de construction récente.

(2) Dans ces parages, la Saulx paraît avoir plus d'une fois modifié son cours. L'état actuel de la rivière ne peut donc nous fournir aucun renseignement sur l'emplacement des gués. (G. H.)

(3) Il y a aujourd'hui deux ponts, l'un en amont, l'autre en aval d'Outrepont ; mais le pont en aval est sur une route neuve. (G. H.)

chevau-légers sous le commandement de La Motte-Gondrin (¹). Il y avait pour cela deux raisons ; de ce village on découvrait au loin la plaine dans la direction du camp impérial ; de plus, le chemin d'Outrepont à Changy était le seul qui donnait un accès facile sur les hauteurs, et par conséquent il y avait intérêt pour les Français à surveiller le passage. Depuis longtemps, à ce qu'il semble, l'importance de cette position avait été reconnue : au XV° siècle, l'église de Changy avait été garnie de défenses militaires, qu'on y voit encore : la partie supérieure de cet édifice formait alors une espèce de forteresse percée de meurtrières, et un plancher très-solide permettait d'y loger des hommes d'armes, leurs servants et leurs approvisionnements (²).

Ce poste avancé avait au bas de la colline, près du pont de la Chée (³), un guet ou grand'garde de 20 chevau-légers de la compagnie du seigneur de Langey, sous les ordres du lieutenant Cathelin Raillart, seigneur de Marville.

Pendant le trajet, la difficulté des chemins avait mis quelque désordre dans la cavalerie de Maurice de Saxe et de Francisco d'Este. Deux enseignes de lances et

---

(1) Mémoire de Maurice de Saxe. L'empereur dit « deux compagnies. » Comme on va le voir, ce poste comptait des cavaliers albanais.

(2) Voir un travail de M. Pestre, architecte, sur l'Eglise de Changy, *Mémoires de la Société des sciences et Arts de Vitry*, t. IX, p. 532. (G. H.)

(3) Quelle était la position précise de ce guet ? Sans revenir longuement sur les indications données ci-dessus, nous nous contenterons de remarquer : 1° que ce guet était auprès d'un pont ; 2° qu'il n'y avait pas de pont sur la Saulx au XVI° siècle ; 3° que d'ailleurs il est peu vraisemblable que La Motte Gondrin ait détaché une faible grand'garde de 20 chevaux dans des villages distants de 3 ou 4 kilomètres. Ces considérations nous amènent à penser que le guet était placé près d'Outrepont, au bas de la côte de Changy, et que le pont dont il va être question ne pouvait être que celui de la Chée.

d'arquebusiers étaient restées en arrière (¹). Au point du jour, c'est-à-dire lorsque l'expédition approchait déjà de Changy, les gens de don Francisco d'Este prirent un paysan qui fut interrogé au moyen d'un truchement, et on apprit de lui l'occupation du village par les Français. Il y eut alors quelque hésitation ; don Francisco demanda à Maurice ce qu'il fallait faire ; celui-ci répondit qu'il n'avait auprès de lui qu'une enseigne d'arquebusiers, mais qu'il était prêt à marcher « pour faire
« tout ce que à gens de bien appartiendroit (²). » Les Impériaux passèrent donc outre, et vinrent reconnaître le guet de l'ennemi.

De son côté Marville, en découvrant les coureurs impériaux, s'empressa de « se fermer au bout du pont » et d'envoyer à Changy pour prévenir La Motte Gondrin (³).

Les Impériaux s'étaient arrêtés « attendans leur
« grosse troupe (⁴). »

La Motte Gondrin descendit de Changy avec ses cavaliers et passa l'eau ; en ce moment, il pouvait croire encore que les assaillants ne lui étaient pas très-supérieurs en nombre. Un rude combat s'engagea dans la prairie, et lui-même « fut chargé de telle furie qu'il fut
« renversé fort blessé et repoussé jusques où estoit la
« compagnie du seigneur de Langey », par conséquent jusqu'au pont de la Chée. Là, il essaya de rallier ses

---

(1) Surtout les arquebusiers de Maurice de Saxe, qui dans cette journée firent mal leur devoir. Ce n'est pas sans intention que, dans son Mémoire justificatif, Maurice de Saxe dit qu'il y avait aussi des lances parmi les retardataires.

(2) Mémoire de Maurice de Saxe.

(3) Du Bellay.

(4) Du Bellay. Cela paraît résulter aussi de la narration écourtée de Maurice de Saxe.

soldats ; mais, « voyant qu'il avoit sur les bras cinq ou
« six cornettes de chevau-légers », il se décida à faire
sa retraite avec Marville en gagnant les hauteurs (¹).

C'est alors que les cavaliers Albanais qui étaient
logés dans le voisinage, « oyans l'alarme, se retirèrent
« vers Châlons tout esbandez (²) ». En ce moment,
la fuite leur était très-facile, puisque tout le plateau
était libre et qu'à quelque distance, en passant à travers
champs, ils trouvaient la route de Châlons derrière le
Mont de Fourche.

§ 3. *Combats sur le plateau, entre Changy et Vitry.*
— Les Impériaux, restés maîtres du terrain, entreprirent à leur tour de traverser la Chée.

Sans doute les chevau-légers de Francisco d'Este y
réussirent vite ; car du Bellay affirme que la Motte-
Gondrin fut poursuivi de près et se retira « toujours
combattant ».

Mais les hauts-allemands de Maurice de Saxe y mirent plus de lenteur ; ils essayèrent d'abord de se servir du pont, fort étroit, « où il falloit passer l'ung après
« l'aultre » ; puis ils cherchèrent un gué, qu'ils trouvèrent aisément, car la Chée est plutôt un ruisseau
qu'une rivière et les bords en sont bas ; Maurice dit
cependant qu'ils y passèrent « à bien grosse peyne. »
Enfin, quand ils furent passés, ils se jettèrent dans

---

(1) La route actuelle le long de la Chée n'existait pas ; elle est de construction relativement récente ; disons notamment qu'on n'en voit aucune trace sur la carte de Cassini. Du reste les documents prouvent jusqu'à l'évidence que les engagements qui vont suivre se sont produits sur le plateau.

(2) Du Bellay.

les maisons de Changy et commencèrent à tout piller (¹). Ils n'eurent donc presque aucune part aux engagements ultérieurs (²).

Pendant que Maurice de Saxe (³) et les siens s'attardaient au village, Francisco d'Este gravissait les côtes derrière La Motte Gondrin et Marville et les poursuivait dans leur retraite. Il y eut des escarmouches sur le plateau ; les Impériaux firent 10 ou 12 prisonniers et blessèrent plusieurs hommes (⁴).

Les combattants étaient arrivés près de Vitry, lorsque se présenta la bande de la Hunaudaye, conduite par Michel-Ange, son lieutenant, qui fit épaule à La Motte Gondrin. Les deux troupes réunies reculèrent toujours en se défendant (⁵).

Les choses en étaient là, paraît-il, lorsque Maurice de Saxe rejoignit Francisco d'Este ; mais il n'avait avec lui que « bien peu de chevaulx-legiers ; car aussy tost « que aulcun d'eulx avoit recouvert ung cheval ou aul- « tre chose, se retiroit vers ses compaignons au vil- « laige (⁶). »

Les pentes qui descendent du plateau vers Vitry et par lesquelles passe la route de Vitry à Changy sont fort accidentées, et aujourd'hui encore on y voit beau-

(1) Mémoire de Maurice de Saxe.
(2) C'est pour cette raison sans doute que Maurice n'en parle guère dans son Mémoire.
(3) Malgré ses protestations, Maurice de Saxe paraît s'être personnellement attardé, soit au pont de la Chée, soit à Changy. Il avoue en effet qu'il ne rejoignit Francisco d'Este que peu de temps avant la sortie opérée par les Français.
(4) Du Bellay.
(5) Du Bellay.
(6) Mémoire justificatif.

coup de vignes ; elles ne s'étendent qu'à huit ou neuf cents mètres du château. Quand les Français poursuivis parvinrent en cet endroit, ils étaient en grand danger « d'estre défaicts. » Mais, heureusement pour eux, Brissac prévenu par les fuyards venait de disperser en tirailleurs, dans les plis de terrain, dans les fossés et dans les vignes, les arquebusiers italiens de la bande de San Pietro Corso. Etait-ce une manœuvre destinée simplement à soutenir la retraite de La Motte Gondrin, Marville et Michel-Ange ? C'est ce qui paraît ressortir du récit de du Bellay, qui ne parle que de « *quelques* « arquebusiers*.* » Etait-ce au contraire une première tentative pour évacuer Vitry et se retirer à Châlons par la grande route ? On le supposerait volontiers en lisant dans le Mémoire de Maurice de Saxe : « Les ennemys « sont sortys hors de la ville, *tant à pied que à cheval* ; » et dans la relation de l'empereur : « Ils sortirent *tous* « de la ville, *tant les gens de pied que de cheval, en or-* « *dre,* du costé où estoit don Francisque d'Este, » c'est-à-dire vers le plateau. L'empereur ajoute qu'un combat s'engagea et que les Français « furent assaillis « si verdement qu'ilz furent deffaits, et y en demeura « grande partie (1). » La retraite leur était donc coupée du côté de la route de Châlons.

Ce sont encore les chevau-légers de Francisco

---

(1) Ferron dit de même : « Cum esset ad arma conclamatum, et multi ex « gallis cæsi... » Ce combat n'est mentionné que dans la seule relation impériale ; mais il n'est pas étonnant que Maurice de Saxe, qui ne prit nulle part à l'affaire, n'en ait point parlé. L'effort de Brissac pour s'enfuir par la route de Châlons est d'autant plus vraisemblable que la retraite par la Marne devait être extrêmement difficile, et en effet elle fut désastreuse. — Selon du Bellay, Brissac en personne dirigea cette sortie.

d'Este qui soutinrent tout l'effort de cette lutte ; car Maurice de Saxe, qui d'ailleurs était presque seul (¹), n'avait pas osé s'aventurer du coté des vignes, commodes pour une embuscade, et il s'était « retiré en un hault (²) », qu'il ne désigne pas autrement. Quant à Francisco d'Este, après sa victoire, de semblables raisons durent le retenir sur le plateau ; d'ailleurs il n'avait pas moyen d'attaquer le château avec ses cavaliers ; nous inclinons donc à penser qu'il occupa la route de Châlons du côté du Mont de Fourche (³).

§ 4. *Brissac évacue Vitry.* — Il pouvait être alors onze heures du matin (⁴). Qu'était devenu le second corps commandé par Guillaume de Furstemberg et parti par la grande route de Saint-Dizier à Vitry ?

Nos documents nous apprennent peu de chose sur la marche de cette colonne. Nous lisons seulement dans la relation de Charles-Quint que Furstemberg ren-

---

(1) Il n'avait alors qu'*une* enseigne sur quatre qu'il commandait, et encore la plupart des hommes s'étaient-ils dispersés.

(2) Mémoire de Maurice de Saxe.

(3) Maurice du Saxe, dans l'intérêt de sa propre apologie, dit qu'en ce moment Furstemberg « n'avait pas plus haut de deux cens chevaulx auprès de luy. » Mais n'est-il pas évident que, si ce chiffre était vrai, Brissac n'aurait pas eu de peine à le culbuter ?

(4) Cela résulte, non-seulement d'une estimation approximative du temps nécessaire pour accomplir tout ce qui vient d'être raconté, mais encore d'une autre indication. On se rappelle que, aussitôt après les engagements au pont de la Chée, vers cinq heures du matin, les cavaliers Albanais s'étaient enfuis vers Châlons ; il leur fallut trois heures environ pour gagner cette ville. Le duc de Nevers, dit du Bellay, se hâta d'envoyer au secours de Brissac deux ou trois cents hommes d'armes qui, au moment de l'évacuation, étaient déjà engagés sur la route de La Chaussée ; c'est pourquoi Brissac, qui avait pris 'autre rive de la Marne, ne les rencontra point dans sa retraite. Ils devaient être partis de Châlons vers neuf heures et se trouver à La Chaussée vers dix heures et demie ou onze heures. (G. H.)

contra « le guet des chevaulx-légiers françois, sous la
« conduite de Théodore Manès, sur lesquels ilz (les
« Impériaux) donnèrent et en prirent aucuns, desquelz
« ilz entendirent le nombre des gens qui estoient dans
« Vitry. Ensuite ilz poursuivirent leur chemin (1). »

L'approche de Furstemberg fut annoncée « par ceulx
« du guet qui s'étoient enfuiz. » C'est la fâcheuse nouvelle apportée par le guet qui semble avoir déterminé
Brissac à essayer de sortir par la route de Châlons ; le
texte de la relation impériale prouve que, lors de cette
première tentative, Furstemberg n'était pas encore
sous les murs de Vitry.

Mais, pendant que Francisco d'Este « donnoit l'a-
« larme, » c'est-à-dire pendant le combat dont le résultat fut de couper la retraite à Brissac du côté de la
route de Châlons, le comte de Furstemberg donna
aussi l'alarme « de l'autre côté, selon la délibération
« et les signaux qu'ilz s'estoient donnés (2). » Ce qui
vraisemblablement signifie que les deux chefs étaient
convenus de n'attaquer qu'ensemble, sur un signal
lancé des hauteurs, pour tâcher de surprendre Brissac
et de faire toute la garnison prisonnière. Les guets ha-

(1) Ce guet de chevau-légers paraît avoir été rencontré assez loin de Vitry.
Il est certain qu'en ce moment les Français cherchaient à jeter du secours dans
Saint-Dizier. Wotton dit que les troupes françaises rencontrées ce matin-là
par les Impériaux se dirigeaient sur la ville assiégée (State Papers, X, 5) ;
Musica exprime la même opinion ; et Charles-Quint avoue que le 24 juillet
« on avisa de renforcer le guet partout, afin que les Français ne pussent entrer
« dans Saint-Dizier. » Il n'était pas impossible que dans ce but Théodore Manès
allât en éclaireur vers le camp impérial. Si l'on suppose au contraire que le
guet de chevau-légers n'avait d'autre mission que d'empêcher la ville d'être
surprise, on sera amené, par conjecture et par analogie, à penser qu'il était
peut-être établi à Reims-la-Brûlée. (G. H.)

(2) Relation impériale.

bilement placés empêchèrent en partie la surprise. D'autre part, nous avons vu que la marche du corps de cavalerie avait subi des retards : plusieurs enseignes n'étaient pas encore arrivées sur le champ de bataille lorsque fut livré le combat près des vignes. Furstemberg, lui aussi, s'était-il attardé en route avec ses fantassins et son artillerie ? S'était-il intentionnellement arrêté à distance de la ville pour attendre les signaux ? Le fait est que sa présence est mentionnée pour la première fois au moment où Brissac, battu par Francisco d'Este, sent que la route de Châlons est coupée et se voit obligé de se replier vers la ville (¹).

Dès lors, la situation fut des plus critiques pour la garnison française, prise entre Furstemburg et Francisco d'Este. Elle était cernée au Sud et au Nord ; à l'Est il n'y avait pas même de chemin à travers les prairies ; elle n'avait pas d'artillerie (²) pour se défendre dans la place, et Furstemberg amenait avec lui cinq canons. Il faut toutes ces circonstances pour expliquer que Brissac ait pris la résolution désespérée de s'enfuir par le massif des hauteurs à l'Ouest du Mont de Fourche vers la Marne, où il savait bien qu'il ne trouverait pas de pont et où il devait supposer que les ennemis victorieux allaient le poursuivre..

Que se passa-t-il parmi les Français lorsqu'ils eurent compris « la force n'estre sienne ? » Ni Maurice de Saxe

---

(1) Même à ce moment, au dire d'Arnould Ferron, Brissac ignorait encore qu'il avait affaire à un corps d'armée tout entier : « Cum non putaret cæsari« anos cum prima acie integra adesse. » Cependant l'affirmation de l'empereur nous semble tout à la fois plus autorisée et plus plausible.

(2) Il n'est question d'artillerie française dans aucun document.

ni l'empereur n'ont pu en être informés ; aussi leurs relations sont muettes sur ce point. Charles-Quint dit seulement que les Français « se sauvèrent », et Maurice de Saxe « qu'ils délaissèrent la ville. » Du Bellay n'en sait pas davantage, et il paraît même ignorer que les derniers combats furent livrés à une lieue de Vitry. Seul Arnould Ferron donne des détails qu'il n'est pas possible de contrôler, mais qu'il ne convient pas cependant d'omettre (1).

Selon l'historien bordelais, Raffin Pothon, chef des enseignes de piétons français, aurait, malgré l'échec précédent, proposé de tenter une seconde sortie du côté de la route de Châlons, en faisant remarquer que la garnison était supérieure en nombre aux troupes qui occupaient les passages, et que d'ailleurs ces troupes venaient de faire un mouvement de recul au lieu de continuer à s'approcher de la ville. Brissac partageait cet avis ; mais il fut empêché d'exécuter ce projet par la démoralisation des troupes : les esprits étaient trop troublés et chacun ne songeait plus qu'à sauver sa vie (2).

C'est alors en effet que se serait produit un grave incident : les Italiens, pour éviter d'obéir à Brissac qui

---

(1) Arnould Ferron a publié son histoire en 1554, c'est-à-dire dix ans seulement après les événements, et il indique lui-même qu'il tenait certains détails de témoins autorisés, « qui ipsi non solum interfuere, sed et quâdam ex parte præfuere. »

(2) Nous traduisons librement le texte de Ferron, qui, dans ses traits généraux, s'accorde bien avec notre récit. Il y a d'ailleurs dans ce texte des inexactitudes manifestes ; Ferron suppose par exemple que les Impériaux sont commandés par Fernand de Gonzague. — « Ibi enituit virtus Raffini Potoni, « quem pater jampridem curarat sacris addici. Is, multis cæsis, quum essent « Galli numero superiores; erat author uti via alia recipienti se Fernando « occurreretur ; sed perturbatis omnium animis, de salute tantum cogitatum. »

donnait des ordres en vue d'un nouveau combat, refusèrent de marcher et firent mine de prendre la fuite. Brissac leur défendit de bouger ; mais, furieux, ils se révoltèrent ouvertement, déchargèrent contre lui plusieurs coups de fusils et s'évadèrent (¹).

Quoiqu'il en soit, la retraite fut décidée par la seule voie restée libre, c'est-à-dire par le chemin qui, montant entre le Mont-de-Fourche et la côte Sainte-Geneviève, se dirige vers Couvrot et la Marne en traversant la plaine haute située à gauche du Mont-de-Fourche (²).

§ 5. *Rôle militaire des habitants. Traditions sur le bombardement* (³). — C'est maintenant qu'il convient d'examiner deux questions assez obscures : 1° La population de Vitry a-t-elle pris part aux combats de cette journée ? 2° La ville a-t-elle essuyé le feu de l'artillerie impériale. Si ces faits se sont produits, ce ne peut être ni beaucoup plus tôt ni beaucoup plus tard que l'évacuation. L'empereur, Maurice de Saxe, du Bellay ne nous fournissent à cet égard aucun rensei-

---

(1) « Illum autem in armis expeditos voluisse vim hostium depellere... At « Italos minùs illius mandato paruisse, sese que proripuisse... Quin, jubenti « Brissaco loco ne se moverent, pilas volvisse non secus atque in hostes. » Nous ne savons ce qu'il faut penser du récit de cette espèce de trahison, dont il est bien surprenant que du Bellay n'ait point entendu parler.

(2) De tout ce qui précède on peut déjà conclure par raisonnement que Brissac s'est enfui par ce chemin : il n'y en avait plus d'autre. Mais le témoignage positif de Navagero résout le problème d'une manière définitive : « La « maggior parte della cavallaria et li capitani tutti si sono salvati, le 4 bandiere « d'Italiani medesimamente, prendendo *la via d'un colle*, sono salve. » (Lettre au doge, 23 juillet). Il n'existait pas alors de chemin au bas des hauteurs, le long de la Saulx.

(3) Nous assumons toute la responsabilité des opinions et critiques émises dans ce paragraphe. (G. H.)

gnement. Mais la tradition et les écrivains locaux qui l'ont recueillie répondent d'une manière affirmative.

La tradition veut que les habitants se soient mêlés à la garnison pour défendre Vitry. L'abbé Boitel (¹), d'ailleurs mal informé sur l'ensemble des événements, rapporte sans citer de source autorisée qu'un certain clerc d'église se serait signalé « par son rare courage. » Le docteur Valentin (²), qui ne fait que reproduire des notes manuscrites de M. de Torcy (³), publie le texte de deux documents sous le nom de requête des habitants au roi François Ier et de réponse du roi à cette requête (⁴) ; il y est dit « que la garnison avoit été se-« condée par les habitans qui avoient pris les armes « pour défendre leurs foyers. » Mais, par malheur, ces pièces sont absolument dépourvues d'authenticité. La date assignée à la requête (15 janvier 1545, nouveau style), est nécessairement erronée, puisque, loin qu'on travaillât alors à « entourer de bastions le hameau de « Moncourt », les lettres royales qui ordonnaient la translation de l'ancienne ville n'étaient pas même encore signées (⁵). La réponse de François Ier est visible-

---

(1) Histoire de l'ancien et du nouveau Vitry, 1841, p. 107.

(2) Mémoires de la Société des Sciences et Arts de Vitry-le-François, VI, 123, Fondation de Vitry-le-François.

(3) Auteur de Recherches sur la Champagne et le Perthois. Le 1er volume seul a été publié en 1837. Les manuscrits et papiers de M. de Torcy sont en partie aux archives départementales de la Marne et en partie aux archives municipales de Vitry. — Nous avons acquis la preuve qu'il faut se défier des manuscrits de M. de Torcy. En ce qui concerne particulièrement le récit de la prise de Vitry, ses notes sont pleines d'imaginations et d'erreurs. (G. H.)

(4) Page 129.

(5) Les lettres qui ordonnent la translation de la ville sont du mois de mai 1545 ; on les lit dans le cartulaire de Vitry, et elles ont été plusieurs fois imprimées. Avant cette date, il y avait eu une enquête faite par des capitaines

ment fabriquée, et jamais au XVIᵉ siècle on n'a rien écrit qui ressemble le moins du monde au langage de cette pièce ; indice de fausseté qui s'aperçoit aussi, quoique moins flagrant, dans le texte de la requête (¹). En somme, rien ne prouve la vérité des traditions locales sur ce point, mais rien non plus n'en démontre l'erreur (²), et il n'est pas invraisemblable que Brissac en fuyant ait ordonné aux habitants de clore les portes qui ouvraient sur la plaine et de faire quelque résistance, pour retarder d'autant la poursuite du corps ennemi qui arrivait de ce côté (³).

Sur le second point, nous lisons dans les mêmes documents du docteur Valentin que la ville a été « *assiégée, battue*, prise... (⁴) »

L'abbé Boitel dit : « Les troupes de l'empereur se « placèrent sur la côte qui est à l'Ouest du château (⁵) ;

et des ingénieurs ; mais aucun travail n'avait été ni prescrit ni exécuté. De plus, les documents ultérieurs prouvent que plusieurs années après la ville n'était pas encore fortifiée, et, jusqu'en 1582, on l'appelle une ville *ouverte*. (Patentes de Henry III, cartulaire, f° 79.) (G. H.)

(1) Observations analogues sur 3 autres pièces publiées p. 135-137. Elles paraissent avoir été, sinon fabriquées, du moins *retouchées*. Nous n'en connaissons pas les originaux aux archives de Vitry, lesquelles sont pourtant bien conservées et bien classées. (G. H.)

(2) Disons pourtant que nous avons lu dans les originaux ou dans le Cartulaire de nombreuses pièces relatives au transfert de la ville, des requêtes, des lettres patentes de 1545, 1546, 1547, etc., et que nous n'y avons jamais rencontré aucune allusion au rôle militaire qu'auraient joué les habitants. (G. H.)

(3) Nous interprèterions volontiers dans ce sens les mots suivants du texte de Ferron, à peu près inintelligibles dans la phrase où ils se trouvent : « Ponte « etiam effracto, ut sequendi hostis finem faceret. » On verra au chapitre XVI que le 26 et le 27 août l'empereur fit construire à Vitry des ponts de *bateaux* pour le passage de son armée. Ce seraient les Italiens qui auraient rompu le pont de la Saulx.

(4) Le Dʳ Valentin croit, sur la foi de ces pseudo-documents, que Vitry n'a été réduit par les Impériaux qu'après « *quelques jours* » de siège (p. 123). (G. H.)

(5) C'est-à-dire sur la côte Sainte-Geneviève.

« de là, elles foudroyèrent la ville...; l'église, qui se
« trouvait sous le feu du canon ennemi, fut saccagée
« en grande partie ; on voit encore sur ses tristes res-
« tes l'empreinte des biscaïens. »

Enfin M. Pestre ([1]) exprime à son tour des idées analogues. « Lors du bombardement, dit-il, l'armée de
« Charles-Quint occupait les hauteurs qui dominent la
« ville au Nord et au Nord-Est ; c'est de là qu'elle fou-
« droyait le château. » Il invoque à l'appui de sa thèse une petite gravure de Chastillon où l'on voit en effet deux canons sur ces hauteurs et la fumée de l'artillerie du château qui leur répond.

Nous n'hésitons pas à affirmer que cette tradition est certainement fausse dans ses traits les plus caractéristiques, et vraisemblablement fausse en totalité. Voici nos raisons :

1° Nous savons déjà qu'il n'y a nul compte à tenir des documents apocryphes du docteur Valentin. En outre, nous pourrions leur opposer vingt textes authentiques où il n'est nullement question de bombardement([2]).

2° La petite gravure de Chastillon ne peut faire au-

---

[1] Mémoires de la Société des Sciences et Arts de Vitry, II. p. 55.

[2] Exemples : 1° *Lettres patentes* pour la translation, mai 1545 : « ... Pour
« n'estre assise et construite en lieu fort, ruynée, desmolie et destruite... » (f° 2 du cartulaire) ; autres de mai 1545 : « ... ruynée, bruslée, et les biens des
« habitans d'icelle aussy bruslez et pillez » (f° 15 v° du cartulaire) ; autres du 28 octobre 1546 : « ... entièrement bruslée et ruynée par nos ennemis... »
(AA. 3, original scellé) ; plusieurs autres de Charles IX : « ... après le sac,
« ruyne et éversion... » (f°* 21, 47 du cartulaire), etc., etc. 2° *Requêtes des habitants* rapportées dans des lettres patentes du 4 mai 1545 : « ... naguères
« ruynée par les guerres » ; du 27 mars 1546 : « ... ruynée, desmolye et
« destruicte... ladicte ville bruslée... », etc., etc. Les documents originaux sont nombreux ; nous n'y avons jamais trouvé le mot « battu. » (G. H.)

torité ; elle a été composée près d'un siècle après les événements.

3° Les traces de projectiles qu'on voit sur l'église actuelle ne portent pas leur date avec elles, et rien n'oblige à supposer qu'elles aient été imprimées sur les murailles précisément le 24 juillet 1544 ; car, depuis ce jour-là, on s'est encore battu à Vitry-en-Perthois (1).

4° Mais l'argument décisif, c'est que les 5 pièces d'artillerie impériale accompagnaient Furstemberg, et que Furstemberg s'est approché de Vitry par la plaine et non par les hauteurs. Pour hisser ses canons sur la côte Sainte-Geneviève, sur la côte la Dame ou sur le Mont de Fourche, il lui eût fallu de toute nécessité traverser la ville, puisque la Saulx n'avait de pont ni en amont ni en aval, et que d'ailleurs dans cette région les flancs des collines sont escarpés et impraticables. Et puis, qu'eût signifié un bombardement après l'évacuation de Brissac ? Et si le bombardement avait eu lieu, comment se ferait-il qu'aucune relation contemporaine, qu'aucun des documents authentiques ne nous en ait conservé le moindre souvenir ?

Sous toutes ces réserves, nous admettons qu'il n'est pas impossible que Furstemberg, en arrivant au hameau de Saint-Etienne, ait tiré quelques coups de canon pour se faire ouvrir les portes de la ville.

§ 6. *La poursuite et le combat près de Couvrot.* — Cependant les Français s'éloignaient en toute hâte de

---

(1) Voir un peu plus loin, à propos du château.

Vitry à travers le plateau. Leur colonne put cheminer quelque temps sans être inquiétée : Vitry et la Saulx la séparaient de Furstemberg ; Maurice de Saxe et Francisco d'Este s'étaient retirés dans des positions d'où il leur était impossible de la voir au moment du départ ([1]).

Mais bientôt les éclaireurs vinrent annoncer que les Français étaient en fuite. Alors Francisco d'Este et Maurice de Saxe se rejoignirent pour poursuivre les fugitifs ([2]).

Du lieu où ils étaient placés, ils avaient le choix entre deux chemins : 1° ils pouvaient suivre le flanc sud du Mont de Fourche, et rejoindre Brissac par la route que le chef français avait prise lui-même ; 2° ils pouvaient s'engager dans la dépression de terrain en forme de gorge qui longe le flanc nord du Mont de Fourche. Maurice de Saxe dit : « Luy (Francisco d'Este) et moy, « avec nos gens, sont chevaulchez *au loing* ([3]) *d'ung* « *hault*, prenant nostre advantage, jusques à la des- « cendue, qu'estoit mauvaise. » Ces expressions s'appliquent à peu près aussi bien au premier qu'au second chemin. Remarquons néanmoins que le premier traversait un sol plus accidenté, qu'il passait sous les murs du château ([4]) et qu'il était bordé de ces vignes redou-

[1] « Suis esté *adverty* que les ennemis avoient délaissé la ville. » Relation de Maurice de Saxe.

[2] D'après Musica, pendant les derniers engagements au bord de la Marne, c'est encore à Francisco d'Este que reviendrait l'honneur du succès. Les hauts allemands de Maurice de Saxe ne seraient arrivés que tardivement, quand les Français étaient déjà écrasés, « quasi contriti. »

[3] Le long d'une hauteur.

[4] Les Impériaux ne pouvaient savoir s'il ne restait pas dans le château quelques soldats ou habitants qui tireraient sur eux au passage.

tées par les Impériaux ; en outre, il devait être plus long que l'autre. L'*avantage* dont parle Maurice consista donc, croyons-nous, à passer derrière le Mont de Fourche.

« Les ennemys sont tousjours passez si hastivement « qu'il leur a esté possible. » Leur but est évidemment d'essayer de franchir la Marne avant d'être rejoints, et ils savent qu'il y a un gué praticable un peu au-dessous de Couvrot, avant d'arriver à Vilers ([1]). Mais les Impériaux gagnent de vitesse, et ils tombent sur les Français au moment où ceux-ci entrent dans Couvrot ([2]).

« Soudain, dit du Bellay, l'ennemi esbanda sept ou « huict cens pistoliers et aultant de chevaulx légiers et « bon nombre d'arquebousiers à cheval. » Maurice de Saxe dit de son côté : « J'ay donné dedans les ennemis, « ce que lesdicts chevaulx-légiers (de Francisco d'Este) « ont aussy faict, passant par un villaige. » Pour couvrir la retraite, Sansac ([3]) dut faire tête dans le village et charger sur les Impériaux, « ce qui porta ennui

---

(1) On nous a dit qu'il y avait eu à Couvrot deux passages guéables, l'un au-dessus, l'autre au-dessous du village. La suite du récit fera comprendre pourquoi nous admettons que les Français essayèrent de passer *au-dessous*. D'ailleurs le lit de la Marne est changeant, et les bas-fonds ont pu se déplacer depuis le XVIe siècle. Navagero semble indiquer qu'il y aurait eu un pont à Couvrot : « Li quali, non potendo esser a salvarsi, fecero testa a certo ponte... » Il n'y eut jamais, croyons-nous, de pont à Couvrot ; du Bellay d'ailleurs emploie ici le mot « passage ». Navagero a sans doute fait confusion avec l'épisode du pont de Changy.

(2) Le récit de du Bellay, qui suppose qu'au moment du combat Brissac avait traversé la Marne, est tout à fait inintelligible. Au contraire, les récits de l'empereur, de Maurice de Saxe, de Navagero et du secrétaire Bave s'accordent à dire que le combat eut lieu *avant* le passage de la Marne.

(3) Jacques Prévost, baron de Sansac, avait la réputation d'être un gentilhomme accompli. Voir le mot de François Ier, rapporté par Brantôme.

« à nos gens de pied, dit du Bellay, car l'ennemi les
« trouva en désordre, rompus par nos gens mesmes, et
« les tailla en pièces. »

Cette défaite fut sur le point de devenir une déroute complète par la capture ou la mort de Brissac. Pendant que les vaincus, « contraints s'enfuyr en la rivière, » s'y noyaient en grand nombre (1), le chef français lui-même « s'aventura de passer l'eaue, où il reçut plusieurs « coups de massue » et faillit périr. Le secrétaire Bave, dans une lettre du 26 juillet à la reine de Hongrie, donne d'autres détails sur les dangers courus par Brissac, et nous apprend qu'il fut un instant prisonnier. « Madame, dit-il, l'empereur escript pour
« maintenant si prolixement à Vostre Majesté (2)...,
« que je ne sçauroye riens dire davantaige, synon que,
« si le baron de Courbaron (3) ne fust esté trop chault
« en son arnois, il avoit prins Brissac, lequel s'estoit
« desjà rendu à luy ; mais, voyant ledict baron tant
« eschauffé pour encores en prendre d'aultres, treuva
« moyen se jecter dedans la ryvière et s'eschapper,
« non toutes fois sans grand dangier d'estre noyé (4). »
Navagero raconte que, le 24 juillet au soir, Charles-Quint le fit appeler par un huissier et lui parla du combat dont il venait de recevoir les premières nouvelles :

---

(1) Relation de Maurice de Saxe. L'empereur dit que cela « estoit arrivé à
« plusieurs, qui estoient allés à Vitry pour avoir le passe-temps de la guerre ».

(2) Il s'agit de la relation impériale souvent citée.

(3) Il s'agit ici, non pas de Claude Bouton, baron de Corberon, qui n'était pas présent au combat, mais d'un seigneur bourguignon nommé le baron de Corlaon, qui servait sans doute parmi les chevau-légers bourguignons de M. de Dissey.

(4) Liasse 22 de l'audience.

« Brissac, dit l'empereur, s'est échappé miraculeuse-
« ment après s'être rendu à quelqu'un ; sans doute il
« n'avait pas encore donné sa parole au vainqueur,
« car, étant chevalier, il est probable qu'il n'aurait pas
« voulu y manquer ; les siens le rejoignirent, il avait
« un bon cheval, se confia à la fortune et put traverser
« la rivière d'un bord à l'autre (¹). » Musica explique
d'une façon satisfaisante la fuite de Brissac : « Le ba-
« ron de Corlaon, dit-il, ne le connaissait point, et il
« le laissa aller pour s'attaquer à un autre dont l'ar-
« mure était plus belle (²). »

Musica atteste que le combat de Couvrot fut acharné. Francisco d'Este avait une rancune personnelle contre Brissac, qui, l'année précédente, au moment du siège de Landrecies, s'était emparé de lui et l'avait traité avec plus de rudesse qu'il n'était coutume entre personnages de ce rang.

Quelques historiens font encore mention du rôle joué dans cette retraite par Raffin Pothon. Beaucaire dit seulement qu'il trouva un cheval et se sauva avec Sansac (³). Ferron affirme qu'il se mêla aux cavaliers et se comporta en soldat intrépide, mais qu'on estima pour-

---

(1) « Entro poi Sua Maesta a dimandar mi s'io sapea che miracolosamente
« era scapolato monsʳ de Brisach, il quale già s'havea reso ad uno, ma non
« havendo data la fede, che forsi in quello caso, essendo cavallier, non have-
« ria voluto fuggire, aggionto dalli suoi e ben a cavallo, si commise alla for-
« tuna, nodando col cavallo dalla parte di là del flume. » (Lettre du 25 juillet, au doge. Archives de Venise.)

(2) « Ipse Brysachus, cum barone de Corlaon, burgundo, fortiter pugnans,
« jam fere superatus, se dedisset, nisi baro, eum non agnoscens, ob alium me-
« lioris armaturæ occurrentem reliquisset ». — Il nous semble que Du Bellay n'est point exact quand il dit de Brissac : « Il fut *deux* fois prins et *deux* fois
« recoux. »

(3) « Quem Sansacum Rafinus Pothonus oblato equo secutus est. »

tant qu'il avait manqué à la discipline militaire en abandonnant les fantassins dont il était le chef (¹). Belleforest n'a pour lui que des paroles d'éloge : « Bien « que commandant la fanterie, dit-il, si est-ce que, « voyant la nécessité de la noblesse, monta à cheval et « feit de telles preuves de sa vaillance que par son « exemple les nostres encouragez trouvèrent moyen « de faire à moindre péril leur retraicte. »

Lorsque les débris de la colonne française eurent réussi à passer sur la rive gauche de la Marne, les Impériaux continuèrent-ils à leur donner la chasse? Du Bellay semble le croire quand il dit de Brissac : « En « combattant obstinément, se retira près de Châlons. » L'empereur, parlant des pertes de ses propres troupes, dit qu'elles furent légères, mais que cependant « les « sieurs de Wauwillers, de la Roche, de Plane et don « Fernando de Bisbal (²) furent faits prisonniers *en* « *poursuivant* » les Français, sans spécifier si c'est avant ou après le passage de la rivière. Un seul seigneur de marque, M. de Hallewin (³), reçut une arquebusade dont il mourut le 29 juillet. Navagero ajoute que les Impériaux eurent beaucoup de blessés.

§ 7. *Le massacre dans l'église de Couvrot.* — Il nous reste à parler d'un dernier et atroce épisode militaire

---

(1) « Equo admisso, mixtus equitibus gallicis, strenui equitis operas præs-« titisse, quia tamen peditibus præpositus fuisset, extra militarem disciplinam « id fecisse. »

(2) Ce seigneur espagnol avait déjà été capturé l'année précédente par Brissac entre Guise et Landrecies.

(3) Jean III de Piennes, sieur de Hallewin, de Belleghem, de Commynes, vicomte de Niewport, capitaine d'ordonnance et gentilhomme de la bouche de Charles-Quint.

de cette malheureuse journée. L'imagination des contemporains en a été vivement frappée, et il occupe une large place dans tous les récits de la prise de Vitry. Nous sommes pourtant en mesure, grâce à nos documents, de donner des détails inédits.

« En s'en retournant, dit Maurice de Saxe, avons
« trouvez aultres des ennemys qu'estoient de rest, que
« s'avoyent mis *au villaige*, en une église (1). » La relation impériale nous apprend que c'étaient « trois
« cents Italiens, de la charge de Jean Turno et Pedro
« Curso, » et qu'ils s'étaient retirés là dans l'intention de se défendre. Si le récit de Ferron sur la rébellion des Italiens est vrai, on peut supposer que ces mutins prirent un autre chemin que le gros de la garnison, et furent ensuite empêchés d'arriver jusqu'au gué par la poursuite des Impériaux (2). Ou bien c'est tout simplement une partie de la colonne qui, dans la fureur du combat, se trouva séparée du corps principal et chercha son salut dans une suprême résistance.

Dans leur forteresse improvisée, ils pouvaient tenir contre de la cavalerie, malgré l'infériorité du nombre, et, en ce moment, il n'y avait encore à Couvrot que les cavaliers de Francisco d'Este et de Maurice de Saxe. « Ils se sont défendus, dit Maurice, jusques ad ce qu'on
« a esté contraint y mener cinq enseignes de gens de
« pied et deux pièces d'artillerie. »

(1) Il nous paraît de toute évidence que cette église, qui n'est nommée dans aucun document, ne peut être que l'église de Couvrot.

(2) Ferron dit bien : « Cæsarianos, qui, fugientes Italos frustra secuti cum
« essent, in Gallos proruere. » Mais tout le récit de Ferron est confus, et plus loin, cet auteur suppose que ce sont des Français qui périrent dans l'église.

Ce sont les gens de pied du comte de Furstemberg qui pour la première fois dans cette journée paraissent sur le champ de bataille. Depuis l'évacuation de Brissac, ils avaient dû entrer aisément à Vitry, et, pour venir à bout de l'église, on était allé leur demander main forte.

En dépit de ce péril nouveau, les Italiens tiennent encore ; ils tuent aux Impériaux plusieurs hommes, ils en blessent environ cinquante. Furstemberg lui-même est atteint par une arquebusade, mais sans danger pour sa vie.

Ici nos documents sont en désaccord sur un point capital. Du Bellay dit que « les Italiens se voulaient « rendre (¹). » Maurice de Saxe affirme « qu'il les a « fait sommer de se rendre en la miséricorde de l'em« pereur, mais qu'ils ne l'ont voulu faire (²). » Quant à la relation impériale, elle se tait sur cette circonstance : on est peut-être en droit de soupçonner que c'est un silence voulu. Les dépêches de Wotton et de Navagero ne fournissent aucun renseignement.

Ce qui est certain, c'est que les malheureux furent massacrés. Furstemberg, dit l'empereur, « fit avancer « l'artillerie qu'il avoit avec lui et fit tirer six coups « de canon, qui firent une ouverture assez grande « pour y passer. *Tous* (³) les Italiens refugiés dans « l'église furent tués. » Maurice de Saxe dit de même

---

(1) Beaucaire : « Nec se dedere, nisi tormentis prolatis, voluerunt, quibus « nec Furstembergius, germanicâ immanitate ferox, pepercit. »

(2) Quelques historiens admettent que les Italiens refusèrent de se rendre, par exemple Barre, Histoire générale d'Allemagne, VIII, 2ᵉ partie, p. 604.

(3) Navagero dit que deux hommes échappèrent au carnage : « E venuta « nova che tutti sono tagliati a pezzo, eccetto doi soli. »

qu'on les a « *tous* tuez pour la réputation de Sa Majesté. »
La version de Du Bellay est un peu différente, mais non inconciliable avec celle qui précède : « Le comte
« Guillaume, dit-il, après leur avoir présenté le canon
« et faict battre l'église, y feit mettre le feu, et furent
« tous brûlez là dedans (¹). » Les Impériaux ont pu incendier l'église après la tuerie.

Faut-il maintenir contre Guillaume de Furstemberg l'accusation de cruauté sauvage qui fut alors portée contre lui ? Faut-il lui accorder au moins le bénéfice des circonstances atténuantes en admettant qu'il y a été poussé par la résistance obstinée des Italiens ? L'acte de barbarie qui lui est reproché ne nous paraît que trop vraisemblable.

Le célèbre condottière apportait dans cette guerre un acharnement haineux. Il avait longtemps servi en France ; puis, « à cause de ses déprédations (²) », il en avait été chassé ; c'est dans ces circonstances qu'il était entré au service de l'empereur ; ce fut lui qui, dans la campagne de 1544, se fit pour ainsi dire le guide de l'armée impériale et la mena au cœur de la France : il en connaissait bien les routes pour les avoir parcourues lorsqu'il appartenait à François Ier. Brantôme dit qu'il était « léger de foi, trop avare et adonné
« à la pillerie ; *après lui, rien ne restoit.* » De plus, dans la journée du 24 juillet, c'est Francisco d'Este qui avait fait presque toute la besogne, et Musica dit que, pour cette raison, il « frémissait de colère » ; l'occa-

---

(1) Tel est aussi le récit de Musica, de Beaucaire et de Belleforest. Navagero, dans sa lettre du 24 juillet, parle, comme l'empereur, d'un massacre.

(2) Beaucaire : « Ob rapinas pulsus. »

sion se présentant enfin de faire quelque chose, il voulut sans doute se distinguer. Ce qui dut mettre le comble à sa rage, c'est la blessure douloureuse qu'il reçut au cou ; la balle rompit le gorgerin et fit entrer dans les chairs une partie de maille et de collier (1). La relation impériale laisse entendre que cette blessure exaspéra la férocité de Furstemberg et que c'est après l'avoir reçue qu'il fit tuer les Italiens sans merci.

Il est certain que, dans cette journée, les pertes des Français furent très-considérables ; mais les témoignages ne sont pas précis sur les chiffres des morts, des blessés et des prisonniers. Selon la relation impériale, « le nombre des ennemis pris et tuez dans ceste affaire « passèrent quinze cens. » Navagero, après avoir donné une première évaluation évidemment trop faible, se corrige lui-même : « On croit, dit-il, que le nombre des « prisonniers, morts ou noyés dépasse mille (2). » Beaucaire se contente de dire : « Presque tous les piétons « ont été dispersés et tués (3). » Selon Ferron, « il y « eut beaucoup de morts..., les Impériaux emmenè- « rent beaucoup de prisonniers, auxquels les soldats « auraient fait un mauvais parti sans l'intervention des « chefs (4). »

(1) « Sclopeti glande in cervicem vulneratus », dit Beaucaire. « Propo dor-« sum », ajoute Musica. Navagero donne des détails circonstanciés sur cette blessure : « Et appresso ferito d'una archibusata il conte Guglielmo da Furs-« temburgh nel collo, la qual ferita non seria riputata d'importantia, se la « ballotta non havesse nel colpo smagliato il gorgiarino nella ferita la maglia « di esso, insieme con un pezzo di collana. »
(2) « S'intende anche che'l numero de presi, morti et annegati passa 1000. »
(3) « Pedites disjecti, fere omnes cæsi. »
(4) « Multis prius necatis,... captivis pluribus ab hoste quoque abductis, in « quos hostes, parum memores casuum humanorum, insolenter debacchati « fuissent, ni præfectorum imperio prohibiti fuissent. »

Tous les bagages des Français furent pris (¹). Les Impériaux conquirent aussi huit étendards d'infanterie, deux de cavalerie et le guidon du sieur de Brissac (²).

§ 8. *L'incendie et la ruine de Vitry*. — Après leur victoire, « les Impériaux se logèrent la nuict à Vic-« try (³). » La cavalerie, « exécutant ce que dessus, « avoit esté bien vingt quatre heures à cheval. » Par conséquent, il pouvait être six ou sept heures du soir.

Lorsque les Impériaux rentrèrent dans la ville, elle brûlait. Qui avait allumé l'incendie ?

Plusieurs historiens répètent que c'est l'empereur qui ordonna cette exécution. Bertin du Rocheret dit expressément qu'il « fit brûler Vitry (⁴). » Même dans certains documents authentiques, par exemple dans les lettres patentes d'août 1576, on lit que la ville fut « destruicte et bruslée par l'empereur Charles cin-« quiesme (⁵). » Cette appréciation est erronée ; car l'empereur au contraire désirait conserver la place et Navagero nous apprend qu'il avait résolu « de rassem-« bler à Vitry tous les blés des pays voisins, et de « faire là comme un grenier pour son armée (⁶). » Et Brantôme rapporte qu'au sujet de cet incendie « l'Em-« pereur entra en extrême colère, sans pourtant en

---

(1) « Le baggaglie tutte prese. » (Navagero).

(2) Relation impériale. Navagero dit tenir du comte Francesco della Sommaia qu'il y eut 9 étendards pris, 6 d'infanterie et 3 de cavalerie.

(3) Du Bellay.

(4) Manuscrit conservé à la Bibl. d'Epernay, cité par L. Pàris, Abbaye d'Avenay, I. p. 268.

(5) Au cartulaire de la ville, f° 141. (G. H).

(6) « Havea l'imperator deliberato in Vitri ridur tutti li frumenti del paese « vicino, et li far quasi un granaro per l'essercito suo. »

« faire justice ; mais il patienta fort ce coup là pour
« avoir affaire de ses gens, sur l'entrée d'une guerre
« et d'un pays. »

Navagero affirme positivement que « l'insolence des
« soldats allemands, qui ne savent ni ne veulent faire
« autre chose que massacrer et brûler, a réduit en
« cendres presque toute la ville (1). » Etant donnée la
manière dont alors on faisait la guerre, il est facile d'admettre que, pendant qu'on se battait sur les bords de
la Marne, les traînards allemands mettaient en pratique leur habitude de « feuger », et que l'incendie se
propagea aisément dans des constructions qui pour la
plupart étaient en bois et en torchis (2). Maurice de Saxe
soutient que ses cavaliers, avec l'aide des gens de pied,
travaillèrent à éteindre le feu.

Pendant la nuit, un second incendie s'alluma « ès
« logis des gens de chevaulx de Maurice, *dont la ville*
« *s'a emprins d'elle-mesme.* » Que faut-il penser de cette
dernière allégation ? Certes, elle peut bien n'être qu'une
excuse vulgaire. Cependant nous lisons dans un factum
rédigé en 1587 pour les habitants de Vitry-en-Perthois
contre ceux de Vitry-le-François une phrase qui lui
donne quelque degré de vraisemblance ; les auteurs
du factum déclarent que la ville « fut bruslée en par-
« tye et destruite pour oster la commodité aux enne-
« mis de passer plus avant au royaume, lequel expé-

---

(1) « Ma l'insolentia de soldati tedeschi, quali non sanno ne vogliano far
« altro che ammazar et de brusciar ha arso quasi tutto il loco. »

(2) C'est encore le genre de construction ordinaire dans cette partie de
la Champagne.

« dient fut grandement trouvé utile au publicq (¹). »
Maurice de Saxe dit : « A grosse peyne nous avons-
« nous peu saulver du feu. »

Remarquons d'ailleurs qu'on se tromperait en prenant à la lettre les mots « ruyne, éversion, destruction », qui reparaissent dans un grand nombre de lettres patentes et de pièces de procédure. Lorsque, à la sollicitation des officiers du bailliage (²), François Ier eut ordonné la translation de la ville au lieu de Moncourt (mai 1545), les habitants de l'ancien Vitry désormais nommé Vitry-le-Brûlé protestèrent avec énergie contre la décision du roi, et notamment, en 1549, ils firent plaider devant le Parlement de Paris par leur avocat Gillot qu'après le passage de Charles-Quint il était
« démoré quelque partie entière, mesmes des faulx-
« bourgs, et des églises..., que les deux églises paroissiales
« étaient encore pour la plus grande part entiè-
« res..., qu'il restait de beaux et grands édifices, comme
« les prieurez de sainte Croix, sainte Geneviefve, sainct
« Thibaut, la mynistérerye de la Trinité, sainct Estienne,
« sainct Ladre, la Magdelaine, et grant nombre
« de maisons, de quatre à cinq cens (³). » Même en

---

(1) Archives municipales de Vitry-le-François, FF. 2, pièce 15, original. Publié par G. Hérelle, Paris, Menu, in-4°, 1878. — Nous ne disons rien d'un troisième incendie qui, selon les notes manusc. de M. de Torcy reproduites par le Dr Valentin (ut supra), aurait encore été allumé à Vitry le 29 septembre ; nous n'en avons trouvé nulle part la moindre mention. On ne peut comprendre en ce sens la phrase ambiguë de Brantôme, où il est dit que les soldats, *après* avoir « tout mangé et gouspillé » à Vitry, y mirent le feu. (G. H.)

(2) A noter que le palais de justice avait été brûlé. (Arch. de Vitry, FF. 1, pièce 4). On trouvera dans le factum de 1587 cité ci-dessus de nombreux détails sur la translation et les procès qui s'en suivirent.

(3) Archives municipales, FF. 1. pièce 7, original.

faisant dans ces affirmations la part de l'exagération (¹), on a donc eu grand tort de dire qu'après l'incendie la ville « ne consistait plus qu'en vieux fondements cal- « cinés (²). »

En ce qui concerne les fortifications et le château, l'avocat Gillot soutient qu'ils n'avaient nullement souffert. Nous l'en croyons volontiers ; car, dans tous les documents que nous possédons sur les faits militaires de cette journée, il n'est fait nulle part mention qu'on se soit battu au rempart ou que le château ait essayé de se défendre. D'où vient donc qu'aujourd'hui le château, les fortifications, et même les églises, sauf l'église Saint-Menge, sont rasés et qu'il n'en reste plus une pierre debout ? Les événements ultérieurs nous l'expliquent. L'église collégiale a été incendiée et ruinée de fond en comble « par les gens du prince d'Orange « et huguenots françois » en 1568 ; les archives municipales de Vitry possèdent le curieux procès-verbal de la visite faite par les officiers du roy après le désastre; sans doute d'autres édifices périrent dans cette circonstance. Quant aux remparts et au château, le roi, par patentes du 29 avril 1546, avait autorisé les habitants de la ville nouvelle à prendre les pierres « des mu-

---

(1) Deux pièces authentiques prouvent que cette exagération n'est pas aussi grande qu'on pourrait le supposer. Ce sont deux procurations données en assemblée générale par l'une et l'autre communauté, sous les dates du 12 janvier et du 19 décembre 1547 ; Vitry-en-Perthois est représenté par 319 comparants, tandis que Vitry-le-François n'est représenté que par 101 comparants. Il semble pourtant que de l'un et l'autre côté on n'ait rien négligé pour grossir le nombre des partisans : plusieurs femmes veuves figurent dans chaque liste. (Arch. munic. de Vitry-le-François, FF. 1, originaux.) G. H.

(2) De Salligny, coutume de Vitry, in-4°, 1676. La plupart des auteurs ont répété cette erreur. (G. H.)

« railles du chasteau, bourg et ville dudict ancien Vic-
« try ruyné. » En 1546, il renouvela l'autorisation de
les « desmolir », ce que l'on s'empressa de faire avec
un véritable acharnement ; on « démassonna grande
« partie des murailles, disant que c'estoit pour faire
« les murailles de Victry-le-François, mais ils en ont
« bâti leurs caves et maisons ; on abattit les ponts, on
« osta les passages communs, on arracha le pavé (¹). »
Le 2 février 1569, d'autres lettres patentes permirent
« de prendre la pierre et matériaulx restans des ruynes
« du chasteau, du donjon et de la closture,... tant ce
« qui est desvant les murailles que lesdictes murailles
« *estant encores sur pied* (²). » En octobre 1582, cette
autorisation est renouvelée (³). En janvier 1583, le roi
ordonne à chaque habitant demeurant dans les villages situés à cinq lieues à la ronde « de fournir par
« chacun deux charrois avec ses chevaulx et arnoix
« pour charroyer et conduire ces pierres et maté-
« riaux (⁴). » En dépit de ces dévastations réitérées, le
château n'était pas encore détruit en 1589, puisqu'à
cette date le sieur de Thays y soutint un commencement de siège contre les garnisons ligueuses de Vitry-le-
François, de Saint-Dizier et d'Arzillières (⁵). Ainsi l'ancien Vitry était devenu une sorte de carrière, et une
carrière difficile à épuiser ; car, au XVIIᵉ siècle, les re-

---

(1) FF. 1, pièce 7, fº 9.
(2) Cartulaire de la ville de Vitry.
(3) Cartulaire, fº 81.
(4) Cartulaire, fº 84.
(5) Voir de Thou, livre 97, p. 38 ; et Mémoire des choses plus notables, publié par G. Hérelle sur le manuscrit de la Bibliothèque Nationale, Reims, in-8º, 1882, page 83.

ligieux Minimes de Vitry-le-François reçurent encore du roi le don de la poterne du château de Vitry-en-Perthois, d'une portion de muraille et d'une petite tour y attenant ([1]).

Si la ville fut moins maltraitée qu'on ne le croit communément, les habitants, eux, eurent beaucoup à se plaindre. Les lettres patentes du 4 mai 1545 constatent les « grandes pertes que les habitans ont portées « et sousteneues par la ruyne de ladicte ville et pillage « faict en icelle. » D'autres lettres parlent de ce qu'ils ont souffert dans leurs *biens* et dans leurs *personnes* ([2]). Maurice de Saxe ne nie pas que la ville ait été pillée, qu'il y ait eu des femmes et des enfants emmenés ou tués ; il nie seulement que les excès aient été commis par ses cavaliers.

§ 9. *Mémoire justificatif du duc Maurice de Saxe.* — Lorsque l'empereur sut ce qui s'était passé à Vitry, il fut très-irrité. D'après les rapports qu'il reçut, le duc Maurice de Saxe avait fait plusieurs fautes successives ; il était demeuré en arrière, il avait pris peu de part aux combats, il avait laissé ses gens piller, saccager et brûler. Le duc fut averti des bruits qui étaient venus jusqu'aux oreilles de Charles-Quint, et c'est à cette occasion qu'il rédigea un Mémoire dont nous avons déjà cité des passages, mais qu'en raison de son importance nous n'hésitons pas à reproduire ici tout entier.

---

(1) Lettres patentes du 1er février 1620. Il ressort de ces lettres que les grosses tours et les murailles de la ville n'ont été abattues qu'en 1584.

(2) Notamment celles du 8 avril 1545 (cartulaire, f° 109), celles de mai 1545 (cartulaire, f° 138) etc.

*Mémoire justificatif adressé par Maurice de Saxe
à l'Empereur* (¹).

« Sire, en toute humilité le duc Moritz de Sachsen
« vous fait entendre que, comme ainsy soit que secrè-
« tement par ses bienveullans a esté adverty qu'on a
« dit à V. M. que, à la dernière exécution d'avec les
« ennemys, ses gens de chevaulx doibvent avoir pil-
« lez Vitry, mis les feuz, tuez femmes et enfans, les
« ammené et aultrement contre toute raison besoin-
« gné, et aussy s'arresté contre les ennemys et ne les
« avoir suivy ; ayant entendu ce, ledit duc, trouvant
« chargé son couraige, au regard que ce par ses malz-
« veullans luy a esté mis sus sans aulcune cause ny
« fondement de vérité, combien qu'il n'espère que
« Votre dite Majesté ne aulcun aultre le congnoisse tel,
« est constrainct, comme l'évidente nécessité le requiert
« pour décharge de luy et des siens de ceste menson-
« ge à V. M. ainsi déclairé, s'en excuser en toute hu-
« milité à V. M.; et mesme, si son vouloir estoit pour
« vous fère plaisir de s'en taire pour sa personne, se
« a-il tant de princes, contes, barons, gentilzhom-
« mes et aultres gens de bien soubz sa charge, lesquelz,
« pour acquérir honneur et principalement pour faire
« service à V. M., sont venu faire ce voyage, en ma-
« nière nulle le laysseroyent en cest estat passer; par-
« quoy supplie V. M. plus que très humblement qu'il

---

(1) Ce mémoire inédit est conservé aux archives de l'empire d'Autriche ; il a été communiqué à M. Ch. Paillard par M. le chevalier d'Arneth, archiviste général. C'est une traduction française ancienne faite sur un original allemand.

« plaise à icelle ne vouloir croyre ce raport sinistre
« que vous poroit estre fait, ains croyre la vraye dé-
« claration cy joynte. Si la nécessité ne le requéroit,
« aymeroit beaucoup mieulx s'en outrepourter, et prie
« luy mettre en teste ceulx qui ont mis ce en avant de
« luy, et il leur respondra de sa personne et s'en ex-
« cusera tellement que à ung prince d'honneur appar-
« tient.

« Et combien, V. M., à l'occasion de ce, ses gens et
« luy puissoint estre en votre malgrâce et indignation,
« ce que nullement le dit prince croyt, suplie, ad cause
« que de ce ilz ne sont culpables, les avoir en très hum-
« bles recommandations ; car V. M. trouvera luy et
« les siens non seulement en ceste dite guerre, mais
« en aultre, en tout ce que pourra estre à votre ad-
« vantaige, honneur et proffit, prest de leurs corps et
« biens, que en rien n'y espargneront, et se parforce-
« ront de servir V. M. tousjours de bien en mieulx.

*La vérification de tout le démené
que Moritz de Sachsen
donne à entendre à Sa Majesté.*

« Toute la nuicte nous avons marchez par chemins
« estroictz et mavaix, qu'a esté la cause que nos deux
« enseignes sont demouré derrier, tant les lances que
« hacquebusiers. Au poinct du jour, ont les gens de
« don Franscique d'Este prins ung paysant, lequel,
« comme ledit sieur Franscique me fit entendre, par
« ung truchement luy avoit dit que au premier villaige

« il y avoit jusques à trois ou quatre cens chevaulx fran-
« çoys. De ce que demanda mon opinion, luy respondis
« que je n'avoys auprès de moy que une enseingne
« de hacquebusiers contenant environ deux cens, avec
« lesquelz le suyveroye pour faire tout ce que à gens
« de bien appartiendroit.

« En ce, sommes passez oultre et venu rencontrer
« le guect de nos ennemys, lesquelz nous tous ensem-
« ble avons chassez, et sont venu nos chevaulx légiers
« à ung pont où il falloit passer lentement l'ung après
« l'aultre. Au dernier je fis cercher au loing de la rep-
« vière, et trouva là ung guect où mes gens et moy
« passâmes à bien grosse peyne, et se retarda si lon-
« guement que les ennemys entrèrent dedans Vitry ;
« mais aussy tost que ces dits chevaulx légiers se sont
« trouvez au villaige, les ungs se sont mis ez maisons
« et les aultres aux chariotz et aultres choses où il y
« avoit à piller. De moy je m'en suis suivy après les en-
« nemys vers la ville, où il y a heu bien peu de che-
« vaulx légiers ; car aussy tost que aulcun d'eulx avoit
« recouvert ung cheval ou aultre chose, se retiroit vers
« ses compaignons au villaige.

« Les ennemys à l'heure sont sortys hors de la ville
« tant à pied que à cheval, si fort que, craindant les
« hacquebusiers qui se heussent peu cacher en foussez
« et vignes, dont le lieu estoit commode, suis esté cons-
« trainct me retirer en ung hault, combien que cepen-
« dant tousjours mesdits gens et lesdits chevaulx légiers
« n'ont laissé l'escarmoucher.

« Bien peu après sont venu mes aultres trois en-

« seingnes. A l'heure suis esté adverty que les enne-
« mys avoyent délaissé la ville. Est arrivé le dit don
« s^r Franscique, qui n'avoit pas plus hault de deux cens
« chevaulx auprès de luy, où luy et moy, avec noz gens,
« sont chevaulchez au loing d'ung hault, prenant notre
« advantaige, jusques à la descendue qu'estoit maul-
« vaise. Les ennemys sont tousjours passez oultre si
« hastivement qu'il leur estoit possible. Je me suis
« aussy hasté tant que j'ay peu, et donné dedans les
« ennemys, ce que les dits chevaulx légiers ont aussy
« fait, passant parmy ung villaige où plusieurs sont
« esté tuez, les aultres constrainct s'en fuyr en la ri-
« vière, qui sont esté noyez.

« En s'en retournant, avons trouvez aultres des en-
« nemys qu'estoyent de rest, que s'avoyent mis au vil-
« laige en une église, et se sont défendu jusques ad ce
« qu'on a esté constrainct y mener cinq enseingnes de
« gens de pied et deux pièces d'artillerye. Combien
« que ce pendant, par conseil d'aultres s^rs, je les aye
« fait sommer de se rendre en votre miséricorde, ne
« l'ont voulu faire, a esté l'occasion, pour la réputation
« de V. M., les tous tuer.

« Exécutant tout ce que dessus, sont esté mes gens
« et moy bien vingt quatre heures à cheval, sans faire
« aulcun pillaige.

« En la parfin de tout, m'en suis allé vers la ville,
« où je n'ay fait nulle déplaisir aux femmes ny enfans,
« comme on m'a voulu charger. Je n'en ay vheu nulles ce
« jour, sinon deux femmes que les chevaulx légiers ont
« menez ; et qu'ilz en ont fait, l'ignore et n'en sçay rien.

« Et qu'il veult estre dit que ces dits chevaulx légiers
« ont exécuté ceste acte, s'en peult V. M. enquérir ;
« car tous ceulx qui ont esté en présence auprès de
« nous sont demourez en la ville avec nous, et s'en
« sont retourné avec M. le Vice Roy, lequeil sceit bien
« le nombre d'iceulx.

« Avec ce, est venu le don s^r Franscique à son par-
« tement prendre congié. Le nombre de chevaulx qu'il
« m'a dit avoir auprès de luy, le sçaura-il bien dire à
« V. M.

« Par ainsy veult V. M. suffisemment s'interroguer
« du marquis Albrecht de Brandenburg et conte Guil-
« laume de Furstenberg, lesquelz sont venu après avec
« les gens de pied, quelz gens de chevaulx ilz ont trouvé
« en la ville pillant.

« Semblablement les couronelz allemans, que sont
« demourez icy, ont aussy assez vheu lesquelz ont mené
« les femmes et enfans au camp, que facilement vous
« pourez sçavoir.

« En tout ce, V. M. congnoistra suffisemment les-
« quelz ont suivy le pillaige ou défait les ennemys, et
« n'ay crainte nulle que V. M. trouvera, après s'avoir
« bien informé, que nous avons suivy noz coustumes
« anciens des Allemans, de chasser les ennemys, et non
« pas demourer au pillaige. De ce que la ville a esté
« bruslé, à mes gens ny à moy n'en peult estre donné la
« cause. Car, cependant que j'ay besoingné avec les
« ennemys, a esté desjà le feu en la ville ; et ne fût esté
« que mes gens, avec l'ayde des gens de pied, l'eussent
« estaint, n'y heussions sceu sy longuement demourer.

« En après, a esté mis des feu ez logis de mes gens
« de chevaulx, dont la ville s'a emprins d'elle-mesme ;
« en suis aussy mary que homme de monde ; car,
« comme j'ay voulu mettre mes gens de chevaulx en
« la ville, que y estoyent ordonné, à grosse peyne nous
« avons-nous peu saulver du feu.

« Il ne me griefve pas peu de ce que, quant les faitz
« vont bien, qu'il fault que aultres gens l'ayent fait ; et
« si vont mal, qu'il est mis sur nous Allemans. »

Tous les auteurs répètent que Furstemberg demeura à Vitry-en-Perthois avec ses soldats. C'est une erreur. Il alla à Bar-le-Duc pour faire soigner sa blessure.

Le chef laissé pour la garde de la ville fut Aliprand de Madruce, frère de l'évêque de Trente. On lui donna trois bannières et à peu près 300 cavaliers ; ces troupes devaient protéger les approvisionnements de grains que l'empereur avait résolu d'emmagasiner dans cette place (1).

Le 30 juillet (2), par conséquent six jours après l'occupation, Madruce eut une grande alerte : il reçut avis que quatre ou cinq mille fantassins et une nombreuse cavalerie sortaient de Châlons et se dirigeaient vers lui, sans doute dans l'intention de le traiter comme les Impériaux avaient traité Brissac. Charles-Quint, informé par courrier exprès, fit partir sur le champ le vice-roi de Sicile avec 6,000 hommes, Allemands et Espagnols, et suivit lui-même son lieutenant avec toute sa maison

---

(1) Navagero au doge, 31 juillet.
(2) « Il giorno seguente all' ultime mie, che furono di 29. »

militaire et 1,000 cavaliers. Ils s'avancèrent ainsi jusqu'à Vitry, mais n'aperçurent que quelques gendarmes français de l'autre côté de la Marne. Ils se replièrent alors sans combat et rentrèrent au camp vers le milieu de la nuit.

Cette alerte eut du moins un résultat : par crainte d'un coup de main, Madruce reçut l'ordre d'évacuer la place et de ramener ses trois enseignes à Saint-Dizier (¹).

(1) Navagero au doge, 6 août.

CHAPITRE XIII.

§ 1. *Continuation du siège de Saint-Dizier (du 24 au 31 juillet).* — § 2. *La marche des convois.* — § 3. *La disette des vivres.* — § 4. *Opérations sur les derrières de l'armée pour assurer la liberté des communications.* — § 5. *Expédition de Vaucouleurs (du 1ᵉʳ au 5 août.)* — § 6. *Détresse des défenseurs de Saint-Dizier.*

§ 1.

Pour Charles-Quint, le combat de Vitry est une éclaircie dans ce sombre siège de Saint-Dizier accompagné de toutes les misères et signalé par de grands deuils pour les deux camps. Ce n'est pas que les Impériaux travaillent désormais beaucoup plus activement aux tranchées, aux mines et au cavalier (¹); mais les choses prennent visiblement une meilleure tournure. Aussi, le 26 juillet, Charles-Quint, en mandant à sa sœur les nouvelles du 24, ne manque-t-il pas de dire qu'il espère « que en brief les travaux auront bonne « fin (²). »

---

(1) Le 30 juillet, Navagero écrit au doge : « Lavorano questi signori le so-
« lite sue mine et trincee, havendo anche dato principio ad uno cavalliero ;
« nelle quali cose procedono cosi lente che, ò sia per la grandezza dell'opere
« che fanno, ò per la poca cura et diligentia che usano, le cose non saranno a
« fine fra otto ò dieci giorni. »

(2) Correspondance de la reine, V, 121.

Le jour de la prise de Vitry, l'empereur avait envoyé à quelque distance les mulets et chariots de la cour pour faire du bois et des fascines. Ces fascines furent ensuite menées « *jusqu'aux dernières tranchées sur le « fossé de la ville.* » Par conséquent, les ouvrages offensifs avançaient. Voilà pourquoi, dans les deux nuits du 28 et du 29 juillet, l'artillerie de la place malgré le manque de munitions canonna fort les pionniers et leur tua environ dix hommes ([1]).

Le premier soin de l'empereur avait été d'arborer aux tranchées les drapeaux pris à Vitry pour apprendre aux assiégés qu'ils ne devaient plus compter que sur eux-mêmes ([2]). Suivant Navagero, il envoya aussi un trompette au comte de Sancerre pour le sommer de se rendre ; mais le comte répondit : « Nous sommes si « gaillards que nous n'avons pas besoin de secours ; « et lorsque le secours viendra, il sera assez fort pour « combattre toute votre armée ([3]). »

C'est sans doute à la même époque que se passa un fait dont parle du Bellay. Au moment, dit-il, où les tranchées étaient presqu'arrivées jusqu'au boulevard, les mineurs rencontrèrent une grosse source qui les arrêta quelque temps et les obligea d'épuiser l'eau qui envahissait les ouvrages. Les assiégés s'en aperçurent, et, la nuit suivante, le capitaine Linières sortit avec

---

([1]) Navagero au doge, 30 juillet.

([2]) « Quæ obsessis ex nostris aggeribùs ostensa fuerunt. » (Musica.)

([3]) « Hanno riposto esser loro cosi gagliardi che non hanno bisogno di soc« corro, il quale, quando li dovesse venire, veniria quasi potente che saria « atto a combatter questo essercito tutto. » (Lettre du 30 juillet). Cf. le passage de du Bellay : « Peu de jours après led. assaut, l'empereur envoya un « trompette, etc. »

quelques hommes, parcourut les tranchées d'un bout à l'autre, y tua un certain nombre d'Impériaux, et ramena le reste dans la ville « pour dire des nouvelles. »

Le 30 juillet l'empereur passa une revue générale des cavaliers et des fantassins hauts-allemands, à l'exception des piétons qu'avait commandés le prince d'Orange. Les fantassins furent trouvés de moindre qualité que les cavaliers, et les cavaliers se présentèrent en moins grand nombre que ne le portaient leurs rôles.

Ce même jour arriva au camp un convoi de 70,000 ducats (¹).

§ 2.

Mais, pendant que le siège de Saint-Dizier suit son cours sans événements militaires notables, nous avons le loisir d'étudier pour la même période une série de faits qui, moins brillants que les assauts et les batailles, ne laissent pas d'avoir une influence décisive sur l'issue d'une campagne. Il s'agit des opérations d'intendance, de la conduite des vivres et munitions de guerre, des mesures prises pour protéger les derrières de l'armée et pour assurer la liberté des communications avec les centres d'approvisionnement. Là surtout apparaît la prévoyance des chefs, leur esprit de suite, leur aptitude à comprendre l'ensemble et à organiser les détails d'une grande entreprise.

Les questions de ce genre ont aujourd'hui une importance capitale ; elles n'étaient pas moins graves au

---

(1) Navagero, 30 juillet.

XVIᵉ siècle. Alors les chemins, construits en terre, étaient mauvais, étroits, coupés d'ornières, détrempés par un orage ; si les chevaux d'attelage étaient tués, tout était perdu, pillé, brûlé ou abandonné dans les champs. Aussi, la guerre défensive consistait à ravager la contrée de manière à empêcher l'envahisseur de se ravitailler sur place, et les vainqueurs étaient exposés à mourir de faim au milieu de leurs triomphes. Quand les vivres étaient en retard, les soldats se débandaient, mangeaient le paysan, pillaient le plat pays ; si la solde se faisait attendre ou si l'ennemi parvenait à l'arrêter au passage, c'était à bref délai la dissolution des effectifs. Il était donc essentiel pour Charles-Quint de pourvoir à tous ces besoins, de bien établir les étapes, de les rendre sûres au moyen de garnisons suffisantes et de combiner un système d'escortes tel que les convois ne marchassent jamais seuls. Et de leur côté, les Français ne pouvaient manquer de faire tous leurs efforts pour intercepter les convois, pour égorger les chevaux de trait, les charretiers et les vivandiers, pour piller les vivres et l'argent ; car les succès de ce genre ne leur étaient pas moins profitables que des victoires. Sur ce terrain, les adversaires furent dignes d'entrer en lutte ; l'empereur faisait preuve d'une vigilance incessante, d'une activité toujours en éveil ; mais Claude de Lorraine, duc de Guise, et son fils François, comte d'Aumale (1), de leur château de Joinville ou de la forteresse de Stenay, tombaient à l'improviste tantôt sur un point tantôt sur un autre, harcelaient les Impériaux

---

(1) Le grand Balafré, qui périt en 1563 sous le pistolet de Poltrot de Méré.

avec une audace inouie, et inquiètaient si fort les lieutenants de l'empereur qu'on ne parlait que de leurs coups de main et qu'on croyait même les voir là où ils n'étaient pas (¹).

Indiquons d'abord en quelques mots la situation générale.

Les convois destinés au camp de Saint-Dizier viennent de deux directions : les uns du Barrois et de la Lorraine, les autres de Thionville et de Metz.

Les convois du Barrois descendent de Bar et des environs sur Ligny, pour se diriger ensuite de l'Est à l'Ouest sur Saint-Dizier. Ceux de la Lorraine débouchent par Toul, Sorcy et Ligny, d'où ils suivent le même chemin que les premiers.

Mais les sources principales d'approvisionnement ne sont ni le Barrois ni la Lorraine, ravagés par les deux partis et bien vite épuisés. Le grand magasin de l'armée impériale, c'est Metz, qui reçoit les provisions et les munitions des Pays-Bas par le Luxembourg et Thionville, de l'Allemagne par Saarbruck et Saint-Avold. Jusqu'au 22 juillet, l' « estaple » des convois est à Saint-Mihiel : ils marchent par Pont-à-Mousson, Saint-Mihiel, Bar-le-Duc et Ligny. Depuis le 22 juillet, l'estaple est transportée à Ligny ; les convois descendent alors de Pont-à-Mousson, tantôt sur Toul, Sorcy et Ligny, tantôt sur Saint-Mihiel, Commercy, Sorcy et Ligny : mais on évite la traversée de Saint-Mihiel à Bar, jugée

---

(1) Les manœuvres dont nous allons parler sont presque toutes des manœuvres de cavalerie, surtout du côté des Français ; on en comprend aisément la raison.

dangereuse. Sorcy devient alors un point important (¹).

Au Pont-à-Mousson, qu'occupe une bonne garnison, réside comme commissaire des vivres un messin de marque, Robert de Huy, sʳ de Malroy (²). Une garnison protège aussi Saint-Mihiel, et elle se renouvelle souvent. Dans les faubourgs de Bar-le-Duc se tient Jacques de Récourt, sʳ de Sicques, avec de la cavalerie et de l'infanterie ; plus tard nous y trouvons Guillaume de Furstemberg envoyé dans cette ville pour s'y guérir de la blessure reçue à Vitry. Le commissaire Cornelius Van der Ee est à Sorcy. Louis d'Yve commande à Ligny. Quant à Jean de Lyère, il exerce sur tous ces agents une surveillance incessante, il anime, il coordonne leurs opérations ; c'est une sorte d'inspecteur général des centres d'approvisionnement et d'étape, et il impose partout une règle commune : aucun convoi ne doit partir sans escorte, et une autre escorte doit venir de la ville voisine au-devant de lui ; Jean van der Noot, gentilhomme de la maison de l'empereur, est spécialement chargé d'organiser ce service.

§ 3.

Si l'on en croyait Musica, l'armée impériale sous les

(1) Il y avait à Sorcy un château fort appartenant à Pierre du Châtelet, abbé de Saint-Martin-lez-Metz.

(2) Duarte avait demandé son concours, et en effet Robert fit merveille dans ces fonctions. Charles-Quint l'avait choisi à cause de ses rapports avec la Lorraine ; il avait été en 1534 conseiller du duc Antoine, et il avait fait en cette qualité le voyage d'Espagne avec Allendorf pour négocier le mariage de François duc de Bar avec la princesse de Clèves. — Musica dit à tort que le commissaire de Pont-à-Mousson était Nicolas de Huy, sʳ d'Ennery. Cf. Charles Rahlenbeck, Metz et Thionville sous Charles-Quint.

murs de Saint-Dizier n'aurait jamais connu les privations de la disette ; et, pour confirmer cette assertion, l'auteur du *Commentariolus* donne d'intéressants détails sur les fournitures de pain et de viande.

Il nous apprend que les grandes boulangeries étaient à Metz et à Saint-Mihiel ; qu'on confectionnait à Saint-Mihiel 50,000 pains par jour ; que d'autres ateliers fonctionnaient à Bar, à Ligny, à Verdun, et que les ouvriers employés à ce travail étaient pris dans les régiments allemands. Le tout fut si bien réglé que les prix ne subirent aucune variation, et toujours les commissaires jurés le vendirent aux hommes d'après la même taxe (1).

Pour la viande, dit-il, on avait défendu aux soldats de vendre les bestiaux pris dans les « rezes » ; ces bestiaux devaient être tués sur place ou emmenés à la suite de l'armée. Ainsi l'intendance eut à sa disposition plusieurs milliers de bœufs, et le prix d'un bœuf bien gras ne dépassa point quatre couronnes italiennes (2).

Mais Musica n'est pas un témoin désintéressé : adjoint de François Duarte, il peut être soupçonné en cette circonstance de plaider sa propre cause. Et d'ailleurs d'autres témoignages sont en contradiction formelle avec le sien.

« A notre première venue, écrit Wotton le 24 juil-
« let (3), il y avait assez de viande et rareté de pain ;

---

(1) « Nulla denique necessitate pretium hujusmodi panis immutatum est, sed
« æquali pondere, constans dimidio stufero brabantico a deputatis et juratis com-
« missariis divendebatur. »

(2) « Mactanda in castris, aut simul ducenda. — Bovis pinguissimi pretium
« erat 4 coronatorum italicorum. »

(3) State papers, X, 5, lettre à Henry VIII.

« maintenant nous avons du pain et nous manquons
« de viande. Lorsque nous serons à six milles plus loin,
« je suis convaincu que nous n'aurons plus ni pain ni
« viande. Quant à la boisson, la saison est si pluvieuse
« que la Marne nous en fournira toujours assez pour
« notre besoin. »

Navagero est parfaitement d'accord sur ce point avec l'ambassadeur anglais. « Le jour que nous arrivâmes
« ici, mande-t-il au doge (1), les troupes furent sans
« pain ; deux jours auparavant, l'armée de Don Fer-
« rante s'était trouvée dans la même nécessité.... Le
« pain est rare et si cher que la solde d'un pauvre fan-
« tassin suffit tout juste à le nourrir ; en outre, il est
« très-noir et très-mal cuit. Le vin est gâté et fétide, et
« peu de gens peuvent en acheter, parce qu'il faut
« payer dix livres ce qui en Italie vaut un écu (2). »
Le 16 juillet il écrit : « Les chariots de munitions n'ont
« point paru, et la faim devient de jour en jour plus
« pressante (3). » Le 17, il paraît encore plus découragé.
« Jusqu'à présent, dit-il, nous avons eu disette de
« pain et de vin, mais on trouvait toujours de la viande;

(1) « Il giorno istesso che arriviamo qui, si stelle senza pane, nel qual ter-
« mine, doi giorni inanzi, era stato l'essercito del signor don Ferrante. »

(2) « Il pane si ha con difficoltà e caro tanto che a pena basta la paga à
« sustentare un povero fante, oltre che è negrissimo e malissimo cotto. Il
« vino mazzo et fetido ; alcuni pochi lo ponno comprare, perchè quello che vale
« in Italia uno scudo, qui vale dieci. » Ces privations étaient d'autant plus pé-
nibles qu'à quelques lieues de Saint-Dizier l'armée française était dans l'a-
bondance : « Che una o doi leghe al più discosto de qui verso Chialon vi è ab-
« bondantia di tutte le cose incredibile, che quelli del paese fanno patroni li
« soldati di tutto quello che hanno volontariamente, ne sanno che far per tenirli
« contenti, dicendo che è honesto far parte della robba a quelli che sono li per
« defender li la vita et le case sue. »

(3) « Non sono encora fin hora comparsi li carri della monitione, et la fame
« si fa ogni di maggiore. »

« aujourd'hui la viande commence à manquer, et elle
« est si chère qu'en proportion le pain et le vin sont
« à meilleur marché ; six livres de viande coûtent ce
« que coûteraient soixante livres chez nous, et, quand
« on peut se les procurer pour un écu, on s'estime
« heureux d'être si bien nourri et de ne pas payer
« davantage ([1]). » Le 30 juillet, il raconte qu'il est
obligé de recevoir à sa table plus de gens qu'il n'en
voudrait avoir : ces affamés viennent sans être invités,
et l'ambassadeur les tolère pour l'honneur de la Sérénissime République, si bien que tout son traitement
y passe ([2]). Plus tard, le 31 août, il avoue qu'il aurait
souffert de la faim si, avant de quitter Metz, il n'avait
pas eu la précaution de faire une provision de biscuit.

Il est donc certain que Musica cherche à pallier la
vérité, et que pendant le siège les troupes impériales
furent éprouvées par la disette.

Cette misère avait pour cause les opérations des
Français sur les derrières de l'armée envahissante.

§ 4.

Le 15 juillet, Jean de Lyère était venu de Ligny à
Bar pour faire quelques réquisitions. Là, il apprend du

---

(1) « Fin hora, Serenissimo Principe, vi è stata carestia di pane et di vino,
« la quale si sustentava ritrovandosi della carne ; ma hora comincia anche à
« mancar questa et esser cosi cara, che in proportione vale più assai che il pane
« ò il vino. Chi puo haver sei libre di carne, di 60 delle nostre, per un scudo,
« li pare havere et ben da mangiare et bonissimo mercato. »

(2) « Qui continua pur la carestia più che mai, et val tanto il pane et il
« vino che in questo solo spendo quasi quanto mi da Vostra Serenita al giorno.
« Se ho havuto per il passato chi sono venuti alla tavola mia senza esser invitati,
« che questa è l'usanza di qui, molto più ne ho hora ne con honor mio et dignità
« di Vostra Serenità posso far di manco ».

duc lui-même des nouvelles inquiétantes. Il y a 150 chevaux et 200 arquebusiers français aux champs, et ils marchent sur Saint-Mihiel « pour ruer sus la scorte avec « les vivres ». Entre Bar et Saint-Dizier, on a découvert une grosse troupe de gens de cheval, et ceux qui les ont vus prétendent qu'il y en a deux ou trois mille ; ils ont déjà dévalisé et tué des vivandiers, et on craint qu'ils n'entreprennent contre les faubourgs de Bar (¹). Près de Foug-lès-Toul, il y a 50 ou 60 chevaux français, ce qui fait que des approvisionnements considérables sont immobilisés à Toul. Rentré le soir à Ligny, Lyère se hâte d'écrire à l'empereur : « Je suis comme assiégé « icy, et ne sçay quel chemin tenir pour estre seur (²). « Il est nécessaire que Vostre Majesté mecte tel ordre « et remède à cecy comme il semblera à icelle y con- « venir, sçachant l'inconvénient estre tel qu'il ne sçau- « roit estre plus grand (³). »

Tout ce trouble annonçait l'arrivée du duc de Guise, et Charles-Quint, même avant de recevoir la lettre de Lyère, savait déjà par d'autres avis que le duc venait de passer la Meuse.

Pour parer à tout événement, l'empereur donne ordre à Maurice de Saxe et au sieur d'Yve de partir avec leurs gens ; ils iront jusqu'à Saint-Mihiel pour protéger les routes d'étape, maintenir la liberté des communications et ramener les convois jusqu'à Saint-Dizier (⁴).

---

(1) Ces hommes venaient, disait-on, de Vitry, de Montfaucon, de Beaulieu, de Sainte-Menehould, etc.
(2) Lyère avait ordre de l'empereur d'aller jusqu'à Metz.
(3) Liasse 22 de l'audience.
(4) Lettre du 16 juillet, adressée à Lyère. Autres lettres du même jour et

Lyère, continuant son voyage, arrive à Saint-Mihiel le 16 juillet après midi ; il y trouve la bande d'ordonnance de M. de Bréderode et le capitaine Landas avec 100 chevaux et 2 enseignes d'Allemands. La ville est en alarme ; elle craint d'être attaquée d'un instant à l'autre par le duc de Guise. Le 17 juillet au matin, il part pour le Pont-à-Mousson, au moment où sortait dans la direction opposée un convoi de munitions de guerre et de 121,000 pains ; toutes les troupes disponibles escortaient ce convoi, de sorte que pendant plusieurs heures Saint-Mihiel fut entièrement dégarni. Maurice de Saxe et Yve avec Jean Heyldessen (¹), après avoir traversé Bar-le-Duc, n'entrèrent que sur le soir dans la place (²).

François de Guise, comte d'Aumale, épiait ces mouvements ; quand il apprit que les Impériaux avaient quitté Bar, il tira de Stenay 1,500 cavaliers, fondit avec eux sur les faubourgs de la ville mal défendue et y enleva 100 chevaux de trait (19 juillet). Le lendemain, il se dirigea vers Saint-Mihiel (³) ; mais Maurice de Saxe venait avec ses hommes au-devant de lui, et peu s'en fallut que le général français ne fût fait prisonnier. Selon Musica, Othon Discha, conseiller de Maurice, avait suggéré l'idée d'une manœuvre qui forcerait François de Guise à se rendre ; mais celui-ci aurait été prévenu par des lettres interceptées (⁴). Louis d'Yve, dans une

---

dans le même sens adressées aux commissaires de Metz, à Libert Turk qui est au Pont-à-Mousson, et à M. de Sicques qui est à Bar. (Liasse 22 de l'audience.)

(1) Navagero dit qu'ensemble ils avaient 2,000 cavaliers.
(2) Yve à l'empereur, (liasse 22).
(3) Le sieur de Montbardon à l'empereur, de Bar, 20 juillet, (même liasse).
(4) L'empereur dit de même au début de la relation de la prise de Vitry : « Ledict sieur d'Aumale avoit manqué d'estre prins et défait avec 1,500 che-

lettre du 27 juillet à la reine Marie, s'exprime autrement : « Madame, dit-il, partant de Saint-Myer avec
« le duc Moris, ensamble les vivres et munysions de
« Sa Majesté, sur la quelle munysion le sʳ d'Omalle
« avoyt entreprise pour la deffaire avec douze ou
« XVᶜ chevaulx, et avoyt desjà marché deux lyeues
« pour la trouver, fut sa fortune sy bonne de trouver
« quelque varlet qui estoit party deux heures devant
« ladicte excorte, lequel leur dit la compagnye que estyons. Estant adverty, se retira ledict d'Omalle en
« la plus grande diligence que peult, et estoit chose
« seure que, sans ledict varlet, le trovyons ayant esté
« XVIII heures à cheval, et luy convenoit faire huyt
« lyeues de retrette (¹). ». Les partis ennemis ne s'étaient donc pas rencontrés.

Les jours suivants, François de Guise continua ses pointes hardies et ses mouvements rapides. Yve écrit à l'empereur (²) : « Le sʳ d'Aumalle fut avant hier (24
« juillet) jusques à une abye, distant de ce lyeu (Ligny)
« deux grandes lyeues, et enfondra des vins, et print
« quelques chevaulx, et se retira à Genville d'où il
« estoit party ; et, comme ay antandu, avoyt huyt ou
« neuf cens chevaulx. Ce matin sommes partys de deux
« lyeues d'isy, ayant antandu par quelques hommes
« que ledict sieur d'Aumalle estoyt ancores sur le che« min de vostre campt. »

Ce fut sans doute ce redoutable voisinage qui décida

« vaux par le duc Maurice de Saxen et autres capitaines de l'empereur, ce qui
« seroit arrivé s'il n'en avoit esté averty et ne s'estoit retiré. »

(1) Liasse 22 de l'audience.
(2) Lettre du 26 juillet, (même liasse).

Charles-Quint à laisser définitivement Louis d'Yve, avec sa bande et celle du sieur de Frentz, dans la place de Ligny, déjà occupée par la bande du sieur de Hallewin (¹) et par l'enseigne de piétons du capitaine Bergara. Yve reçut le titre de capitaine et gouverneur de Ligny, Commercy, Sorcy, Pierrefort, Aspremont et Mars-la-Tour ; il ne tarda pas à distribuer dans ces villes une partie des forces dont il disposait : dès le 30 juillet, la bande de Frentz logeait à Pierrefort pour assurer les communications avec Metz, tandis que la bande de Hallewin était envoyée par détachements à Mars-la-Tour, Aspremont et Sorcy.

§ 5.

Vaucouleurs et Joinville étaient désignés particulièrement à Charles-Quint comme des repaires de Français. A plusieurs reprises Yve et Lyère lui avaient demandé la destruction ou l'occupation de ces places. « Quant à
« Vaucouleur, m'ont dict que, sans le desmolir, ne
« voyent qui ne faisent du mal bolcopt sur les chemins
« de Pont à Mousson... Le plus tost que l'on poroyt les
« desloger seroyt le service de Vostre Majesté... On
« poroyt le reprendre (Joinville) et le mieulx garnir
« pour garder de passer ceulx de Montécler, ou le du
« tout destruyre et razer (²). »

Vers la fin de juillet, l'occasion parut favorable. Boussu

---

(1) Le sʳ de Hallewin venait d'être tué à Vitry.

(2) Lyère, lettre du 27 juillet. Le 26 juillet, Yve écrivait aussi que Vaucouleurs embarrassait beaucoup les communications avec Pont-à-Mousson et qu'il le fallait démolir.

et Bréderode se trouvaient alors à Saint-Mihiel avec leurs bandes pour ramener des convois (¹). Au même moment, les piétons de Landenberg descendaient du Luxembourg et du pays messin sur le Barrois et la Lorraine (²). Rien n'empêchait d'employer ces forces réunies à la ruine de Vaucouleurs et de Joinville, ce qu'elles pouvaient faire aisément au passage en se dirigeant sur Saint-Dizier.

L'idée en vint simultanément à l'empereur, à Bréderode et à Lyère. — « En cest affaire, écrivait Lyère à « son maître le 27 juillet, on pourroit en passant em- « ployer lesdicts piétons. » — Le lendemain, Bréderode et Boussu proposaient d'utiliser dans le même but ces 4,000 piétons ; et, comme le bruit courait que le duc de Guise avait de ce côté là 3,000 chevaux et 4,000 fantassins, ils jugeaient nécessaire de joindre leurs propres forces à celles de Landenberg. — Mais, dès le 26 juillet, Charles-Quint avait spontanément résolu d'entreprendre cette expédition, et il avait envoyé des ordres pour la concentration des troupes (³).

Boussu et Bréderode reçoivent ces ordres à Saint-Mihiel le 30 juillet ; Lyère, chargé de régler la concentration, les reçoit à Metz le 31. Il se produit alors une sorte de malentendu. Lyère se dispose à exécuter immédiatement les instructions de l'empereur ; il décide que les troupes se concentreront à Sorcy le 2 août ; il réclame de l'artillerie à Yve et à Bergara ; il projette d'aller le

---

(1) L'empereur à Lyère, 25 juillet.
(2) Voir sur la provenance et les mouvements de ces piétons le chapitre XV, § 2.
(3) Lettres aux sieurs de Bréderode, de Boussu et Lyère, (liasse 22.).

lendemain au Pont-à-Mousson pour en ramener l'infanterie allemande ; 400 pionniers viendront de Metz pour abattre les fortifications de Vaucouleurs « et deux esgli-
« ses estantes autour dudict lieu, plus fortes que la
« même place (1). » Au contraire, Boussu et Bréderode demandent quelque atermoiement : « Nous ne pour-
« rons avoir achevé icy, disent-ils, avant cincq ou six
« jours. Demain le matin se partiront d'icy bien près de
« deux cens chariotz de munition pour aller à Ligny.. ;
« nous avons à faire tous les jours quatre escortes, qui
« sont celle de Bar, celle de Ligny, celle de Sourcy
« et dudict Sourcy à Ligny. Nous avons adverty le sr
« de Lyère ; et si, d'adventure, ledict sieur de Lyère
« nous mandoit avant qu'eussions achevé, nous treuve-
« rions en paine (2). » Le 1er août, Charles-Quint fait partir un courrier, Laurent de Altestaing ; ce gentilhomme est porteur de lettres de créance (3) et d'instructions verbales pour Sicques et Furstemberg à Bar, pour Yve à Ligny, pour Boussu et Bréderode à Saint-Mihiel, pour Lyère à Metz. Nous ignorons la teneur de ces instructions.

Cependant les Français ne restent point inactifs. Le 31 juillet au matin, douze ou quinze cents cavaliers traversent Sorcy et détroussent quantité de chariots (4). Le 1er août, 3,000 cavaliers et 500 piétons, sous la conduite du duc Claude, passent en vue de Toul, « à l'in-

---

(1) Lettres du 31 juillet à l'empereur, à Boussu, à Yve.
(2) Lettre du 30 juillet, écrite à Saint-Mihiel.
(3) Les lettres de créance sont dans la liasse 23 de l'audience.
(4) Lettre de Cornelius Van der Ee, commissaire de Sorcy, à Louis d'Yve, de Sorcy, 31 juillet, (liasse 22).

« tention de rappasser par ce lieu de Sorcy pour ruer
« sur les victuailles et l'argent qu'ilz pensent et disent
« debvoir arriver à Pont-à-Mousson. » La nuit précédente, 1,000 cavaliers avaient couché à Gondrecourt (1).
D'autres troupes étaient encore signalées sur différents
points.

Ces mouvements rapides paralysent Lyère qui, le
1er août, écrit à Boussu et Bréderode : « Messieurs,
« venant en ceste ville en intention de poursuyvre de-
« main mon chemin, je suis esté de beaucop et de bons
« lieues adverty de ce que monsieur de Guise est avecq
« une bande de quatre mil chevaulx et six mille hom-
« mes de pied passé à ce matin pour coucher ceste
« nuyct à Brancourt-lez-Neufchastel et qu'il doit avoir
« autant d'un autre côté en ung lieu dict Maulvaige. »
Il craint donc que le duc ne se jette sur Pont-à-Mousson aussitôt que les Impériaux l'auront évacué ; aussi
se résout-il à y prolonger momentanément son séjour
pour en protéger les immenses magasins, et il propose
un nouveau plan de campagne qui aurait pour objectif, non plus la prise de Vaucouleurs, mais « une bonne
« main » à donner au duc de Guise (2).

L'empereur approuve le projet de Lyère, et, le 2

---

(1) Van der Ee à Yve, 1er août. — Yve à l'empereur, même jour. (Liasse 23.)

(2) Pareille lettre et de même date à Louis d'Yve. Les lettres ci-dessus étaient « duplicates » et envoyées par chemins différents ; l'une arriva à destination, l'autre fut interceptée. La réponse de Boussu et de Bréderode fut encore interceptée, de sorte que le duc de Guise connut en détail tout ce qu'on préparait ; il ne fut point fâché d'avoir attiré sur lui les forces impériales et d'avoir sauvé pour cette fois son magnifique château de Joinville. La lecture des lettres interceptées lui avait ôté « l'envye de rire », et il s'était écrié en grande colère « que le diable avoit amené Lyère avec 4,000 hommes... mais « qu'il garderoit bien que sa maison ne seroit bruslée, et qu'il donneroit à « congnoistre quel il estoit. » (Lettre de Lyère, du 3 août.)

août, prend des mesures en conséquence. C'est toujours à Sorcy que les troupes se réuniront ; et là, « elles re-
« garderont ce qui conviendra pour rebouter lesdicts
« ennemys et faire conduyre sheurement en ce camp
« (de Saint-Dizier) le pain et aultres vivres qui sont
« audict Sourcy et sur le chemin pour remédier l'ex-
« trême nécessité qui autrement en adviendroit en ce-
« dict camp, leur recommandant faire en ce que des-
« sus tout le bon office qui pourront. » Six cents chevaux allemands, sous la conduite du marquis Albert de Brandebourg et du capitaine de la garde du vice-roi de Sicile, vont partir de Saint-Dizier pour Sorcy ; Boussu et Bréderode y amèneront toutes leurs bandes d'ordonnance et l'enseigne d'arquebusiers espagnols que commande don Diego de Saver ; Sicques s'y rendra de Bar avec la vieille bande d'Arschot et trois bandes de piétons allemands venus de Vitry avec Furstemberg blessé. Quant à Lyère, il n'est plus chargé de conduire les enseignes de Landenberg : l'empereur l'envoie en Allemagne pour s'aboucher avec le colonel Hans de Sickingen et recruter des soldats [1].

Selon les intentions de l'empereur, c'était le lendemain 3 août que la concentration devait avoir lieu à Sorcy. Mais, cette fois encore, l'affaire manqua. Boussu était tombé malade. Bréderode, préoccupé avant tout de la sûreté des convois, n'osait quitter Saint-Mihiel ; d'ailleurs, le 1er août, il avait envoyé à Sorcy une forte

---

[1] Liasse 23 de l'audience. Lettres à Boussu et Bréderode (Saint-Mihiel), à Sicques et Furstemberg (Bar-le-Duc), à Louis d'Yve (Ligny), au sr de Lyère (Pont-à-Mousson), à Furstemberg (Bar). — Cf., pour la mission de Lyère, chapitre XV, § 2.

escorte pour en retirer 200 chariots et une grosse somme d'argent, et il avait encore un autre convoi à expédier de Saint-Mihiel à Ligny (¹). Les ordres de l'empereur ne lui parvinrent que dans la nuit du 2 au 3 août ; il ne crut pas possible d'interrompre l'exécution des transports et écrivit à l'empereur pour l'informer de la nécessité de ce retard ; il écrivit aussi aux sieurs de Sicques et d'Yve pour les prier d'arrêter les mouvements de troupes (²).

Lorsque l'empereur sut ce qui s'était passé, il fut très-mécontent et adressa à Bréderode de vifs reproches. « Combien, lui écrit-il le 3 août, que je suppose
« que vous et ceulx à qui avez consulté l'avez pensé
« faire pour le mieulx, toutesfois me semble-il que de-
« viez regarder combien plus il importe de deffaire les
« ennemys, selon l'apparence qui y est, et dont pro-
« cède le continuel empeschement de l'assheurance
« des victuailles, que de s'arrêter et détenir à la con-
« duyte d'icelles ; actendu mesmement... que se confer-
« me par toutes les lettres que j'ay receues que lesdicts
« ennemis sont ou coustel où vous estes, et aussi ayant
« regard aux forces qui se peuvent assembler, et celles
« de Landenberg étant si à propos ; et vous prie de
« regarder encores sur ce point, pour, s'il est possible,
« donner une bonne main aux ennemys, comme il sem-
« ble estre conduysable ; et si est bien que considé-
« rez que ceste empreinse, si elle se peult exécuter,
« ne convient seulement pour les victuailles, mais pour

---

(1) Lettres au sʳ de Sicques et à l'empereur, du 2 août, (liasse 23).
(2) Lettres du 3 à l'empereur et à Louis d'Yve, (liasse 23).

« rompre les desseings des ennemys de plus grande im-
« portance. » Il informe enfin Bréderode qu'il a ordonné de nouveau au sieur de Sicques de partir avec
ses gens pour Sorcy.

L'incartade de Bréderode fut assez vite réparée.
Sicques n'avait pas tenu compte du contre-ordre, et il
quitta Bar le 3 au matin (1). Albert de Brandebourg
attendit un moment à Ligny, puis reprit sa marche et
arriva à Sorcy dans la journée du 4 (2). Bréderode lui-
même, avant d'avoir reçu les remontrances de l'empereur, s'était ravisé, et, le 4 au soir, il arrivait au
rendez-vous (3). Six enseignes de Landenberg, escor-
tant un énorme convoi de 600 voitures, se présentèrent
le 5 dans l'après-midi ; Lyère avait retenu la septième
enseigne au Pont-à-Mousson (4). Le 6, Yve amena de
Ligny trois pièces d'artillerie envoyées par le capitaine
Solys, lieutenant du marquis de Marignan (5). Dès lors
tout était prêt pour l'expédition.

Mais soudainement le duc de Guise était devenu in-
trouvable, et les reconnaissances envoyées à sa recherche ne purent recueillir aucun renseignement : « On
« n'en sçait pas plus à parler que sy fussent fondus
« en terre, synon pillars par les bois, sy vint, sy trente,
« qui est chose incertaine à suyvre (6). » Il fallut donc

---

(1) « Ce matin sont partis 3 enseignes et aulcuns gens de pied. » Lettre de Furstemberg, du 3 août. (Liasse 23).
(2) Deux lettres à l'empereur, 3 août, (même liasse).
(3) Il annonce son départ pour Saint-Mihiel le 4 août au matin, (même liasse).
(4) Lyère à l'empereur, 5 août, (même liasse).
(5) Plusieurs lettres d'Yve et de Bréderode, 5, 6 et 7 août, (même liasse).
(6) Bréderode à l'empereur, 6 août, (même liasse).

revenir au premier plan et diriger l'attaque contre Vaucouleurs.

Le petit corps d'armée réuni si laborieusement quitta Sorcy dans la nuit du 6 au 7 août. Quand les Impériaux arrivèrent à Vaucouleurs, ils trouvèrent la ville évacuée par les Français. « Tout estoit fouy, écrit Bréderode
« à l'empereur, sans y avoir personne ny chose de ce
« monde. Je m'en suis allé avec les seigneurs vers
« monsieur le marquis de Brandebourgt pour regar-
« der ce que nous pourrions faire pour le servyse de
« Vostre Majesté. C'est de la tenir ou brûsler, quy
« ne ce peult sy bien faire que les murailles ne de-
« meurent entiers. Parquoy ne faisons doubte que,
« incontinent que serons dehors, les ennemys ne s'y
« mettront. D'aultre part, Sire, il y a au chasteau une
« grosse tour, bien de IX piés d'espès ; avons advisé
« avec le lieutenant du marquis de Marignan sy on
« pourroit faire saillir la dicte tour ; mais il dit qu'y
« fauldroit bien XL tonneaulx de pouldre, et sy a peur
« quy n'y feront riens. Quant à la démoulir, il faudra
« beaucop de tamps et grande cantyté de pyonyers,
« dont il y en a peu ou point. Pourquoy avons conclu
« demeurer ici tant que ayons response de Vostre Ma-
« jesté et commandement pour l'accomplir. » L'avis personnel de Bréderode serait de mettre une garnison dans cette place qui a déjà causé grand dommage au duché de Luxembourg, et de la faire servir par ce moyen à la sûreté de Commercy et de Saint-Dizier (1).

(1) Bréderode à l'empereur, de Vaucouleurs, 8 août, (liasse 23).

L'empereur décida que la ville de Vaucouleurs serait brûlée, que le château serait épargné et qu'on y laisserait seulement une garnison de 100 hommes au plus ; quant aux troupes expéditionnaires, les unes resteraient pour la garde des places, les autres rejoindraient le gros de l'armée [1].

Après avoir « bouté le feu partout, » Bréderode et le marquis de Brandebourg reprirent le chemin de Saint-Dizier (9 août). Dès la veille ils avaient appris le retour du duc de Guise [2] ; mais, si l'on en croit Musica, le général français, réduit à l'impuissance, fut bientôt obligé de repasser la Meuse. En somme il n'avait pas causé aux envahisseurs autant de mal que ceux-ci le craignaient ; sans doute la gendarmerie impériale était sur les dents, mais elle avait réussi à maintenir la liberté des communications, et Louis d'Yve pouvait écrire le 13 août à la reine Marie : « Avons receu ugne « grande grasse de Dieu d'y avoir eu sy peu de « perte [3]. »

Après ce succès, le château de Joinville, dont on avait aussi projeté la ruine, fut momentanément oublié [4].

---

(1) L'empereur à Bréderode, 8 août. Yve doit rester pour la garde des places ; Bréderode et Brandebourg retourneront au camp.

(2) Bréderode à l'empereur, 8 août.

(3) Même liasse. Musica avoue cependant que le second fils du duc de Guise, qu'il appelle par erreur Humières, attaqua en deux circonstances les convois impériaux près d'une abbaye (Jovillers) à mi-chemin entre Ligny et Saint-Dizier, et qu'il leur infligea des pertes sensibles. Dans l'une de ces rencontres il aurait même fait prisonnier Michel de Moncade, neveu du célèbre Hugues de Moncade ; c'est probablement à cet échec que Navagero faisait allusion en écrivant le 10 août : « Già molti di non si è intesa ne presa ne morte di alcuno, se « non già doi giorni di circa 30 Spagnuoli e molti carriaggi e bagaglie presi da « Francesi presso Bari. »

(4) Voir chapitre XIV, § 4.

§ 6.

Cependant, à Saint-Dizier, les munitions s'épuisaient et le jour approchait où le comte de Sancerre n'aurait plus les ressources nécessaires pour continuer son héroïque défense. Lorsque les Impériaux étaient entrés à Vitry, ils y avaient trouvé des sacs de poudre, ce qui leur prouva la pénurie de la ville assiégée (¹) et le projet des Français d'en essayer le ravitaillement. Dès le 21 juillet, un capitaine avait entrepris d'y entrer avec 500 harquebusiers; ses guides l'avaient promené toute la nuit à travers les bois, et, à la pointe du jour, il s'était trouvé à 5 lieues de la place et s'était vu dans la nécessité de rebrousser chemin (²).

Le duc de Guise épiait une occasion de secourir le comte de Sancerre. En effet, Nicolas le Gouverneur écrivait, le 24 juillet, à Charles-Quint : « Ledict sieur
« estoit dimenche (³) à Dienville, entre Troye et Saint-
« Disy ; il se partist aux trois heures après midi, par
« l'advertissement de quatre compaignons qu'avoient
« sorti de Saint-Disy, qui le vindrent avertir par quel
« lieu secret il pourroit mettre du renfort de gens au-
« dict Saint-Dizy, et délibéroit d'y mener 300 harque-

---

(1) Navagero au doge, 30 juillet.

(2) « Capitano Bastardo, che già 8 di dovea con 500 archebusieri entrare et
« all' hora dicessi haria potuto, dalle guide fu menato tutta una notte per
« certe strade et boschi, di modo che al far del giorno, si come dovea esser in
« San Disier, cosi si trovo cinque leghe lontano, et vedendo non poter far altro,
« dete volta. » Lettre du 29 juillet, écrite par Marinus de Caballis, ambassadeur vénitien.

(³) C'est-à-dire le 20 juillet. — Marne, arrondissement de Bar-sur-Aube.

« busiers (¹). » De son côté Louis d'Yve écrivait à la reine le 27 juillet : « Les François ont eu envye d'y « mettre des gens, aussy de la pouldre ; à quoy ilz ont « failly, et fust l'empereur ugne nuyt en arme, pensant « les racconstrer (²). »

Les Impériaux capturèrent un pionnier fugitif et un espion chargé d'une lettre chiffrée pour le duc d'Orléans ; le déchiffrement de cette lettre leur apprit au vrai la situation de la ville : on y manquait de pain, de poudre, de plomb, de boulets, et, depuis douze jours, la viande sur pied faisait défaut (³).

La situation était donc désespérée si nul ne parvenait à introduire des secours. Un effort suprême eut lieu le 1ᵉʳ août.

---

(1) Liasse 22 de l'audience. Wotton écrit aussi à Henry VIII le 24 juillet : « The « French menne sike all meaner possible to conveye unto the town a good « nombre bothe of horsemenne and footmenne more then they have ; and we « studye as diligently againe to keep none gette into them. »

(2) Liasse 22.

(3) Lettre de Charles-Quint à sa sœur, du 2 août : « L'on a surprins ung « espie pourtant lectres du comte du Sampcerre à Monsieur d'Orléans, les-« quelles ont esté desciffrées ; et par icelles l'on a sceu, et d'ung aultre pyon-« nier qui s'est saulvé de Saint-Dizier, que ceulx qui y sont ont faulte de pain « pour leur avoir rompu les molins, et sans vin ny chair passez XII jours, et « aussy leur faillent la pouldre, boulletz et plomb. » (Correspondance de la reine, V, 136.)

Wotton écrit à Henry VIII : « Dans ces quelques jours, il y a certains habi-« tans de la ville de Saint-Disier qui se sont enfuis de là et sont venus ici « pour se sauver, d'abord un journalier ou pionnier, et un ou deux jours après « un soldat, et ensuite un tambour. Leurs récits s'accordent en ce point, que « dans la ville on manque de viande et de vin ; il y a encore du blé, mais « point de farine, et les habitans n'ont que trois moulins, un à la main et deux « mus par des chevaux. » (State papers, X, 31.)

Navagero écrit à son tour au doge : « Il medesimo giorno (1ᵉʳ août), fu preso « da questi di fuori un ragazzo molto accorto, il quale era mandato con lettere « in cifra al christianissimo re. Confessa lui esser uscito et intrato molte volte. « Delle cose d'importantia, per quello che intendo, non ha voluto dir cosa « alcuna ; è stato, per esser suddito di Cesare, appiccato ».

Ce jour là, dès l'aurore, au moment où elles quittaient la garde de nuit, les sentinelles des assiégeants aperçurent une quarantaine d'hommes à cheval, en costume de voyageurs, comme des gens qui ne veulent pas éveiller le soupçon. Arrivés près des postes, ces cavaliers s'élancèrent à bride abattue, cherchant à traverser le campement des bas-allemands ; mais les sentinelles se jetèrent sur eux, en prirent 13 et en tuèrent quelques-uns ; d'autres, au nombre de 10 ou 12, purent entrer dans la place ; le reste s'échappa (¹). On sut par l'interrogatoire des prisonniers et par l'examen des morts quel était le dessein de ces audacieux partisans : ils venaient du château de Montéclair, près Andelot, à 9 lieues de Saint-Dizier ; ils portaient de petits sacs remplis de poudre et de salpêtre ; chaque sac pouvait contenir trente livres de ces munitions, et leur but était de les introduire par surprise dans la ville. Dans leur infortune, ces prisonniers conservèrent une fière assurance : « Nous étions chargés par le roi de France,
« dirent-ils, d'ordonner aux assiégés de tenir encore
« quinze jours ; après quoi, l'empereur aurait autre
« chose à faire que de s'occuper de Saint-Dizier (²). »

En somme, c'était un échec : on avait à peine réussi à fournir aux assiégés 300 livres de poudre médiocre (³), quantité dérisoire pour soutenir un long siège. Néan-

---

(1) « Summo mane, exsurgente aurora, » (Musica). — Trente hommes, suivant l'empereur et Navagero. — « Vestiti di habito da viaggio, per non dar « suspicione di se... Consero a tutte briglia per entrar nel loco. »

(2) Musica, Navagero. — « Dicono che' l re mandava a dir per loro a quelli « del loco che tenessero per soli 15 giorni ancora, che poi l'imperator havra « altra cosa da fare che attender a San Desir. »

(3) « La polvere non è giudicata molto buona ne molto fina. » Navagero.

moins la nouvelle se répandit en France que les Impériaux avaient éprouvé un grand revers. François Ier favorisa-t-il sciemment l'erreur publique pour relever le moral de ses sujets ? Fut-il lui-même déçu par une de ces rumeurs qui, en temps de guerre, donnent à un pays malheureux une joie suivie d'amers retours ? Ce qui ne fait pas de doute, c'est que, le 7 août, Pierre Lizet assembla le Parlement de Paris pour lui communiquer un message de l'amiral d'Annebaut apporté par M. d'Escars ; l'amiral faisait savoir au nom du roi que le vendredi 2 et le samedi 3 août les Impériaux avaient dressé les échelles contre les murailles de Saint-Dizier pour tenter l'escalade, mais que le comte de Sancerre avait bravement fait son devoir et repoussé les assaillants avec une perte de trois ou quatre mille hommes. Lizet ajouta que le roi voulait « comme chose raison-
« nable que l'on feit processions en ceste ville et és
« endroictz et lieux où l'on a accoustumé, pour rendre
« grâces à Dieu, et en oultre feuz de joye (¹). » En conséquence, la Cour décida que, le lendemain 8 août, elle se rendrait processionnellement de la Sainte-Chapelle à Notre-Dame de Paris.

Mais les événements allaient donner un cruel démenti à cette victoire imaginaire, et le jour approchait où Saint-Dizier devait succomber.

(1) Extrait des registres du Parlement, Clairambault, vol. 339, f° 7,559. (Bibliothèque nationale).

CHAPITRE XIV.

Reddition de Saint-Dizier.

§ 1. *La fausse lettre. Causes de la reddition.* — § 2. *La reddition.* — § 3. *L'évacuation* (17 *août*). — § 4. *Ruine de Joinville* (20 *août*).

§ 1.

La noble cité était à l'agonie.

Il nous faut maintenant rechercher quelles furent les causes immédiates de sa perte.

La plupart de nos historiens s'accordent à dire que Saint-Dizier tomba par trahison. Granvelle se serait servi d'un chiffre du duc de Guise pour fabriquer une fausse lettre par laquelle Sancerre aurait été autorisé à se rendre. Tel est le fonds commun ; mais les détails varient.

Du Bellay raconte qu'un tambour français, envoyé au camp impérial pour un échange de prisonniers, reçut le document apocryphe « d'un homme interposé, et « à luy incogneu, qui disoit avoir charge de M. de « Guise. » Selon Paul Jove, Granvelle, après avoir apposé sur la fausse lettre un vieux sceau du duc de Guise, aurait fait porter la pièce au comte « par quelque ba- « gager français gagné par argent comptant et l'ayant

« cousu dedans un de ses souliers, pour feindre mieux
« la diligence du péril. »

En outre, Gaillard, Beaucaire et d'autres auteurs rapportent le bruit qui courut que le chiffre du duc de Guise avait été communiqué à l'empereur par la duchesse d'Etampes et son affidé Longueval (¹). Mais du Bellay dit que ce chiffre fut trouvé dans un paquet saisi par les Impériaux. Varilas incrimine Longueval et croit que le messager qui portait à Saint-Dizier la lettre de Claude de Lorraine consentit à la laisser pendant une heure ou deux entre les mains du chancelier.

Quant à Wotton, Navagero, Edmond du Boulay, Jean Sleidan et Arnould Ferron, ils ne disent mot de l'affaire.

Pour notre part, en admettant la vérité du fait, nous croyons que la relation des historiens est du moins inexacte et que le fait n'a pas eu l'importance décisive qu'on lui attribue d'ordinaire.

L'empereur, dans une lettre du 2 août, énonce le contenu d'un paquet intercepté ; il y avait : 1° « des let-
« tres du roy de France et de l'amiral d'Hannebault,
« du XIX (juillet), que ne contenoient sinon que ledict
« sr roy avoit baillé son ordre audict conte (²) ; » ces lettres étaient écrites en caractères ordinaires ; 2° « une

---

(1) La duchesse d'Etampes désirait la paix, et l'opinion publique la supposait capable de tout pour assurer le succès de l'empereur. Nous aurons l'occasion de discuter les rumeurs qui couraient sur son compte à propos des magasins de vivres d'Epernay, chap. XIX, § 2.

(2) « A monsr della Serra è stato mandato dal christianissimo re l'ordine di
« San Michele, con parole et lettere molto honorate et affectionate, nelle quali
« è chiamato *fratello*, et promesso gli parte del regno. » Navagero au doge,
6 août.

« lettre du sr de Guyse, *en ziffre*, sans date, que, selon
« que l'on a entendu des prisonniers et le guyde qu'il
« les menoit, furent escriptes mercredi dernier (1), par
« lesquelles il exhortoit ledict conte de Sancerre de
« soubstenir encoires six jours et qu'il seroit cause de
« gaigner une bataille ou venir à une paix, pour aus-
« tant que les Suysses estoient environ XX^m à l'entour
« de Troye (2) ; » 3° une lettre *en chiffre* adressée par
le comte de Sancerre au duc d'Orléans et déjà citée (3).

Granvelle s'est-il servi pour sa fraude de la lettre du duc de Guise ou de la lettre de Sancerre ? La phrase suivante, qu'on lit un peu plus loin dans le même document, lève tous les doutes : « On est après pour ad-
« viser moyen *de faire responce au mesme conte en la*
« *mesme ziffre qu'il a escript,* pour luy rompre tout
« espoir de secours. » Donc Granvelle tâchait de contrefaire, non pas la lettre adressée par le duc de Guise au comte de Sancerre, mais la lettre adressée par le comte de Sancerre au duc d'Orléans ; et la pièce fabriquée devait passer pour une réponse du duc d'Orléans au défenseur de Saint-Dizier.

Granvelle réussit-il à déchiffrer le chiffre ? Expédiat-il réellement la fausse missive ? Si l'on en juge par les termes dont se sert l'empereur, le déchiffrement n'était pas encore accompli au moment où Charles-Quint écrivait ; mais avec du loisir il devait être assez facile au chancelier d'en venir à bout. Nos documents ne nous apprennent absolument rien à ce sujet.

(1) Le 30 juillet.
(2) L'empereur ajoute qu' « il n'y a nulle apparence à ladicte bataille. »
(3) § 6 du chapitre précédent.

Si la réponse contrefaite fut écrite et envoyée, rien n'empêche que les choses se soient passées dans la place comme du Bellay et d'autres chroniqueurs nous les représentent. Les officiers français auraient été de divers avis ; le capitaine Linières se serait montré incrédule, aurait objecté (¹) que la lettre n'était pas de la main du signataire, etc. Mais, quoi qu'il en soit, il nous paraît évident que cette ruse n'a pas été la cause déterminante de la reddition de la place. Nous avons déjà fait connaître l'extrémité à laquelle Saint-Dizier était réduit. Voici de nouvelles preuves qui montrent clairement qu'en aucun cas la ville n'aurait pu tenir plus longtemps qu'elle n'a tenu.

Dès le 2 août, l'empereur écrit à sa sœur : « On pro-
« cède continuellement aux trenchées et mynes et à
« faire un cheval ; et espère que le tout sera appoint
« pour, en dedans VI jours, au plésir de Dieu, avoir la
« raison dudict Saint Désir par la forche, si ceulx du
« dedans ne se rendent ; et les a l'on restrainctz et en-
« vironnez si prez et s'est pourveu de fossoyer de
« sorte que nulle n'y pourra plus entrer ni en saillir. »
Ainsi Charles-Quint supposait que le 8 août tout serait préparé pour un nouvel assaut, s'il était nécessaire ; et c'est précisément le 8 août que commencèrent les pourparlers en vue de la capitulation.

D'ailleurs, même avant la surprise du chiffre de Sancerre, les assiégeants paraissent avoir eu conscience qu'un coup de force n'était plus indispensable pour réduire Saint-Dizier, et que la ville succomberait infailli-

---

(1) Selon Varilas.

blement à bref délai. Le 31 juillet, Navagero écrit que quelques officiers impériaux ont proposé de dresser de nouvelles batteries ; mais le vice-roi s'y est opposé parce qu'il lui paraissait inutile de modifier l'ancien plan d'attaque (¹) ; les travaux d'approche continuent sans ardeur ; il y a peu de pionniers ; les soldats ne font presque rien ; les mines ont été éventées par l'ennemi, et l'on ne se préoccupe pas beaucoup d'en creuser de nouvelles : on craint de rencontrer des contremines et des camouflets (²). Il est vrai que, dans les premiers jours d'août, quelques hommes vêtus en vivandiers ont encore réussi à introduire un peu de poudre dans la place (³) ; mais on ne s'en inquiète guère parce que cela ne saurait suffire pour prolonger la défense.

En somme, l'empereur compte bien qu'il entrera dans Saint-Dizier sans combat. Lorsque Navagero cherche à se renseigner sur la date du prochain assaut, il n'obtient que des renseignements contradictoires ; il suppose d'abord que l'affaire aura lieu le 10 août (⁴), puis qu'elle est ajournée jusqu'au 14 août (⁵) ; tantôt on lui dit que tout est prêt pour forcer la place ; tantôt on se

(1) « Sono alcuni che vorriano far nove batterie in novo loco, per poter da « più parte, dando l'assalto, divider le forze et la diffesa di quelli di dentro. « Fin hora è contrario a questa opinione il signor don Ferrante, perche spera « d'ottener il loco a questo modo, et dice che tentar nova battaria importa « molto tempo, per dover far nove trincee et condurre nova artigliaria. » Navagero.

(2) Navagero au doge, 31 juillet. « Le mine de Cesarei, per le conjetture « che hanno, sono sta ritrovate, et à tutte si dubita che non habbino prove- « dato con contramine. » Cf. Wotton. State Papers, X, 16.

(3) Navagero à la Sérénissime République ; lettre du 6 août.

(4) Lettre du 31 juillet.

(5) Lettre du 6 août.

plaint que les troupes espagnoles sont fatiguées et découragées par leur insuccès du 15 juillet et que la place est plus forte qu'elle n'a jamais été (¹).

Le célèbre ingénieur vénitien Mario Savorgano vient d'arriver; il se présente, non pas comme envoyé par le gouvernement de son pays, mais comme volontaire, et son but est d'étudier ces redoutables fortifications, dont la réputation est arrivée jusqu'en Italie. Il propose de jeter un pont des fossés à la muraille pour faciliter l'assaut, et on lui confie la direction de ce travail (²).

De leur côté, au dire de Wotton, les assiégés donnent des signes manifestes de fatigue. « Les simples soldats « auraient déjà parlementé, s'ils avaient été livrés à « eux-mêmes; mais ils en ont été empêchés par les « gentilshommes et les capitaines qui les punissent « lorsqu'ils parlent de se rendre. » Ils sont si harassés par les veilles, les gardes, les terrassements, que plusieurs désertent au péril de leur vie (³).

§ 2.

Le 6 août (⁴) un français se montra sur la muraille et héla un espagnol qui montait la garde de jour.

« Que voulez-vous, dit la sentinelle ?

---

(1) Même lettre du 6 août.
(2) Même lettre. « Il quale ha proposto certo ponte da poter gettar dalle « fosse alle mura, et per esso andar sicuramente all'assalto del loco. Questi « signori lo fanno lavorare. »
(3) State papers, X, 31.
(4) « *Hieri da mattina*, » écrit Navagero au doge le 7 août. Néanmoins cette date n'est pas rigoureusement certaine, parce que Navagero continue souvent pendant plusieurs jours une lettre qui ne porte que la date du jour où elle a été commencée.

« Le comte de Sancerre demande à parlementer avec
« le vice-roi ; si on lui en donne la permission, il en-
« verra deux gentilshommes de marque pour traiter
« tant en son nom qu'en celui des assiégés (¹). »

Cette demande fut transmise au vice-roi, qui, le 7
août, par ordre de l'empereur, accorda un sauf-conduit (²).

Le 8 août au matin (³), un trompette vint retirer le
sauf-conduit. Quelques instants après, deux gentilshommes d'âge assez avancé, le vicomte de la Rivière
et Jacques de la Chasteigneraie, sʳ de la Chémière,
sortirent par la poterne de derrière le château près de
la Marne (⁴). Ils furent aussitôt menés au quartier du
marquis de Marignan, puis à la tente du vice-roi, à qui
ils exhibèrent la lettre de créance du comte de Sancerre.

Les propositions qu'ils firent n'avaient guère de
chance d'être accueillies (⁵). Voici en substance les conditions qu'ils offraient :

1° La garnison se rendrait dans un mois, si d'ici là
elle n'était pas secourue par le roi de France ;

---

(1) Détails empruntés à Musica. Navagero dit simplement : « Mandorno quelli di San Desir a dimandar salvo condutto al signor vicere per poter venire a parlar li. » Cf. Wotton, (State Papers, X, 31), qui confond la date de cette demande avec la date de la première conférence.

(2) Selon Musica et Navagero.

(3) « En oultre, madame ma bonne sœur, le conte de Sancerre envoya ven-
« dredi dernier (8 août) un trompette pour avoir saufconduyt à deux person-
« naiges... » (Lettre de l'empereur, du 11 août, correspondance de la reine,
t. V, 154). Dans une autre lettre du 8 août écrite à Bréderode, l'empereur dit
encore : « Vous veuillant bien advertir que ceulx de San Desir ont commencé
« ce jourd'huy de leur propre mouvement à parlementer, et y a espoir de con-
« clure demain le matin le traité de leur reddition. » (Liasse 23 de l'audience.)

(4) « Per posticum a tergo castelli prope flumen Matronæ. » (Musica.)

(5) « Conditiones superbæ, more gallico. » (Musica). L'empereur, dans sa
lettre du 11 août, les qualifie d'exorbitantes.

2° Elle sortirait alors en ordre de bataille, avec enseignes déployées, emportant bagues, bagages, tous les canons, toutes les machines de guerre ;

3° L'empereur ne pourrait fortifier Saint-Dizier plus qu'il ne l'était actuellement, et il n'y mettrait pas de troupes pendant une période de trois mois (1).

Quelle fut la réponse du vice-roi ? Les témoignages ne sont pas concordants. Suivant Navagero, Gonzague aurait répliqué avec calme : « Vos propositions sont
« telles que je n'oserais pas même en parler à l'empe-
« reur ; mais produisez quelque chose de raisonnable
« et j'userai de tout mon pouvoir pour faire agréer
« votre requête. Réfléchissez de nouveau et hâtez-vous
« de prendre une résolution (2). » D'après Musica, la réponse fut beaucoup moins conciliante : « Je vous ac-
« corde, leur aurait-il dit, deux jours pour prendre une
« résolution nouvelle. Si vous n'apportez pas alors des
« conditions acceptables, vous subirez les plus dures
« chances de la guerre. Ce que vous réclamez pour les
« canons et les machines est un pur enfantillage ; et,
« dans la situation où vous êtes réduits, tout ce que
« vous pouvez demander, c'est la vie sauve. » Enfin, si l'on en croit Wotton, cette première entrevue aurait presque dégénéré en altercation. « Le vice-roi, écrit-il,

(1) « Et mesmes de la vouloir encoires tenir ung mois, et que de trois aul-
« tres après ne la puisse faire fortifier. » (L'empereur, lettre du 11 août.) — Navagero, Wotton et Musica sont d'accord sur le sens de ces propositions, sauf que Musica confond le délai d'évacuation avec le délai d'occupation.

(2) « Alla quale propositione fu risposto dal signor don Ferrante che le con-
« ditioni erano tali che esso non ardiria parlarne con Cesare, ma che quando
« dimandassino quello che porta il dovere, esso usaria quanta auttorità hà per
« impetrar gratia d'all'imperator, et che però pensassero meglio et si risol-
« vessero presto di quello che havessero a fare. »

« sortit avec les Français de la tente, et leur enjoignit
« de retourner dans leur ville (¹); il ajouta : Mardi
« prochain (²), je vous répondrai par un nouvel as-
« saut. » — « Soit! répartirent la Rivière et la Chas-
« teigneraie; vous savez que vous rencontrerez des
« hommes qui vous souhaiteront la bienvenue. L'affaire
« ne se passera pas sans de grandes pertes pour l'em-
« pereur. » — « Je sais, poursuivit Gonzague, que je
« rencontrerai des hommes ; aussi vous ai-je préparé ce
« que j'ai de meilleur. En fin de compte, si vous per-
« sistez à vous défendre, vous aurez lieu de vous en
« repentir (³). »

Les négociateurs revinrent dans la soirée; ils déclarèrent que le comte de Sancerre consentirait à évacuer
Saint-Dizier dans quinze jours. Gonzague répondit que
les assiégés obtiendraient à peine quatre ou cinq jours,
et que d'ailleurs il ne discuterait aucun autre point avant
qu'on ne se fût entendu sur celui-là (⁴).

Dans la matinée du 9 août, les mêmes gentilshommes, accompagnés de Hiéronimo Marino, reparurent
au camp impérial; ils étaient autorisés à accepter pour
l'évacuation le délai du 17 août ; mais on ne put pas
encore s'entendre au sujet de l'artillerie, que les vaincus prétendaient emmener avec eux. Cependant les
pourparlers avaient fait un grand pas, et le marquis de

---

(1) Ce que l'empereur confirme par ces mots : «... Ce que ledict seigneur
« Fernando reffusa absolument, et les feit incontinent partir. » (Lettre du 11
août.)

(2) C'est-à-dire le 12 août.

(3) Wotton, lettre du 10 août. (State papers, X, 31.)

(4) Navagero.

Marignan garda à déjeuner les envoyés du comte de Sancerre.

Une dernière conférence eut lieu dans l'après-midi sous la tente de Gonzague, et c'est alors que furent arrêtées (¹) les conventions suivantes (²) :

1° Le comte de Sancerre livrera réellement et de fait la ville de Saint-Dizier entre les mains de l'empereur le dimanche 17 août, à moins que d'ici là le roi de France ne lui envoie le secours d'une armée assez puissante pour faire reculer de deux lieues le camp de l'empereur ;

2° Le vice-roi baillera sauf-conduit à deux personnes pour aller expliquer l'état des choses au roi de France ;

3° Le dimanche 17 août, au soleil levant, le comte de Sancerre et ses gens sortiront de la ville en y laissant l'artillerie, les munitions et les vivres ; en attendant, ils ne consommeront de vivres que pour leur usage, ils ne brûleront ni poudre ni munitions, ils n'enclouéront pas l'artillerie ;

4° Le comte et ses gens sortiront librement, enseignes déployées, tambours et fifres sonnant, avec la sûreté de leurs vies, armes et bagages, emportant tout ce qu'ils pourront charger ; il leur sera permis d'emmener deux fauconneaux montés sur roues (³), au choix

---

(1) Après un grand conseil de guerre. Voici comment s'exprime l'empereur dans sa lettre du 11 août : « Ils (les négociateurs) retornarent le mesme jour, « se démonstrans plus traictables, et, en somme, après que je feis mectre le « mesme jour la chose en délibération de tous ces seigneurs que je fais appe-« ler ès affaires de ceste guerre, il fut résolu que l'on passa le traicté. »

(2) Le texte de la capitulation a été reproduit en entier dans la brochure de l'abbé Fourot, *Relation du siège de Saint-Dizier*, in-8°, page 36, pièce justificative n° 8. Il se trouve aussi dans Brantôme.

(3) Et non pas quatre, comme dit du Bellay.

du vice-roi, et la quantité de poudre et de boulets nécessaire pour tirer dix coups de chacune de ces pièces ;

5° D'ici à l'évacuation, la garnison ne devra faire ouvrages défensifs quelconques ni réparer ceux qui existent ; un gentilhomme désigné par le vice-roi y aura regard et inspectera deux fois par jour la ville et les fortifications ; de son côté le vice-roi donne sa foi que les tranchées, cavaliers, plates-formes ou autres ouvrages offensifs resteront comme ils sont présentement ; il se réserve toutefois le droit de faire les travaux nécessaires soit pour la sûreté du camp de l'empereur, soit pour empêcher l'accès de la ville ;

6° Pendant le délai fixé, les belligérants ne tireront les uns contre les autres ni coups de canon, ni coups d'arquebuse ; cependant, si les assiégeants s'approchent de la ville à moins de cent pas et si les assiégés s'éloignent des murailles à plus de cent pas, le tir sera permis contre les délinquants sans qu'on puisse y voir une infraction au traité ; il est fait exception pour les guets et gardes des assiégeants placés aux tranchées et aux plates-formes qui existent déjà ;

7° Le jour de l'évacuation, le vice-roi relâchera sans rançon tous prisonniers « qui sont de la garnison et « gardes de la ville » ; de même le comte de Sancerre relâchera sans rançon les soldats de l'empereur prisonniers à Saint-Dizier ;

8° Pour sûreté et accomplissement de ces choses, le comte de Sancerre baillera comme otages six gentilshommes au choix et à la volonté du vice-roi, réserve faite toutefois de la propre personne dudit comte ;

9° Les naturels de ladite ville qui voudront se retirer en France ou ailleurs auront la faculté de s'en aller librement ; ceux qui voudront rester le pourront, à condition de prêter serment à l'empereur comme bons et loyaux sujets ;

10° Le vice-roi promet d'accorder sauf-conduit pour faire venir de France deux cents courtauts avec des serviteurs, afin que les gentilshommes et gens de guerre auxquels ils seront délivrés puissent se retirer à cheval ;

11° Le vice-roi promet au comte de Sancerre et à ses gens un convoi d'escorte qui les accompagnera en lieu sûr, sans qu'il leur soit fait aucun déplaisir par les soldats et sujets de Sa Majesté Impériale ; le comte promet sur son honneur qu'il ne sera fait aucun déplaisir à ladite escorte par les soldats et sujets du roi de France.

Pour corroboration et sûreté de ces conventions, le vice-roi de Sicile et le comte de Sancerre signèrent de leurs propres mains et scellèrent de leurs sceaux l'acte de la capitulation, dont il fut tiré deux copies collationnées de l'une à l'autre et destinées aux deux parties contractantes. La Rivière, la Chasteigneraie et Hiéronimo Marino, témoins de toutes ces formalités, furent tenus d'attester au bas du traité que la signature du comte de Sancerre était autographe et que le sceau armoyé de ses armes était véritablement le sien.

Les six otages choisis par Gonzague furent :

1° M. de la Rochebaron,

2° M. d'Esternay,

3° M. de Molinon,

4° M. de Cabron, fils de M. de Longueval,

5° Le maréchal des logis de la bande du duc d'Orléans,

6° M. d'Ynstyns, porteur d'enseigne de ladite compagnie (¹).

Tous les documents attestent que Marino ne consentit à la capitulation qu'avec une extrême répugnance. « L'italien, qui était un des trois qui ont parlementé « et qui excelle dans l'art de fortifier les places, écrit « Wotton le 10 août, a dit à nos hommes qu'il s'étonne « de voir ses compagnons songer à un accord ; il allè- « gue que Saint-Dizier est la plus forte place et la « mieux fortifiée qu'il ait jamais vue, et que les Impé- « riaux en jugeront de même quand ils y seront en- « trés (²). »

Les officiers supérieurs de l'armée impériale étaient tout à la joie. « On voit, Sérénissime Prince, écrit Na- « vagero au doge, une allégresse infinie à cause de « cette reddition dans le cœur des chefs qui dirigeaient « les opérations militaires. En concédant 9 à 10 jours « de temps, ils n'ont concédé que ce qu'ils n'étaient pas

---

(1) Ces noms ne sont pas parfaitement authentiques. Wotton nous apprend que deux de ces otages s'excusèrent et furent remplacés. Le dimanche 10 août à une heure de l'après-midi, le fils de Longueval n'était même pas arrivé encore au camp impérial. — Vandenesse dit au contraire que les six otages étaient rendus à destination le 9 août, et que, jusqu'au 17 août, ils furent placés sous la surveillance du capitaine de la garde allemande de Sa Majesté. (Page 290.)

(2) State Papers. X. 31. De même Navagero : « Fu advertito da alcuni che « quello Bolognese con molto suo discontento se conducea a capitulare, il « quale a qualche capitano e signor italiano ha detto darsi una buona for- « tezza. » Selon Navagero, (voir ci-dessous, chapitre XV, § 1), les ingénieurs impériaux ne furent pas tout à fait de cet avis.

« libres de refuser, puisque les ouvrages au moyen
« desquels ils pensaient forcer Saint-Dizier ne pouvaient
« être terminés avant ce temps (¹). Beaucoup d'entre
« eux, et les plus pratiques, doutaient que l'entreprise
« réussît, ou craignaient que le succès ne fût chèrement
« acheté. » L'ambassadeur ajoute qu'au moment où il
passait à cheval avec le nonce et l'ambassadeur de Florence auprès de la tente de Granvelle, le chancelier
les appela et voulut à toute force qu'ils dînassent avec
lui, honneur dont ils n'avaient jamais été l'objet auparavant. « Le contentement et la joie de Sa Seigneurie
« pendant tout le repas, dit-il, a été admirable (²). »

Pour que rien ne manquât à la satisfaction de l'empereur, « le temps jusqu'alors froid et pluvieux, devint
« enfin beau et sec, et la chaleur même parut bientôt
« excessive (³). »

§ 3.

Le premier soin de l'empereur fut de faire dresser
l'inventaire de l'artillerie, des poudres, des munitions
et des vivres qui se trouvaient dans Saint-Dizier au
jour de la capitulation.

---

(1) Charles-Quint écrit à sa sœur le 11 août : « A semblé que ce moyen
« estoit le meilleur, pour ce que la ville est très forte ; et combien que l'on
« tint pour certain de la pouvoir gaigner par la force, si ne fut-ce esté guè-
» res avant les huit jours du terme baillés par ladicte reddition, et si y povoit
« avoir perte de gens, et encoires en endommaigeant fort les fortiffications de
« ladicte ville, avec grand murdre, mesmes des habitans d'icelle, dommaige
« et scandal des esglises. »

(2) « Fu mirabil il contento et allegrezza di Sua Signoria in tutto 'l man-
« giare. »

(3) « Li tempi, come già alcuni giorni erano freddi e pieni di pioggia, cosi
« sono hora troppo caldi et troppo pieni di sole. » (Navagero, lettre du 10 août.)

. Les commissaires impériaux pour l'inventaire du matériel d'artillerie furent le capitaine Clavero et Jean Martinez de Chunes. Ils trouvèrent 25 canons, dont 14 seulement de gros calibre. La poudre était épuisée ([1]).

Les commissaires pour l'inventaire des vivres furent Jean de Argarayn, Pierre de Masséga et Antoine de Musica, l'auteur du *Commentariolus*. Selon Musica, il restait 2,000 mesures de froment et beaucoup de sel ; mais la viande et le vin faisaient complètement défaut. Navagero attribue en partie la reddition au manque de vin et de poudre, et il ajoute : « Il y avait peut-être « quelque moyen de remédier au manque de poudre ; « mais, quant au vin, la disette était irrémédiable, car « il est impossible aux Francais de s'en passer ([2]). » Plus loin, il dit que les assiégés ont laissé dans la ville beaucoup de froment, 4,000 sacs d'après le bruit public, dix barils de poudre outre celle que les arquebusiers emportent dans leurs poires à poudre, 22 pièces d'artillerie, dont 10 de gros calibre et les autres de dimension inférieure ([3]).

La gloire du comte de Sancerre et de ses braves compagnons reste donc pure de tout reproche, et le siège de Saint-Dizier doit être compté parmi les plus beaux faits d'armes qui honorèrent l'armée française au XVIe siècle. Une poignée de braves gens arrêta

---

(1) Musica. Ces nombres ne concordent pas avec ceux que fournissent les traditions locales, de beaucoup supérieurs.

(2) « La causa del rendersi esser, tra le altre, il mancamento del vino, che « Francesi non possono tollerare, et della polvere; alla quale si haveria potuto « trovare qualche remedio. » (Navagero au doge, 7 août.)

(3) « ... 10 barili di polvere, oltre quella che hanno condotto seco gli ar- « chibugieri nelli suoi fiaschi da polvere. »

l'empereur pendant 43 jours et c'est grâce à leur dévouement que l'invasion ne dépassa guère Château-Thierry.

Sancerre (¹) n'eut pas de peine à faire accepter la capitulation à François Iᵉʳ : ni les Suisses ni les troupes d'Italie n'étaient arrivés. Les conventions reçurent donc leur plein effet.

Le 17 août, à sept heures du matin (²), Sancerre et ses soldats sortirent de Saint-Dizier : d'abord 700 pionniers en partie armés ; puis les 2 pièces d'artillerie accordées par la capitulation ; puis les bagages et « *tous les habitans et citoyens du lieu, du plus grand au plus petit, et de tout sexe* (³) », avec la dépouille mortelle du brave Lalande, qu'ils n'avaient pas voulu laisser aux mains de l'ennemi et qu'ils emportaient comme une pieuse relique (⁴) ; puis 1,400 fantassins et 100 gendarmes démontés, ces derniers avec la lance sur l'épaule, marchant sous huit enseignes déployées avec une belle et martiale apparence (⁵) ; enfin le

---

(1) Ni Musica ni Navagero ne s'expliquent sur la question de savoir si Sancerre se rendit en personne auprès de François Iᵉʳ pour soumettre le traité à sa ratification. Wotton dit seulement qu'un gentilhomme, revenant de ce voyage vers le roi de France, eut une conversation avec l'empereur. Mais Vandenesse s'exprime ainsi : « Ledit jour (14 août) revint de vers le Roi le vicomte de « Sancerre... où il trouva bien peu de secours, et rentra en ladicte ville. »

(2) Selon Vandenesse.

(3) « Nella quella parte si comprendevano tutti li cittadini et habitanti del « loco, li quali del maggior al più piccolo et d'ogni sesso hanno voluto partire, « il che puo esser inditio della devotione loro verso il re suo naturale. » Navagero, lettre au doge du 22 août.

(4) « Che anche il corpo di monsieur della Landa, già sepulto, hanno voluto « condur seco. » (Navagero.)

(5) « Bella gente; bene in ordinanza et ben armata. » (Navagero.) « Cum « suis ordinibus instructis, non aliter quam si cum hostibus sit dimicandum. » (Musica.)

comte de Sancerre, à cheval, revêtu d'une armure complète, escorté de quatre porte-étendards et suivi de 25 ou 30 gentilshommes ou citoyens notables de la ville, tous montés (1).

L'empereur voulut assister à ce départ, non seulement pour honorer la vaillance des vaincus, mais encore pour veiller à leur sûreté. Les piétons bas-allemands étaient toujours furieux et désolés de la mort du prince d'Orange, et le bruit courait qu'ils pourraient bien, au moment de l'évacuation, faire quelque avanie aux défenseurs de Saint-Dizier ou même se porter contre eux à des violences. Charles-Quint prit donc ses précautions. Dès la veille au soir, il avait enjoint à ces piétons de quitter leur quartier qui se trouvait sur le passage, il avait prescrit au vice-roi de Sicile de ne tolérer aucun désordre, et il avait fait dresser dans le camp des fourches patibulaires avec des échelles et des cordes neuves. Pendant tout le défilé, il se tint au pied de ces échelles avec plusieurs officiers de justice, et les piétons d'Orange furent si effrayés de ces préparatifs que pas un d'eux ne bougea.

Lorsque le comte de Sancerre arriva devant l'empereur, il quitta un instant son escorte pour aller présenter ses hommages au vainqueur. Charles-Quint l'accueillit de la façon la plus gracieuse et la plus courtoise (2) ; puis le vice-roi de Sicile et beaucoup d'autres

---

(1) Vandenesse parle de 8 bannières, quatre de gens de pied, dont une « despariée », et quatre de gens de cheval. (Page 290.)

(2) « Molto humana et allegramente. »

gentilshommes accompagnèrent pendant quelque temps le héros français dans sa retraite (¹).

Si l'on en croit Navagero, Sancerre, avec 400 hommes de la garnison de Saint-Dizier, entra dans Châlons. Le reste poussa plus loin, sans doute jusqu'au camp de Jaalons. L'ingénieur Hieronimo Marino se rendit auprès du roi très-chrétien pour lui faire sa révérence.

Aussitôt après l'évacuation, l'empereur fit entrer dans Saint-Dizier Velasco de Acûna avec trois enseignes (²).

§ 4.

Après la prise de Saint-Dizier, Charles-Quint se souvint du château de Joinville qui avait si souvent servi d'asile aux Français, et il voulut s'en débarrasser comme il avait fait de Vaucouleurs (³).

Vers le milieu du mois d'août, on lui avait rapporté qu'un fils du duc de Guise s'y était logé avec 400 cavaliers. Le 19 août au soir (⁴), Francisco d'Este avec les chevau-légers et plusieurs bandes d'ordonnance basses-allemandes, Alvaro de Sande et Jean Maldonat avec 4,000 Espagnols et 4 pièces d'artillerie, quittèrent Saint-Dizier, marchèrent toute la nuit et arrivèrent le lendemain sous les murs de Joinville ; ils n'y trouvèrent

---

(1) Navagero au doge, 24 août. Vandenesse dit que les Français « furent « conduits, eulx et leurs bagues, en sûreté jusque oultre Victric. »

(2) Musica.

(3) Voir chapitre XIII, § 5.

(4) Le texte imprimé de Vandenesse donne la date du 12 août, erreur manifeste du copiste ou de l'éditeur. Wotton et Navagero s'accordent pour la date du 19 août.

plus que 17 archers et quelques paysans, qui se rendirent aussitôt. La ville fut saccagée et brûlée ; mais le château, « le plus beau qui se puisse voir pour la situa-« tion, l'architecture et l'agrément (¹), » échappa à la destruction. Musica dit que l'ordre était donné de raser ce château aussi bien que la ville ; mais Jean-Baptiste Gastaldo aurait pris sur lui de l'épargner. Francisco d'Este et Alvaro de Sande ont pu aussi reculer devant un tel acte de vandalisme (²).

(1) « Il più bello et il più gentile que si posse vedere, di sito, di fabriche et « di piacevolezza. » (Navagero, 22 août).

(2) Wotton, lettre du 25 août, dit qu'on y laissa garnison. Il ajoute que l'expédition avait encore pour objectif un autre château qu'il ne nomme pas, mais qui est probablement celui de Montéclair. Enfin, selon l'abbé Fourot, *Relation*, p. 25, « il faut reporter à cette époque la destruction du château qui « dominait le village de Roches et la vallée de la Marne ; celle aussi du châ-« teau qui se trouvait auprès de l'église Saint-Aubin à Moeslains ; enfin celle « de la cure de Chancenay, sise à Bettancourt-la-Ferrée. Plusieurs villages « furent encore ruinés aux alentours ; Valcourt, Moeslains, Hoéricourt, Eclaron, « etc., eurent beaucoup à souffrir ; mais leurs églises furent épargnées. »

CHAPITRE XV.

§ 1. Charles-Quint à Saint-Dizier. Etablissement d'une garnison. Travaux aux fortifications. — § 2. Détails rétrospectifs sur le recrutement pendant le siège. — § 3. Recensement général de l'armée impériale.

§ 1.

Dès le 7 août, c'est-à-dire au moment où s'engageaient les négociations pour la reddition de la place, Navagero écrivait au doge que l'on ne comptait point reprendre la marche en avant plus tôt que le 25 août. « Granvelle
« dit que l'empereur, laissant, comme il en a l'inten-
« tion, grand nombre de fantassins et de cavaliers dans
« cette forteresse, la fortifiant ensuite dans les parties
« qu'il juge les plus faibles, y établissant un dépôt de
« vivres, se réservera ainsi une entrée pour molester le
« roi son ennemi dans toutes les parties du royaume (¹). »
C'est le 25 août en effet que le camp de Saint-Dizier fut levé. Quelles sont donc les besognes qui, pendant 17 jours à partir de la signature de la capitulation, retinrent l'armée impériale dans la ville conquise ?

---

(1) « Disse che lassando l'imperatore, come ha l'animo di lassare, gran nu-
« mero di fanti et di cavalli in questa fortezza, fortificando la appresso più in
« quelle parti che giudicara più deboli, mettendovi presidio di vettovaglia, hara
« adito di poter molestar il re suo nemico in ogni parte del regno suo. »

Outre les difficultés relatives aux approvisionnements et les mesures à prendre pour assurer la sécurité des convois, sujet dont nous avons déjà parlé, les causes de retard sont : 1° la pénurie financière ; 2° la nécessité de détruire les ouvrages d'approche ; 3° l'établissement d'une garnison impériale à Saint-Dizier ; 4° le projet de construire des fortifications nouvelles.

1° On devait un mois de solde aux piétons allemands, et il n'y avait pas d'argent. François de Manderschert et Herman de Nonaquila furent envoyés au Pont-à-Mousson pour ramener les subsides de l'Empire que le trésorier Hugo Angelo y avait fait parvenir.

Un convoi qui arriva au camp le 23 août est probablement celui que ramenaient ces deux chefs. Il se composait de 700 chariots chargés de provisions de bouche et d'une somme de 300,000 ducats, moitié en monnaie d'Allemagne et moitié en billets tirés du royaume de Sicile pour être payés dans les pays d'Allemagne (1).

2° Il fallait ruiner les tranchées, le cavalier et tous les ouvrages qui, en cas de retour offensif des Français, leur auraient pu servir à reprendre la place (2). Nous n'avons pas de renseignements sur ce travail.

3° Il fallait mettre une garnison à Saint-Dizier, « et
« ce n'était pas peu de chose, dit Musica, de faire choix
« pour y commander d'un chef expérimenté et fidèle,

---

(1) Voir une lettre de Navagero au doge, du 24 août.
(2) « Venuto il giorno della consignatione, non habbi poi da far altro se non
« far ruinare l'opere et macchine incomminciate et quasi ridotte a fine. »
Navagero. Cf. Musica.

« qui eût sous ses ordres des soldats obéissants et de
« bonne volonté (¹). »

Le choix de Charles-Quint se porta sur Bernard de Schauwenbourg, chef de 5 enseignes de piétons hauts-allemands Ce qui valut à Bernard cette marque de confiance, c'est que non-seulement il était bon officier, mais encore, en sa qualité de Luxembourgeois, il était bien vu des Lorrains.

Suivant Navagero, les piétons allemands laissés à Saint-Dizier auraient été au nombre de 1,300. Ce n'est peut-être pas assez dire ; si l'on suppose 400 têtes par enseigne, Schauwenbourg devait commander à 2,000 hommes environ. L'ambassadeur vénitien place en outre sous les ordres de Bernard 200 chevaux et 400 pionniers (²).

Jean de Argarayn fut adjoint à Schauwenbourg comme commissaire des approvisionnements (³).

4° Au dire de l'empereur (⁴), la place de Saint-Dizier était très-bien fortifiée ; mais ne mettait-il pas quelque complaisance à insister sur ce point, pour expliquer l'empressement avec lequel il avait accueilli les ouvertures de Sancerre ?

Navagero, plus désintéressé, attribue aux ingénieurs et aux officiers d'expérience une opinion un peu différente. « La place, Sérénissime Prince, écrit-il au doge

---

(1) « Eligere præsidio expertum præpositum ac fidelem ducem, quem sciebat « habere volontarios et obedientes milites, non parum erat ».

(2) « In San Desir lassaranno 1,300 fanti alemani, 200 cavalli et 400 guas- « tadori. » (Lettre au doge, du 22 août.)

(3) Musica.

(4) Lettre précitée du 11 août à la reine de Hongrie.

« le 22 août, est dans un site qu'on peut rendre très-
« fort ; et si, du côté où elle a été battue, elle eût été
« aussi forte que de l'autre, cette forteresse eût été
« inexpugnable. Mais de ce côté (¹), malgré un terre-
« plein bien établi, les maisons sont si rapprochées
« que, comme il n'y a point d'espace pour introduire
« ou retirer les fantassins, elle a été jugée trop faible.
« Beaucoup de ces seigneurs qui s'y entendent et qui
« l'ont vue, s'étonnent qu'au premier assaut elle n'ait
« pas été prise ; car la batterie et les mines avaient
« rendu l'entrée assez facile, et le fossé n'était ni
« large ni profond. De plus, le boulevard n'était sou-
« tenu par aucun autre ouvrage.... On a conseillé à
« l'empereur de fortifier cette place, ce qu'il pourrait
« faire avec peu de dépense et peu de temps : en ren-
« versant par la mine les maisons voisines du terre-
« plein et en faisant sur les angles du boulevard actuel
« deux autres boulevards pour le défendre, en élargis-
« sant aussi les fossés, les gens du métier estiment qu'on
« en ferait une forteresse importante (²). »

(1) Le faubourg de la Noue.
(2) « Il loco, Serenissimo Principe, è in sito che si puo far fortissimo, et, se
« dalla parte ch'era battuto, fosse stato cosi gagliardo come dall'altre, sarra
« stata fortezza inexpugnabile ; ma, da questa parte, se ben hanno il terra-
« pieno gagliardo, sono pero le case cosi propinque che, non havendo loco da
« poter o rimettere o retirare li fanti, è gia giudicato assai debole, et molti di
« questi signori, che se n'intendono, che l'hanno veduto, si maravigliano che a
« quello prim' assalto non si prendesse, perchè et le batterie con le mine sue
« have fatto l'entrata non molto difficile, et la fossa non era ne larga ne pro-
« fonda molto. Il belloardo poi non era diffeso da niuno altro riparo, et, presa
« prima quella diffesa, non vi sono ne fosse dentro più ne ripari da potersi
« ridurre... E consigliato Cesare a fortificar questo loco, il che potria fare con
« poca spesa et poco tempo, perchè minando le case da quella parte ch'io dico,
« che sono vicine al terrapieno, et facendo doi belloardi sopra doi anguli, che
« diffendi l'uno et l'altro quello che è fatto hora et gardi la fossa, la quella

L'ingénieur choisi pour compléter les fortifications de Saint-Dizier fut Mario Savorgano. Il soumit à l'empereur un plan dont on fut si content que Charles-Quint donna l'ordre de lui compter 100 écus de provision par mois à partir du jour où il avait quitté Venise. Ce plan comprenait, non-seulement les deux boulevards destinés à flanquer celui de la Victoire, mais aussi un troisième boulevard dont l'emplacement ne nous est pas connu.

Ces travaux furent exécutés et valurent de la réputation à leur auteur. Cependant Savorgano paraît avoir renoncé bientôt au service de l'empereur, pour consacrer exclusivement ses talents à la Sérénissime République de Venise [1].

§ 2.

L'empereur voulait encore exécuter un recensement général de son armée sous les murs de Saint-Dizier. Mais avant d'exposer les résultats de cette opération, nous ferons connaître ce qui concerne le recrutement des troupes et le renforcement des contingents durant le mois d'août.

1° *Les piétons de Ländenberg*. — Dix enseignes de piétons, comprenant à peu près quatre ou cinq mille hommes, avaient été levées en Allemagne par Christophe et Sigismond de Landenberg pour le compte de Henri

---

« anche è necessario far più larga assai, è giudicato da chi puo giudicare di
« queste cose, che sara fortezza di momento. »
(1) Même lettre de Navagero.

VIII ; ces enseignes avaient avec elles 1,000 chevaux de même origine, sous le commandement de Frédéric Spedt, « licencié-ès-lois », natif de Brême.

Lorsque les soldats de Landenberg furent arrivés dans le pays d'Outre-Meuse, au-delà de Maestricht, ils entrèrent en différend avec les commissaires anglais sur des questions de solde. Le colonel Christophe se laissa emporter à des propos violents ; d'où il résulta que Henri VIII, peu endurant, rompit avec lui. Ces mercenaires demeurèrent quelque temps à Dalhem, Faulquemont, et dans la principauté ecclésiastique de Liège, vivant sur le pays et commettant d'affreux ravages ; les cavaliers traversèrent même la Meuse et pénétrèrent jusque dans le comté de Namur. Ce fut un sujet de vives inquiétudes pour la reine de Hongrie ; elle craignit un moment qu'ils ne marchassent sur Bruxelles et envoya les bandes de cavalerie qui lui restaient sous la main pour leur barrer le passage. Ce danger une fois écarté, il en restait un autre non moins redoutable : peut-être voudraient-ils passer en France et rejoindre le comte d'Aumale à Stenay ; ou bien encore rebrousseraient-ils chemin pour rentrer en Allemagne et offrir leurs services au duc de Brunsvick, fort soupçonné de méditer une entreprise contraire à la paix de l'Empire. Aucune de ces perspectives menaçantes ne se réalisa.

Le 25 juillet, les commissaires anglais Rudolf Sfane et Richard Wyndenbank signèrent à Anvers avec Frédéric Spedt un traité qui mettait à la disposition de Henri VIII ses 1,000 cavaliers. Ceux-ci partirent bientôt pour Aire, d'où ils se rendirent au camp de Montreuil.

Quant aux 10 enseignes de piétons, Charles-Quint, après avoir négocié par l'intermédiaire de Cornelius Sceperus, sieur d'Eeke, et de Laurent de Altestaing, gentilhomme de sa bouche, les prit définitivement à sa solde. Sept de ces enseignes descendirent alors par le Luxembourg jusqu'au Pont-à-Mousson (1) ; les trois autres, celle du capitaine Laurent Schwalbach, celle du capitaine Georges Huesinger sous la conduite de Maximilien de Schauwenbourg son lieutenant, et celle du capitaine Frédéric Van Homberg furent retenues provisoirement dans le duché de Luxembourg et laissées à la disposition de Pierre de Werchin pour la garde de Luxembourg et d'Arlon (2).

Lyère, qui avait reçu mission de conduire (3) les sept autres enseignes destinées à l'armée de Charles-Quint, mande à l'empereur le 31 juillet qu'il les rejoindra le lendemain au Pont-à-Mousson. « Ilz ont reposé « deulx jours, écrit-il, pour estre bien lassez, et leur « ay donné aultres enseignes (4) et leur ay pourveu « de pouldres et plomb ; et après demain suis délibéré « marcher avec eulx. » Le 3 août, il vante leur contenance martiale : « Ils sont fort povres et deschirez, « dit-il, mais belles gens et si bien armez que je viz « de ma vie pour nouvelles gens (5). »

(1) Lettre de Lyère à l'empereur, Metz, 27 juillet, (liasse 22). Ces enseignes suivaient l'itinéraire qu'avait suivi le vice-roi en marchant sur Commercy.
(2) Lettre du commissaire Antoine Charlet à la reine, 1er août, (liasse 23).
(3) Sa commission est dans la liasse 22, ainsi que la lettre citée.
(4) Etendards.
(5) Liasse 23 de l'audience.

Nous savons déjà ce qu'il advint de ces enseignes et la part que 6 d'entre elles prirent à l'expédition de Vaucouleurs (¹). Ces 6 enseignes arrivèrent au camp devant Saint-Dizier le 11 août ; la septième ne tarda point à les y retrouver.

Un mot maintenant sur les 3 enseignes laissées d'abord à Pierre de Werchin. Celle de Maximilien de Schauwenbourg fut appelée le 2 août au Pont-à-Mousson, et elle quitta Luxembourg le 6 pour se rendre à destination (²). Les deux autres reçurent un peu plus tard (12 août) l'ordre d'aller vers l'empereur (³).

2° *Demande des cavaliers de Buren* (⁴). — Le 3 août, l'empereur écrit à la reine Marie qu'il aurait grand besoin des 2,000 chevaux du comte de Buren envoyés à Henry VIII en conséquence des traités ; sans doute Henry VIII consentira difficilement à les céder ; mais, puisque son intention n'est pas de pénétrer en France, ces troupes lui sont inutiles. On pourrait donc tenter au moins une démarche dans ce sens (⁵).

La reine Marie jugea avec raison que ce projet était impraticable. Le 8 août, elle répondit à son frère : « Au regard de practicquer vers le roy d'Angleterre « pour avoir les gens de cheval estans sous le conte de « Buren, je ne voye nulle apparence, entant qu'il en « a bien à faire et sont ceulx qui font toutes les corvées

---

(1) Voir chapitre XIII, § 5.
(2) Lettres de Lyère et de Pierre de Werchin, (liasse 23).
(3) Lettre de l'empereur à Pierre de Werchin, (même liasse).
(4) Sur la question des renforts de cavalerie, depuis longtemps engagée, voir la fin du chapitre IV.
(5) Manuscrits de Wynants.

« et sans lesquels sçauroit bien mal garder ses camps,
« comme très mal accompaigné de gens de cheval ; et
« est chose promise et capittulée ; .... et n'en ay osé
« escripre au s' de Courrières, craindant que ledict s'
« roy le print de mauvaise part, si on luy en touschoit,
« pour la nécessité qu'il en a. »

La reine a bien pensé à faire lever d'autres gens de cheval ; mais la saison lui paraît trop avancée (¹).

3° *Les cavaliers de Landenberg.* — Dans la même lettre du 3 août, l'empereur, qui ne savait pas encore que Frédéric Spedt avait fait marché avec le roi d'Angleterre, sollicitait la reine de Hongrie d'engager pour lui les 1,000 chevaux de Landenberg. « Madame ma
« bonne seur, lui écrivait-il, j'ay entendu que les
« gens de cheval de Landenberge sont encoires au
« coustel de Faulquemont sans avoir retenue ny estre
« assurez ny payez du roy d'Engleterre. Et pour ce que
« j'ay besoing d'en avoir encoires quelque bon nombre,
« je vous prie que faictes incontinent regarder se l'on
« pourra pratiquer lesdicts gens de cheval de venir à
« mon service ; que, au cas qu'ilz l'acceptent, sera re-
« quis que vous m'en advertissez en toute dilligence,
« affin que face pourveoir à leur payement et envoye
« quelcun pour les conduyre, les faisant toujours ce-
« pendant marcher sans perdre temps quelconque (²). »

Le 8 août, la reine répond à l'empereur que ces cavaliers sont en marche vers l'Artois, « de sorte qu'ilz

---

(1) Correspondance de la reine, V, 150.
(2) Archives de l'empire d'Autriche. Pièce communiquée par M. le chevalier d'Arneth.

« ne sont practicables pour son service ». Elle a cependant à cœur de parer à ces embarras : « C'est tous-
« jours, dit-elle, le point que j'ay tousjours craint, que
« aurez trop peu de gens de cheval ; et eusse bien
« voulu envoyer davantaige, si ce fust esté en mon
« povoir. Néanmoins, j'ay mandé à ceulx de ma maison,
« qui estoient au nombre de deux cens avec le conte
« de Rœux, de retourner incontinent pour passer outre
« et marcher droit vers vostre camp ; ausquelz feray
« joindre aultres cent que je fay lever de nouveau, si je
« les puis recouvrer, et les feray haster et diligenter tant
« que je pourray, sans perdre une minute de tamps. »

4° *Mission de Lyère en Allemagne.* — La nécessité urgente de renforcer l'armée obligea l'empereur à entreprendre de nouvelles levées.

Le 2 août, ordre fut donné à Lyère d'aller en Allemagne pour s'entendre avec le colonel Hans de Sickingen en vue d'une levée de 500 cavaliers et de 5 enseignes de piétons ; ces troupes devaient être prêtes à la fin du mois. De ces cinq enseignes, deux remplaceraient dans le Luxembourg celles de Schwalbach et de Van Homberg [1] ; tout le reste rejoindrait le camp impérial.

Les papiers des archives de Bruxelles nous permettent de suivre Lyère pendant sa mission.

Le 5 août, il arrive à Metz et dépêche aussitôt vers Hans de Sickinghen pour lui demander un rendez-vous à Saarbruck [2].

(1) Voir ci-dessus.
(2) Lettre du 6 août.

Le 7, il est à Saarbruck, où il apprend que Sickinghen l'attend le lendemain dans son château de Haustal (¹).

Le 9, il est à Haustal.

Le 16, il est à Kaiserslautern. Par une lettre qu'il écrit ce jour-là, nous savons qu'il avait traité avec deux capitaines de Sickingen pour 5 enseignes de piétons, de 400 têtes chacune, dont la monstre se fera le 8 septembre. Ces 2,000 piétons étaient destinés au corps du petit Hesse.

Le 25 août, il est à Haustal et y conclut avec Conrad de Hansteyn et autres rittmaistres de Sickingen un arrangement qui met à sa disposition 500 cavaliers, dont les monstres auront lieu le 8 septembre à Saarbruck et le 12 septembre à Trèves (²).

En outre, au commencement d'août, le comte Guillaume de Furstemberg et Conrad de Bemmelberg envoyèrent des capitaines en Allemagne pour en ramener des piétons destinés à compléter leurs enseignes fort réduites (³).

5° *Mission de Josse de Grœninghen*. — Le 6 août, l'empereur écrit à la reine de Hongrie qu'il a résolu de faire lever 5 enseignes de fantassins bas-allemands, « pour ce qu'il les trouve plus réglez et prest à faire « ce que l'on leur demande (⁴) » ; c'est pourquoi il en-

---

(1) Lettre du 7 août.
(2) Toutes ces pièces appartiennent à la liasse 23. Musica se trompe en disant que Lyère fut chargé de lever en Allemagne 1,500 cavaliers.
(3) Charles-Quint en fait mention dans sa lettre du 2 août. Cf. Musica.
(4) Les hauts-allemands et les bas-allemands ne s'accordaient point. « Ils « s'entrehayent très fort, » écrit Lyère à l'empereur le 5 août. Musica et Navagero disent pis que pendre des hauts-allemands.

voie en Gueldre le sʳ de Grœninghen avec cinq bestelbriefs ; ces fantassins devront arriver au camp à la fin du mois ; le pfenningmeister Hugo Angelo remettra à Grœninghen 2,000 philippes pour la laufghelt (¹), et la reine Marie enverra Cornelius Sceperus à Maestricht pour passer les monstres qui auront lieu d'ici quinze jours (²).

Le 8, Grœninghen mande à la reine qu'il se rend à Cologne et de là à Arnheim (³).

Nous ne pousserons pas plus loin nos recherches : les hommes levés par Lyère et par Grœninghen n'ont pas rejoint l'empereur en temps utile.

6° *Equipages de ponts*. — L'empereur, au moment où il avait quitté Metz, y avait laissé ses équipages de ponts. Après la prise de Saint-Dizier, il les fit venir à Ligny, où l'on amena aussi un pont de 120 pieds de long construit à Toul.

7° *Approvisionnements*. — Les grains et les farines furent dirigés à la même époque de Saint-Mihiel et de Ligny à Saint-Dizier ; on y transporta également les moulins mobiles qui fonctionnaient à Ligny (⁴).

Suivant Navagero, l'empereur aurait employé les pionniers à couper le blé sur pied tout autour de Saint-Dizier, et se serait servi des chariots et des mulets de

---

(1) Solde d'attente.

(2) Correspondance de la reine, V, 145. — Il y a dans la liasse 23 une autre lettre du même jour, par laquelle Charles-Quint demande au duc de Clèves et à Martin van Rossem, maréchal de Gueldre, de prêter toute faveur, aide et assistance à son envoyé.

(3) Liasse 23.

(4) Lettre du sieur d'Yve à la reine, 17 août, (liasse 23).

la cour pour transporter dans les magasins de la ville le blé et la paille trouvés dans le pays (¹).

§ 3.

L'état des effectifs de l'armée pendant ou après le siège de Saint-Dizier est consigné dans les dépêches de Wotton et de Navagero (²) : l'un et l'autre, en qualité d'ambassadeurs, ne pouvaient se dispenser de renseigner leurs gouvernements sur les forces impériales. Néanmoins nous n'empruntons à leurs informations que des détails complémentaires, et nous préférons nous servir d'un document de premier ordre : c'est l'*Ordo Militiæ*, pièce officielle dont l'original reposait dans les archives de l'intendance impériale, et qui nous a été transmise par Antoine de Musica, l'un des principaux adjoints de Francisco Duarte (³).

Etat-Major général.

Capitaine général. Fernand de Gonzague, prince de Molfeta, duc d'Ariano, frère du duc de Mantoue.

Chef de l'artillerie et des pionniers. Jean Jacques de Médici, marquis de Marignan, milanais.

Intendant général. Francisco Duarte, andaloux (his-

---

(1) « In questo tempo farà l'imperator tagliar questi frumenti vicini, ser-« vendosi tra gli altri di 700 guastadori, etc. » Lettre au doge, du 7 août.

(2) Navagero au doge, 24 août ; Wotton à Henry VIII, 18 août.

(3) Disons pourtant que la date de cette pièce n'est pas rigoureusement déterminée ; selon le texte de Musica, elle serait du 24 juillet ; mais puisqu'on y voit figurer les piétons de Landenberg, il faut qu'elle ait été retouchée et complétée plus tard. C'est de là peut-être que proviennent certaines différences notables entre les chiffres qu'on y trouve et ceux que donnent les ambassadeurs.

panus beticus), provéditeur et commissaire général, ayant la haute direction du service des vivres et de tous les préparatifs de guerre (¹).

Préfet de camp. Jean-Baptiste Gastaldo, italien, principalement chargé d'asseoir les campements et de diriger les travaux de retranchement (²).

Commissaire général des hauts-allemands. Jean de Lyère, sieur de Berchem, brabançon. Il avait été d'abord simple soldat en Allemagne ; puis il devint lieutenant-gouverneur du Luxembourg, gentilhomme de la Chambre de l'empereur et capitaine d'une petite bande d'ordonnance.

Premier contrôleur du camp. Don Sancho Bravo de Mardones (ou Lagunas), espagnol, commandeur d'Alcantara.

Trésorier général. Pierre de Hoyos, espagnol. Il avait sous ses ordres Jean Carpentier, trésorier des guerres, qui s'occupait des cavaliers et piétons bas-allemands.

Payeur général. Inigo de Peralta, espagnol (³).

Prévôt général. Sébastien Schertel de Burtemback, allemand, capitaine-général de justice ; il commandait à 136 archers.

Auditeurs généraux. 1° Nicolas Zinner, allemand, assesseur d'Empire à Spire ; 2° Jean Duarte, espagnol. Leur mission était d'apaiser ou de juger les graves contestations (⁴).

---

(1) « Commeatui et omnibus belli præparationibus præerat. »
(2) Brantôme en parle, Capitaines étrangers, discours 27.
(3) « Contador del suldo del essercito. »
(4) « Gravissimarum causarum. »

Chef des patrouilles. Nicolas de Cilly, bourguignon, commandeur d'Alcantara, gentilhomme de la Chambre.

Chef du train. Jean van der Noot, bruxellois, gentilhomme de la Chambre.

Commissaires spéciaux :

1° Des fantassins hauts-allemands, le comte de Zollern ;
2° Des fantassins de Bemmelberg, Christophe de Schauwenbourg ;
3° Des fantassins et cavaliers bas-allemands, Eric Gotschalk.

Cavalerie.

A. — *Chevau-légers espagnols et italiens.*

Ils appartenaient à la première armée, dite des Pays-Bas, et étaient venus avec le vice-roi de Sicile ; sous le commandement de Francisco d'Este, marquis de Padula ; employés en éclaireurs et comme troupes d'avant-garde ; au nombre de...................... 562

B. — *Cavalerie haute-allemande* ([1]).

Venue avec l'empereur à Metz ; elle comprenait :

1° Les cuirassiers de Heyldessen, de Manderscheidt, d'Hermann de Nieuwenaar, de Jean de Nassau, de Gwolfard c[te] de Mansfelt, de Goric baron de Créhanges ([2]) ; ensemble au nombre de. 1120

A reporter...... 1682

---

(1) Voir pour le détail au chapitre VIII, où nous en avons déjà fait le recensement.

(2) Wotton nomme encore les capitaines Dierich de Krichem, Jean Giltzen, etc.

                                    Report..... 1682

2° Les cavaliers de Maurice, duc de Saxe,
d'Albert marquis de Brandebourg, de Wolfgang
Schuzbar (¹), grand-maître de l'Ordre Teutonique, de Sébastien Schertel de Burtembach (²) ;
ensemble au nombre de..................... 2284

C. — Cavalerie basse-allemande.

Venue avec le vice-roi de Sicile. Elle avait eu
pour commandant supérieur le prince d'Orange,
dont Louis d'Yve était lieutenant. Les hommes
de ces bandes d'ordonnance étaient répartis également sous trois chefs, le prince d'Orange, Renaud de Bréderode et le grand écuyer M. de
Boussu ; au nombre de..................... 3000

D. — Chevau-légers bourguignons.

Venus avec l'empereur de Metz ; sous le commandement de Marc de Rye, s' de Dissey ; au
nombre de................................ 120

E. — Vieille bande du prince d'Orange.

Elle avait accompagné l'empereur à Spire et
à Metz ; d'abord commandée par Libert Turk,
puis par un lieutenant du comte d'Egmont..... 250

F. — Escadron de l'empereur.

« Phalanx cæsarea, » commandée par l'archiduc Maximilien........................ 250

                    Total de la cavalerie (³) : 7586

---

(1) Surnommé Michling.
(2) En même temps grand prévôt, comme nous venons de le voir.
(3) Navagero n'évalue qu'à 5000 ou 5500 hommes la cavalerie faisant campagne. Wotton donne le chiffre de 6500, et il se trompe beaucoup dans l'esti-

Infanterie.

A. — *Piétons hauts-allemands.*

Ils formaient quatre légions :

1° Coronellerie de Guillaume de Furstemberg ; venue avec le vice-roi de Sicile ; composée de 20 enseignes, à 400 têtes par enseigne ; dont 7 commandées par Jean, baron de Gunzech, 7 par Bernard de Thalen, 6 par Georges Zorn de Bulach ; ensemble (1)......................... 7936

2° Coronellerie de Conrad de Bemmelberg, surnommé le petit Hesse ; venue en partie avec le vice-roi de Sicile, en partie avec l'empereur ; composée de 20 enseignes, à 400 têtes par enseigne ; dont 5 commandées par Aliprand de Madruce, 5 par Erasmus van der Hauben, 5 par Bernard de Schauwenbourg ; toutes ensemble (2) 7936

3° Enseignes de Georges de Ratisbonne, lequel avait rang de « tribunus major, » bien qu'il fût subordonné d'une certaine façon à Furstemberg et Bemmelberg ; elles avaient hiverné à Cambrai ; au nombre de 7 et comptant (3)......... 3100

A reporter..... 18972

---

mation de certains contingents. — Au dire de Navagero, cette cavalerie était très-belle : « Et sono tutti bellissimi, eccetto li leggeri. » (Lettre du 24 août.)

(1) Wotton donne 20 enseignes à Furstemberg. Navagero dit qu'il n'avait que 5,000 hommes. Nous avons déjà parlé du recrutement difficile de ces troupes.

(2) Wotton donne 20 enseignes au petit Hesse ; Navagero ne lui accorde que 5000 hommes. Cf., chapitre VI.

(3) D'après Navagero, 3,000 seulement. — Musica dit que ces troupes étaient « selectissima et fortissima. »

Report.....	18972

4° Enseignes de Christophe de Landenberg (¹); arrivées le 11 août au camp de Saint-Dizier; au nombre de 7 et comptant (²)................ 2492

B. — *Piétons bas-allemands.*

Musica dit qu'ils formaient 20 enseignes, d'abord sous le commandement du prince d'Orange, aidé par le gueldrois Jean de Sallant son lieutenant. A notre avis, il ne devait y avoir que 18 enseignes : 10 venues avec le vice-roi sous Wolff van Paemerich, 8 venues à Metz avec le prince pour rejoindre l'empereur ; elles comptaient (³) : 6646

C. — *Piétons espagnols* (⁴).

Trois contingents ; les deux premiers venus avec le vice-roi, le troisième avec l'empereur.

1° Vétérans de la légion italienne, sous le commandement de Luis Perez de Vargas ; ils avaient hiverné à Cambrai....................... 2122

2° Vétérans de la légion sicilienne, sous le commandement d'Alvaro de Sande; ils avaient hiverné dans le Luxembourg................. 1754

3° Espagnols de nouvelle levée, sous le commandement de Velasco de Acûna............ 3400

Total de l'infanterie : 35386

(1) Voir le § 2 ci-dessus.
(2) D'après Navagero, 3,000.
(3) Selon Navagero, 6000.
(4) Détail curieux : l'infanterie espagnole avait une ambulance particulière organisée par la charité de quelques personnes, « aliquorum piorum virorum industria. »

Report : Infanterie.................. 35,386
Cavalerie................... 7,536
Total de l'armée (¹) : 42,922

Artillerie.

Selon Musica, il y aurait eu 62 pièces de canon, avec 3,500 chevaux de trait, sous le commandement supérieur du tyrolien André Thaun.

Selon Wotton, il y aurait eu 3 pièces d'ordonnance, 31 kartaunes et demi-kartaunes, 41 pièces de campagne, 6 mortiers.

Selon Navagero, qui nous semble être plus près de la vérité, il y aurait eu 60 pièces d'artillerie. « J'ai voulu « les voir, écrit-il au doge ; elles sont très-belles ; il y « a 40 pièces pour battre les murailles et 20 pièces de « campagne (²). » En un autre endroit, il loue la légèreté de ces canons.

Matériel, pionniers.

1° *Chariots*. 200 chariots à 6 chevaux, sous la conduite du tyrolien Georges Brendel.

---

(1) Ces chiffres paraissent un peu exagérés, surtout si l'on tient compte des pertes subies par l'armée impériale pendant le siège ; peut-être Musica a-t-il plus d'une fois substitué le nombre théorique au nombre réel. Selon Navagero, l'infanterie montait à 20,000 ou 30,000 hommes ; l'ambassadeur ajoute qu'il y en avait davantage sur les rôles, et que l'empereur payait des soldats qui n'existaient que sur le papier. Wotton dit que la chancellerie impériale lui a accusé 30,000 fantassins, sans compter les Espagnols et les enseignes de Landenberg ; « mais, dit-il, je crois que ces nombres dépassent la réalité. »

(2) « Si attrovano appresso 60 pezzi d'artigliaria, li quali ho voluto veder « io; sono bellissimi, 40 da bater et 20 da campagna. »

2° *Equipages de ponts*. 70 bateaux ou barques ([1]), amenés sur voitures. D'autres avaient été laissés à Metz, et l'empereur les fit venir après la prise de Saint-Dizier. Jean, bâtard de Lyère, commandait ces équipages.

3° *Pionniers*. Nous avons parlé ailleurs de leur nombre et des difficultés de leur recrutement ([2]).

(1) « Naviculas aut scaphas. »
(2) Voir le chapitre XI.

CHAPITRE XVI.

§ 1. *L'Empereur marche sur Châlons.* — § 2. *Préparatifs de défense à Châlons.* — § 3. *Passage de l'armée impériale autour de cette ville.* — § 4. *Note critique sur la discordance des témoignages relatifs au passage de l'armée impériale.*

§ 1.

Le 20 juillet, au moment le plus critique du siège de Saint-Dizier, Charles-Quint écrivait à sa sœur, sa confidente habituelle : « Il a esté beaucoup examiné et
« débatu ce que ceste armée devroit faire en partant
« d'icy, qu'est ung lieu que ne se peult délaisser derrière sans permectre grant moyen aux ennemys de
« y journellement traveiller ladicte armée et empescher
« les victuailles. Et s'est trouvé et résolu finalement,
« comme l'on a tousjours prévu, qu'il ne se pouvoit faire
« autre emprinse plus à propoz que d'aller contre ledict Châlon ; car de tous autres coustez les villes
« sont fortiffiées et y peuvent accourrir les ennemys
« pour la déffense aussi bien que audict Châlon, et y a
« à passer plusieurs rivières avec autres incommoditez,
« *joinct que le roy de France et son royaulme s'étonne-*
« *roit et sentiroit moings que l'on entreprint ailleurs,*
« *où que ce fust ; et la fin de ceste armée à tousjours*

« *esté de pénétrer au cueur de ce royaulme pour cons-*
« *traindre ledict ennemy à la raison.* Vray est, à ce
« que j'entens par tous espies et avertissemens que
« l'on a peu avoir (¹), que ledict Châlon est bien fortif-
« fié, et y besogne l'on continuellement, et qu'il y a
« assez prouchain de là de douze à quinze mille hom-
« mes pour y mectre ; et se dit l'on que le roy de
« France veult approucher ses forces de là et mesmes
« les Suisses qu'il a fait lever, de manière qu'il sera dif-
« ficile d'emporter ledict Châlon ; du moings il faul-
« dra du temps pour en venir au dessus, et, comme les
« choses de la guerre sont incertaines, ne m'en puis
« plus persuader de ce qu'il plaira à Dieu en ordon-
« ner, sinon que, avec son ayde, l'on fera tout ce que
« sera possible (²). »

Ainsi, un mois avant la réduction de Saint-Dizier, Charles-Quint se proposait de continuer la campagne en assiégeant Châlons. Mais la résistance prolongée de Saint-Dizier, la nécessité de pourvoir à la défense des villes prises, de renforcer les contingents, d'assurer pour l'avenir les approvisionnements de l'armée, contraignirent l'empereur à modifier ses projets.

En partant de Saint-Dizier, les Impériaux pouvaient choisir entre quatre objectifs : Châlons, Reims, Troyes ou Sainte-Menehould ; et les Français s'attendaient plutôt à l'attaque de cette dernière ville (³). La

---

(1) Nous citerons plus loin divers rapports d'espions.
(2) Correspondance de l'empereur et de la reine, V, 99.
(3) Wotton nous en donne la raison : pendant le siège de Saint-Dizier, Furstemberg avait été chargé d'aller reconnaître les environs de Sainte-Menehould. (Lettre du 31 août, State Papers, X. 45.)

vérité est que, le 18 août, l'empereur lui-même n'était plus décidé sur la direction à prendre. « On est après, « écrivait-il ce jour là, pour regarder de passer oultre « et le chemin que l'on prendra et à quoy l'on préten- « dra (¹). » Le même jour, le chancelier Granvelle écrivait à la reine de Hongrie que l'on éprouvait beaucoup de difficultés à tracer le plan ultérieur de l'expédition, et il en donnait quatre raisons graves : 1° de quelque côté que l'on aille, on trouvera devant soi des villes fortes et bien gardées ; 2° le camp des Français est à proximité ; 3° plus on s'éloigne, plus il devient malaisé d'assurer le service des convois de vivres et d'argent ; 4° beaucoup de soldats commencent à craindre l'hiver et manifestent déjà l'intention de se retirer (²). Enfin Navagero rapporte que plusieurs seigneurs d'importance soupçonnaient l'empereur de méditer une entreprise contre Châlons, mais que ce dessein rencontrait beaucoup d'opposition et que probablement il serait abandonné (³).

L'armée se mit en marche le 25 août. A ce moment, aucune résolution n'était arrêtée. On se réservait de prendre un parti à Vitry-en-Perthois (⁴).

En effet, l'empereur donna ordre à Furstemberg et à Maurice de Saxe de venir le rejoindre dans cette

(1) Correspondance de la reine, V, 166. Charles-Quint tenait le même langage à ses ambassadeurs en Angleterre. (Correspondance avec Chapuis et Courrières, volume de 1544, f° 101).

(2) Manuscrits de Wynants.

(3) « Et a laquel impresa dicono questi signori non si essere ancora risolti, « perseverare pur Cesar nell'opinione sua di volere andar à Chialon, della « quale sperano quelli che si rimovera Sua Maesta, per la difficulta che ve- « dera nascer d'hora in hora. »

(4) Manuscrits de Wynants, lettre de Granvelle.

ville (¹). « Mon cousin, écrivit-il à Furstemberg (²), ce
« matin, estant aux champs, ay eu aucuns advertisse-
« mens pour lesquels ay advisé estre requis vous en
« retournez et venez le plus tost joindre avec le camp,
« et que le duc Maurice de Saxen, avec les gens qui
« devoient aller en l'autre emprinse pour laquelle
« avoye despesché devers vous et luy le comte de la
« Somnaria, faire le semblable, comme aussy luy
« escripz, et qu'il se treuve demain audict camp par
« tout le jour, que sera à Vitry. Et remectant le sur-
« plus et *la résolution de ce que se debvra faire* jusques
« à vostre venue et du dict duc, et espérant que ce sera
« demain au plaisir de Dieu, ne seray icy plus pro-
« lixe (³).... »

Le 25 août, l'empereur campa avec ses troupes entre Saint-Dizier et Vitry-en-Perthois, dans un lieu que Vandenesse appelle Turpy (⁴). Le 26, il arriva à Vitry et y demeura le 27 pour confectionner des ponts de bateaux (⁵) et pour tenir le grand conseil où fut décidé le plan des opérations ultérieures. Le plan choisi dut être celui de Furstemberg (⁶) ; car Navagero nous apprend que pendant cette campagne le condottière allemand fut très-écouté. « L'empereur, écrit-il, se ser-

---

(1) Il les avait envoyés précédemment à Bar-le-Duc.
(2) Le 25 août.
(3) Liasse 23 de l'audience.
(4) Il s'agit peut-être de Dataurny que le *Guide* de Charles Estienne place entre Thiéblemont et Perthes, et qui ne se retrouve pas sur les cartes. Ce lieu était à mi-chemin entre Saint-Dizier et Châlons. (G. H.)
(5) Wotton, lettre du 31 août. (State Papers.)
(6) Selon Musica, d'autres conseillaient d'aller prendre les villes restées aux mains des Français, comme Montmédy, Yvoix, Stenay.

« vait beaucoup de lui, parcequ'il avait une grande
« pratique du pays, connaissait les forces du roi et avait
« l'expérience du caractère français. Aussi Sa Majesté
« lui communiquait ses desseins plus largement qu'à
« qui que ce fût de ses ministres ([1]). » Bref, il fut conclu qu'on tournerait autour de Châlons sans en faire le siège et qu'on précipiterait ensuite la marche en avant. La haine avait bien inspiré Furstemberg : c'est à cette résolution que les Impériaux durent les succès foudroyants qui signalèrent la fin de la campagne. Que serait-il advenu si Châlons assiégé avait pu tenir aussi longtemps que Saint-Dizier ?

Le 28 et le 29 août, l'empereur et son armée séjournèrent à Saint-Lumier-en-Champagne ([2])...

Le 30 août, l'empereur coucha à La Chaussée ([3]), où il écrivit à la reine Marie une lettre importante. Nous en détachons quelques passages : « Madame ma bonne
« seur, lui dit-il..., j'ay cheminé jusques en ce lieu qu'est
« à trois petites lieues de Châlon, et espère que mar-
« cheray demain au matin jusques auprès dudict Châ-

---

(1) « L'imperatore se ne serviva hora molto, come di quello che era pratico
« assai di questi paesi e intendeva la forza del re e la natura di questi po-
« puli. Con costui, è opinione che, per questi rispetti, communicasse questa
« Maesta più largamente li suoi dissegni che con qualche altro si voglia mi-
« nistro et consiglier suo. » (Lettre du 6 septembre, au doge.)

(2) Vandenesse nomme Saint-Pierre le lieu de ce séjour ; mais, sans compter qu'il n'y a point aux environs de localité de ce nom, d'autres sources permettent d'affirmer sans hésitation qu'il s'agit bien de Saint-Lumier. La confusion provient sans doute de ce que l'église de Saint-Lumier appartenait à l'abbaye de *Saint-Pierre*-au-Mont de Châlons. Voir au chapitre XXII, pour la conférence de Saint-Amand.

(3) Navagero appelle ce lieu « villa Sasse, sei miglia discosto da Chialon. » (Lettre du 31 août au doge). — Bien que la lettre de l'empereur soit datée du 31 août, il est certain qu'elle a été commencée le 30 à La Chaussée.

« lon, à couleur de envoyer recongnoistre ledict Châlon
« comme si je le voulois assiéger ; mais mon intention
« est de, lundy prochain, au plésir de Dieu, passer
« oultre contre Paris, pour ce que ledict Châlon seroit
« une emprinse longue et difficile, pour austant qu'il
« est remparé et pourveu et que le roy de France a son
« camp à trois lieues près, et n'y auroit moyen quel-
« conque de soubstenir le camp de victuailles là, ny
« aussi de faire venir l'argent par le chemin que l'on a
« tenu jusques à maintenant. Et me délibère à ce
« que dessus pour éviter la despération que ceste ar-
« mée pourroit prendre tant à faulte de victuailles que
« argent, et que je la trouve trop plus encline, voire et
« délibérée, de servir et souffrir l'actente de la paye
« et encore la nécessité de victuailles, que, à la vérité,
« seroit irrémédiable aultrement, en la menant oul-
« tre par lieux où elle aura espoir de faire quelque
« bon effect avec proffit ; *et desjà l'on a icy nécessité de*
« *victuailles, lesquelles ne puellent suyvir* (1). Et il y a
« bonne apparence que, avec la diligence que ladicte
« armée fera de marcher, l'on la mectra en lieu là où
« il s'en tiendra et pourra recouvrer, et qu'il ne sera
« aux ennemys de l'empescher ; et s'ilz le veullent
« faire, ne pourra être si tost que desjà ne soyons avant;
« et que si lesdicts ennemys se mectent aux champs,
« que le danger ne soit austant ou plus pour eulx que
« pour nous. Car, à tout ce que j'entendz, ilz n'ont
« grand nombre de gens ny en ladicte ville de Châlon

---

(1) « Ogni di va mancando, ne si vede che remedio si possi trovare a questa
« difficultà. » Navagero.

« ny en leur camp, quoy qu'ilz en publient (¹), ayns se
« tiennent estonnez de ce que avons marché jusques
« icy, ce qu'ilz ne pensoient, *ayns que nous détiendrions*
« *du costel de Sainte Menehou*. Et, en somme, ceste
« délibération se fait pour non veoir autre moyen de
« constraindre l'ennemy à la raison ; car d'aller ou au
« costel de Troye ou Rains, les villes sont grandement
« fortiffiées, et si ne sont à propoz pour cest effect, ny
« aussi seroit d'aller contre ledict Sainte Menehou, qui
« semblablement est fort ; et de retorner maintenant
« en arrière, l'on perdroit ce que l'on a gaigné, par
« faulte qu'il n'est encores pourveu, combien que l'on
« y aye baillé la meilleure ordonnance qu'il a esté
« possible, tant pour Saint Dézir, Ligny que Comercy ;
« et si seroit le retour aussi loingtain, pényble et diffi-
« cille que pour le faire dou coustel dudict Paris (²). »

Le 31 août, Charles-Quint se rapprocha de Châlons
et plaça son quartier général à trois milles italiens de
cette ville, près du château de Sarry, qui appartenait
à l'évêque de Châlons (³).

(1) Nous sommes surpris de trouver cette appréciation dans une lettre de Charles-Quint ; le 31 août, la garnison de Châlons était importante et le camp de Jaalons grossissait à vue d'œil.

(2) Correspondance, V, fol. 173-176. Selon Belleforest, les Français espéraient que Charles-Quint s'arrêterait devant Châlons et y serait retenu tout l'hiver. Navagero dit que dans le camp impérial on ne s'attendait point à une marche sur Châlons : « Se ben questa andata a Chialon non era ne consigliata
« ne creduta da alcuno, vive però Sua Maestà, forsi con disegno, che ritrovando-
« si l'essercito francese 5 miglia italiani presso Chialon, possi con questa vici-
« nanza venire alla giornata, dovendo esser coll' allogiamento, che si fara
« questa sera, lontano dall' essercito nemico non più di cinque o sei miglia
« italiani. »

(3) « Il medesimo giorno d'ultimo (agosto), parti l'essercito et alloggio 3 mi-
« glia italiane presso Chialon. » (Navagero). — Du Bellay, et après lui presque tous les historiens, donnent le nom de Thin-l'Evêque à la localité où

Depuis le départ de Saint-Dizier, les Impériaux n'avaient pas été inquiétés un instant ; pendant ce long trajet, ils n'avaient aperçu qu'un seul cavalier français (¹).

§ 2.

Exposons maintenant l'état de la ville de Châlons et les préparatifs de défense des Français.

« Le roy, dit du Bellay, entendant la prinse de Ligny
« si soudaine, envoya incontinent dedans Challons en
« Champagne monseigneur de Nevers avecques quatre
« cens hommes d'armes et cinq ou six mille hommes
« de pied. »

Voilà tout ce qu'on trouve dans les chroniqueurs français ; mais Charles-Quint était autrement bien renseigné par ses espions.

Vers la mi-juillet, l'espion lorrain dont nous avons déjà parlé transmet à l'empereur sur la garnison de Châlons les informations les plus curieuses. « Item,

---

l'empereur fut le 31 août et jours suivants ; ce nom n'existe plus aux environs de Châlons, et on peut supposer que l'éditeur des Mémoires de du Bellay a mal lu un mot ou l'abréviation d'un mot tel que *château* ; en effet, le château de Sarry était la résidence ordinaire des évêques. Cependant Musica et Navagero distinguent l'emplacement du camp et le château épiscopal, qui, selon ce dernier, était à un mille italien du campement impérial. « Un castello molto bello
« del vesco di Chialon, distante dal essercito uno miglio italiano e da Chialon
« altre tanto o poco più. » Il résulte de cette indication que le lieu nommé Thin-L'Evêque, situé selon l'ambassadeur à 3 milles de Châlons, était en arrière de Sarry et à 7,500 mètres environ de la ville. Du Bellay place aussi Thin-l'Evêque à *deux* lieues de Châlons. Selon Ferron et Belleforest, le camp impérial aurait été à Lépine.

(1) « Doppo il deslogglar nostro di San Desir, sendo sempre venuti per paese
« nemico, non s'è però mai veduto pur uno cavallo francese, ne ò nell'allog-
« giare o desloggiare è stata data molestia alcuna à questo essercito. » (Navagero, 31 août.)

« dit-il, à Chaallons se logent 8,000 hommes pour le
« moins, 400 hommes d'armes et 300 chevaulx légers,
« dont les deux pars y sont de présent. Monsieur d'Es-
« toge (¹), le baylly de Vytry (²), Dampierre (³), mon-
« sieur d'Assigny qui y entra avec sept enseignes picar-
« des dymanche dernier. Mercredi dernier y entront
« trois enseignes des nobles du balliaige de Vytry, au
« nombre de VI^c. Aussi ledict jour entront six ensei-
« gnes ytalliens vielz soudards en bon ordre du nombre
« de XV à XVII^c. Le capitaine, le conte Sainct-Se-
« gond (⁴). Et en y estoit entré desjà quatre jours de-
« vant aultres six enseignes ytaliens; vous adsurrant
« que avant lundy le nombre sera complet. Il y a au-
« dict Chaallons pour l'heure 2,000 pionniers. Le lieu-
« tenant dudict Chaallons pour le roy, c'est Françoys,
« duc de Nyvernoys. »

« Il ha grose garnysons à Châlon, écrit le sieur de
« Montbardon le 20 juillet (⁵), et ils sont monseigneur
« de Nevers, M. de Laval, le prince de la Roche-
« sur-Yon (⁶), et la plus grant part des seigneurs de la
« court. »

Le s^r d'Yve écrit le 17 août : « Il se murmure d'aller
« à Châlon, où entens les ennemys prétendent mestre

(1) François d'Anglure, précédemment gouverneur de Luxembourg.

(2) A cette date, le bailli de Vitry était Henry de Lenoncourt, chevalier de l'ordre, seigneur dudit lieu et de Baudricourt, chambellan du Roi, comte de Nanteuil-le-Haudoin. (Bibl. de Vitry, ms. 83.) G. H.

(3) La bande du s^r de Dampierre, gentilhomme de la maison du Dauphin, se rendit peu après au camp de Jaalons.

(4) Sansegondi, dont il est parlé plusieurs fois dans les Mémoires de du Bellay.

(5) Lettre à l'empereur, (liasse 22 de l'audience).

(6) Charles de Bourbon.

« huyt ou dix mille hommes, et y a quatre mil pionniers
« y ouvrans journèlement (¹). »

« Sire, écrit encore Montbardon le 21 août, il est
« retornet ung de seux que j'évois despêché, qui dit
« que seux qui estoit dedan Sainct-Disier demouront
« audict Châlon (²), et que le nombre sera de sis mille
« homes de pié et quatre sans home d'armes (³). »

Enfin, dans les derniers temps de son séjour à Saint-Dizier, Charles-Quint avait reçu des avis précieux d'un capitaine italien très-renommé, le seigneur Pyrrho Colonna, lequel avait passé par Châlons, et, pour mieux se rendre compte de la force de la place, y avait prolongé son séjour au grand mécontentement des Français, sous le prétexte d'attendre un trompette du camp impérial. Selon Colonna, il y avait à Châlons 4,500 piétons sans compter nombre de capitaines et de seigneurs français engagés comme volontaires, et la garnison devait bientôt monter à 7,000 hommes ; la place était très-forte du côté qu'on lui avait fait voir, et on ne l'attaquerait pas sans difficultés et sans péril (⁴).

Les pionniers dont il est question ci-dessus avaient été employés activement à réparer les murailles, à élever des batteries et des plates-formes, à démolir les maisons et édifices qui pourraient gêner le tir de la place ou servir d'abri à l'ennemi. Les historiens de

---

(1) Lettre à la reine de Hongrie, (liasse 23 de l'audience).
(2) Selon Navagero, il ne resta à Châlons que 400 hommes de la garnison de Saint-Dizier.
(3) Lettre à l'empereur, liasse 23 de l'audience.
(4) Navagero au doge, 22 août.

Châlons, MM. E. de Barthélemy et L. Barbat, donnent quelques détails sur ces travaux (¹).

Le 7 mars 1544, le Conseil de ville reçoit une lettre du duc de Guise, en date du 5, annonçant la probabilité d'un siège. Le 14, seconde lettre du duc pour presser la mise en état des remparts et le rasement des constructions extérieures, et il envoie son maître d'hôtel, M. de Rosne, avec la bande d'ordonnance de M. de Nevers. Dès lors, on prend les mesures les plus énergiques; on décide d'abattre les maisons du faubourg de Saint-Memmie, l'abbaye de ce nom, les couvents ou églises de Saint-Sulpice, de Toussaints, des Trinitaires, des Mathurins, l'hospice du petit Hôtel-Dieu ; avec les matériaux, on construit le château Saint-Antoine, le bastion d'Aumale, les ponts du château du marché et de Mauvilain, d'autres ponts à l'intérieur de la ville. La porte Sainte-Croix, située entre la rue Pipie et la rue Saint-Martin, est reportée à l'endroit où on la voit aujourd'hui. La petite paroisse Sainte-Catherine est enfermée dans la nouvelle enceinte.

Le registre des délibérations du Conseil de ville, malgré la brièveté de sa rédaction, est intéressant à étudier pendant cette période. Le 6 juillet, le Conseil décide que les hommes de pied, qui consomment les vivres de réserve, seront logés dans les villages voisins

---

(1) E. de Barthélemy, Histoire de Châlons, in-8º, et Variétés historiques sur la Champagne ; Barbat, Histoire de Châlons et de ses monuments, 2 vol. in-4º. — Dès 1543, on constate l'envoi à Châlons de 4 canons et d'approvisionnements de poudre ; des ouvriers travaillent à réparer les fortifications. Le 9 avril, le duc de Guise, gouverneur de Champagne, avait décidé que les dépenses seraient supportées, savoir : trois quarts par les habitants, et un quart par les seigneurs temporels, c'est-à-dire par l'évêque, le chapitre de Saint-Etienne, les abbés de Toussaints et de Saint-Pierre.

en tirant sur Vitry. Le 7 juillet : « A esté mis en ter-
« mes que Monseigneur de Nevers avoit ordonné mec-
« tre en ses mains ung roolle de ceulx qui besoignent
« aux rempars et autres affaires de ladicte ville, et que
« les charpentiers, massons, couvreurs besoignent à
« ladicte ville. » Le 23 juillet : « A esté mis en termes
« que Monseigneur le duc de Nevers avoit distribué
« commission adressante au prévost Claude Lhoste,
« pour contraindre tous et chacuns les particuliers
« bourgeois de Chaalons à fournir et mectre en cer-
« tains greniers les reserves de grains ; ..... et que
« ledict s^r de Nevers lieutenant du Roy audict Chaalons
« voulloit et entendoit que l'on mist lesdictz grains en
« certains greniers et assemblez pour ce faire en
« bailler les clefz de la garde à quatre ou cinq hommes
« pour en respondre et se obliger si l'affaire venoit de
« les delivrer pour l'affaire du Roy. » Le 24 juillet :
« Sur ce qu'il a esté mis en termes que les seigneurs
« temporelz reffusoient de contribuer leur part des
« municions et réserves que le Roy et Monseigneur de
« Nevers auroient ordonné estre faictes pour l'éminent
« péril de l'empereur et autres ennemys du Roy estans
« campés devant Saint Dizier, » on fait comparaître les
représentants de l'évêque et du chapître, Me Nicole
Buat et Jacques d'Aoust, et on décide « qu'on prandra
« des convers et novisses des Cordeliers et Jacopins
« pour ayder à esbarber les boulletz de la ville. A en-
« cores esté conclud que les mareschaulx et charpen-
« tiers seront contrainctz par emprisonnement de leurs
« personnes à monster et acoustrer les deux coulleu-

« vrines bastardes et ung faulconneau, et que l'on
« priera Monseigneur le duc de Nevers de les faire
« prandre en leur reffuz par ses hallebardiers. » On
ordonne des achats de boulets. Le 27 juillet : « A esté
« conclud que aux deppens de ladicte ville l'on fera
« quatre banières de toilles, les deux noires et deux
« blanches, pour mectre sur les deux clochés de Saint
« Estienne et Nostre Dame : ainsi, une toutte noire et
« une toutte blanche pour mectre sur ledict cloché
« dudict Saint Estienne, et deux pareilles sur le cloché
« Nostre Dame, et en chacun cloché deux guettes,
« adfin que, quant ilz veront nombre de gens de
« cheval, ilz mectent en apparence la banière noire,
« et, quand ilz veront gens de pied, mectent les ba-
« nières blanches, et frapper autant de coups qu'ilz
« pourront compter de gens ; et s'ilz voient qu'ilz y
« aient gens de cheval et gens de pied, ilz mecteront
« en évidance chacun d'eulx les deux banières, du
« costel qu'ilz veront lesdictz gens de pied et de che-
« val (¹). » Enfin les arquebusiers bourgeois exercent
la jeunesse aux mânœuvres et au maniement des armes (²). Tout cela manifeste une forte résolution de se
bien défendre.

Mais l'espion lorrain nous fournit sur le même sujet
des indications plus précises encore et plus circonstan-
ciées que celles qu'on relève dans les documents locaux. Il dit : « Saint Mange, l'esglise du costé de deça,
« Sainct Supplice, du costé la porte de Paris, et les

---

(1) Nous avons relevé ces textes sur le registre, aux dates indiquées. (G. H.)
(2) Barbat, I, 144.

« Toussainctz du dehors, sont esbatus et les bois a
« l'entour coupez. On abbatoit, quand partys jeudy
« dernier, la maison de l'évesque, qu'estoit joindant les
« murs. Le plus foible est le cousté de la maison l'é-
« vesque, lieu dit le Jaire, où ils ont fait platte forme,
« pour raison qu'il n'y a rempars qui vaille, et du
« dehors une petite montaigne, combien qu'il y ait ri-
« vière entre eux, mais ce n'est pas grand chose. Et y a
« partie de la rivière qui va par la ville, qui sert de
« mouldre, laquelle peut estre ostée facilement. Item du
« cousté Saint Mange entrant par la porte Saint Jehan,
« à main gauche y a platte forme, dont n'est encoires
« que à demy remplie ; et, endroit une poterne que
« j'ay vehu du mesme cousté, assez prèz de ladicte
« platte forme, enviran XXX pieds de costière et d'aul-
« tre n'est remparée ; car je l'aperceulx, quand je sor-
« tys passant le long des murs. Du cousté où se logent
« les marronniers (1), tirant droict à une esbaye de
« nonnain, ont fait joindant l'eau de cousté et d'aultre
« une platte forme, dont celle du cousté de Lorraine
« n'est encore achevée. »

« On rast toutes les maisons brulées qui sont près
« de Châlons, » écrit Montbardon le 21 août.

« On croit que l'empereur va mettre le siège devant
« Saincte Mennehault ou devant Châlon, écrit un autre
« espion le 22 août (2). On a brûler tous les fourbou de
« Châlons et s'a on boutté toutte famme et petit enfain
« dehorre la ville. »

---

(1) Bateliers, gens de rivière.
(2) Lettre au comte de Rœulx.

§ 3.

Le lundi 1er septembre, l'armée envahissante continua d'occuper son campement près du château de Sarry (¹). Ce jour-là, des escouades de cavalerie envoyées en reconnaissance partirent du camp, traversèrent la route qu'on appelle aujourd'hui route de Strasbourg, contournèrent le faubourg Saint-Memmie, passèrent près de la source du Man et du bois Bouchet, parvinrent à la route de Metz, puis se rabattirent vers le moulin Picot, d'où elles purent observer à la fois les abords de la porte Saint-Jean et de la porte Saint-Jacques (²).

Le 2 septembre, l'armée impériale se remit en marche ; elle passa entre Lépine et Châlons, puis vint occuper les bords de la Marne, à 2 milles environ au-dessous de la place (³). Dans cette marche tournante elle approcha si près des murailles que l'artillerie ennemie aurait pu l'atteindre (⁴). Ce mouvement rendit manifeste la résolution de l'empereur de ne pas s'attarder au siège de Châlons ; et, comme jusqu'alors les desseins de Charles-Quint étaient restés secrets, les ambassadeurs supposèrent à tort que c'était la reconnaissance du jour précédent qui en était la cause. Navagero écrivit : « La ville ayant été reconnue et considérée, il fut trouvé que, en raison des nouveaux

---

(1) Voir au chapitre XXII pour la conférence du 1er septembre.

(2) Telle est du moins la manière dont nous comprenons les indications fournies par nos documents.

(3) C'est-à-dire à 3,700 mètres.

(4) « Nel marchiare si passo cosi vicino alle mure della città, che si potea esser offesi dalli tiri della artigliaria nemica. » (Navagero.)

« travaux, du nombre de gens qui étaient dedans
« et du voisinage de l'armée du roi, c'était une entre-
« prise à ne pas tenter (¹). »

C'est sans doute le 2 septembre qu'eurent lieu les escarmouches et charges de cavalerie dont nous entretiennent les historiens. « Passant l'armée impériale
« devant Challons, dit du Bellay, ceux de la dicte ville
« cognoissans que l'armée passoit outre sans les vou-
« loir attaquer, la jeunesse de monseigneur de Nevers
« sortit à l'escarmouche pour recognoistre l'ennemy et
« rompre leurs lances pour leurs dames, et avecques
« eux les chevaux légers, de sorte que l'escarmouche
« se dressa forte et roide, et feirent de belles charges,
« prinses et recousses tant d'un costé que d'autre ;
« mais enfin, arrivant la force du camp de l'empereur,
« nos gens furent contraints de tenir bride. Il y mourut
« des gens de bien et d'une part et d'autre, et entre
« autres, des nostres, le seigneur des Bordes et le
« jeune Genlis, tous deux de la maison de monseigneur
« d'Orléans, et furent tués de coups de pistoles, qui
« sont petites arquebouzes qui n'ont qu'environ un pied
« de canon, et tire-l'-on avecques une main, donnant le
« feu avecques le rouet (²). » Arnould Ferron ajoute à ce récit des détails nouveaux : « On avait fait, dit-il, en-
« trer dans Châlons les bandes de cavalerie de Joachim

---

(1) « Riconoscuita et considerata la città, fu ritrovata et per li novi ripari
« et per il numero di gente che era dentro e per la vicinanza dell' essercito
« del re, impressa da non tentare. »

(2) On sait que c'est en ce combat que nos cavaliers essuyèrent pour la première fois le feu des pistoliers allemands ; ceux-ci tournaient bride après avoir déchargé leurs pistolets et revenaient sur l'ennemi après les avoir rechargés.

« de Chabannes, baron de Curton ; celui-ci, sorti de la
« ville avec les siens, harcelait les Impériaux de divers
« côtés, de telle façon que si, certain jour, ses gens
« fussent sortis en plus grand nombre, la chose eût mal
« tourné pour l'empereur. » Chabannes dut enfin se
retirer devant des forces supérieures, emportant avec
lui l'admiration de Charles-Quint et de ses soldats [1].

Outre des Bordes et Genlis, on cite parmi les français morts le sieur de Savignac, gentilhomme originaire des environs de Libourne, et le sieur du Bourdois en Limousin [2]. Le sieur d'Escars fut blessé.

Ce même jour 2 septembre, vers minuit, pendant que l'armée reposait dans son nouveau campement du bord de la Marne, Charles-Quint donna tout à coup l'ordre du départ. Les tentes furent pliées, les chariots attelés et les Impériaux marchèrent toute la nuit dans le plus profond silence, sans faire raisonner tambours ni trompettes. Et le 3, au soleil levant ils arrivèrent à la hauteur de Juvigny et aperçurent l'armée française dans ses retranchements d'Aulnay et de Jaalons. Un mille italien les séparait de l'ennemi et la Marne coulait entre eux.

§ 4.

Le récit qu'on vient de lire est conforme aux principaux témoignages, mais non pas à tous ; et, quoique

---

[1] Chabannes disputa surtout avec acharnement une éminence qui pourrait être celle du moulin Picot. Dans la soirée du 2 septembre, les Français harcelèrent encore l'arrière-garde de l'armée ennemie.

[2] Belleforest. Ferron : « Franciscus Lasconus, cui a Savinaco cognomen. »

ces discussions de détails ne puissent intéresser que des érudits, nous croyons devoir exposer ici les difficultés de la question et justifier la solution adoptée.

Voici les textes les plus importants :

1° Vandenesse, qui est ordinairement un guide si sûr, s'exprime ainsi : « Le pénultiesme (1), Sa Majesté vint « loger à la Chaussée, et le dernier jour près de Châlon, « à ung demy-traict de canon passant par devant la ville; « et, environ les dix heures de nuict, Sa dicte Majesté « se leva et chemina toute la nuict, et au poinct du jour « fut à veue du camp des Françoys, estant entre les « deux campz la rivière de Marne ; les dicts François « ne se mouvoient de leurs fortz... Et le mesme jour « Sa Majesté et son camp passèrent oultre trois lieues « et logèrent à la campagne. »

Féry de Guyon, témoin oculaire, dont les *Mémoires* ont été publiés par la Société d'histoire de Belgique, rapporte la même version. « Nostre camp, dit-il, arriva « devant la ville environ les trois heures, où fut commandé qu'on ne déchargeroit ny charriotz ny bagages, et, incontinent qu'il fut nuit, nostre camp « marcha, si qu'à l'aube du jour nous avions passé plus « haut que le camp des Français, dont ils furent bien « estonnés. »

Ainsi, selon ces deux chroniqueurs, l'armée impériale n'aurait nullement séjourné près de Châlons, et c'est le 1er septembre au matin qu'elle serait arrivée en vue des Français.

2° D'autre part, la reine de Hongrie écrit à son frère

---

(1) C'est-à-dire le 30 août.

Ferdinand, d'après une lettre d'Antoine Perrenot, fils du chancelier : « Le camp des Français commençoit à « marcher hors de son fort, *quand le mardi second de* « *ce mois*, au rompre du jour, les armées se trouvarent « à l'opposite l'une de l'aultre (¹). »

Par conséquent, d'après ce document, c'est, non plus le 1ᵉʳ septembre, mais le 2 septembre, que les armées ennemies se seraient rencontrées au bord de la Marne. La reine ajoute que les Français ne savaient rien « de « ce que Sa Majesté, sans bruyt, trompettes ny tam- « bours, avoit marché toute la nuit dou les dix heures. »

3° Enfin les ambassadeurs Wotton et Navagero reculent encore le moment de la rencontre.

« Le jour de la dernière lettre écrite à Votre Ma- « jesté (²), dit Wotton, nous logeâmes à une lieue de Châlons, et le lendemain (³) nous envoyâmes des gens « pour voir la situation de la ville, comme si le siège « devait y être mis. Et le second jour de ce mois (⁴), « nous tournâmes la ville et campâmes de l'autre côté « vers Paris sur le bord de la rivière, faisant mine « comme si l'ordonnance devait s'en approcher ; mais « cette nuit-là (⁵), vers minuit, notre camp fut déplacé « et nous allâmes vers le camp français qui est établi « entre la Marne et l'Yonne, à 4 lieues de Châlons, de « sorte qu'au jour nous vîmes le camp français, séparé « de nous par la rivière (⁶). »

(1) Lettre du 12 septembre, liasse 24 de l'audience.
(2) Lettre du 31 août.
(3) Lundi 1ᵉʳ septembre.
(4) Mardi 2 septembre.
(5) C'est-à-dire dans la nuit du 2 au 3 septembre.
(6) Lettre à Henri VIII, du 6 septembre. (State. Papers, X, 61).

« Le même jour dernier du mois, écrit à son tour
« Navagero, l'armée partit, et alla loger à trois milles
« italiens près de Châlons. Elle y resta tout le jour sui-
« vant, qui fut le 1er septembre. Le 2, elle se mit en route
« et s'arrêta à deux milles au delà de Châlons. La
« même nuit du 2, elle délogea à quatre heures de nuit
« sans tambour et marcha jusqu'à la vingtième heure
« du jour suivant, c'est à dire du 3, brûlant et ruinant
« les plus belles campagnes qui se puissent voir. Ce
« jour-là, à deux heures de soleil, l'arméé impériale
« se trouva à un mille italien environ de l'ennemi, dont
« elle était pourtant séparée par la Marne (¹). »

Les ambassadeurs sont donc d'accord pour déclarer que c'est le 3 septembre au matin que les deux armées furent en présence l'une de l'autre. Ces témoignages sont les plus directs que nous ayons, et la parfaite identité des informations qu'ils nous fournissent nous a beaucoup frappé. Ils s'accordent fort bien avec la logique des faits. Est-il admissible que l'empereur ait passé devant Châlons sans prendre soin d'éclairer sa marche, alors qu'il avait devant lui un camp considérable qui pouvait s'être porté en avant? Si on adopte

(1) « Il medesimo giorno d'ultimo, parti l'essercito et alloggio 3 miglia ita-
« liane presso Chialon. Li si stesse tutto l'giorno sequente, che fu il primo di
« settembre. Alli doi si camino et si fermo doi miglia oltre Chialon. La mede-
« sima notte di doi, desloggio alle 4 hore di notte l'essercito senza suono di
« tamburo et camino fin alle 20 hore del giorno sequente di 3, brusciando et
« ruinando le più belle ville che si possino veder, tutte poste in una valle,
« longo alla Matrona. In quello giorno, a doi hore del sole, si ritrova l'esser-
« cito cesareo uno miglio italiano o poco più discosto dal nemico, ma però
« questo di qua del fiume e l'altro di la. » — Les historiens tels que Gaillard, Mézeray, Sleidan, Beaucaire, Varilas, Ferron, ne disent rien de précis sur le point litigieux.

la version de Vandenesse et de Féry de Guyon, il n'y a plus moyen d'expliquer les combats de cavalerie dont les historiens français nous ont conservé le souvenir. Pour toutes ces raisons, nous n'avons pas hésité à croire que notre récit est l'expression de la vérité (1).

(1) On remarquera pourtant au chapitre XVIII que, selon du Boullay, Furstemberg fut pris près de *Tours-sur-Marne* dans la nuit du 2 au 3 septembre. Il y aurait peut-être moyen de concilier ces affirmations contradictoires en admettant qu'une forte avant-garde précéda d'un jour le camp impérial. Il faut noter aussi que Féry de Guyon appartenait à un corps d'éclaireurs, comme on le voit par son rôle à Epernay, chapitre XIX ; cette circonstance paraît corroborer l'hypothèse proposée. (G. H.)

CHAPITRE XVII.

L'armée française. — Le camp de Jaalons.

Nous n'avons point parlé jusqu'ici du gros de l'armée française ni de sa concentration sur les bords de la Marne. Le moment est venu de fournir sur ce point les éclaircissements indispensables. C'est dans ce chapitre surtout qu'apparaîtra l'indigence des documents français. A peu près tout ce que nous savons de nos troupes et de leurs mouvements nous est connu par des rapports de généraux et d'espions ennemis, conservés aux archives belges ; en France, on ne rencontre rien, ni au Ministère de la Guerre, ni au Ministère des Affaires Etrangères, ni à la Bibliothèque Nationale, ni aux Archives Nationales.

Le roi, presque toujours malade depuis sa funeste aventure avec la femme de l'avocat Féron, est obligé de se décharger sur ses fils le Dauphin et le duc d'Orléans, sur le duc de Guise, sur le duc de Vendôme, sur l'amiral d'Annebaut, de la conduite de la guerre [1]. Le 3 avril, il est en Normandie, à Evreux ; de là il remonte vers la mer. Le 12, il est au Bec-Hellouin [2] ; le

---

[1] Pour les détails qui suivent, nous empruntons nos indications à deux manuscrits de la Bibliothèque nationale, FR. 20345 et 20347, qui relatent les séjours des rois de France dans diverses villes, ainsi qu'à un travail de M. Ulysse Robert fait sur des chartes, édits et lettres patentes.

[2] Arrondissement de Bernay.

16 à Montfort-sur-Risle (¹), et il loge le même jour à l'abbaye du Bec. C'est de ce jour et de cette abbaye que sont datées les lettres patentes par lesquelles il « fait, ordonne, constitue et establit le cardinal de Meu- « don son lieutenant-général représentant sa personne « en la ville et cité de Paris ». Le 20 avril, François Ier est à Pont-Audemer. Puis il revient vers Paris. Le 26 avril, il est à Mauny (Eure) ; le 5 mai, à Mantes ; les 13, 15, 18 mai à Saint-Germain-en-Laye ; les 19, 20 et 21 même mois, à Meudon ; le 22 et le 26, encore à Saint-Germain-en-Laye ; le 29 mai, à Paris.

Pendant tout le mois de juin il reste dans sa capitale.

En juillet, il est le 2 à Yères (²) ; le 3, à Vincennes ; les 7, 8 et 9 à Paris. Du 10 au 30 juillet, il demeure au château de Saint-Maur-les-Fossés, sauf pendant la journée du 28 qu'il passe encore à Yères. C'est à Saint-Maur, le 11 juillet, qu'il signe les lettres patentes par lesquelles il crée et constitue le Dauphin de Viennois, duc de Bretagne, son fils aîné, « son lieutenant général re- « présentant sa personne en et par tout le royaume, « pays, terres et seigneuries de son obéissance (³). » La maladie fut cause de ce séjour prolongé à Saint-Maur : le 20 juillet, le s^r de Montbardon adressait à Charles-Quint un rapport où on lit ces mots : « Sire, ast matin « est venu ung gentilome de la court de France, lequel « a lésés le roy auprès de Paris à hune abayes nomée « Sainct Mort des Fousés, lequel est fort malade, et a

---

(1) Arrondissement de Pont-Audemer.
(2) Arrondissement de Corbeil.
(3) Clairambault, vol. 339, f° 7753.

« desjà plus de dix jours quy ne bouge du lit d'une
« fièvre (¹). »

Le 30 juillet, l'état de sa santé s'est amélioré, et il remonte vers le Nord-Est pour se rapprocher du théâtre des événements. Le 31, il est à Saint-Pruis (²); le 2 août, à Paris; le 4, à Presles (³); le 6 et le 7, au château de Nanteuil-le-Haudoin (⁴); du 8 au 21 août, au château de Villers-Coterets; du 22 au 24 août, à Coincy (⁵); le 28 et le 29 août, à Courtagnon (⁶). Au commencement de septembre, il paraît avoir été à Etoges, d'où il retourna à Paris le 9 septembre.

Quant au Dauphin et au duc d'Orléans, des deux côtés où la lutte va s'engager, c'est-à-dire en Picardie et en Champagne, ils sont précédés, à savoir : 1° le Dauphin, par le duc de Vendôme, gouverneur de Picardie, et par Oudart du Biez, son lieutenant, gouverneur de Boulogne-sur-Mer; 2° et le duc d'Orléans, par le duc Claude de Guise, par Maximilien de Bossu, sr de Longueval, lieutenant du gouverneur de Champagne, et par l'amiral d'Annebaut.

Voici les documents étrangers qui peuvent servir à l'histoire des opérations des Français pendant la première période de la guerre.

(1) Liasse 22 de l'audience. Cf. la lettre du 17 juillet adressée par Navagero au doge, et de Wotton, 24 juillet.
(2) Localité que nous n'avons pu identifier. Il faut peut-être lire « Saint-« Denis. »
(3) Arrondissement de Pontoise.
(4) Arrondissement de Senlis.
(5) Arrondissement de Château-Thierry.
(6) Dans le ms. de M. Paillard, on lit « Courtignon, » et l'auteur dit qu'il n'a pu identifier ce nom. Il nous semble qu'il s'agit de Courtagnon, commune du canton de Châtillon, Marne. (G. H.)

A la fin de mai, le duc de Vendôme semble vouloir faire une diversion sur la province de Hainaut, dans le dessein évident de contraindre les Impériaux à diviser leurs forces. Le 30 de ce mois, le bailli d'Avesnes, Adrien de Bloys, écrit à M. de Bermerain, capitaine d'une bande d'ordonnance : « Monseigneur, depuis mon arri-
« vement en cest ville (¹), j'aye seus que le signour de
« Vendosme est venu che jourdhuy à Landersies, et,
« a amené avec luy sept ou wuit cent chevaulx et quel-
« que nombre de gens de piedtz, et croye que y se
« sont retirez à Guize. Y font refairre les pons à Quati-
« lons et Orre (²). »

Le 3 juin, le comte de Rœulx, gouverneur de l'Artois, écrit au duc d'Arschot, gouverneur du Hainaut : « Mon-
« sieur, j'ay reçue vostre lettre contenant la nouvelle
« comme le roi est venu à Coussi et dresse toutes ses
« forches pour le pays de Haynault. Et davantaige et
« oultre ce, j'ay nouvelles qu'il est arivé et arive jour-
« nellement fort grosses munitions de pouldre, artil-
« lerie, vivres et toutes autres choses servant à assié-
« ger plache à Corbie (³). » Mais, le même jour 3 juin, d'Arschot mieux instruit informe la reine de Hongrie de la retraite des Français : « Madame, j'ay eu nou-
« velles comme M. de Vendosme, après avoir esté à
« Landrechies, se seroit retiré vers Guyse, et le sʳ de
« Humyères, qui estoit avec luy, auroit fait le sembla-
« ble vers Péronne (⁴). »

(1) Avesnes.
(2) Catillon-sur-Sambre, bourg du canton du Cateau ; Ors, village du même canton. (Liasse 20 de l'audience.)
(3) Liasse 21 de l'audience.
(4) Même liasse.

Le 9 juin, le comte de Rœulx adresse à la gouvernante des Pays-Bas des renseignements sur ce qui paraît se passer aux frontières d'Artois et de Champagne. « Madame, les ennemis se assemblent à tous
« costez et envoient vers Champaigne dix mil piétons et
« trois mil chevaulx, oultre et pardessus les garnisons
« qui y sont, lesquelz ilz font compte boutter dedens
« leurs forts, attendans les Suisses quy ne viendront
« jusques au my juilliers. Pour mectre sur ceste fron-
« tière (¹), ilz assemblent jusques à dix ou douze mil
« hommes de pied normands, picars et beauvoizins.
« Oultre ce, dient qu'ilz attendent huict mil ytalliens
« et trois mil allemands, lesquelz, avecq leurs ytal-
« liens et dix mil piétons de leur pays, sont délibérez
« eulx mectre du costé du roy d'Angleterre, et non
« du costé de l'empereur, craindant que aulcuns se
« voisent rendre (²). »

Du 12 au 15 juin, c'est-à-dire pendant le siège de Commercy, Robert de Huy rédige pour le vice-roi de Sicile un rapport dans lequel nous trouvons des indications importantes. « Monseigneur, lui écrit-il, pour le
« premier (poinct), peult estre Vostredicte Excellence
« asseurée que le roy de France est à Paris (³), et a
« mandé toutte la gendarmerie de touttes les frontiè-
« res que l'on se peult passer, pour estre en la fin de
« ce mois à six lieues près de Meaulx en Brye, et s'y
« doibt comparoir le plus tant des prinses que des no-

---

(1) Celle d'Artois.
(2) Liasse 21 de l'audience.
(3) On a vu tout à l'heure que ce renseignement était exact.

« bles de son royaulme. Pour le second, il y a ambas-
« sadeurs venuz du pays de Suisse, lesquelz apportent
« certitude que les Ligues sont en délibération de le
« servir de toutte leur force, en condition qu'il n'en-
« treprengne rien hors de son royaulme (¹); et, pour
« luy garder son royaulme, doibvent envoyer dix huict
« milles qui se trouveront en la fin de ce moy où la
« susdicte armée se dressera. Pour le tiers, l'armée qui
« estoit en Italie, qui venoit par deça, at esté reman-
« dée hastivement, et estoit jà à l'entour de Lyon (²) ;
« et espeir le roy que ses forces sont suffisant en Ita-
« lie de résister. Pour le quattriesme, le sieur de Guyse
« est en Bourgogne (³), qui, avec diligence, lève six
« milles légionnaires (⁴) et quelque petit nombre de
« lansquenetz, qui doibvent venir par le pays de Suysse,
« et trois centz hommes d'armes ; et doibvent estre
« cette sepmaine à l'entour de........ pour avec dili-
« gence subvenir à la frontière de Champaigne, là où
« il serat de nécessité. Item le roi Françoys n'espeir
« point de partir de Paris avant que toutes ses forces
« soient ensembles pour marcher par deça (⁵). »

Le 24 juin, le duc d'Arschot écrit à la reine de Hongrie, de son domaine de Beaumont en Hainaut, une lettre bien curieuse ; non-seulement il donne des renseignements sur les directions que vont prendre les

---

(1) Il est encore vrai qu'à ce moment des négociations étaient engagées avec les Ligues suisses.
(2) Il s'agit des piétons français et gascons renvoyés en France par le comte d'Enghien après la prise de Carignan.
(3) Il était gouverneur de cette province.
(4) Soldats des légions provinciales créées par François I".
(5) Liasse 24 de l'audience.

deux fils du roi et sur les dispositions morales des différentes classes de Français, mais encore il conseille indirectement à l'empereur de descendre de la Champagne en Bourgogne, où il ne rencontrera qu'une faible résistance. Ce passage indique quels regrets vivaces avait laissés l'incorporation de ce duché à la France après la mort du Téméraire (1477). « Madame, écrit
« le duc, j'ay eu hier nouvelles que le roy François est
« à Paris et fait fortifier la ville et faubourgs. M^{rs} les
« Daulphin et d'Orléans sont à Soison et font leurs
« amaz ; ledict Daulphin s'en va vers les Anglois, et
« Orléans vers l'armée de l'empereur. Si l'empereur
« thournoit de Champaigne vers la Bourgogne, jamés
« ceulx du duc d'Orléans n'y pourroient estre. Je ne
« sçay si ilz ont aultre force vers ce costel-là. Et quant
« au Daulphin, si les Anglois font bonne diligence (1),
« ilz feront grant effort avant qu'ilz ayent leurs gens
« prestz. Et quant au pays et nobles, ilz sont autant
« estonnez qu'ilz furent jamés et despèrent de la tar-
« dance de leur roy et de son gouvernement. Ilz ne
« peullent recouvrer le nombre de gens qu'ilz cuidoient.
« Je parlay hier au secrétaire de Belleforière, prison-
« nier, qui me dict qu'ilz attendoient dix mil Italiens
« que le pape debvoit envoier à leur roy, et disoit qu'ilz
« espéroient avoir des Suisses, et que le roy avoit tant
« d'argent des gens d'esglises, nobles et bourgeois qu'il
« estoit incréable (2). »

Les lettres suivantes, adressées de Saint-Omer par

---

(1) Le duc de Norfolk et l'avant-garde anglaise venaient de débarquer à Calais.
(2) Liasse 21 de l'audience.

le comte de Rœulx à la reine de Hongrie, nous apprennent l'arrivée du Dauphin en Picardie et sa jonction avec le duc de Vendôme. — 23 juin : « J'ay nouvelles
« que le Daulphin vient en ce quartier et qu'il amaisne
« VI^c hommes d'armes et huit à dix mille hommes de
« pied, oultre et par dessus ce qui est en la frontière. »
— 28 juin : « J'ay à ceste heure eu nouvelles de quel-
« cun que tiens seur que le s^r de Vendosmes sera ce
« soir à Amyens et que le Daulphin vient après ([1]). » —
10 juillet : « Madame, j'ay eu nouvelles comme les ben-
« des de M^rs les Dolphin et de Vendosme sont arrivées à
« Dourlens. » — 11 juillet : « J'ay nouvelles que le roy
« de France a esté fort malade et n'est encoires bien
« refaict; que le Daulphin vient en ceste frontière ; mais
« il est bruit maintenant qu'il n'y vient point et qu'il
« demeurera à Paris ou qu'il viendra vers Mazières. »
Le post-scriptum corrige ainsi les indications précédentes : « Comme je voulois clore ceste, ay eu nouvelles que
« le Daulphin estoit arrivé à Amyens en poste. S'il en
« est ainsy, le sçauray dedans demain le soir. » — 15
juillet : « Le roy de Franche estoit à Paris et a escript
« aux marchans de Paris qu'ilz lui baillassent soixante-
« dix mil escus, ce qu'ilz ont faict. Je tiens qu'il en
« aura faict aultant des aultres grosses villes, et en-
« tendz que les deniers s'employeront au paiement des
« Suisses, lesquelz viennent, comme ilz dient, pour
« combattre l'empereur. On dict que le Daulphin vient
« à ce costé icy, mais il n'est encoires en chemin, du
« moins ne ay nulles nouvelles que soit entre icy et

(1) Liasse 21 de l'audience.

« Paris. » — 16 juillet : « J'envoie deux lettres à Vos-
« tre Majesté, par lesquelles elle verra que le Daulphin
« vient sur ceste frontière ; aussi nouvelles du roy et
« des Suisses. Par espies, j'avois les mesmes nouvelles
« de la venue du dict Daulphin. » — 31 juillet : « J'ay
« nouvelles de quelque ung, lequel me a tousjours
« bien adverty, que le Daulphin est à Abbeville et M.
« de Vendosme avec luy. (1) » — 1er août : « Le Daul-
« phin fait ce qu'il peut pour assembler gens ; mais,
« aux nouvelles que j'ay eu aujourd'huy, treuvera bien
« peu de gens de pied et encores moins d'argent pour
« les payer, et que le roy de France est malade à Saint
« Denys. » — 10 août : « Quant aux nouvelles de ce
« quartier qui me sont venues depuis mes dernières
« lettres, j'en ay tous les jours de plusieurs sortes. Le
« plus véritable est que le Daulphin, qui estoit à Amiens
« à quatre heures du soir jouant à la palme, assemble
« le plus qu'il puist gens tant de cheval que de pied,
« et est son intention, en cas qu'il ne puist lever ceulx
« de Monstrœul pour leur hoster les vivres (2), de met-
« tre le siège devant Béthune ou Bapalmes, ou essayer
« de prendre Lillers, et soy tenir là dedens pour gas-
« ter pays tant de la Basse-Flandre que d'Arthoy (3). »

Passons maintenant à un rapport d'autre provenance
et qui présente un intérêt tout particulier (4). Il émane

(1) Liasse 22 de l'audience.
(2) C'est-à-dire : forcer les ennemis qui assiègent Montreuil à quitter leur entreprise, en leur coupant les vivres.
(3) Liasse 23 de l'audience. — Le lecteur voit que ces rapports sont parfois contradictoires, soit qu'ils émanent d'espions différents, soit qu'ils reflètent les incertitudes du Dauphin.
(4) Ce rapport n'est pas daté, mais il doit avoir été écrit vers le 15 juillet.

d'un lorrain qui est attendu à Paris par un personnage français désigné sous le pseudonyme de *Gneulf*. Le lorrain part de Bar le vendredi 27 juin, traverse Châlons où il est fouillé, et arrive à Paris le mercredi 2 juillet au soir ; il n'y trouve pas *Gneulf* qui, par ordre du roi, était parti pour Montéclaire (1). Le lendemain 3 juillet, le cardinal de Meudon, averti de son arrivée, l'envoie à Vincennes où sont alors le roi et l'amiral. L'espion, en traversant Châlons, avait dit au duc de Nevers qu'il devait parler à *Gneulf* et non pas à un autre ; d'Annebaut, averti sous main par le duc, avait conclu de là qu'il avait des choses importantes à dire ; mais le lorrain « lui fit court. » En revanche son rapport nous donne des renseignements très-circonstanciés sur le roi, le Dauphin, la cour, la province, les troupes qui reviennent d'Italie, les Suisses, etc.

« Le 3mo juillet, écrit-il, item, audict Vincennes ; le-
« dict jour entier y séjourna le roy, où estoit avec luy
« mons^r le Daulphin, le roy de Navarre (2), l'admiral,
« le grand escuyer (3), le capitaine Lorges (4) et tous
« les cardineaulx (5), et X à XII capitaines attendans
« despêche de commission pour lever gens. »

« 4me juillet, item, le vendredy matin s'en vint le roy
« et son train aux Tornelles dans Paris. Au disner ou
« sur la fin de son disner, luy arrivarent, assavoir : ung
« ambassadeur vénitien, grand maigre, vieil homme ;

---

(1) Ce Gneulf devait être un personnage important, car il était envoyé par le roi à Montéclaire pour s'assurer si la place est tenable.
(2) Henri d'Albret, beau-frère du Roi.
(3) Claude Gouffier, duc de Roanne.
(4) François de Montgomery, comte de Lorges.
(5) Les cardinaux de Givry, d'Annebaut, Jean du Bellay, etc.

« ung du pape, et ung capitaine de Suisses. Ils ont
« receu payement de vingt mille hommes. »

Le duc d'Orléans est à Reims. Quant à son frère :
« mardy 8ᵉ de juillet, estoit chose adsurrée que mons' le
« Daulphin s'y en alloit avec 400 hommes d'armes trou-
« ver mons' de Vendosme, et estoit bruyt que le
« connestable s'y en alloit avec le Daulphin. Ledict con-
« nestable a presté, que le roy luy a demandé, 100,000
« escus (1). » Carignan s'est rendu et les piétons renvoyés par le comte d'Enghien sont arrivés en France.
« Ils sont de retour en France, que mons' d'Anguienes
« envoye, 6,000 Ytaliens et 3,000 Allemans, de ceulx
« qu'estoient devant ledict Carignan. Les Suisses sont
« au Maulconnoys (2) pour certain en nombre de XVIᵐ
« du moins ; lansquenetz près de Chaulmont (3), IIII à
« Vᵐ ; et vient, que sont par delà Fontainebleau, IIIIᵐ
« Gascons (4). Les 200 gentilshommes du Roy sont en
« garnison à Myau (5); les archiers du roy à la Ferté (6). »
L'espion parle aussi des garnisons placées à Commercy,
Ligny-en-Barrois, Saint-Dizier, Vitry et Châlons, des
forces dont disposent Claude et François de Guise (7).
Il ajoute au sujet de Troyes, de Reims et de Sainte-Menehould : « Item, à Troyes, se faict monstre où s'est
« trouvé de ceulx de la ville environ 5,000 hommes, et

---

(1) Le connétable de Montmorency, dont le Dauphin avait en effet réclamé le concours ; mais le roi se refusa à le rappeler de son exil.
(2) Dans le Mâconnais ?
(3) Chaumont, Haute-Marne.
(4) Venant d'Italie.
(5) Meaux ?
(6) La Ferté-sous-Jouarre.
(7) Nous avons rapporté ce qu'il en dit dans les chapitres précédents.

« n'y a autres gens pour l'heure. Item, à Troyes se
« trouve environ aultant, et est dedans avec ceulx de
« la ville le prince de Melf (¹) et Montpensier (²). A
« Reims, le plus fèble, je trouve que c'est à l'endroit de
« la porte Amère, qu'est la porte de Paris ; assez près
« d'un quart de lieue est une esglise Saincte Gene-
« fiefve. A Sainte Menehou, 2,000 hommes et 50 hom-
« mes d'armes, sous la charge de monsʳ d'Espinards. »
Une partie de ces forces ne tardera pas à se rendre
au camp central de Jaalons dont il est temps de parler.

Nous avons dit que le Dauphin avait d'abord rejoint
en Picardie le duc de Vendôme. Vers le milieu d'août,
il part avec ses troupes dans la direction de la Champagne pour y retrouver son frère et l'amiral. Ce mouvement n'échappe pas à la vigilance du lieutenant de
l'empereur. « Madame, écrit le comte de Rœulx à la
« reine Marie le 10 août (³), j'ay esté adverty par une
« seulle de mes espies que une grande partye des gens
« de cheval françois sur ceste frontière tirent vers
« Champaigne, et que ce est cause que desjà ne sont
« entrez en ce pays. » Le 15, la reine informe l'empereur de ce mouvement ; elle serait presque tentée d'accuser les Anglais de connivence et ne comprend pas
comment les Français laissent si peu de monde du côté
de Boulogne (⁴).

(1) Jean Caraccioli, duc de Melfi, émigré napolitain.
(2) Louis de Bourbon, duc de Montpensier.
(3) Lettres des Seigneurs, II, 427.
(4) Manuscrits de Wynants. On sait que Charles-Quint tenta en vain de dé-
cider Henry VIII à marcher sur la Somme, ce qui aurait retenu le Dauphin
dans le Nord.

— 317 —

Le Dauphin et le duc d'Orléans se rencontrent d'abord à Reims (¹) et leurs troupes se concentrent entre Reims, Châlons et la Marne.

Il existe deux rapports militaires, dressés le 21 et le 22 août, qui nous font assister à la formation du camp de Jaalons.

« Sire, écrit le sieur de Montbardon à l'empereur le
« 21 août (²), il est retorné ung de ceulx que j'evois
« despêché, et dit avoir esté au quan des Souyses, avoir
« veu beauquoit d'enseygne, jusques au nombre de
« vingt ou plus, *et que leur quan est à Aunay* (³), et
« qui l'avoit de l'artiglerye petite en leur quan, et que
« à demye lieue plus bas, le lon de la ryvière, les Ale-
« mans qui n'estoit à beauquoit près si grande bende
« que les Souyses, à cause que les Grisons sont avec
« les Souyses.... L'on disoit qui venoit grande bende
« d'artiglerye par la ryvière de Marne *et que le Dau-*
« *fin et Monsr d'Orléans devoit aryvé au camp cexte*
« *semaine, et que l'on réparoit fort le camp à faire*
« *bon sousés* (⁴), *et enclôt-on ung vilage dedan* (⁵). »

L'autre rapport, écrit le vendredi 22 août et adressé au comte de Rœulx, donne d'autres renseignements sur

---

(1) Le duc d'Orléans était déjà à Reims le 24 juillet. A ce moment, son père lui envoie le secrétaire L'Aubespine pour l'entretenir d'un propos de mariage dont il était alors question entre le jeune duc et la nièce du pape. (Lettre de Marinus de Caballis, datée de Paris, 27 juillet, archives de Venise.)

(2) De Bar-le-duc. Liasse 23 de l'audience.

(3) Ce camp d'Aulnay est celui que les historiens appellent camp de Jaalons. Les villages d'Aulnay et de Jalons se touchent.

(4) Succès.

(5) Il n'est point parlé dans ce rapport des piétons français revenus d'Italie ; mais, à cette date, ils étaient certainement rendus à destination. Marinus de Caballis les appelle « Italiani vechi, » par opposition aux autres troupes de Pierre Strozzi restées en Italie.

les travaux du camp. On y lit : « Le campt n'est point
« engcoirre dréser. Il n'y a sinon que les Suiste au-
« près de Salon et les adventuriers françois (¹) qui sont
« par les vilaige à l'entour de Rain (²), et sy a belle
« bande de gendarmerie (³). »

Malgré ces différences d'informations, il résulte clairement des deux rapports que c'est du 20 au 25 août que le camp de Jaalons prend figure et reçoit son assiette définitive (⁴).

Cet emplacement de Jaalons avait été fort heureusement choisi vers la mi-juillet, c'est-à-dire au moment où l'empereur arrivait devant Saint-Dizier. François Ier avait prévu qu'après s'être emparé de cette ville Charles-Quint se dirigerait vers Sainte-Menehould ou vers Châlons. En plaçant son camp à proximité de Châlons, sur la rive gauche de la Marne, le roi atteignait deux buts : d'une part, il rendait presque impossible le siège de cette ville ; de l'autre, il empêchait l'ennemi de traverser la Marne. Aussi comprendra-t-on parfaitement ce passage de du Bellay : « Manda à mon-
« seigneur le Dauphin de s'en aller camper sur la ri-
« vière de Marne, en tel lieu qu'il peust empescher
« l'ennemy de marcher plus avant en pays ; suivant
« lequel mandement mondit seigneur le Dauphin en-

---

(1) Les Gascons et les soldats d'Italie.
(2) Reims.
(3) Liasse 23 de l'audience.
(4) Guillaume de Furstemberg écrit aussi à l'empereur, le 20 août, de Bar-le-Duc : « Sire, j'ay esté adverty que le roy de France amasse gens, veult
« mectre son camp à Aunoye entre Chalonn et Esperné. Son camp ne doibt
« point estre plus fort de dix neuff mille hommes. Entre heulx, il n'y a point
« plus hault de trois mille lantzquenetz. » (Liasse 23.)

« voya visiter les lieux les plus commodes, et fut conclud, par l'avis des capitaines, de se loger à Jaalon, qui est environ my chemin d'Espernay et de Challons, deça l'eaue (¹). »

Le lieu, déjà fortifié par la nature, le fut encore davantage par la main de l'homme (²). Du 15 août au 1ᵉʳ septembre, toutes les divisions actives de l'armée française vinrent successivement s'y enfermer. Le Dauphin y arriva le 31 août et le duc d'Orléans l'y suivit de près (³).

Quelle était la force de cette armée?

Suivant du Bellay, elle comprenait 10,000 Suisses, 6,000 Grisons, 6,000 lansquenets, 12,000 Français ou Italiens tirés de Piémont, « et gros nombre tant de légionnaires que de soldats, tellement que l'armée estoit

---

(1) Les Impériaux n'avaient pas connu tout de suite l'emplacement du camp français. Selon le rapport du lorrain, déjà cité, on avait pensé d'abord que ce camp serait établi sur le bord de la Marne, à La Chaussée, entre Vitry et Châlons. « Item, entre Vytri et Chaalons, sur le bort de la rivière, en ung lieu dit la Chaussée, se doibt faire ung fort pour dresser le camp en nombre de 50,000 hommes piedtons et 2,000 hommes d'armes. » Le 17 août, Louis d'Yve paraît supposer que le camp sera placé à N.-D. de Lépine : « J'entens, écrit-il à la reine de Hongrie, que les François rassemblent quelque camp à Nostre Dame de Lespine, près de Rains. Ils y attendent douze mille Suisses. Le Ringrave y a quinze anseignes tant de piétons de hauts allemands que bas. » (Liasse 23.)

(2) Navagero appelle Jaalons « loco assai forte et assai munito. » Du Boullay dit que la position était forte, et qu'on la rendit plus forte encore par des tranchées.

(3) « Monseigneur le Daulphin arriva hier avec toute la maison du Roy, qui c'est venu loger en la bataille. De Laon c'est deslogé monseigneur d'Orléans pour venir en l'avant-garde ; et commence nostre camp à ce bien peupler. Quant à la fortification, l'assiette en est bien forte et si faisons tout ce qui nous est possible pour le fortifier, pour y attendre l'empereur qui nous menasse de y venir, ou bien à Challons...; s'il se joue de y venir mettre le siège, ou si les laisse pour nous venir veoir, il sera le très bien receu... » (Nouvelles du camp de Jaalons, 1ᵉʳ septembre. Clairambault, vol. 339, f° 7,569).

« de quarante mille hommes de pied de diverses na-
« tions et environ deux mille hommes d'armes et deux
« mille chevau-légers. »

Navagero, qui ne la vit que de loin, dit seulement que, à en juger par le terrain qu'elle occupait, elle paraissait nombreuse et en état de risquer une journée, et que, suivant Roderico d'Avalos, envoyé du marquis del Guasto, elle pouvait compter 30,000 hommes de pied et de 6 à 8,000 chevaux (¹).

Les relations françaises donnent ordinairement des chiffres très-exagérés. Par exemple Arnould Ferron parle de 80,000 hommes (²).

Nous avons eu la bonne fortune de trouver à la Bibliothèque Nationale un document (³) qui décrit par le menu la composition de l'armée de Jaalons ; malheureusement, elle n'énonce pas toujours le nombre des soldats ; mais c'est déjà beaucoup de connaître la répartition des contingents et les chefs qui les commandaient.

---

(1) « Et fu giudicato, perchè teneva uno grande paese, di assai numero, et
« furono molti che giudicavano che facilmente potesse seguir la giornata. »
(Lettre au doge, du 6 septembre.) « Et haverli al giuditio suo più di 30,000
« fanti et 6 in 8000 cavalli. » (Lettre au doge, du 14 septembre.) — Wotton n'essaye pas de supputer la force de l'armée française. On lit seulement dans une lettre du 2 juin que l'empereur comptait alors avoir affaire à 30,000 fantassins et à une nombreuse cavalerie d'élite. (State Papers, IX, 682.)

(2) Le rapport de l'espion lorrain donne des évaluations plus excessives encore. « Il y a, écrit-il, V ou VI marchans qui fournissent le camp, IIII mois
« commençant le XVᵉ juillet, assavoir pour *cent mille hommes*, le soir et le
« matin... In summa, le jour qu'estoye en la court, estoit bruyt que, dans
« XV jours compris, Chaalons et Troye et tout ce que seroyt entre deulx en
« camp seroit en extime de IIIIxx mil hommes et IIIIᵐ hommes d'armes. Ré-
« solution, si le camp (des ennemis) passe Sᵗ Disié, tirant ou à Troye ou à
« Chaallons, tiennent propoz de l'enclorre et se jecter sus. »

(3) Fonds de Clairembault, vol. 339, fº 7539.

Département de l'armée.

1°

« A l'avant-garde, Monseigneur le duc d'Orléans et sa cornette.

Gendarmerie.

Monseigneur de Montpensier.........	L lances.
Monseigneur de Lorraine............	L lances.
Monseigneur le prince de Melphe.....	L lances.
Monsieur de Longueval..............	L lances.
Monsieur de Bonneval...............	L lances.
Monsieur de la Roche du Maine......	L lances.
TOTAL......	III^c lances.

Et les chevaux légers et harquebusiers à cheval.

Gens de pied.

Les bandes de pied monsieur de Thais.
Les Grisons.
Et les Lansquenets.

2°

A la bataille, monseigneur le Dauphin et sa cornette.

Les gentilshommes de la maison.
Les archers de la garde.

Gendarmerie.

La compagnie de mondit seigneur.....	C lances.
Monsieur l'admiral.................	C lances.
Monsieur de Maugeron...............	L lances.
Monsieur de Dampierre..............	C lances.
Monsieur d'Escars..................	C lances.
TOTAL......	IIII^c L lances.

Gens de pied.

Les deux bandes des Suisses.
Les harquebuziers Italiens.

3°

A l'arrière garde, monsieur le duc de Guyse.

Monsieur de Saint-Pol...............	C lances.
Monsieur de Guyse.................	C lances.
Monsieur le marquis de Rothelin......	L lances.
Les arrière-bans...................	C lances.

Gens de pied.

Les arrière-bans et légionnaires.
Les Italiens.

Fait au camp de Jallon, le II° jour de septembre 1544.

L'on attend dans deux ou trois jours plusieurs autres compagnies dont l'on ne fait maintenant icy estat, pour ce que l'on ne sçait si plus tost il faudra combatre.

Il n'est aussi fait mention de la gendarmerie et gens de pied estant dans Chaallons, qui toutefois pourront grandement servir, estant l'ennemy entre eux et nous. »

CHAPITRE XVIII.

Marche du 3 septembre sur Epernay. — § 1. Prise du prince de la Roche-sur-Yon. — § 2. Prise du comte de Furstemberg. — § 3. Projet de l'empereur de livrer bataille. — § 4. Abondance de vivres au camp impérial.

Lorsque, le 3 septembre, au soleil levant, les deux armées s'aperçurent à faible distance, ce dut être un moment tragique, surtout pour les Français ; car les Impériaux savaient qu'ils allaient rencontrer le camp ennemi ; mais les Français ne pouvaient s'attendre à cette apparition aussi imprévue que redoutable [1].

C'est peu de temps avant cette rencontre que se produisirent deux incidents notables : la prise de Charles de Bourbon par les Impériaux, et la prise de Furstemberg par les Français.

§ 1.

Charles de Bourbon, prince de la Roche-sur-Yon et frère puîné du duc de Montpensier, avait quitté Mézières avec 40 ou 50 hommes d'armes de sa bande d'ordonnance pour rejoindre le camp de Jaalons. Comme il

---

[1] « Qui a tant estonné les ennemys qu'ilz ne sçavoient où ilz estoient. » (Lettre de la reine de Hongrie au roi des Romains, 12 septembre.)

allait atteindre son but et cheminait sans défiance, il fut abordé et entouré par les chevau-légers de don Francisco d'Este et de M. de Dissey. Dès cette époque, Charles-Quint pratiquait la méthode qu'appliquent encore aujourd'hui les armées allemandes en campagne, et il faisait éclairer sa marche par des nuées de cavaliers.

Charles de Bourbon, « jeune homme de 33 ans, ri- « che et de grande noblesse (¹), » tenta d'abord de se défendre ; mais, attaqué avec une extrême impétuosité, il vit bientôt sa petite troupe rompue, ne pût la rallier « à cause de la difficulté du lieu (²) », et resta prisonnier avec la plupart des siens (³). Navagero affirme qu'il offrit au chevau-léger albanais qui le prit une rançon de 15,000 écus pour être mis en liberté, mais que le chevau-léger refusa cette somme énorme et que le prince dut se résigner à son sort (⁴).

§ 2.

De tout autre importance fut la prise de Furstemberg ; car le comte servait en quelque façon de guide à l'armée envahissante dans cette vallée de la Marne qu'il connaissait de longue date. Navagero n'exagère point quand il dit que la capture de ce chef renommé était

---

(1) « Il principe della Rocca Soriana, giovane di circa 33 anni, di molta en-
« trata et molto nobile. » (Navagero, 6 septembre.)

(2) Edmond du Boullay.

(3) « Lesquels furent tous prins, ou du moins la plus grande partie, et ledit
« seigneur de la Roche mené prisonnier. » (Féry de Guyon.)

(4) « Il quale al primo tratto ad uno albanese che lo prese si dice haver
« offerto 15,000 scudi di riscatto ».

« la chose qui pouvait donner le plus de contentement
« au roi très-chrétien et le plus de mécontentement à
« l'empereur, parce que le roi se souvenait que Furs-
« temberg l'avait jadis mal servi, et parce que l'em-
« pereur s'en servait beaucoup maintenant (1). »

Du Bellay raconte ainsi la prise de Furstemberg :

Un peu après minuit, le comte, *sans prévenir personne*, quitta son quartier et se dirigea vers la Marne pour sonder un gué qu'il avait traversé autrefois. Il laissa son guide sur la rive droite, chercha le gué, le « trouva aisé » et passa ; mais il fut aperçu par les sentinelles échelonnées le long de la rive gauche et détachées de la compagnie de l'amiral d'Annebaut. Ces cavaliers laissèrent Furstemberg explorer le terrain, mais s'interposèrent entre le gué et lui ; au moment où il voulut repasser, la retraite lui était coupée et il fut obligé de se rendre sans résistance.

Navagero énonce simplement le fait de la prise.

Wotton ajoute que Furstemberg fut victime de son imprudence.

La reine de Hongrie substitue au gué une circonstance différente ; elle écrit au roi Ferdinand : « Fut
« prins des ennemys le conte Guillaume de Fursten-
« bergh, cheminant avec un paige loing des escadrons
« et ayant *par ung pont rompu* passé la rivière, comme
« l'on pense, pour descouvrir et recongnoistre. »

Edmond du Boullay, dont le témoignage n'est pas

---

(1) « Del quale non si potea prender huomo di maggior contento del chris-
« tianissimo re, ne di maggior discontento di Cesare, perchè et da lui il re si
« reputo esser stato altre volte servito, et l'imperatore se ne serviva hora
« molto. »

22

sans importance, donne des détails nouveaux. Dans la nuit du 2 au 3 septembre, dit-il, vers minuit, Furstemberg voulut sonder un gué à la hauteur de Tours-sur-Marne ; mais il fut reconnu par un valet d'écurie qui passait au même gué pour se rendre à Reims. Le valet prévint les grand'gardes de la compagnie de l'amiral, qui accoururent aussitôt ; un jeune gentilhomme normand se jeta le premier à la rivière et se saisit du comte ; s'il avait été seul, Guillaume lui eût fait un mauvais parti ; mais ses compagnons vinrent à son aide et maintinrent le prisonnier (¹).

Selon d'autres versions, Furstemberg aurait été trahi par son guide. C'est ce qu'on lit dans un rapport d'espion conservé aux archives de Bruxelles : « L'on « l'en a dit de tant de sortes, mais le plus que me sem- « ble asseuré est que son lacquaye l'a trahi et décléré à « ung lacquaye du seigneur Hennebault l'entreprinse « de son maistre, qu'estoit le matin à la clicquette du « jour aller gayer la rivière (²). »

Le récit de Ferron diffère encore des précédents sur plusieurs points. Furstemberg n'aurait point réussi tout d'abord à retrouver le gué, et c'est en le cherchant sur la rive qu'il aurait appelé l'attention des sentinelles ; ou bien, dans l'obscurité de la nuit, il aurait pris les cavaliers français pour des cavaliers impériaux, n'aurait

---

(1) Un espion écrit à ce sujet : « Il y a ung homme qui m'a dit avoir veu « le conte Guillaume au camp du roy, et Cantonville, nommé Timéju, auprès « de luy, ayant sa chaisne d'or au col, qu'estoit celuy qui avoit prins ledict « conte. » (Archives de Bruxelles, liasse 24 de l'audience.)

(2) Même rapport, même liasse. — Paradin admet aussi la trahison par un guide.

pu donner le mot de passe, et, arrêté par eux, leur aurait déclaré son nom.

Quoiqu'il en soit, Furstemberg, à raison de l'exécration qu'il inspirait à toute l'armée française, fut « du « commencement mal traitté des ennemis, mesmes de « paroles ; mais depuis l'on y auroit eu plus de res- « pect, d'autant que Sa Majesté manda dire par ung « trompette que le mesme traittement qu'on luy feroit, « Elle commanderoit qu'il se fist au prince de la Roche- « sur-Yon » et à ceux qu'on avait pris avec lui (1).

Le Dauphin envoya le comte à son père qui se trouvait à Etoges. Le roi plaça le prisonnier sous la garde de vingt archers qui le conduisirent à Paris (2), où il fut jeté dans un cachot de la Bastille. Il n'en sortit que l'année suivante après avoir payé une rançon de 30,000 écus d'or, sans compter les dépens.

§ 3.

Pourquoi Furstemberg allait-il reconnaître ce matin-là le gué de la Marne ? Il ne semble pas douteux

(1) Lettre de la reine de Hongrie au roi Ferdinand. — Navagero dit de même : « Alla nova della presa del conte Guglielmo, mandò l'imperator per « uno trombetta a far intender al Serenissimo Delfino che quello che faria « esso del conte, si faria di qui et del principe preso et di tutti gli altri che « fussero presi. » (Lettre du 6 sept., au doge.) — Sleidan : « Magno cum lu- « dibrio nec sine conviciis, quod ipsorum (Gallorum) partes antea secutus, « magnam auri vim e Galliis exportasset. »

(2) On trouve des renseignements curieux sur le transport de Furstemberg à Paris dans un rapport d'espion du 13 septembre : « Il dit qu'il ait racointrez « le conte Guillaume emprez Meaulx, en passant le barck de Tryllport, et que « vingt archiers de la maison du Roy le mènent, et que ledit conte Guillaume « estoit monté surre ung petit cheval faveaulx, et qu'il avoit ung chapeaulx de « paille avec des plumes de grue, et qu'il pourtoit son manteaulx devant luy à « cheval. » (Liasse 24 de l'audience.)

qu'il songeait alors à faire traverser la rivière par les Impériaux et à offrir la bataille aux Français. Si les informations d'Edmond du Boullay sont exactes, c'est-à-dire si le comte fut pris à Tours-sur-Marne et peu après minuit, il faut admettre que, dans ce but, il s'était porté fort en avant du gros de l'armée avec les éclaireurs d'avant-garde pour étudier le terrain et préparer le plan de l'attaque.

Le projet de donner bataille est signalé par tous les documents. Edmond du Boullay, Martin du Bellay, Sleidan s'accordent pour attribuer cette cause à la recherche du gué. Wotton écrit à Henri VIII le 31 août : « L'empereur, contre l'opinion de tout le monde ([1]), a « déterminé d'aller droit à Paris et de ne pas s'arrêter « à Châlons, *se fiant qu'il tirera les Français de leurs* « *forteresses*. » Navagero fait de fréquentes allusions à ce dessein ; dans sa lettre du 22 août, il suppose que Charles-Quint a l'intention d'avoir « une journée » qui lui réussira sans doute comme l'année dernière à Landrecies ([2]) ; le 24 août, il répète la même conjecture ([3]) et s'en sert pour expliquer la marche sur Châlons, « que « personne ne conseillait et à laquelle on ne voulait « point croire ([4]). »

---

[1] Il faudrait sans doute excepter Furstemberg et Maurice de Saxe.

[2] « Con animo et con disegno, che li posse succeder hora come li successe « l'anno passato à Landresi, che è d'haver, per la vicinanza et con questa via, « commodità d'una giornata. »

[3] « Ritrovandosi l'essercito francese 5 miglia italiani presso Chialon, possi « con questa vicinanza venire alla giornata. »

[4] « Seben questa andata à Chialon non era ne consigliata ne creduta da « alcuno. » — Belleforest, Ferron admettent aussi le projet d'attaquer ; Ferron dit que Furstemberg prisonnier prévint le Dauphin qu'il serait attaqué dans la journée.

Il y a plus : en ce moment on fut persuadé à la cour de Bruxelles que le passage de la Marne avait été effectué près de Châlons ce même jour 3 septembre. La reine Marie écrivait en post-scriptum au comte de Buren : « Depuis cestes escriptes, sont venues lettres « de bon lieu, contenant que l'empereur estoit passé « avec son armée la rivière de Marne, lieue et demye « de Châlon. » Il est vraisemblable qu'elle avait été mise dans la confidence des projets de son frère.

Ajoutons encore que, dans l'entourage de Charles-Quint, cette manœuvre militaire ne paraissait point impossible à exécuter. « Le passage, dit Navagero, se « serait fait commodément, soit sur un pont, soit en « plusieurs endroits guéables ; aussi ce fut l'opinion « de beaucoup de gens qu'il eût été facile d'en venir « aux mains [1]. »

La capture de Furstemberg fut peut-être une des raisons qui décidèrent Charles-Quint à abandonner provisoirement ce projet [2] ; mais il y en eut au moins deux autres que Navagero nous fait connaître : 1° il apprit qu'Epernay renfermait d'immenses approvisionnements dont il avait le plus grand intérêt à s'emparer ; 2° la position d'Aulnay et de Jaalons lui sembla trop bonne pour en faire sortir les Français par force ou par ruse [3].

---

[1] « Il quale fiume si potea passare commodamente supra uno ponte già « fatto et in molti luoghi sguazzar ; et furono molti che giudicavano che facil- « mente potesse seguir giornata ». (Lettre du 6 septembre.)

[2] Sleidan : « Ea res omnino Cæsari præter expectationem accidit et sus- « pensum aliquando tenuit. »

[3] « Intendendo Cesare che in uno loco chiamato Perne s'attrovava la vetto- « vaglia dell'esercito nemico ; dubitando anche, sicome era avisato, che fus-

Les deux armées restèrent quelque temps (¹) en vue l'une de l'autre. Le gros des bataillons et des escadrons se tenait immobile, pendant que des cavaliers ou des fantassins isolés se détachaient pour escarmoucher et tiraient les uns sur les autres à coups d'arquebuse (²). Des deux côtés il y eut des morts et des blessés (³).

Enfin les Impériaux se remirent en marche et cheminèrent jusqu'à la vingtième heure du jour. Lorsqu'ils s'arrêtèrent pour camper, ils n'avaient pu atteindre Epernay et ils étaient exténués par cette manœuvre aussi extraordinaire qu'efficace.

Les Français étaient demeurés dans leur camp, mais tout prêts à en sortir.

§ 4.

Le moment est venu d'examiner une opinion accréditée, qui a donné lieu à des interprétations très-fausses. Il s'agit de savoir si, pendant cette période de marche rapide, l'armée impériale a encore souffert de la disette comme cela était arrivé pendant le siège de Saint-Dizier.

Du Bellay affirme que, dans le trajet de Châlons à Epernay, l'armée de Charles-Quint a été éprouvée par la faim. « L'empereur, dit-il, voyant son armée se ruiner par famine, à cause que de toutes parts les vivres

« sero nemici in loco essai forte et assai munito, dal quale non si possero
« trar per alcuna forza o arte. »

(1) Ferron se trompe en disant « *toto* eodem die. »
(2) « Molti di questi cavalli et fanti scaramuzzorno. » Cf. Ferron.
(3) « Et da una parte et l'altra ve ne sono restati. »

« luy estoient coupés, tant devant, derrière, que sur les
« costés, etc... pour trouver moyen de vivre, suivit
« toujours la rivière, estant en hazard d'une grande
« ruine. »

Tous les historiens français (¹) ont répété les propos de du Bellay. Mézeray, entre autres, s'en empare et il exagère à plaisir la prétendue détresse de l'armée. « Après que l'empereur eût séjourné là dix ou douze
« jours (²) sans savoir quelle résolution luy seroit la
« meilleure..., voyant qu'on luy coupoit les vivres de
« tous costez, il commença à connoître sa faute.....
« Son armée estoit demy deffaite par la faim et les fa-
« tigues ; la disette la pressoit de toutes parts. Il en
« avoit une en tête toute fraîche et beaucoup plus puis-
« sante que la sienne, et la retraite ne luy estoit pas
« moins dangereuse et difficile par un pays ruiné et
« ayant les ennemis en queue. »

Les documents étrangers nous fournissent contre ce système des arguments décisifs.

La reine de Hongrie écrit le 12 septembre au roi Ferdinand que le camp impérial est dans l'abondance « doiz le passaige de Challon ».

Navagero expose les faits avec les détails les plus probants ; il écrit au doge : « Les fermes et lieux voisins,
« qui n'attendaient pas la venue de cette armée, ont
« été saccagés par les chevau-légers et autres qui y ont
« recueilli un grand butin et nous ont soulagé dans

---

(1) Même M. Henry Martin, qui souligne les paroles de du Bellay ; mais Sismondi s'est gardé de reproduire ce récit.

(2) C'est-à-dire entre Châlons et Epernay. Nous savons déjà que ce séjour prolongé est une fable.

« nos nécessités pour quelques jours. Les campagnes
« sont encore pleines de froment et les greniers voi-
« sins regorgent de vivres ; les soldats allemands en
« brûlent la plus grande partie avec les maisons. Si
« en avançant on trouve les mêmes ressources et si le
« roi ne nous prévient pas en faisant brûler lui-même
« son bien et celui de ses sujets, plus on ira en avant
« et plus on espère trouver de commodité pour subsis-
« ter. Personne ne supposait que les Français laisse-
« raient par cette route la voie ouverte à leur ruine (1). »

Une lettre de Wotton, du même jour 6 septembre, atteste encore que, avant d'arriver à Epernay et Ay, dans une ville que l'ambassadeur ne nomme pas mais qui doit être Tours-sur-Marne, les Impériaux avaient trouvé quantité de vivres et de munitions destinés aux Français et des bateaux chargés d'un grand nombre de pièces de vin (2).

Ainsi l'armée impériale était ravitaillée, et avec le

---

(1) « Hanno queste ville et luoghi vicini, li quali non aspettavano la venuta
« di questo escercito, dato assai guadagno a molti cavalli leggieri e altri che
« l'hanno saccheggiate, et insieme anche hanno sollevato le necessità nostre
« per qualche giorno. Le campagne tutte si ritrovano ancora piene di formenti,
« et questi ridotti vicini abbondantissimi di robba et vettovaglia, le quali però
« sono da questa natione tedescha per la maggior parte brusciate insieme con
« le case. Se ò si retrovara il medesimo procedendo, ò il re non prevengh lui
« con incendio et ruine abbrusciar il proprio suo et delli suoi, quanto più s'an-
« darà inanti, tanto sperano ritrovare maggior commodità di vivere, cosa che
« non era in consideratione di alcuno, che Francesi lasciassero, con questa
« strada, la via aperta alla ruina loro. » (Lettre du 6 septembre). — François Ier avait bien eu l'intention de ruiner le pays, mais il fut prévenu par la rapidité de la marche de Charles-Quint. On lit dans deux pièces de la liasse 24 de l'audience : « Il s'est dit que le roi avoit bruslé merveileusement et grant
« nombre de villages avec quelques villes…. Le roi doibt avoir despesché le
« sr de Bourseau mectre les feuz partout qu'il leur semble porter dommaige à
« l'empereur. »

(2) State papers, X, 61.

bien-être étaient revenus la confiance et l'entrain. « Ces seigneurs, dit Navagero, laissent entendre qu'ils « veulent marcher sur Paris, et les colonels et capi- « taines allemands ont fait savoir à l'empereur qu'eux « et leurs gens sont tout disposés à servir sans toucher « de solde ni de vivres ; pour la solde, ils espèrent qu'on « les contentera à la fin de la guerre, et, pour les vi- « vres, ils comptent en trouver dans le pays ennemi « comme ils en ont trouvé jusqu'à présent (1). »

(1) « Già si è molto inanti, et si lasciano intender questi signori di voler « condursi à Paris ; et li colonelli et capitani tedeschi hanno fatto intendere « a Cesare esser loro con tutta la sua gente dispositi di voler lo servire et « senza danari et senza vettovaglia, sperando che delle sue paghe alla fine « della guerra saranno satisfatti, et che, della vettovaglia, essi ne troveranno « nel paese nemico, come ne hanno ritrovato fin hora. »

CHAPITRE XIX.

§1. *Les Impériaux à Epernay et Ay*. — § 2. *Prétendue trahison de la duchesse d'Etampes.*

§ 1.

Lorsque François Ier monta sur le trône, il donna la ville et seigneurie d'Epernay, qui lui appartenaient, à sa mère Louise de Savoie.

Louise de Savoie en jouit jusqu'à sa mort (1531). Ensuite Epernay fit retour à la couronne et Claude de Lorraine, duc de Guise, en eut l'usufruit.

Le 22 mai 1544, François de Guise, comte d'Aumale, fils ainé de Claude, vint à Epernay ; il était porteur de la lettre suivante :

« A noz chiers et bien amez les manans et
« habitans de la ville d'Espernay.

« Chiers et bien amez, nous envoyons présentement
« nostre très chier et bien amé cousin le comte d'Au-
« male en Champaigne pour aucuns noz affaires, et luy
« avons donné ordre, en passant par vostre ville,
« vous dire aucunes choses de nostre part concernans
« nostre service pour le bien et conservation de voz
« personnes et biens ; sur quoy nous vous prions vous

« employer diligemment et croire tout ce qu'il vous
« dira de par nous.

« Donné à Saint-Germain-en-Laye, le 22e jour de
« may 1544.

« Francoys.

Contresigné : « Laubespine. »

Sur les conseils du comte d'Aumale, on prit diverses mesures de précaution et de défense. Notamment, après délibération de l'assemblée générale des habitants, on constitua une milice bourgeoise de 150 hommes commandée par quinze dizeniers et un centenier. Les noms de ces officiers nous ont été conservés ; ce sont :

Centenier, Nicolas Robillard, contrôleur du grenier
    à sel ;
Dizeniers, Claude Aubri, avocat du roi,
    Pierre de Bar, receveur,
    Jean de Bar,
    Guillaume Pupin,
    Pierre Mouton,
    Pierre Cercelier (ou Césalier),
    Jean Le Lièvre,
    Claude de Bar, procureur du roi,
    Blaise Pupin,
    J. Bigot,
    Philippe Charuel,
    François Lemaire,
    Jean de Beaumont,
    Nicolas Meslier,

Georges Maugérard, contrôleur du domaine.

Tous ces officiers durent porter l'épée, sous peine d'une amende de 5 sols.

Les portiers reçurent ordre de se tenir exactement aux portes, les dizeniers d'assister les portiers au premier coup de cloche, les échevins et procureurs des habitants d'avoir l'œil sur les portes et sur les portiers.

Dans la prévision que les ennemis entreprendraient le siège de Châlons ou de Sainte-Menehould, l' « estaple » de l'armée française avait été établie à Epernay (²), qui bientôt regorgea de grains, de vins et de bestiaux. Mais la marche rapide de l'empereur sur la rive droite de la Marne bouleversa les plans de François Ier.

Aussitôt qu'il fut connu que Charles-Quint passait outre, le roi et le Dauphin prirent au sujet d'Epernay les mesures les plus rigoureuses. Le Dauphin envoya « un capitaine de gens de pied, pour faire retirer les « vivres qui estoient audit lieu et rompre le pont qui « estoit sur la rivière (²), et ce qui ne se pourroit sau- « ver tant de bleds, vins qu'autres vivres, le jetter en « la rivière aval l'eau et le gaster (³). » Le roi de son côté donna ordre à François Séry, qui commandait pour lui dans la ville, d'incendier Epernay et de le ruiner de fond en comble, afin que les Impériaux ne pussent pas s'y établir.

---

(1) Un second centre d'approvisionnements était à Château-Thierry.
(2) Epernay est sur la rive gauche de la Marne. Nous savons que les Impériaux cheminaient sur la rive droite.
(3) Du Bellay.

Le capitaine de gens de pied, dont le nom est resté inconnu, exécuta imparfaitement ses instructions ; le pont fut ébréché, mais non mis hors d'usage ; la plus grande partie des vivres ne fut ni enlevée ni détruite.

Au contraire François Séry accomplit ponctuellement sa cruelle besogne. Le 3 septembre, de grand matin, il fit convoquer les habitants à son de trompe et leur enjoignit d'évacuer immédiatement la ville en emportant leurs meilleurs effets. Deux heures après, au signal de la cloche, le feu était allumé en plusieurs endroits. L'incendie dura tout ce jour et le lendemain. Selon les historiens locaux, peu d'édifices ou de maisons restèrent debout (¹).

Ay et d'autres villages voisins furent aussi réduits en cendres par les Français (²).

Le 3 septembre, Charles-Quint avait couché probablement à l'abbaye d'Avenay (³).

Le 4, au soir, il alla camper entre Ay et Epernay. Epernay fut occupé par les cavaliers d'avant-garde ; Féry de Guyon, Rumain et Germiny, archers du corps de l'empereur, y arrivèrent les premiers et y firent de « bons prisonniers (⁴). »

Du Bellay déclare que les Impériaux trouvèrent dans

---

(1) Voir les histoires de MM. Nicaise et Poterlet.

(2) Vandenesse : « Haï et Esperné, qui ont esté bruslez. » Navagero : « Il « luogo (Epernay) è arso, sicome furono anche tutte queste altre ville. ». Cf. les Mémoires de Féry de Guyon.

(3) Louis Pàris, Histoire de l'abbaye d'Avenay. Bien entendu, dans le système de Vandenesse, les étapes de l'empereur sont autrement réglées : le 1ᵉʳ septembre, en pleins champs ; le 2, près de Tours-sur-Marne ; le 3, en pleins champs.

(4) Mémoires de Féry de Guyon.

la ville « grande abondance de vivres. » Quoique plusieurs historiens l'aient nié, cela ne peut faire aucun doute. On lit dans une lettre de la reine de Hongrie au comte de Buren : « Ayant prins Aspernay, où estoient
« les vivres du camp des Françoys, en telle habondance
« que sondict camp en sera bien servy, etc... » Féry de Guyon écrit dans ses Mémoires : « Baste que les
« deux villes (Ay et Epernay) fussent saccagées, et y
« furent trouvés beaucoup de biens et vivres.... Il se
« trouva de grandes richesses dedans les basteaux que
« les villes et pays avoient chargés pour mener à
« Paris. » Enfin Navagero rapporte que, lors de l'occupation d'Epernay, « on y a trouvé tant de vins et de
« farines que, s'ils avaient été bien employés et non pas
« dissipés comme ils le sont par les Allemands, il y en
« aurait eu pour huit jours (1). »

§ 2.

L'Empereur avait donc obtenu un avantage considérable en se portant directement sur Epernay. Et, comme ce mouvement était aussi imprévu qu'audacieux, le bruit ne tarda pas à courir qu'il n'avait été accompli que sur des indications données traîtreusement à l'ennemi et qu'il n'avait réussi que par la connivence de ceux qui avaient mission de s'y opposer. On soupçonna qu'Anne de Pisseleu, duchesse d'Etampes,

---

(1) « Perne alli 4 fu occupato da Cesarei, ove si sono trovati tanti vini et
« tante farine, che se fossero ben governate et non dissipate come sono da
« tedeschi, ne potriano nutrir otto giorni. » (Lettre du 6 sept., au doge.)

avait signalé à Charles-Quint les approvisionnements d'Epernay, et que l'officier chargé de rompre le pont qui fait communiquer la rive droite de la Marne avec cette ville avait été circonvenu par Nicolas de Bossu, s^r de Longueval, confident de la duchesse. Ces rumeurs, accueillies par la plupart des historiens, ont assez d'importance pour être l'objet d'une discussion attentive.

Beaucaire ne laisse rien à désirer à ceux qui seraient tentés de dresser l'acte d'accusation de la duchesse. « Elle considérait déjà, dit-il, l'empereur comme le « beau-père du duc d'Orléans, et elle l'informait de « tout ce qui se passait dans les conseils du roi. Son « affidé était Bossu de Longueval, homme d'un esprit « pénétrant, mais dangereux..... Longueval signala « le riche magasin d'Epernay et fit savoir que le pont « n'était pas encore coupé..... C'est Longueval qui, « par ses manœuvres criminelles, fit que l'empereur « pût y arriver à temps. C'est lui encore qui fit tom- « ber Château-Thierry aux mains de l'ennemi (1). » Mézeray n'est pas moins accablant que Beaucaire ; Varilas, Gaillard, les historiens locaux reproduisent tous les mêmes allégations.

Quant à du Bellay, il se contente de dire que le capitaine envoyé par le Dauphin « fit mal son devoir, de « sorte qu'il fut surprins de l'empereur. » Si on songe que ce capitaine ne put être envoyé à Epernay avant le 2 septembre, jour où il devint manifeste que l'empereur ne s'arrêtait point à Châlons, et que dès le 4 sep-

(1) Beaucaire, livre XXIV.

tembre les Impériaux étaient entrés à Epernay, on est obligé de convenir qu'il n'y eût pas beaucoup de temps perdu et on est amené à penser qu'il y eut peut-être en toute cette affaire plus de malheur que de trahison (¹).

Mais d'où vient l'incrimination qui rend la duchesse d'Etampes responsable de la fatalité des événements ?

A la fin du règne de François Ier, la cour était divisée en deux factions rivales, celle d'Anne de Pisseleu, maîtresse du roi, et celle de Diane de Poitiers, maîtresse du Dauphin. Comme la santé du roi déclinait de jour en jour, l'étoile d'Anne de Pisseleu pâlissait, et les courtisans tournaient déjà les yeux vers la grande fortune qui allait surgir avec un nouveau règne. Anne savait bien qu'après la mort du roi elle ne pouvait compter sur aucune pitié, et qu'elle courait le danger de perdre ses biens et même sa vie ; aussi avait-elle étroitement associé sa destinée à celle du duc d'Orléans, à qui elle voulait procurer un grand établissement hors de France, soit dans le Milanais, soit dans les Pays-Bas, et, pour arriver à son but, elle projetait de marier le jeune duc avec une fille ou avec une nièce de Charles-Quint. Elle souhaitait donc la paix, et surtout une paix favorable au duc ; mais il y a loin de ce désir à la trahison. Et d'ailleurs, en y réfléchissant, on s'aperçoit vite que ce crime de lèse-patrie eût été en même temps une sottise ; n'est-il pas de toute évidence qu'une victoire trop complète de l'empereur aurait déjoué tous les projets

---

(1) D'ailleurs l'importance du pont d'Epernay était-elle si grande ? Si l'empereur l'eût trouvé rompu, ne pouvait-il passer la Marne avec ses équipages de ponts ? Et, l'ayant trouvé praticable, ne continua-t-il point à cheminer avec son armée sur la rive droite ?

d'Anne de Pisseleu, et que, si Charles-Quint avait tenu la France sous son pied, il ne se serait cru tenu à rien envers des complices aussi méprisables qu'inutiles ?

Les accusations infamantes contre Anne de Pisseleu ne sont autre chose que l'écho des cancans envenimés que se renvoyaient des fureurs féminines ; tout cela vient de Diane de Poitiers, qui fut, comme on sait, fort méchante. De plus, Anne de Pisseleu avait été vingt ans la maîtresse du roi, et une vieille maîtresse a toujours des ennemis (1) ; il y eut donc à la cour beaucoup de gens qui firent circuler les propos calomnieux. L'amour-propre national lui-même y trouva son compte, et il parut moins pénible d'avoir été vaincu à la suite d'une trahison. Plus tard, après l'avènement de Henri II, ce fut affaire d'extorsion et de chantage : il s'agissait de pressurer Anne de Pisseleu et ses partisans, et de leur faire rendre gorge. N'oublions pas qu'alors Longueval fut menacé d'un procès capital ; mais à peine eut-il fait don à Charles de Lorraine, l'un des nouveaux favoris, de son beau château de Marchais près Laon, que les poursuites furent abandonnées et que l'accusé devint blanc comme neige.

Il est remarquable que, dans la correspondance intime où ils se parlent à cœur ouvert et ne conservent pas de secrets, ni l'empereur ni la reine de Hongrie ne disent un seul mot de cette prétendue trahison. Paul Jove, toujours malveillant pour les Français et qui

---

(1) Il n'est pas étonnant que la malignité se soit attaquée à la duchesse ; elle s'attaqua bien à François I*er*, à qui on reprocha d'avoir conclu la paix dans l'intérêt exclusif de son fils cadet, alors qu'il aurait pu, disait-on, accabler l'envahisseur !

exulte du stratagème de Granvelle au siège de Saint-Dizier, n'en parle pas davantage. Sismondi a dédaigné ces « racontars, » et nous espérons que désormais les historiens imiteront son exemple.

CHAPITRE XX.

§ 1. Les Impériaux prennent Château-Thierry le 7 septembre. — § 2. Mouvements des Français. — § 3. Itinéraire mal connu de Charles-Quint, du 8 au 11 septembre. — § 4. Causes pour lesquelles l'empereur avait changé la direction de sa marche.

§ 1.

Dans la journée du 4 septembre, Charles-Quint avait reçu une nouvelle inexacte ; on lui avait annoncé que l'armée française, sous la conduite du Dauphin et du duc d'Orléans, était sortie du camp de Jaalons et se dirigeait du côté des Impériaux. Il résolut alors de laisser sur la rive droite de la Marne les bagages et les gens inutiles et de passer sur la rive gauche pour attendre l'ennemi. On prépara même les ponts de bateaux. Le bruit se répandit qu'il y aurait combat le lendemain et beaucoup de seigneurs se confessèrent (1). Mais l'empereur changea de résolution sur le rapport d'Alvaro de

---

(1) « Et perche era avisato Cesare che l'esercito nemico, ove s'attrova-
« vano in persona li Serenissimi Delfino et Orliens, partito dal suo forte,
« marchiano verso il suo, havea deliberato, la mattina di 5, lasciati gli impe-
« dimenti tutti et genti inutili, passare il fiume per combatterlo. Per il che
« furon già ordinati li ponti, et molti di questi signori quella notte si volsero
« confessare, et era publica voce nell'esercito che il giorno seguente si combat-
« teria. » (Navagero, 6 sept.)

Luna, qu'il avait envoyé avec 100 arquebusiers à cheval pour explorer la campagne. Alvaro s'assura que le rapport de la veille était faux et que les Français n'avaient pas bougé.

Le 5 septembre, les Impériaux quittèrent le campement situé entre Ay et Epernay, firent une longue étape d'environ 10 milles italiens (¹), et couchèrent auprès de Châtillon-sur-Marne (²).

Le 6 septembre, ils n'avancèrent guère que de 2 milles italiens (³), et s'arrêtèrent dans une localité que Vandenesse ne nomme pas mais qui paraît être Vincelles ou Tréloup. C'est de là que partit Antoine Perrenot pour sommer une dernière fois Henri VIII, au nom de l'empereur, de marcher enfin en avant (⁴).

Le 7, autre étape de 2 milles italiens. Ce jour-là, Charles-Quint logea et passa la nuit dans un village que les divers manuscrits de Vandenesse appellent Tréteau, ou Sainct-Creppeau, ou Tréteau-Saint-Crépeau, ou Tréteau-Saint-Crépan. Ce village est probablement Chartèves-Saint-Caprais (⁵).

(1) « Ma dapoi fatto certo l'imperatore da don Alvaro di Luna, mandato a « posta con cento archibugieri a cavallo per riconoscer questa verità, che l'es- « sercito non era mosso dal forte suo, caminò con gl'impedimenti tutti di qua « del fiume circa X miglia italiani. » Environ 18,500 mètres.
(2) Vandenesse.
(3) « Hoggi poi non s'è fatto altro camino che di circa doi miglia da nostri. » Environ 3,700 mètres.
(4) Voir le chapitre XXIII.
(5) « Vostra Serenità intendera che, alli 7, si fece pochissimo viaggio, che « non credo che fusse più di doi miglia italiani. » (Navagero, lettre du 14 septembre, au doge). En ce qui concerne Chartèves-Saint-Caprais, nous adoptons l'hypothèse proposée par M. Mayeux, Annales de la Société historique de Château-Thierry, 1881, p. 95. Il nous paraît impossible d'admettre l'opinion de M. Berthelé, consignée au même endroit, p. 92, selon laquelle Saint-Crépeau devrait être identifié avec *Tréfols*, situé sur la rive gauche de la Marne ; ja-

Au même moment les chevau-légers du don Francisco d'Este arrivaient à Château-Thierry (¹).

Cette ville avait pris sous le règne de François Iᵉʳ un développement considérable grâce à la fabrication et à la vente des cuirs. En 1519 et en 1520, le roi avait fait ajouter de nouvelles défenses aux vieilles fortifications. On voit sur les plans anciens que la ville possédait deux enceintes : la première, extérieure, était crénelée, munie de tourelles et environnée d'un fossé qu'alimentait l'eau de la Marne ; la seconde, intérieure, subsiste encore en partie : c'est le vieux château qui a donné son nom à la cité et qui occupe le faîte d'une colline. Un pont sur la Marne, de construction récente, composé de huit arches en pierre et d'une neuvième arche formant pont-levis, était protégé par une grosse tour dont le pied baignait dans la rivière. Enfin il y avait au Nord un fort, dit le fort Saint-Jacques, dont la fondation remontait au comte Thibaut, en 1120 (²).

Les chevau-légers impériaux attaquèrent Château-Thierry du côté de l'abbaye de la Barre, aujourd'hui remplacée par le faubourg de ce nom. Selon l'abbé Poquet, on se serait battu pendant plusieurs heures (³), après quoi les habitants auraient capitulé. Selon d'au-

---

mais Charles-Quint n'a quitté la rive droite. — Il y a sans doute eu pour Chartèves une confusion analogue à celle qui fait que Vandenesse appelle Saint-Lumier du nom de *Saint-Pierre*. (Voir page 288, note 2.) G. H.

(1) *Sic* Vandenesse, Paradin, Sleidan, etc. Les chevau-légers, formant l'avant-garde, étaient donc à environ 2 lieues du corps de l'armée. L'estimation de la longueur des étapes donnée ci-dessus par Navagero est un peu inférieure à la réalité.

(2) Détails extraits de divers travaux publiés sur Château-Thierry et du manuscrit de l'abbé Hébert.

(3) Histoire de Château-Thierry.

tres récits, la résistance aurait été faible ou nulle (¹). .
Paradin rapporte que les Français avaient l'intention
de défendre la ville, mais qu'ils furent surpris par les
Impériaux « qui marchaient nuit et jour pour ne don-
« ner loisir de rendre les lieux tenables. » Ferron
ajoute qu'alors la poudre manquait partout, ce qui
contribue à expliquer la prise facile de cette place (²).

Les vainqueurs pillèrent et saccagèrent Château-
Thierry, qui était le second magasin de l'armée française. Ils y trouvèrent une très-grande quantité de
vivres ; de plus, suivant Paradin, ils y firent des prisonniers de marque, qu'ils ne relâchèrent que moyennant de fortes rançons.

§ 2.

Aussitôt que le Dauphin et l'amiral d'Annebaut eurent appris le sort d'Epernay et prévu celui de Château-
Thierry, ils craignirent que l'empereur ne s'avançât
jusque sous les murs de Paris (³) et quittèrent avec
toutes leurs forces le camp de Jaalons.

L'armée française fut divisée en deux corps ; le premier, composé de 7 à 8000 piétons et de 400 hommes
d'armes, fut confié à François de Montgomery, s^r de
Lorges ; le second resta sous le commandement des
princes et de l'amiral d'Annebaut.

(1) L'abbé Hébert, travail manuscrit conservé à l bibl. de Château-Thierry.
(2). Nous ne trouvons pas de renseignements spéciaux sur la prise de Château-
Thierry dans nos documents étrangers. — Nous omettons l'accusation dirigée
contre Longueval par l'abbé Poquet ; elle se rapporte à un système que nous
croyons avoir suffisamment réfuté dans le chapitre précédent.
(3) Du Bellay.

De Lorges avait reçu ordre de tirer droit à Brie-Comte-Robert (¹) pour couvrir Paris ; mais il jugea préférable de s'arrêter à Lagny-sur-Marne. Arrivé devant cette petite ville, il vit que les portes fermées. « Les gens de Lagny, qui avaient éprouvé plus d'une « fois que les soldats français tyrannisaient les bour- « geois des villes où ils se trouvaient autant que les « soldats ennemis, ne voulurent point les recevoir et « députèrent au commandant pour lui dire qu'ils se « chargeaient de défendre eux-mêmes leur ville, qu'ils « s'acquitteraient de cette tâche de manière à rendre « tous les efforts des Impériaux inutiles, et qu'ils le « priaient de porter ailleurs un secours dont ils sen- « taient n'avoir pas besoin (²). » Alors le comte voulut entrer de force et fit briser les portes à coups de canon. Dans la bagarre, quelques bourgeois furent tués. On prétend même que de Lorges, « naturellement « dur et cruel, » fit décimer les habitants en tirant au sort ceux qui devaient payer de leur vie cet acte de rébellion.

De leur côté, le Dauphin, le duc d'Orléans et l'amiral d'Annebaut marchaient en hâte sur la rive gauche de la Marne et réussissaient à jeter des troupes dans la Ferté-sous-Jouarre et dans Meaux.

Le résultat de ces mouvements fut que trois petits

---

(1) « Au sortir du camp de Jallon, dressâmes la teste de nostre camp droit « à Brie-Comte-Robert. » (Lettre de Villefrancon, dans les Mémoires de Tavanes.) « Et le roy, avec son armée de Jaillon, descendit par la Brie droit à « Brie-Comte-Robert, pour se camper entre Paris et l'armée dudit empereur. » (Du Boullay.)

(2) Manuscrit de l'abbé Hébert.

corps d'armée se trouvèrent interposés entre les Impériaux et Paris.

§ 3.

Le 8 septembre, l'empereur « vint loger ès abbayes « près du Chasteau-Thierry (¹). »

A partir de ce moment jusqu'au 11 septembre, les mouvements des Impériaux sont couverts d'une obscurité que rendent presque impénétrable les contradictions des documents et l'altération des noms propres qu'on y lit.

Selon Vandenesse, l'empereur logea « le 9ᵉ en une « cense (²) demy lieue plus avant, où demoura le 10ᵉ « tout le jour ». Mais, selon d'autres informations très-dignes de foi, les choses se seraient passées d'une manière bien différente.

Les historiens français racontent tous que, après la prise de Château-Thierry, des partis d'Impériaux coururent jusqu'aux portes de Meaux, qu'il y eut une panique dans cette ville, que les habitants s'enfuirent, etc. Mais aucun d'eux n'a su que, pendant les deux journées du 8 et du 9 septembre, le gros de l'armée impériale continua à s'avancer le long de la Marne.

---

(1) Vandenesse. — Il y avait près de Château-Thierry trois abbayes, celle de la Barre, celle du Val-Secret, celle d'Essommes. Nous ignorons quelle est celle où il logea, et s'il logea successivement dans deux d'entre elles.

(2) Le mot *cense* est employé ordinairement avec la signification générale de *ferme* ; si Vandenesse l'emploie ainsi, nous n'avons nul moyen de déterminer dans quelle cense logea Charles-Quint. Mais il y a aux environs de Château-Thierry deux fermes qui portent le nom propre de *Cense*, l'une au N. O., contre le bois de Clérembault, l'autre au N. E., appelée Cense-à-Dieu.

Cependant ce fait est attesté par plusieurs témoins oculaires.

1° Wotton écrit à Henry VIII, le 20 septembre : « L'Empereur s'est avancé vers Paris le long de « la Marne *jusqu'à ce qu'il eût dépassé Chateau-* « *Thierry* (¹). »

2° Navagero écrit au doge le 12 septembre : « Par « des chemins mauvais et étroits on chemina jusqu'au « 9 sur les rives de la Marne (²). »

3° Edmond du Boullay, qui accompagnait Charles-Quint, s'exprime d'une façon plus nette encore ; il rapporte que l'armée traversa Charly, qu'elle passa devant la Ferté-sous-Jouarre où le Dauphin avait jeté des soldats, et « ne séjourna que l'empereur ne fût à Lizy « devant Meaux (³). »

4° Enfin, dans le registre secret de la cour des Aides (⁴), on lit « que s'en vint ledict empereur et son « armée jusques à la Ferté-sur-Loyre (⁵) deçà l'eau. »

Il résulte manifestement de tous ces textes que les Impériaux ont poursuivi leur route assez loin au-delà de Château-Thierry. Mais en quel endroit supposera-t-on qu'ils ont commencé à s'écarter de la Marne ? Et quel a été leur itinéraire à partir de ce moment ? On ne peut répondre à ces questions que par des conjectures.

---

(1) State Papers, X, 76.
(2) « Et cosi per non molto buone strade et strette, si camino fino li 9 sopra « le ripe della Matrona ».
(3) Lizy-sur-Ourcq, à 13 kil. de Meaux.
(4) Bibliothèque de la Cour des Comptes.
(5) Il s'agit évidemment de la Ferté-sous-Jouarre.

Edmond du Boullay et Martin du Bellay (¹) attestent tous deux que Charles-Quint était informé de l'arrivée d'une garnison à la Ferté-sous-Jouarre. Nous admettrons donc volontiers que l'armée impériale avait poussé sa route jusque là ; et, puisque le 8 septembre elle était encore à Château-Thierry, c'est le 9 qu'elle dût arriver dans les environs de la Ferté et apprendre par ses éclaireurs la présence des Français. L'empereur alors donna ordre (²) de changer la direction de la marche et de remonter vers Soissons. En effet, Navagero dit expressément que « *le 10 septembre l'armée s'éloigna du* « *fleuve* (³) ; » il ajoute : « en traversant plusieurs col- « lines, *elle arriva le* 12 *à Soissons* ; avant d'y arri- « ver, elle avait pris et saccagé beaucoup de maisons « de campagne, beaucoup d'abbayes, beaucoup de châ- « teaux, parmi lesquels les plus considérables sont « Château-Thierry et Neuilly (⁴). »

Ainsi, du 10 au 12 septembre, les Impériaux accomplirent en trois étapes le long trajet qui sépare la Ferté-sous-Jouarre de Soissons. Or, tous les renseignements que nous possédons sur ce trajet se bornent aux indications suivantes :

1° Edmond du Boullay déclare que l'empereur s'est avancé jusqu'à Lizy-sur-Ourcq ;

---

(1) « L'empereur cognoissant la diligence que mondit seigneur le Dauphin « avoit faicte de venir gaigner le passage de la Ferté... »

(2) Voir ci-dessous, § 3, les motifs divers qui décidèrent Charles-Quint à changer de route.

(3) « Alli 10, poi, si allontanò quésto essercito dal fiume. »

(4) « Traversando alcune colline alli 12 arrivò tutto sotto Suesson. Prima « che sia arrivato qui, sono state prese et saccheggiate molte ville, molte ab- « batie et molti castelli, tra li quali li maggior' et più importanti sono Chian- « testiri et Nogli. »

2° Navagero affirme que Neuilly-Saint-Front a été mis à sac ;

3° Du Bellay dit que l'empereur « a tourné son che-« min vers Villers-Cotterets, » et les historiens locaux (1), d'accord avec la tradition, rapportent même qu'il aurait séjourné et couché dans le château de cette ville ;

4° Vandenesse écrit que le 11 septembre l'empereur logea à Lisny ; mais ce mot est altéré et il n'y a pas de *Lisny* dans la région.

Il est évident que, de quelque manière qu'on essaie de résoudre le problème, la solution proposée paraîtra peu vraisemblable par rapport à l'un ou l'autre de ces témoignages. Quant à les concilier par l'hypothèse que les Impériaux auraient marché de la Ferté à Lizy, de Lizy à Neuilly, de Neuilly à Villers-Cotterets, et de Villers-Cotterets à Soissons, cela est inadmissible. Car, sans compter qu'on ne s'expliquerait pas cette marche en zigzag à travers la campagne, les étapes seraient si longues dans le tracé d'un tel itinéraire qu'une armée tout entière avec son artillerie et ses bagages n'aurait jamais pu les parcourir en trois jours consécutifs.

Nous ne croyons point davantage que cette armée se soit portée jusqu'à Lizy-sur-Ourcq. Elle n'y serait certainement pas arrivée avant la soirée du 10. Or, l'empereur n'avait plus Paris pour objectif, et il avait pris « le droit chemin pour retourner chez lui (2). » Dès lors, à quoi lui aurait servi de pousser cette pointe

---

(1) Carlier, Histoire du Duché de Valois, II, 577 ; Antony Poilleux, le Duché de Valois, p. 393 ; Antoine de Loucq, Histoire de l'Abbaye de Saint Jean des Vignes ; Auguste Michaux, dans son étude sur la paix de Crespy.

(2) Wotton, State Papers.

vers un but abandonné? Les ambassadeurs ne parlent pas de Lizy, et leur silence vient à l'appui de notre opinion. Il est vrai qu'au premier abord on pourrait être tenté d'identifier avec Lizy le *Lisny* de Vandenesse ; mais, puisque *Lisny* est l'étape du 11 septembre, on s'aperçoit bien vite qu'à cette date l'armée avait nécessairement dépassé Lizy de six ou huit lieues au minimum. Si l'on essayait d'identifier *Lisny* avec Lucy-le-Bocage ou Lucy-les-Moines, la même difficulté se présenterait et rendrait impossible l'identification.

Charles-Quint a-t-il logé au château de Villers-Cotterets, ou bien a-t-il seulement passé dans les environs avec son armée? Nous n'osons nous inscrire en faux contre la tradition et contre les histoires locales (¹). Et pourtant il nous semble bien extraordinaire que ni l'empereur, ni la reine de Hongrie, ni Granvelle, ni Wotton, ni Navagero n'aient signalé le passage dans cette ville et le séjour dans le château royal, alors qu'ils n'ont point manqué de parler à l'occasion du château épiscopal de Sarry.

Il ne reste donc qu'un point de repère, c'est le bourg de Neuilly-Saint-Front. Les histoires locales et Navagero s'accordent pour constater que l'armée a passé par là. Et encore Navagero dit-il que Neuilly a été mis à sac, tandis que Carlier et Poilleux rapportent que le château de ce lieu, attaqué par les Impériaux, aurait résisté victorieusement et qu'en récompense il aurait

---

(1) Il nous paraît cependant que M. A. Michaux commet une erreur certaine, lorsque, dans son étude sur la paix de Crépy, il avance que Charles-Quint arriva à Villers-Cotterets le 10 septembre.

reçu plus tard de notables privilèges. S'il est vrai que le château ne fut point pris par l'empereur, c'est sans doute que l'empereur ne jugea pas à propos de le prendre ; car une armée entière n'aurait sans doute pas eu grand'peine à le forcer.

Concluons. Pour aller des environs de la Ferté-sous-Jouarre à Neuilly-Saint-Front, les Impériaux ont probablement suivi l'un ou l'autre des deux itinéraires ci-dessous : 1° Montreuil-aux-Lions, Marigny-en-Orxois, Saint-Gengoulph, Chézy, Dommard et Neuilly; 2° ou bien (en rétrogradant sur Château-Thierry pour y recueillir des troupes restées en arrière) Bouresche, Belleau, Torcy, Lucy-les-Moines, Courchamp, Priez et Neuilly [1].

M. Berthelé [2] propose d'identifier le *Lisny* de Vandenesse avec le petit village de Tigny, situé à mi-chemin entre Neuilly et Soissons. Au point de vue paléographique, le rapprochement est satisfaisant; au point de vue historique, il s'accorde assez bien avec les conjectures précédentes.

Quoi qu'il en soit, dans l'après-midi du 12 septembre, l'armée impériale occupait les villages situés en avant de Soissons, Missy, Ploisy, Berzy, Courmelles, Belleu, Vauxbuin ; l'avant-garde s'établissait dans la vallée de Maupas [3], et Charles-Quint prenait son logement dans le petit château de Chevreux [4].

[1] Nous répétons que ce sont là de pures hypothèses et que nous essayons d'indiquer des *directions* plutôt que des itinéraires précis.
[2] Dont l'opinion est rapportée dans l'étude de M. Michaux, déjà citée. M. Michaux demande à son tour si on ne pourrait pas identifier *Lisny* avec Neuilly ou avec Oigny. Nous nous abstenons de prendre parti dans ce débat.
[3] Mémoires manuscrits de Pierre Cabaret, chanoine de l'église de Soissons. Note fournie par M. Joffroy, juge de paix à Soissons.
[4] Vandenesse l'appelle Oblete ou Obleto.

§ 3.

Pourquoi l'empereur, arrivé à la Ferté-sous-Jouarre avait-il cessé de marcher sur Paris ?

Malgré l'assertion de la plupart des historiens [1], nous est impossible d'admettre que la peur ait été cause de ce changement de direction. L'empereur dit expressément, dans une lettre du 20 septembre à ses ambassadeurs en Angleterre, qu'il n'a « jamais eu craincte d « la force estant en ce coustel, ores qu'elle ait est « grande, » et il parle au contraire de la terreur dont cette invasion avait frappé les Français. L'armée d Dauphin ne donna-t-elle pas quelques jours après l mesure de sa valeur devant Boulogne-sur-Mer ? Et n résulte-t-il pas des documents rapportés ci-dessus qu l'empereur avait eu plusieurs fois l'intention d'offrir l bataille aux Français [2] ?

D'autre part, il est incontestable que les França étaient dans la plus grande anxiété et redoutaient d'e venir aux mains. Une défaite aurait mis le pays à l merci des ennemis, et une victoire n'aurait pas suf pour liquider la situation. Il y avait parmi les chefs de dissentiments funestes ; ainsi, le Dauphin aurait voul avoir avec lui le connétable de Montmorency ; mais l

---

[1] Du Bellay ; Varilas ; Henri Martin, Histoire de Soissons, où on lit' q l'empereur craignait d'être cerné par une armée de *cent mille hommes qui demandaient qu'à en venir aux mains ;* Roberston, qui dit que l'empere *n'osait* attaquer le Dauphin, etc.

[2] Au moment où les Impériaux contournaient Châlons, les troupes demai daient le combat, et Charles-Quint se plaignait de cette ardeur excessive. « « la (mon armée) trouve, disait-il, trop encline, voyre même et délibérée « servir. » (Lettre du 31 août.)

rancune persistante de François Ier s'opposait à la satisfaction de ce désir. L'entourage du roi « l'importu-
« noit de faire paix avecques l'empereur (1). » Quant aux Parisiens, ils étaient consternés et affolés (2), et leur ville avait pris un aspect tumultuaire. « Tous ceux
« qui avoient de quoy s'enfuyoient, et ne pouvoient estre
« arrestés même par les édits du roi qui leur comman-
« doit de ne bouger, et ne demeuroit que le rebut du
« vulgaire ; par quoy il y avoit grand danger que cette
« tant grande et riche ville ne fût pillée par la com-
« mune même.... Cela advint à l'entrée de septem-
« bre. » Dès le 1er de ce mois, la cour de Parlement siégant à Paris avait envoyé ses huissiers dans tous les couvents et monastères de la capitale et des faubourgs pour ordonner de « faire et continuer par chascun pro-
« cession par leurs cloistres et dire une grande messe
« avec une collecte à toutes les heures canonicalles de
« jour, et ce pour implorer l'aide de Dieu pour le bien
« de la paix et tranquillité universelle de la chrestien-
« té (3). » Le roi lui-même avait été épouvanté des progrès de l'armée impériale, et, selon Brantôme, il se serait écrié devant sa sœur la reine de Navarre et plusieurs autres dames : « Ah ! mon Dieu, que tu me vends
« cher un royaume que je pensois que tu m'eusses

(1) Mémoires de du Bellay.
(2) M. Paillard avait écrit un chapitre spécial sur l'état de Paris et les préparatifs faits dans la capitale pour recevoir les Impériaux. Nous n'avons eu entre les mains que quelques notes que nous utilisons ici. (G. H.).
(3) Clairambault, vol. 339, f° 7571. Les couvents auxquels on demanda des prières sont Saint-Denis, les Chartreux, Saint-Victor, Saint-Martin-des-Champs, les Célestins, Sainte-Geneviève, l'Ave Maria, les Billettes, les Blancs-Manteaux, les Mathurins, les Filles-Dieu, les Cordeliers, Saint-Antoine-des-Champs, les Quatre Mendiants, etc.

« donné très libéralement ! Ta volonté pourtant soit
« faite ! » Mais quelques jours plus tard, les négociations pour la paix étant en bonne voie [1], il voulut réagir contre la panique des Parisiens et adressa à une députation du Parlement qui était venue le trouver au Louvre une allocution qui se termine par ces paroles [2] :
« Connoissant que, grâces à Dieu, quelque approche
« que eust faict l'ennemy, il n'estoit encores survenu
« chose pour laquelle on deust avoir matière de crainte
« en sadicte ville de Paris, il vouloit et entendoit que
« sa court de Parlement et les magistrats de sa justice
« souveraine y estans eussent à vacquer au faict et
« exercice et expédition de sa justice et à faire leurs
« charges et debvoirs tout ainsy qu'ils avoient accoustumé faire et que l'on faisoit auparavant la cause
« pour laquelle l'on peut estimer qu'elle deust cesser,
« pouvant bien, aidant le Créateur, garantir son peuple de Paris de mal et non pas de la crainte. »

Les véritables raisons qui avaient décidé l'empereur à changer la direction de sa marche et à s'éloigner de Paris en se rapprochant des Pays-Bas sont nombreuses et diverses ; il a pris soin d'exposer lui-même les principales dans la dépêche précitée du 20 septembre [3].

1° L'indiscipline faisait dans l'armée impériale des pro-

---

(1) Voir le chapitre XXIII.

(2) Cette allocution nous a été conservée par Clairambault, vol. 339, f° 7575 ; elle est extraite des registres du Parlement et parfaitement authentique. Les mots célèbres qui la terminent sont donc bien historiques, mais ce n'est pas dans une promenade à travers les rues de Paris qu'ils ont été prononcés. Cf. Brantôme.

(3) Correspondance avec Chapuis, vol. de janvier-octobre 1544, f° 141, archives de Bruxelles.

grès inquiétants ; il y avait même eu à Château-Thierry une sorte de révolte. Du Bellay rapporte que dans cette ville « fut grand mutinerie entre les Espagnols et « lansquenets de l'empereur, de sorte qu'à peine pu- « rent-ils estre empeschés de ne se donner la bataille « les uns aux aultres, à cause que lesdicts lansquenets « trouvoient mauvais que les vivres leur fussent dépar- « tis par lesdicts Espagnols (1). » Et Charles-Quint, après avoir mentionné cet incident, ajoute : « J'ay doubté que « nostredicte armée, avec la prospérité à ce jour et le « moyen de piller, ne se fust, comme dessus est dit, « inobédientée, et se amutina à l'occasion de faulte de « victuailles et payement, pour s'en retirer avec le « grand pillage qu'elle faisoit. »

2° On ne pouvait réprimer sévèrement cette indiscipline et empêcher « les gens de guerre soy advantu- « rer trop exhorbitamment au pillage et, à l'occasion « d'icelluy, estre mal obéissans, » parce que « l'on ne « pouvoit les chastier comme il eust esté requis, pour « non leur pouvoir bailler leur payement comme en « Flandres (2). » Nous avons déjà parlé des désertions continuelles qui chaque jour affaiblissaient l'armée.

3° La saison avait été extraordinairement pluvieuse, et Charles-Quint se plaint des « chemins maulvais et

---

(1) En effet, presque tous les officiers d'intendance étaient Espagnols, à commencer par l'intendant général Francisco Duarte. Navagero donne une seconde raison, qui n'est pas sans valeur : la plus grande partie du butin avait été recueillie par les Espagnols et les Italiens : « La presa era stata da Spa- « gnuoli et di cavalli Italiani leggieri. » La mésintelligence entre les Espagnols et les Allemands datait du siège de Saint-Dizier.

(2) L'empereur devait en ce moment à son armée un mois de solde, qu'il était dans l'impossibilité de payer. (Gachard, Trois ans de règne, p. 58, note 5.)

« qui se gastent continuellement. » Navagero fait en outre observer que les passages le long de la Marne devenaient de plus en plus étroits et difficiles (¹).

4° Malgré les grandes quantités d'approvisionnements trouvés à Epernay et à Château-Thierry, le bien-être était précaire parce qu'il n'était plus possible de maintenir des communications régulières et assurées avec les pays laissés en arrière. « Il seroit impossible avoir
« en ce coustel victuailles pour ladicte armée ny les
« aller chercher,... que seroit bailler temps et grande
« opportunité ausdictz François pour nous détenir et
« empescher le chemin et pouvoir facilement addomai-
« ger ladicte armée, non pouvant marcher en ordon-
« nance pour les difficultés susdictes. »

5° Charles-Quint savait dès lors qu'il n'avait plus aucune coopération effective à attendre de Henry VIII, et il estimait qu'il ne devait pas entreprendre à lui seul de s'emparer de Paris. Il n'ignorait pas que les Français l'avaient gagné de vitesse (²) et que leurs forces augmentaient en se concentrant, tandis que les siennes diminuaient (³).

6° Il était convaincu que la continuation de la campagne n'aurait d'avantages que pour Henry VIII (⁴).

7° Enfin, et cette raison est majeure, il était absolument certain le 10 septembre que la paix allait être

---

(1) « Perche quella strada era troppo trista et stretta. »
(2) Navagero : « Perche già l'essercito francese caminava dall'altra parte
« del fiume senza impedimenti il giorno e la notte per prevenir l'imperatore. »
(3) Lettre de Granvelle à la reine Marie, 19 septembre. (Manuscrits de Wynants.)
(4) Même lettre de Granvelle.

signée avec François Ier, et, lorsqu'il prit la route de Soissons, il commençait à regagner ses états. Nous en avons la preuve dans une lettre de Marie de Hongrie, en date du 13 septembre, par laquelle elle mande au duc d'Arschot et au comte de Rœulx qu'elle a appris de l'empereur « que avec son armée il entend prendre « son passaige plus ença, approchant la frontière de « ses pays ; » en conséquence, il faudra faire « moul- « dre, brasser, assembler avoynes, bestial, bures, fro- « maiges et aultres victuailles. » Le retour des troupes était donc attendu incessamment dans les Pays-Bas ([1]).

([1]) Pour d'autres indices que, dès le 6 septembre, la paix était considérée comme conclue, voir chapitre XXII, § 4.

CHAPITRE XXI.

Les Impériaux à Soissons.

Il semble qu'au premier abord Soissons ait songé à se défendre : « Entreprismes, écrit l'empereur à ses « ambassadeurs en Angleterre ([1]), de venir contre la « ville de Soissons, laquelle, d'arrivée, montra se vou- « loir défendre, soubz couleur qu'il heust entré sept « mil hommes pour la deffence ; mais comme la feis- « mes sommer de incontinent soy rendre soubz peine « de feuger et estre mise tout à sang, elle se rendit in- « continent. »

Le duc Maurice de Saxe fut chargé de la police de la ville, pendant que le comte de Rocquendorf, capitaine de la garde allemande de l'empereur, était placé dans une abbaye extérieure à l'enceinte ([2]).

Le 13 au matin, Charles-Quint quitta le château de Chevreux qui presqu'en même temps fut incendié, soit par mégarde, soit à dessein ; il passa l'Aisne, et se logea à l'abbaye de Saint-Jean-des-Vignes ([3]). C'est là que vinrent le trouver les députés et échevins de Soissons, ayant à leur tête Jacques Petit, procureur du roi, et

---

(1) Même lettre du 20 septembre.
(2) Vandenesse, p. 292. L'abbaye n'est pas nommée ; il s'agit probablement de celle de Saint-Médard.
(3) Cette abbaye était encore hors de la ville en 1544.

Robert Berlette ([1]). Ils s'autorisèrent de la capitulation pour lui adresser trois requêtes : 1° défense serait faite aux soldats de rien entreprendre sur les églises et abbayes ; 2° l'honneur des femmes et des filles serait sauvegardé ; 3° aucun incendie ne serait allumé dans la ville et dans les faubourgs. L'empereur paraît avoir condescendu à ces demandes ([2]); du moins les historiens locaux affirment qu'il fit publier dans son camp un ban qui prohibait sous les peines les plus sévères le viol et le pillage.

A partir du 13 septembre, l'armée impériale traversa lentement Soissons par le pont de l'Aisne ([3]) et vint camper de l'autre côté de la ville, dans la plaine de Saint-Médard ou dans les villages de Crouy et de Bucy.

Comment avait été respecté le ban impérial? Suivant Claude Dormay (1664), pendant une journée entière, il n'y eut pas beaucoup d'excès commis ; « quelques « coquins esbandés » dévalisèrent seulement les maisons des bourgeois qui s'étaient sauvés. On lit ailleurs « qu'il n'y eut perte, sinon des bourgeois et des mar-« chands qui furent pillés et robés pour l'absence des « maîtres des maisons. » Quant aux abbayes *extra muros*, celle de Saint-Médard aurait été pillée et aurait perdu ses vases sacrés ; mais Saint-Crépin-en-Chaye, les Célestins de Villeneuve, Saint-Crépin-le-Grand n'au-

---

(1) Il était, dit-on, fort éloquent, et on l'avait surnommé Langue Dorée.
(2) Les récits de Navagero, dont nous allons parler, ne sont pourtant pas d'accord avec cette tradition.
(3) « Tutto heri et tutto hoggi, usandosi quella maggior diligentia che si « può, a pena ha potuto l'artegliaria et gl'impedimenti fare tanto viaggio di « circa un miglio italiano, dovendo passare tutti per mezzo la città sopra uno « solo ponte. » (Navagero, au doge, de Soissons, 14 septembre).

raient eu à souffrir que des dégats de récoltes sur leurs terres où les moissons et les vendanges n'étaient pas encore faites.

Ces relations, écrites longtemps après les événements, ne sont pas d'accord avec les documents contemporains qui présentent les choses sous un jour plus fâcheux.

Villefrancon (¹) dit que la ville fut mise au pillage, « et n'avoit le peuple, rien tiré ; ils ont fait de grands « butins. » Jean de Lyère, dans une lettre du 22 septembre à la reine de Hongrie (²), dit exactement la même chose. Wotton écrit à Henri VIII le 20 septembre : « La ville fut *saccagée,* car les gens s'en étaient « enfuis (³). »

Navagero fournit des renseignements encore plus détaillés, et il explique les faits d'une manière qui est en pleine contradiction avec les chroniques locales. Il avance que l'empereur a autorisé le pillage pour satisfaire l'avidité des Allemands, dont le mécontentement augmentait chaque jour et se manifestait déjà par de mauvaises paroles (⁴). Il est vrai que, dans la même dépêche, il semble démentir ou du moins atténuer sa propre affirmation, et nous sommes peu disposé à le croire sur ce point. Mais il est bien difficile de révoquer en doute son récit lorsqu'il parle de ce qu'il a vu.

---

(1) Dans la lettre insérée aux Mémoires de Tavanes.
(2) Lettres des Seigneurs, II, 436.
(3) State papers, X, 76.
(4) « Divulgandosi nell'essercito che Tedeschi si trovavano mal contenti et « dicevano di male parole, ha voluto l'imperatore dar in preda Suesson alli « Tedeschi. » Lettre du 14 septembre, au doge.

« La ville, dit-il, est fort belle, elle a des églises
« grandes et honorées, beaucoup de palais d'impor-
« tance, une abbaye fort noble et riche qui est au ré-
« vérendissime de Ferrare (¹). Tout cela a été dé-
« pouillé, bien que l'empereur eût commandé au duc
« Maurice de le protéger... Malgré des exemples ef-
« frayants, César n'a pu réfréner l'insolence de la na-
« tion allemande et l'empêcher de faire le pis qu'elle
« a pu, volant dans les églises l'argenterie et les objets
« sacrés, dispersant les reliques et les corps saints,
« spectacle devant lequel tout chrétien aurait eu peine
« à retenir ses larmes (²). »

Il est un épisode de ces scènes de pillage dont on trouve dans les historiens des relations diverses.

Suivant Dormay et Henri Martin, un Allemand, ancien canonnier devenu l'un des portiers de l'empereur, aurait volé le saint-ciboire de l'église de Saint-Jean-des-Vignes ; en punition de quoi l'empereur l'aurait fait pendre aux créneaux de l'abbaye, vers la porte qui regarde la ville. Bertin et Berlettes (³) transforment le portier en gentilhomme et disent que les supplications adressées à Charles-Quint ne purent obtenir sa grâce.

---

(1) Le cardinal Hippolyte d'Este, frère de don Francisco d'Este.

(2) « La città, per quello che io ho veduto, è assai bella. Ha chiese molto
« grande et honorate, molti palazzi di momento, et una abbatia molto gentile
« et ricca, del reverendissimo di Ferrara, le quali tutte sono state spogliate,
« se ben Cesare havea commandato al duca Mauritio che le guardasse... Ma
« non ha potuto con questi et molti altri simili spaventi questo principe reffre-
« nar l'insolentia della natione tedescha, che non habbi fatto il peggio ch'hab-
« bia potuto, rubbando gli argenti et cose sacre delle chiese et dissipando le
« reliquie et corpi santi che hanno trovato, spettacolo dal quale difficilmente
« ogni huomo christiano che lo habbia veduto ha potuto contener le lachryme. »

(3) Histoires manuscrites.

Pierre Cabaret parle de deux voleurs, le soldat qui a dérobé le saint-ciboire et un autre qui a dérobé la couronne donnée par l'abbé Hilduin à l'église de Saint-Médard ; ils auraient été pendus aux créneaux des deux abbayes.

Navagero, témoin oculaire, raconte ainsi les faits : « Je ne puis m'abstenir de louer la prudence et la justice de l'empereur, lequel, ayant su qu'un sien favori, « autrefois bombardier de S. M. et maintenant portier, « avait volé un tabernacle d'argent où était le corps « de Notre Seigneur et que cet homme avait été trouvé « avec le tabernacle sur le dos, commanda qu'il fût « pendu. Et, comme on lui rapporta que la corde s'é-« tait rompue et que le pendu, d'un lieu fort élevé, « était tombé à terre vivant, il dit : *Il ne se peut que cet homme ait commis seul ce sacrilège.* En consé-« quence, il commanda qu'il fût examiné à nouveau ; « l'instruction démontra que le coupable avait eu comme « complice de cette impiété un hallebardier, qui était « aussi son favori ; alors il les fit pendre l'un et l'autre « avec une corde extrêmement grosse (1). » L'impitoyable justice de Charles-Quint atteignit donc en réalité deux voleurs (2).

(1) « Ne voglio restar di scrivere in questo proposito la prudentia et giusti-« tia dell'imperatore, il quale, sendogli sta fatto intendere che uno suo favorito, « altre volte bombardiero di Sua Maestà et hora portiero, havea robbato uno « tabernacolo d'argento, ove era il corpo di Nostro Signore, essendo stato ri-« trovato con esso a dorso, comandò che fusse appiccato ; et, referitoli che « rotto il laccio, suspeso da un loco molto alto, cadde in terra vivo, disse : « Non può esser altro se non che costui non fosse solo à questa crudeltà ; et « però commendato da novo che fusse essaminato, et ritrovato ch'era in sua « compagnia et conscio di questa empietà un suo alabardiero molto favorito, « ordinò che l'uno et l'altro con un laccio molto grosso fossero appiccati. »

(2) Suivant Vandenesse, p. 292, ces vols auraient été commis le 13 septem-

Pendant le séjour de Charles-Quint à Soissons, un seigneur de sa suite mourut à l'abbaye de Saint-Jean-des-Vignes et fut enterré dans l'église de l'abbaye sous une pierre plate ; son épitaphe était surmontée de l'aigle impériale ([1]).

bre, et les objets volés auraient été le saint ciboire de Saint-Jean-des-Vignes « et aultres relicques ».

[1] Henri Martin et Paul Lacroix.

CHAPITRE XXII.

Fragments diplomatiques.

§ 1. *Négociations pour la paix dès le début de la campagne.* — § 2. *Conférence du 29 août, à Saint-Amand.* — § 3. *Conférence du 1ᵉʳ septembre, à Sarry.* — § 4. *Conférence du 5 septembre (près de Châtillon).*

Charles-Quint demeura à l'abbaye de Saint-Jean-des-Vignes depuis le 13 jusqu'au 17 septembre. C'est le 16 septembre que les plénipotentiaires français et impériaux, réunis dans cette abbaye, tombèrent d'accord sur les conditions de la paix ; mais depuis longtemps les négociations étaient engagées. Il nous faut donc revenir en arrière pour étudier, après les faits militaires, les faits diplomatiques qui s'étaient produits parallèlement [1].

§ 1.

François Iᵉʳ, depuis l'ouverture de la campagne, avait

---

[1] La partie diplomatique de l'ouvrage de M. Paillard comprenait l'histoire de toutes les négociations engagées pendant cette période avec l'empereur, avec Henry VIII, avec la Suisse, etc. Mais nous n'avons que des fragments incomplets sur les pourparlers entre François Iᵉʳ et Charles-Quint pour arriver à la conclusion de la paix. Le texte des § 2, 3 et 4 de ce chapitre porte dans le ms. de M. Paillard les titres de « treizième, quatorzième, quinzième, seizième « ouverture. » Pour remédier dans une certaine mesure à la lacune qui précède, nous avons emprunté le texte de notre § 1 au livre de M. Gachard, *Trois ans de règne*, Bruxelles, 1865, in-8°. (G. H.)

à différentes reprises fait des tentatives directes ou indirectes, pour porter l'empereur à accueillir des propositions de paix. Pendant le siège de Saint-Dizier, Nicolas de Bossu, sr de Longueval, avait écrit à Granvelle que, s'il voulait entrer en communication avec lui sur les moyens de mettre un terme aux maux de la guerre, il était prêt à se rendre, avec le bailli de Dijon, le sieur de Villers-lez-Pons, en l'endroit qu'il leur désignerait, que le Roi était animé des intentions les plus pacifiques, qu'il serait donc aisé de s'entendre et que la duchesse d'Etampes y emploierait tout son crédit (1). Cette ouverture avait été suivie de plusieurs autres, faites par le lieutenant de la bande du comte de Brienne, le sieur de Berteville, qui se présenta au camp impérial sous prétexte d'un échange de prisonniers, puis par le bailli de Dijon, porteur d'une lettre de créance du duc d'Orléans (2). Le duc de Lorraine vint lui-même, dans ce but, trouver l'empereur le 14 août (3).

Il y avait en ce temps à Paris un moine espagnol de l'ordre de Saint-Dominique, qui était confesseur de la reine Eléonore ; il s'appelait fray Gabriel de Guzman (4). Eléonore, vraisemblablement à la suggestion du roi, l'envoya au confesseur de sa sœur la reine de Hongrie ; elle savait toute l'influence que Marie avait

---

(1) Lettre de l'empereur à la reine de Hongrie, 26 juillet, analysée dans les manuscrits de Wynants.

(2) Lettre de Granvelle à la reine de Hongrie, 26 juillet ; lettres de l'empereur à la reine, 31 juillet, 11 août ; analysées dans les manuscrits de Wynants.

(3) Dépêche du 14 août, du camp devant Saint-Dizier. — Journal de Vandenesse. — Lettre de Granvelle, 18 août, analysée dans les manuscrits de Wynants.

(4) M. Gachard croit que Sandoval dit à tort qu'il était *étudiant* à Paris.

sur l'empereur. Fray Gabriel fit plusieurs voyages au camp ; il y était le jour de l'entrevue du duc de Lorraine avec Charles-Quint (¹).

L'Aubespine eut aussi, le 21 et le 22 août, de longs pourparlers avec Granvelle et Gonzague (²). On sait quelle était l'autorité de Granvelle auprès de l'empereur. Selon Navagero, celle de Gonzague n'était pas moins grande (³) ; depuis de longues années même il n'y avait eu personne qui eût eu un tel crédit sur ce monarque, qui se servait de lui aussi bien dans le conseil qu'à la guerre (⁴) ; et on va voir en effet quelle part active il prit aux débats diplomatiques.

§ 2.

Au premier moment, Charles-Quint avait fait peu d'état des ouvertures des Français, où il n'avait trouvé aucun fondement solide pour de sérieuses négociations. Mais à la suite des conférences mentionnées plus haut il consentit à donner un sauf-conduit à l'amiral d'Annebaut.

L'amiral était attendu dès le 25 août (⁵) ; mais il n'arriva que le vendredi 29 ; il était accompagné du

---

(1) Dépêche du 20 août, du camp devant Saint-Dizier, au Conseil des Dix. Lettre de Granvelle à la reine de Hongrie, 18 août.

(2) Dépêches des 22-24 août, du camp devant Saint-Dizier, au Conseil des Dix.

(3) « Il quale è di quelle maggior auttorità che possi essere hora presso questo principe. » Dépêche de Navagero, du 24 août.

(4) « Non vi è stato alcuno signore presso questo principe della maggiore, « servandosi Cesare di lui non solamente nell' espeditioni della guerra, ma « anche nelli consigli della pace. »

(5) Lettre de Granvelle à la reine Marie. (Manuscrits de Wynants.)

garde des sceaux Errault de Chemans, successeur de Montholon, et du secrétaire d'état Gilbert Bayart, sieur de la Font ; « et en la compaignie de M. l'admiral es- « toient M. de Boutières, M. d'Evreux, son neveu, et « plusieurs autres gens de bien (1), jusques au nombre « de 150 chevaulx (2). » Cette petite troupe s'arrêta au village de Saint-Amand, distant d'une demi-lieue du village de Saint-Lumier où l'armée impériale était campée ce jour-là. L'empereur, qui n'avait point autorisé les Français à venir avec une escorte, voulut que la conférence se tint hors du camp (3) et envoya de son côté à Saint-Amand Granvelle, Gonzague, Antoine Perrenot, évêque d'Arras (4), et le secrétaire Allonzo de Idiaquez, avec une escorte de 1,000 chevaux et de 1,000 arquebusiers espagnols. Musica dit que la vue de ces belles troupes frappa les Français d'admiration.

Les négociateurs des deux partis entrèrent dans l'église de Saint-Amand où fray Gabriel les accompagna (5). Leur conférence dura environ quatre heures,

(1) Parmi lesquels Navagero nomme Monsieur « de la Morretta ».

(2) Lettre du camp de Jaalons, du 1er septembre 1544. Bibliothèque Nationale fonds Clairambault, vol. 339, f° 7,569. Navagero parle seulement de 60 chevaux.

(3) Wotton écrit le 31 août : « Whome the emperour wold not suffer to « comme hither to the camp, for that he camme with a great train of 150 « horses. »

(4) Fils du garde des sceaux. « Il quale intende molto bene tutti li secreti « di questa corte. » Navagero. Le pouvoir donné par l'empereur à Fernand de Gonzague et à Nicolas Perrenot est daté du camp de Vitry, 29 août, (Dumont, t. IV, 3e partie, p. 287). Cependant, à cette date, le camp était à Saint-Lumier. Il est probable que la pièce avait été libellée un ou deux jours avant la signature. On trouve une copie manuscrite ancienne de ce pouvoir à la Bibliothèque nationale, Fr. 2832, f° 82 ; et il y en a une transcription annexée au texte authentique du traité, Archives nationales, K. 1338, n° 11. (G. H.)

(5) « Forsi perche questi erano 4 ò per quello che credo io perche confer- « masse quello che era passato fin all'hora in questa negotiatione, v'introvenne « anche il frate Guzman. »

et les résultats en furent tenus très-secrets. Navagero avait envoyé des affidés pour être informé rapidement de ce qui se passerait (¹) ; mais il ne put rien apprendre et fut réduit à mander au Conseil des Dix de petits faits insignifiants. « Pendant l'entretien, écrit-il, l'ami-
« ral sortit pour satisfaire un besoin naturel ; aussitôt
« les gentilhommes français s'approchèrent de lui ;
« mais d'Annebaut s'écarta pour parler fort longtemps
« au seul M. de la Morrette. Il lui dit, selon le rapport
« de quelqu'un qui prétend le savoir de ce seigneur lui-
« même : *Je croyais qu'il n'y avait plus lieu de se par-*
« *ler, tant étaient grandes les difficultés qui nous sé-*
« *paraient ; mais maintenant l'affaire commence à mar-*
« *cher* (²). » L'événement ne justifia pas sur l'heure les espérances de l'amiral. Des personnages mieux informés que Navagero vont nous faire connaître les causes de cet échec momentané.

« Et fut le fundement du coustel des dessusdicts
« François de demander en mariage pour le seigneur
« d'Orléans ma secunde fille (³), écrit l'empereur à sa
« sœur le 31 août, puisque avoye reffusé celui de la
« princesse (⁴), et que je espousasse Madame Margue-
« rite (⁵). Sur quoy fut respondu avec l'honnesteté

---

(1) « Al quale abboccamento mandai alcuni confidenti miei, che intendessero « particolarmente ogni cosa. »

(2) « Io credea che non se ne dovesse parlar più, tanta è stata la difficultà « tra noi, ma hora s'incomincia andar per camino. »

(3) Jeanne d'Autriche. Cf. la dépêche de Wotton, du 31 août.

(4) Marie d'Autriche, fille aînée de l'empereur. Elle épousa en 1548 l'archiduc Maximilien, son cousin germain.

(5) Fille de François Iᵉʳ ; elle épousa en 1559 Emmanuel Philibert, duc de Savoie.

« convenable que madicte secunde fille estoit mariée
« en Portugal (¹) et que mon intencion n'estoit de me
« remarier (²). »

« Nous n'arriverons à rien par là, dit Granvelle (³). Souvent la paix se fait par des alliances matrimoniales, mais il y a encore d'autres moyens pour y parvenir. Veuillez donc faire connaître les autres commissions dont vous êtes chargés. »

« Quoi ! s'écria d'Annebaut, l'empereur pourrait-il mieux marier sa fille ? »

« Il ne le pourrait certainement pas, répliqua Granvelle ; mais elle est déjà accordée. »

« Eh bien ! dit l'amiral, faites vous-même quelque autre ouverture que vous jugerez raisonnable. »

« Nous avons à traiter sur trois choses, dit Granvelle : 1° le Turc ; 2° la satisfaction qu'il faut accorder à l'empereur ; 3° celle qu'il faut accorder à ses amis, principalement au roi d'Angleterre et au duc de Savoie. »

« Quant au Turc, répliqua d'Annebaut, non seulement

---

(1) Elle était fiancée à Jean de Portugal, qu'elle épousa en 1553.

(2) Selon Wotton, on aurait traité plus durement le projet de mariage avec Marguerite ; on aurait rappelé que l'empereur n'avait jamais montré pour elle d'inclination, et on aurait déclaré qu'elle ne devait conserver aucune espérance de ce genre. D'ailleurs les conseillers les plus intimes rejetaient bien loin toute idée de mariage de l'empereur. Gonzague disait à Navagero : « Ne credo
« che la intention di Cesare sia più di maritarsi ; esso ha un figliulo già
« maritato e delle figliule, oltra che invecchia pur ogni giorno nè è molto
« gagliardo. » (Gachard, Trois ans de règne, p. 26). — Il y eut encore d'autres projets de mariage mis en avant. Charles–Quint ajoute : « Et après fut
« tenu le propoz de marier ledict sieur d'Orléans avec ladicte princesse (Marie
« d'Autriche) et le filz aisné du roy nostre frère (l'archiduc Maximilien) avec
« madame Marguerite ; mais on ne put tirer des dessus dictz chose de funde-
« ment ny en l'ung ny en l'autre desdictz mariages, ny aussy moyen de paix
« sans iceulx. »

(3) Tout ce qui suit conforme au récit de Wotton, lettre du 31 août, (State Papers, X, 45).

mon maître renoncera à son alliance, mais encore il aidera à lui faire la guerre. Le roi ne souhaite aussi que de s'arranger avec l'empereur. En ce qui concerne le roi d'Angleterre, entendons-nous d'abord entre nous ; après quoi mon maître traitera facilement avec lui, s'il est raisonnable ; et s'il ne l'est pas, ne pouvons-nous traiter ensemble sans nous occuper de lui ? »

« Non, dit Granvelle, vous ne parviendrez pas à vous accorder avec l'un sans vous accorder avec l'autre. Vous ne réussirez pas à nous séparer, bien que vous ayez déjà tenté des arrangements particuliers avec le roi d'Angleterre. »

« Par Dieu ! exclama d'Annebaut, bien que je n'aie pas charge de vous le dire, je vous dirai pourtant que nous n'avons rien offert du tout. D'ailleurs que pouvez-vous attendre de votre allié ? vous n'aurez jamais que fâcherie avec lui. »

« N'insistez pas, reprit Granvelle ; vous travaillez en vain à dissoudre l'amitié qui existe entre Sa Majesté et le roi d'Angleterre. Si vous voulez avoir la paix avec l'empereur, il faut que le roi soit satisfait [1]. »

---

[1] Voici le récit de cette partie de la conférence dans la lettre de l'empereur à sa sœur Marie : « En communicquant, leur (aux commissaires français) « fut plusieurs fois demandé ce qu'ilz vouldroient faire pour le roy d'Angle« terre, sans le contentement du quel ne vouldrions traicter en façon quel« conque. Ilz respondirent qu'il falloit premièrement accorder les poinctz et « difficultez entre eulx et moy avant que parler dudict roy d'Angleterre, démons« trans que, ayans traicté avec moy, ilz ne se socioyent beaucop dudict roy « d'Angleterre. Et toutesfois leur fut expressément dit et persisté que, retor« nans à communicquer, qu'ilz apportassent ce qu'ilz voldroient faire pour « contenter ledict sieur roy d'Angleterre, et que, actendant, il ne falloit pen« ser de faire traicté, car je n'y voldrois en façon quelconque entendre sans « la satisfaction et contentement dudict sieur roy d'Angleterre. »

« Pour la Savoie, ajouta l'amiral, mon maître la gardera et donnera au duc une compensation en France. »

« Nous n'y consentirons jamais, répondit le garde des sceaux. »

« Ne pourrais-je m'entretenir avec l'empereur tandis que vous iriez trouver le roi de France, » demanda d'Annebaut ?

Granvelle refusa péremptoirement.

« Alors, dit en finissant l'amiral, je vais rejoindre mon maître pour lui exposer ce qui s'est passé et connaître ses résolutions ultérieures. Ensuite, nous nous réunirons de nouveau, si vous voulez. »

Granvelle et Gonzague acceptèrent cette proposition.

Là-dessus on se sépara. Les négociateurs, dit Navagero, sortirent de l'église moins joyeux qu'ils n'y étaient entrés (1).

Charles-Quint et Granvelle nous font connaître les impressions que leur laissa cette conférence.

« Et combien que les Franchois, écrit l'empereur, se
« démonstrent fort doulx et empeschez de me veoir si
« près avec l'armée et qu'ilz désirent la paix, toutesfois
« ne les a l'on pu tirer à aucune particularité convena-
« ble à icelle paix, ny vous en sçaroye que escripre
« davantaige jusques après la prochaine communica-
« cion ; et doubte que, jusques à ce qu'ilz voyent que
« l'on passe plus oultre comme dessus, que ilz ne vol-
« dront faire chose bonne ; et, pour ce, faiz compte de,
« le mesme jour de ladicte communicacion et pendant

---

(1) « Tutti uscissero molto manco allegri che non intromo. » (Dépêche du 31 août.)

« icelluy, passer avec ladicte armée plus avant que je
« pourray. Bien vous assheure je que je me mectray
« en plus que devoir pour ladicte paix. »

Granvelle à son tour écrit à la reine Marie : « Je
« pourrais faire un volume de ce qui a été dit depuis
« cinq jours pour parvenir à la paix. A la vérité, je
« n'aperçois pas encore un fondement convenable à la
« négociation. Autant que j'en puis juger par le lan-
« gage des députés du roi de France, les Français n'ont
« pas d'argent et redoutent notre marche en avant ;
« leurs gens de guerre sont mécontents et craignent
« les forces de l'empereur, mais ils espèrent qu'on ne
« pourra prendre Châlons ; ils comptent rester dans
« leur fort (¹) et voir notre armée se dissiper faute de
« vivres et de finances. Si Dieu continue à nous favo-
« riser, les ennemis seront forcomptés (²). »

Au sortir de la conférence, les négociateurs français
allèrent coucher à Châlons; et le lendemain d'Annebaut
partit seul pour s'entretenir avec le roi de France qui
était alors au château de Nanteuil près de la Fère-en-
Tardenois (³).

§ 3.

Le 1ᵉʳ septembre, l'amiral d'Annebaut rejoignit les
commissaires impériaux ; il n'était plus accompagné du
garde des sceaux Errault de Chemans, qui, tombé ma-

---

(1) Camp de Jaalons.
(2) Manuscrits de Wynants.
(3) Lettre du camp de Jaalons, 1ᵉʳ septembre. Navagero dit que l'amiral partit de Châlons le 30 août à l'aube.

lade après la conférence de Saint-Amand, mourut le 3 septembre à Châlons ; à sa place vint le maître des requêtes Charles de Neuilly.

La conférence se tint au château de Sarry.

Nous n'avons sur cet incident aucune dépêche, ni de Charles-Quint, ni de Granvelle ; c'est sans doute parce que l'armée impériale, après avoir dépassé Châlons, suivait la Marne à marches forcées. Mais Navagero et Wotton nous fournissent quelques indications.

« Les négociateurs, écrit Navagero le 6 septembre
« au Conseil des Dix, furent quatre heures de temps
« ensemble et ne voulurent pas que le frère (Gabriel
« de Guzman) se trouvât avec eux. Les manières ex-
« térieures de part et d'autre furent assez courtoises.
« Quant aux particularités qui s'y sont traitées, il n'y
« a homme qui les sache. Pour moi, je n'écrirai pas ce
« qui se dit ; à quoi bon rapporter ce que chacun,
« suivant son raisonnement, a jugé devoir être ? On
« a parlé de tant de choses que, pour arriver à la paix,
« il est impossible qu'il n'ait pas été question de quel-
« qu'une de ces choses ; car, hormis les moyens dont
« on a discouru, il n'y en a point qui pourraient con-
« duire à ce résultat (1). »

Wotton ajoute que la conférence n'aboutit point

---

(1) « Furno per quattro hore di spatio insieme. Non volsero che s'attrovasse
« a questo secondo ragionamento il frate con loro. Gl'atti estranei dell' una
« parte et l'altra furno assai cortesi. Li particolari che si sono trattati non vi
« è huomo che'l sappia, et io non debbo scriver quello che si dice ; perchè
« scriverli quello che ogn' uno, secondo il discorso suo, ha giudicato che possi
« essere ? Qui si è ragionato di tanti mezzi, et da tutti che, havendosi trattato,
« come si ha trattato, di pace, non puo essere che di qualch' una di queste non
« se n'habbi parlato, perchè con altri non si puo far pace. » (Navagero au
« Conseil des Dix, 6 septembre.)

parce que, si les négociateurs français firent « des offres raisonnables » en ce qui concernait l'empereur, ils refusèrent de donner satisfaction au roi d'Angleterre (¹).

Comme on le voit, Charles-Quint exécutait fidèlement les stipulations qui le liaient à Henri VIII.

§ 4.

« Et depuis (la conférence de Saint-Amand), dit « Vandenesse (²), ont continué (les négociateurs) de « deux jours l'ung se trouver tousjours ensemble. » Ainsi, plus la paix est prochaine, plus les entrevues sont multipliées. Nous apprenons par Navagero que le 4 septembre le secrétaire d'état Bayart arriva au camp impérial accompagné d'un gentilhomme porteur d'une lettre adressée par la reine Eléonore à son frère (³). L'ambassadeur reste muet sur les conséquences de cette visite.

Le 5 septembre dans la soirée, le bailli de Dijon vint trouver Granvelle et Gonzague; il eut avec eux un entretien qui dura toute la nuit du 5 au 6 septembre, et il repartit au matin (⁴).

Navagero fait entendre que cette conférence avança

---

(1) State papers, X, 61.
(2) Vandenesse, p. 291.
(3) « Venne nell' esercito, non più Mr d'Anibao, ma il secretario Baiart, et « un gentilhuomo mandato con lettere della regina a Cesare suo fratello. » (Même dépêche de Navagero.)
(4) « Partiti questi (Bayart et son compagnon), il giorno sequente arrivo « anche il bali Deguin. Stette tutta la notte con questi signori, et la mattina « di 6, parti. »

fort la paix. « Depuis le départ du bailli, écrit-il, le
« bruit s'est répandu ici que la paix était conclue et
« qu'il était porteur des articles souscrits par le roi
« suivant l'intention de l'empereur. » Quelques heures
plus tard il ajoute : « On a fait un ban prescrivant
« qu'aucun soldat, capitaine ou gentilhomme, ne vole
« aucune sorte de vivres ou chose quelconque de ce
« pays, et que tout ce qui sera apporté par les vivan-
« diers français soit entièrement payé, sous peine
« d'encourir la disgrâce de Sa Majesté (1). »

Divers documents conservés aux archives de Belgique confirment le témoignage de Navagero et prouvent qu'en effet, à cette date, la croyance un peu prématurée à la conclusion de la paix se répandit promptement.

1° Dans une lettre d'un lorrain, non datée, mais évidemment écrite à cette occasion, nous lisons : « Les
« nouvelles présentes sont depuis mes dernières, sça-
« voir que l'on a dit avoir eu trefves pour six jours
« entre ces deux grans princes, pendant lesquels France
« debvoit fournir le camp de l'empereur de vivres, en
« payant raisonnablement. Mais bien ay veu par plu-
« sieurs lettres que l'on ne parle d'autre chose que de
« la paix, et en plusieurs endroicts. Encore à ceste
« heure, j'ay receu lettres qui ne parle que de ceste
« paix... »

(1) Lettre du 6 septembre : « Qui, dopo la sua partita, s'è divulgato esser
« conclusa la pace et il re, per costui, haver mandato li capitoli sottoscritti
« secondo l'intention di Cesare.... Et hora che sono le 23 di 6, hanno fatto
« bando che niuno soldato o capitano o gentilhuomo robbi sorte alcuna di vet-
« tovaglia o altro di questo paese, et che tutto quello sarà portato da vivan-
« dieri francesi sia tutto pagato, sotto pena della disgratia di Sua Maesta. »

2° Dans une autre lettre anonyme, non datée, écrite par un serviteur du duc de Lorraine et signée *manus est cognita*, nous relevons ces mots : « Il se dict que l'on « dresse une bonne paix. Dieu le veulle ! »

3° Dans une lettre du 13 septembre, adressée au président de Cologne, signature coupée, on remarque ce passage caractéristique : « Item dict qu'ilz fuict cryé « au camp du roy a jour d'huy huict jours (par consé-« quent le 5 ou le 6 septembre) : *De par le Roy ! que « homme sy hardy ne heult à faire desplaisir aux Bour-« guignons, surre peines de la harrs*, et que, ainsy soit, « ilz oyette faire ledict crys et faict faire au camp des « landsnecht pour le roy en françoys et allemant (¹). »

(1) Ces 3 pièces sont dans la liasse 24 de l'audience.

CHAPITRE XXIII.

Mission de l'évêque d'Arras auprès de Henri VIII.

Charles-Quint ne pouvait traiter avec François Ier sans s'être entendu préalablement avec Henri VIII, ou tout au moins sans lui avoir fait connaître ses intentions et les clauses du traité à intervenir. Dans ce but il envoya vers le roi d'Angleterre Antoine Perrenot, avec mission de communiquer à son allié les propositions du roi de France et de le prévenir que, s'il tardait à se porter en avant, l'empereur serait dans la nécessité de conclure une paix séparée (¹).

Antoine Perrenot partit du camp impérial le 6 septembre (²) avec un sauf-conduit du Dauphin. Il avait fait six lieues quand il rencontra M. de Brissac, et ils prirent gaiement leur souper ensemble (³).

(1) Nous n'avons point les pages du manuscrit de M. Paillard où étaient analysées les instructions données par l'empereur à l'évêque d'Arras. Nous apprenons seulement par une note relative à ces instructions que Charles-Quint entre autres choses avait chargé l'évêque de requérir l'assistance effective de Henry VIII, et de lui demander de faire marcher son armée « pour correspondre » à la sienne. (Lettres de Charles-Quint, du 19 septembre à sa sœur, du 20 septembre aux ambassadeurs, etc.)

(2) M. Gachard dit le 7 septembre, en s'appuyant sur d'imposantes autorités, notamment sur la lettre de l'empereur du 19 septembre (Manuscrits de Wynants). Cependant il ne peut être mis en doute que la date véritable soit celle que nous adoptons ; elle est donnée 1° par Vandenesse, 2° par Wotton qui écrit le 6 septembre que Perrenot « est parti *aujourd'hui* », 3° par Navagero qui dit aussi dans une dépêche du 6 septembre au Conseil des Dix : « Parte questa « notte o domattina in posta. »

(3) « Sei leghe dal loco ove erano alloggiati, la sera ritrovò M. di Brisach, col « quale cenò allegramente. » (Navagero, dépêche du 14 sept. au Conseil des Dix.)

L'évêque passa par Paris, traversa ensuite le camp de Montreuil, puis arriva devant Boulogne le 11 septembre à midi. Le roi d'Angleterre ne pût le recevoir ce jour-là, parce qu'il était occupé « à faire mettre le « feu en une myne du chasteau et prendre quelque « essay et asseurance de ses gens, comme ilz s'en ac- « quitteroient en ung desseing. »

Perrenot eut trois audiences, deux du roi, et la dernière des membres du Conseil. Tout se passa en présence de Chapuis et de Courrières, et l'évêque déploya dans cette mission sa précoce habileté. « En quoy, dit « Chapuis qui s'y connaissait, s'est acquitté si très « bien, si très prudentement et au contentement de la « compaignie qu'il n'est possible de plus. »

La première audience eut lieu le 12 septembre ; on y examina les propositions faites par François Ier à l'empereur. Ces propositions peuvent se formuler ainsi :

1° Rendre incontinent à l'empereur et au duc de Savoie toutes les places prises sur eux depuis les dernières guerres, c'est-à-dire depuis 1542 ;

2° Fournir contre le Turc 600 hommes d'armes et 10,000 fantassins, ou payer la somme nécessaire pour lever pareille quantité de soldats ;

3° Restituer à Charles-Quint et au duc de Savoie tous les territoires occupés à leur détriment en deça et au delà des monts, sous condition que l'empereur consentirait au mariage du duc d'Orléans, soit avec l'infante Marie qui apporterait en dot les Pays-Bas, soit avec l'archiduchesse Anne qui apporterait en dot le duché de Milan.

La substance de l'entretien entre le roi d'Angleterre et l'évêque d'Arras ne nous est point connue par des témoignages directs ; mais nous avons la réponse que Wotton fut chargé par son souverain de transmettre à Charles-Quint, et il est évident que les arguments énoncés dans la lettre de Henri VIII à son ambassadeur durent être les mêmes que ceux dont il avait fait usage avec Antoine Perrenot. Voici la commission confiée à Wotton (1).

« Comme nous avons autant d'égard à l'honneur de
« l'empereur qu'à notre honneur propre, nous jugeons
« à propos de donner à notre bon frère notre amicale
« opinion sur ses intérêts particuliers, que nous con-
« sidérons comme communs entre nous.

« Et d'abord, lorsque nous envisageons les lourdes
« dépenses que notre bon frère a supportées, les dom-
« mages que ses sujets ont éprouvés, les grands partis
« qu'il veut constituer pour le second fils de France
« alors que le Dauphin a une postérité mâle vivante,
« nous pensons que ces affaires de mariage ne peuvent
« avoir pour l'empereur une issue aussi honorable ni
« aussi avantageuse que nous le désirerions.

« Des deux éventualités prévues, la pire assurément
« est celle du mariage dudit duc avec l'Infante. Elle
« est princesse d'Espagne, et, si son frère venait à
« mourir, elle deviendrait l'héritière de tous les états
« de son père. Pour ne parler que du présent, l'aban-
« don immédiat qui lui serait fait des Pays-Bas porte-
« rait à tout le reste du domaine impérial un tel coup,

(1) State Papers, X, 71, lettre d'Henri VIII à Wotton, 15 septembre.

« que la postérité de la maison d'Autriche aurait cer-
« tainement lieu de s'en repentir. Notre avis sincère est
« donc que notre bon frère ne doit pas accorder au duc
« d'Orléans une si riche héritière, ni donner avec elle
« un joyau aussi précieux que le sont les Pays-Bas.

« En ce qui concerne l'ouverture relative au mariage
« de l'archiduchesse Anne, bien que nous estimions
« que sa dot est encore trop considérable, nous pen-
« sons qu'il vaut mieux s'arrêter à ce mariage qu'à
« l'autre. D'un côté en effet, comme le duché de Milan
« est un fief de l'Empire, il y aura lors du décès de
« l'empereur une telle controverse sur le droit de suc-
« cession audit duché qu'il serait difficile d'en présager
« l'issue. D'un autre, celui à qui il écherra ne pourra
« le conserver sans d'inestimables dépenses. Les Pays-
« Bas, au contraire, constituent l'héritage certain et
« incontestable de l'empereur ; ils sont faciles à gar-
« der, et dès lors, s'ils sont donnés dès à présent en
« dot à la princesse d'Espagne, de graves inconvé-
« nients peuvent surgir par suite de cette combi-
« naison. »

Chapuis et Courrières rapportent les faits de même façon (1).

« Au regard des offres faictz, ledit s^r roy ne les peust
« gouster, mesmes celuy qui concerne le mariage de
« la princesse d'Espagne avec le duc d'Orléans, et que
« la couronne dudit Espagne pourroit venir à ladite
« princesse, joinct qu'il pensoit que les gens des Pays-

---

(1) Lettre à la reine de Hongrie, du camp de Boulogne, 16 septembre. Correspondance avec Chapuis, vol. de janvier-octobre, f°s 136 et 137.

« Bas ne seroient contens d'avoir un tel seigneur que
« le duc d'Orléans ([1]); et que, quant au mariage dudit
« duc d'Orléans avec la secunde génite du roy des
« Romains avec l'état de Milan, ce luy seroit plus tol-
« lérable que l'aultre. »

Dans la seconde audience accordée à Perrenot, Henri VIII fut amer, emporté, violent. Chapuis et Courrières nous apprennent encore « qu'il vint à dire,
« la dernière fois que nous parlasmes à luy, que ce se-
« roit grande honte pour Sa Majesté d'accepter les
« offres que faisoient à icelle les Françoys, et oresque
« Sa Majesté fut prisonnière entre les mains desdits
« Francoys, ilz ne lui sçauroient offrir plus préjudicia-
« bles ny ignominieuses conditions, et qu'il seroit d'avis
« que l'empereur se retira sans riens conclure, puis-
« qu'il n'estoit loing des frontières ([2]). »

Henri VIII récrimina aussi sur la part que Charles-Quint voulait faire dans le futur traité au duc de Savoye :

« Ledit s^r roy ne louoit fort que Sa Majesté s'ar-
« resta si soigneusement en la restitucion des pays de
« Mr de Savoye, puisque les Françoys les luy vouloient
« vendre si chier ; en quoy ledit s^r roy est en partie
« excusé pour non sçavoir l'importance de ladite resti-
« tucion, mais l'on ne le sçauroit excuser en l'endroit
« d'honnesteté ([3]). »

---

[1] A cette époque, les gens des Pays-Bas désiraient surtout avoir un souverain particulier, et on ne voit pas pourquoi ils n'auraient pas accepté volontiers le duc d'Orléans.

[2] Même lettre que ci-dessus.

[3] Même lettre. L'entretien fut ensuite porté sur les propositions des Français concernant Henry VIII ; mais nous n'avons pas la partie du manuscrit de M. Ch. Paillard où ce sujet était traité. (G. H.)

Puisque le roi d'Angleterre n'adhérait pas aux propositions de paix, voulait-il du moins marcher sur Paris ? La réponse à cette question n'était pas douteuse ; mais encore fallait-il que Charles-Quint l'obtînt pour sauvegarder sa responsabilité. Sur ce point, Chapuis et Courrières sont nets, brefs et passablement ironiques. « Finablement, écrivent-ils, l'effect substancial
« qu'il (Antoine Perrenot) rapporte de la response du-
« dit sr roy est qu'icelluy sr roy est résolu, pour estre
« la saison si avancée, de non faire marcher son armée ;
« car aussi ne avoit-il ordre du monde, ores qu'il le
« voulsist. Et d'ailleurs le temps, qu'estoit capitale,
« comme disoient ceulx de son conseil, de tenir les
« armées aux champs, debvoit expirer dans dix ou
« quinze jours, mordant aucunement l'emprinse de Sa
« Majesté de s'estre mise si hardeusemement et dange-
« reusement tant avant en pays ; à quoy dire vray-
« semblablement a esté esmeu pour excuser ce qu'il
« n'a observé la capitulacion en ce endroict et pour
« coulourer sa demeure icy (¹). »

La version des *State Papers* est un peu différente,

---

(1) Dans la dépêche justificative du 20 septembre à ses ambassadeurs en Angleterre, Charles-Quint écrit à son tour : « Et quant à la responce dudict
« sr roy d'Angleterre, nostre bon frère, et l'excuse qu'il a fait faire de ne pou-
« voir entendre en cestedicte emprinse, tant pour la saison estant desjà tant
« advancée que aultres raisons et considérations qu'ilz (le roi et ses conseillers)
« vous ont sur ce déclarées, nous les prennons et recepvons comme de nostre
« vray et parfaict amy, comme aussy la considération du dangier où il enten-
« doit qu'estions d'estre venu et passé sy avant, et ce que il désiroit nous
« povoir assister en ceste conjuncture et nécessité, ores qu'il n'y eust eu aul-
« cun traitté entre nous, combien que, à la vérité, nous n'avons jamais heu
« crainte de la force estant en ce coustel, ores qu'elles (les forces) ont esté
« grandes, et s'i soient adjoinctes, comme ledict sr roy l'a bien congneu, la
« plus part d'icelles qui estoient au coustel de Picardie. »

ou du moins on y rencontre de nouveaux arguments. Henry VIII aurait dit : « L'empereur serait bien aise,
« dites-vous, que notre armée, en cas que la paix n'a-
« boutît pas, marchât sur Paris. Certes, nous ne de-
« manderions pas mieux ; mais n'a-t-il pas été obligé
« de s'emparer de quelques villes qui lui barraient le
« passage ? Eh bien ! nous avons été forcé d'agir de
« même, et maintenant l'année est si avancée qu'il ne
« servirait de rien d'aller jusqu'à Paris, alors surtout
« qu'il faut en revenir. Le pays est si dévasté de tous
« côtés que nous n'y trouverions pas les vivres néces-
« saires. Nos transports laissent fort à désirer, et il en
« est de même de ceux qui viennent de Flandre : ja-
« mais nous n'avons reçu ceux sur lesquels nous comp-
« tions de ce côté. En plein été ils ont été à peine
« suffisants pour ce qu'exigeait le service des approvi-
« sionnements. Comment voulez-vous qu'ils soient ca-
« pables de porter en plein hiver les subsistances jus-
« qu'à Paris ? Nos cavaliers allemands, aussi bien ceux
« qui sont à notre solde que ceux qui sont à la solde
« de l'empereur, comptent rentrer chez eux pour la
« Saint-Michel. Nous ne pouvons dès lors comprendre
« comment nos deux armées parviendraient à se re-
« joindre, ni comment l'une porterait secours à l'autre.
« Enfin nous ne sommes lié que pour quatre mois, qui
« expireront à la Saint-Michel. Notre bon frère jugera
« donc que le temps qui nous reste est trop court pour
« mener à bien notre expédition. »

Henri VIII consentit cependant à faire marcher quelques troupes pour dégager l'empereur et assurer sa retraite, dans le cas où celui-ci se retirerait vers la frontière sans avoir conclu la paix.

Ainsi l'évêque d'Arras avait échoué sur tous les points ; mais cet insuccès rendait à Charles-Quint une entière liberté.

Antoine Perrenot quitta le camp de Boulogne le 14 septembre à peu près au moment où la ville se rendait (1). Le 16 septembre, à 4 heures du matin, il est au camp de Montreuil, où il attend avec une extrême impatience les dépêches qu'il doit rapporter (2). Enfin ces dépêches arrivent ; ce sont deux lettres de Henry VIII, l'une autographe pour Charles-Quint (3), l'autre pour Wotton, et on y a joint le traité de la capitulation de Boulogne. « Le tout, écrit Perrenot à Paget, m'a esté le tant « mieulx venu comme j'attendoye avec très grande « peine pour la faulte de temps pour mon retour et ce « qu'il importe que l'empereur soit adverty de la ré- « solution de ma charge. » Ses tribulations n'étaient pas terminées, et le retour s'effectua trop lentement à son gré. Les chevaux de poste lui manquèrent plus d'une fois, et il crut remarquer que les Français s'appliquaient à le retarder, pour l'empêcher d'apprendre à son maître en temps utile la capitulation de Boulogne. Il ne rejoignit l'empereur que le 18 septembre vers midi, au moment où Charles-Quint, arrivait à Crépy-en-Laonnois.

---

(1) Chapuis et Courrières à l'empereur, 14 septembre. Cependant il faut noter que cette lettre ne mentionne pas la capitulation.

(2) Lettre de Perrenot, à la suite de la lettre précitée de Henry VIII.

(3) Elle n'est ni dans les *State Papers*, ni aux archives de Bruxelles.

CHAPITRE XXIV.

*Dernières conférences. Les conditions de la paix entre Charles-Quint et François I*ᵉʳ *sont arrêtées à Soissons.*

Pendant qu'Antoine Perrenot accomplissait sa mission, les pourparlers continuaient entre Granvelle et Gonzague d'une part, Annebaut, Neuilly, Bayart et le bailli de Dijon d'autre part.

« Excellentissimes Seigneurs, écrit Navagero au
« Conseil des Dix, depuis mes dernières du 6 du pré-
« sent, le bruit de la conclusion de la paix est toujours
« allé croissant, plus cependant par conjectures que
« par une connaissance certaine. Ces conjectures sont
« qu'on voit que l'armée a changé de chemin et mar-
« che avec peu d'ordre, presque comme en pays ami,
« et aussi que l'on considère que la paix est nécessaire
« à l'un et à l'autre prince, comme il se dit et se croit
« ici ; mais il n'y a pourtant homme qui le sache et le
« puisse affirmer... Depuis mes dernières, presque
« tous les jours sont venus à cette armée tantôt M.
« d'Annebaut, tantôt le secrétaire Bayart et M. de
« Neuilly [1]. »

[1] « Doppo l'ultime mie di 6 del presente, il rumore della conclusione della
« pace è sempre andato crescendo, più però per conjetture che per alcuna certa
« cognitione. Le conjetture sono il veder l'essercito haver mutato camino et
« marchiar con poco ordine, come quasi per paese amico, et il considerare la

Bayart et M. de Neuilly vinrent au camp le 10 septembre et travaillèrent avec Granvelle et Gonzague pendant le reste du jour et toute la nuit du 10 au 11. Navagero nous transmet sur cette conférence un renseignement intéressant : « Fut dit comme chose cer-
« taine, écrit-il encore le 14 septembre, que même la
« difficulté qu'ils avaient au sujet des ôtages était levée.
« Toute cette négociation, depuis le commencement
« jusqu'à la fin, s'est passée dans le plus grand se-
« cret (¹). » C'est à cette conférence que Wotton fait allusion lorsqu'il écrit le 20 septembre à Henri VIII :
« Le 11 de ce mois, les commissaires français furent de
« nouveau avec le conseil de l'empereur. Après ce jour
« l'armée cessa de brûler et l'on commença à parler
« d'une bonne espérance de paix (²). »

Le 14 septembre, à deux heures de l'après-midi, Bayart, Neuilly et Africain de Mailly revinrent au camp établi alors aux portes de Soissons, et annoncè-

« necessità dell' uno e l'altro di questi principi, cosi si dice e si crede qui,
« ma non vi è però huomo che 'l sappia e che lo possi affirmare... Doppo
« l'ultime mie, quasi ogni giorno sono venuti in questo essercito hora M⁺ d'Anibao,
« hora il secretario Baiart e M⁺ de Nogli. » (Lettre datée de Soissons, 14 septembre.)

(1) « Li quali stettero quella parte del giorno e la notte di X con l'illus-
« trissimi don Ferrante et Granvela. Et fu detto per cosa certa che anche la
« difficultà, che haveano sopra li ostaggi, era conclusa. Tutta questa trattatione
« è passata da principio fin hora molto secreta. »

(2) State Papers, X, 76. Villefrancon, dans la lettre insérée aux Mémoires de Tavanes, mentionne de même la cessation des incendies à cette époque. Cf. du Bellay, qui suppose, à tort sans doute, que le 12 septembre « fut capitulé
« que l'empereur se retireroit par Soissons sans faire dommage, et que le roy
« envoyeroit en ce lieu pour achever ledit traité de paix. » Nous ne croyons pas que l'empereur se soit retiré à Soissons en conséquence d'une convention formelle avec le roi de France, et la preuve en est qu'il menaça de brûler cette ville ; mais, dès le 10, la paix était assurée, et les pouvoirs donnés par François I⁺ à ses plénipotentiaires pour traiter sont datés de ce jour-là. (Voir Dumont, tome IV, 3ᵉ partie, p. 287.)

rent que M. d'Annebaut arriverait le lendemain (¹). En effet, le 15 septembre, l'amiral rejoignit les autres négociateurs français et s'aboucha immédiatement avec Granvelle et avec Gonzague (²).

C'est le 15 et le 16 septembre qu'eurent lieu les mémorables et définitives conférences d'où sortit enfin la paix, et l'évêque d'Arras y fut remplacé par le conseiller Charles Boisot (³). Tout le monde avait les oreilles tendues pour recueillir les moindres rumeurs ; on épiait le visage, la contenance des négociateurs ; on buvait avidement leurs moindres paroles.

« Ce jour là (15 septembre), écrit Navagero au Con-
« seil des Dix, on tint sur la paix les propos les plus
« différents. Jusqu'au milieu du jour elle fut réputée
« conclue ; puis, au soir, naquit certaine difficulté au
« sujet d'Hesdin, ce qui inspira des doutes à plusieurs.
« Enfin, hier 16 septembre, au nom de l'Esprit Saint,
« *a été conclue la paix à Soissons vers midi* entre ces
« princes. Dieu fasse qu'elle soit au bénéfice de la
« Chrétienté, sûreté et grandeur de l'Illustrissime Ré-
« publique (⁴). »

La difficulté au sujet d'Hesdin est mentionnée aussi

---

(1) « Hoggi poi, che siamo alli 14, sono venuti, doi hore dopo mezzo giorno, « li medesimi Baiart et Nogli, con il bali di Deguin, che si dice che anche « dimane venira Monsʳ d'Anibao. » (Même dépêche.)

(2) Remarquons que, jusqu'à ce moment, l'empereur était resté invisible.

(3) « Molto favorito di Monsʳ de Granvela. »

(4) « Fu parlato questo giorno variamente della pace. Fin mezzo di fu ripu-
« tata conclusa. Alla sera poi, nacque certa difficultà sopra Edin, per laquale
« furno alcuni che comminciorno a dubitare. Heri poi alli 16, col nome del Spi-
« rito Santo, è stata conclusa pace in Suesson circa mezzo giorno fra questi
« principi, la qual pace face Iddio che sia a beneficio della Christianità et
« securità et grandezza di quella Illustrissima Republica. »

par l'empereur dans sa lettre du 19 septembre à la reine de Hongrie : « Nous avons failli rompre deux « fois sur ce point, écrit-il, les commissaires français « disant qu'ils ne pouvaient céder sans encourir l'indi- « gnation du Dauphin. J'ai cédé moi-même, pour ne « pas jeter entre le Dauphin et son frère les germes « d'une inimitié irréconciliable (1). » Mais Navagero donne une autre explication de ce différend : il avait été convenu, dit-il, que l'empereur et le roi de France se rendraient réciproquement ce qu'ils s'étaient pris l'un à l'autre « depuis la dernière prise de Nice, » c'est-à-dire depuis la prise de cette ville en 1543 par le comte d'Enghien et par Khayr-Ed-Dyn Barberousse ; or les Français refusaient la restitution d'Hesdin parce qu'ils s'en étaient emparés antérieurement à cette date (2).

On finit pourtant par s'entendre, car des deux côtés on le souhaitait vivement ; et si l'empereur, victorieux, affectait de garder une certaine hauteur vis-à-vis des Français, au fond il était disposé à faire quelques concessions pour arriver au but désiré. Il est curieux d'en trouver l'aveu dans la correspondance des deux grands acteurs de ce drame politique. « Parfois, écrit Granvelle « à la reine Marie le 19 septembre, nous avons craint de « ne pouvoir revenir sur nos pas. J'ai été roide et dif-

---

(1) Manuscrits de Wynants.
(2) Lettre du 17 septembre au Conseil des Dix. « Doppo l'ultima presa di « Nizza... Perchè sendo preso inanti questo tempo, Francesi non lo volcano « restituire. » — Il n'est pas possible d'affirmer que frère Gabriel de Guz- man ait assisté aux conférences de Soissons ; mais assurément il était dans cette ville au moment où elles eurent lieu. Navagero dit qu'il tient la plupart de ses renseignements sur le traité du moine qui a ménagé la paix et d'un autre homme d'autorité : « Di quello frate che in parte ha maneggiato la pace, « et di qualch'altro huomo di auttorità. »

« ficile à faire la paix, jusqu'à ce que j'aie été obligé de
« devenir plus doux pour les raisons à vous connues ; »
et plus loin, parlant de cette question d'Hesdin qui
fut tranchée au profit de la France, il ajoute : « Nous
« avons cédé, trouvant qu'il était préférable et néces-
« saire de faire la paix, plutôt que de rentrer en guerre,
« *vu l'extrême impuissance de la soutenir davantage* (¹). »
Charles-Quint écrit à son tour : « Trois fois nous avons
« craint que la négociation ne se rompît. Enfin, comme
« les inconvénients signalés par moi s'accroissaient
« journellement au point que je ne pouvais plus de-
« meurer davantage dans cette position et que je n'é-
« tais plus assez assuré de mon armée pour entrepren-
« dre chose d'importance, j'ai été *contraint de conclure*
« le traité, etc (²). »

C'est donc à Soissons, dans la journée du 16 septembre, vers midi, que les conditions de la paix furent définitivement arrêtées entre François I*er* et Charles-Quint.
Mais cela ne signifie point que le traité fut *signé* ce
jour-là, comme plusieurs historiens le prétendent. Vandenesse dit seulement que ce jour « fut conclue et *ré-
« solue* la paix entre Sa Majesté et le roi de France (³). »
Villefrancon dit aussi qu'à Soissons « fut faicte la *réso-
« lution* de paix (⁴). » Il s'agit donc d'un échange de
protocoles, mais non pas de la signature de l'instru-
ment diplomatique qui devait consacrer l'accord des
puissances contractantes. Et en effet le traité ne pou-

---

(1) Manuscrits de Wynants, lettre datée de Crépy.
(2) Manuscrits de Wynants. Lettre à la reine de Hongrie, du 19 septembre.
(3) Vandenesse, p. 192.
(4) Lettre déjà citée, dans les mémoires de Tavanes.

vait être conclu définitivement qu'après le retour de l'évêque d'Arras. Sans doute Charles-Quint avait d'excellentes raisons pour croire qu'Henry VIII ne se départirait pas de ses desseins égoïstes, et c'est pourquoi rien n'empêchait qu'on préparât les articles à signer en attendant sa réponse ; néanmoins il était impossible de signer tant qu'on n'aurait pas la connaissance explicite de ses intentions. Tous nos documents prouvent que la signature de la paix fut différée pour ce motif.

Bien que Navagero parle de la *conclusion* de la paix et qu'il affirme qu'elle ait eu lieu avant le retour de l'évêque d'Arras (¹), il ajoute des détails significatifs qui font voir que les dernières formalités ne devaient point encore être accomplies : « M. de Granvelle et don Fer-
« rante, écrit-il, le 17 septembre, auxquels des per-
« sonnes de leur plus grande intimité demandaient en
« confidence si, comme on l'a assuré généralement, la
« paix était conclue, *ont dit qu'il n'est pas encore temps*
« *de rien dire de particulier*... C'est l'opinion d'au-
« cuns qu'avant le retour de l'évêque d'Arras, qui
« tarde beaucoup, ces seigneurs qui ont traité de la
« paix ne doivent communiquer chose aucune (²). »

Charles-Quint s'exprime sur le même sujet d'une ma-

---

(1) « Hora qui la pace fusse conclusa innanzi il ritorno di Monsr d'Aras. » Lettre du 17 septembre au Conseil des Dix.

(2) « E vero che dimandato Monsr di Granvela et don Ferrante di particolari
« da personne molto confidenti loro, si come hanno confirmato questo generale
« che la pace è conclusa, cosi hanno detto non esser ancora tempo di dire alcuno
« particolare... E l'opinione d'alcuni che inanti il suo ritorno, che tarda hor-
« mai troppo, non siano questi signori che hanno trattato la pace per commu-
« nicar cosa alcuna. » (Lettre du 17 septembre au Conseil des Dix.)

nière encore plus concluante. Dans sa dépêche du 20 septembre à Chapuis et à Courrières, il dit d'abord « qu'il a soubstenu autant qu'il luy a esté possible, *en actendant response* du sʳ roy (d'Angleterre). » Et plus loin : « Fusmes constrainct retirer le camp dudict « Soissons (¹) et le faire marcher à petites journées et « de temporiser avec l'admiral de France..., et par ce « moyen avons entretenu la chose jusques à la venue « dudict évesque d'Arras. » Plus loin encore : « *Avec la response dudict sʳ roy* (²) et la nécessité susdicte, « avons fait passer la paix par noz commis et ceulx du- « dict roy de France et icelle accordée. » Enfin, dans un mémorial envoyé le 18 septembre à la reine de Hongrie, on lit au début : « La Royne dira à l'ambas- « sadeur d'Engleterre que la paix est faicte entre l'em- « pereur et le roy de France, *laquelle l'empereur a différée jusques à la venue de M. d'Arras, pour le respect du roy d'Engleterre, tant qu'il a peu*, etc. (³) »

Ainsi, quand les Impériaux partirent de Soissons le 17 septembre, on était tombé d'accord, mais on n'avait pas encore signé ; et Charles-Quint, dans une phrase que malheureusement la copie de Bruxelles ne reproduit qu'imparfaite et tronquée, fait entendre que, pendant cette marche, on continua à libeller les conventions de Soissons et à « *mectre par escript* pour tous- « jours, et ceulx que estoient avec luy (l'amiral), *pour « traicté de paix* (⁴). »

(1) Le départ de Soissons n'eut lieu que le 17 septembre.
(2) Nous avons vu déjà que Perrenot n'apporta cette réponse à Charles-Quint que le 18 septembre.
(3) Liasse 24 de l'audience.
(4) Manuscrits de Wynants.

On a cru aussi que François Ier avait fait brusquer la conclusion de la paix, pour un motif que Du Bellay rapporte en ces termes. Le roi, dit-il, « despêcha l'a-
« miral d'Annebault, lequel fut trouver l'empereur en
« l'abbaye de Saint-Jean-des-Vignes, aux faubourgs de
« Soissons ; auquel lieu estant arrivé, le roy l'advertit
« comme il avoit eu nouvelles que le sr de Vervins
« avoit rendu Boulongne, et qu'il procédast diligem-
« ment à la conclusion du traitté ; *car, si l'empereur
« eust esté certain de ceste reddition,* combien que la
« paix luy fust nécessaire, *il eust esté plus hault en ses
« demandes.* » Perrenot avait soupçonné la même arrière-pensée lorsque, revenant de Boulogne, il s'était vu obligé de subir des retards qu'il attribuait à un calcul de la part des Français (1). Navagero, qui du reste ne fait que recueillir les bruits du camp, écrit au doge de Venise (2) : « M. d'Arras a apporté la nou-
« velle de la capitulation de Boulogne ; mais c'est ici
« l'opinion de plusieurs que, si cette nouvelle fût venue
« auparavant, peut-être aurait-elle empêché la paix ;
« par où l'on voit que, si elle est conclue, c'est un pur
« effet de la volonté divine. » Et ailleurs (3) il qualifie la prise de Boulogne de « nouvel accident qui empê-
« chera peut-être la paix de réussir. »

Malgré ces imposantes autorités, nous ne sommes

(1) Lettre du 19 septembre à la reine de Hongrie. (Manuscrits de Wynants.)
(2) Lettre du 18 septembre écrite à Crépy-en-Laonnois. « Ha portato la nova
« della rendita di Bologna ; ma qui è giudicato da molti che se fosse venuta
« questa nova prima, forsi haveria impedito la pace ; dal che si comprende
« che è stata pura volontà di Dio che si concluda. »
(3) Lettre au doge, du 19 septembre. « Si crede che, per questo novo acci-
« dente della perdita di Bologna, non succederà altrimente (la pace). »

pas convaincu, et voici nos raisons : 1° Du 29 août au 16 septembre, les pourparlers furent incessants, et depuis le 10 septembre, la certitude de la paix se manifesta par des actes extérieurs (¹); 2° On trouve dans une dépêche de Wotton un passage qui coupe court à toute controverse en démontrant que Charles-Quint avait reçu la nouvelle de la reddition de Boulogne avant le retour de l'évêque d'Arras et avant la signature du traité. « Ce jour-là, 18 septembre, écrit-il à Henry VIII, « M. d'Orléans, arriva ici ; *de quoy l'empereur m'avait* « *adverti auparavant, et aussi que Votre Grandeur* « *avait pris Boulogne, mais qu'il voulait que je tinsse* « *ces deux choses secrètes jusqu'à ce que M. d'Arras* « *fût venu.* »

De qui Charles-Quint tenait-il cette nouvelle ? Sans doute d'un courrier expédié par le comte de Rœulx, ou par le comte de Buren, ou par la reine de Hongrie. A cette époque, les dépêches importantes étaient transmises par des cavaliers qui, au moyen de relais, faisaient jusqu'à cinquante lieues par jour. Il n'est pas impossible non plus que la nouvelle ait été communiquée par les négociateurs français ; au point où en étaient les choses, cet événement, devenu presque indifférent, ne pouvait plus influer sur les résolutions de l'empereur.

(1) Voir ci-dessus, chapitre XXII, § 4.

CHAPITRE XXV.

Suprêmes efforts de l'ambassadeur anglais pour empêcher la paix.

Le 17 septembre au matin, avant de quitter Soissons, Granvelle et Gonzague envoyèrent chercher Nicolas Wotton (¹) et lui tinrent le langage suivant :

« Les Français ont fait des offres raisonnables ten-
« dant à la paix. Depuis trois ou quatre jours ils atten-
« dent une réponse et nous pressent fort à ce sujet.
« Nous sommes, pour notre part, très-étonnés que M.
« d'Arras ne soit pas encore revenu. »

« Les Français, répliqua Wotton, sont fort à blâmer
« de vous presser ainsi avant le retour de M. d'Arras.
« Ils savent fort bien, d'une part, que l'empereur ne
« conclura rien qu'avec l'agrément de mon maître, et,
« de l'autre, qu'il ne peut pas connaître les intentions
« de celui-ci avant que l'évêque en ait fait le rap-
« port. »

« Tout le fardeau de la guerre, dit Gonzague, re-
« pose sur les épaules de l'empereur ; car le roi de
« France a rassemblé toutes ses forces contre lui, tan-
« dis qu'il n'a rien laissé devant votre souverain. L'ar-
« mée du roi d'Angleterre ne marche pas en avant

---

(1) Rappelons qu'à ce moment il n'avait pas encore reçu le paquet que lui apportait l'évêque d'Arras.

« comme cela avait été convenu avec moi, lorsque j'é-
« tais à Londres, de telle sorte que l'empereur ne peut
« en attendre ni secours ni confort. »

« Mon maître, reprit Wotton, a en France une ar-
« mée tout aussi nombreuse que celle de l'empereur.
« S'il eût pu s'emparer des villes qu'il a rencontrées
« sur sa route et qu'il est nécessaire de prendre, il au-
« rait marché en avant ; mais les frontières de la Pi-
« cardie sont les mieux fortifiées de toute la France ;
« et d'ailleurs, depuis votre départ d'Angleterre, d'au-
« tres dispositions ont été prises entre nos maîtres. »

« Cela est vrai, interrompit Granvelle ; mais pour-
« tant il a été convenu qu'une partie de l'armée de
« 30,000 hommes marcherait en avant. »

« Ainsi aurait-elle fait et fera-t-elle, dit Wotton, aus-
« sitôt qu'elle aura pris Boulogne, qu'il est impossible
« aujourd'hui de laisser en arrière. »

Gonzague changea alors de thème et se mit à exal-
ter les forces du roi de France, qui n'étaient qu'à six
lieues. « Elles auraient été obligées de se diviser, ajou-
« ta-t-il, si les Anglais étaient allés de l'avant. Aujour-
« d'hui Sa Majesté manque de vivres et d'argent pour
« payer ses soldats, et elle aurait pu tirer des Pays-
« Bas les ressources qui lui manquent si la diversion
« convenue avait eu lieu. »

« Sa Grandeur ([1]), répondit Wotton, ne peut con-
« naître exactement ni la distance où vous êtes, ni le
« chemin que vous avez pris. Ce n'est pas sa faute, si

([1]) « His Higness, » c'est-à-dire Henri VIII. Wotton désigne souvent par ce terme le roi d'Angleterre.

« vous manquez de vivres et d'argent. Vous auriez dû
« prendre à temps les arrangements convenables. »

« Cela n'a pas été en notre pouvoir, reprirent les
« conseillers impériaux, et, à cette heure, le retard de
« M. d'Arras est pour nous un grand empêchement.
« Les Français ont fait des propositions acceptables ;
« ils seraient déjà repartis, si on leur avait donné ré-
« ponse ; mais la réponse n'arrive pas, et ils ont été
« deux ou trois fois sur le point de rompre. Il est fort
« étonnant *que le roi d'Angleterre retienne si longtemps*
« *M. d'Arras*, alors qu'il est informé par lui de l'état
« de notre armée. (¹) »

« Le chemin est long, répartit Wotton, et ces affai-
« res sont si importantes qu'elles exigent du temps
« pour la réflexion. Soyez certain que Sa Grandeur dé-
« pêchera l'évêque avec toute la célérité possible. D'ail-
« leurs pourquoi trouvez-vous le temps long, puisque
« le sauf-conduit (donné à l'évêque par le Dauphin)
« n'est pas encore arrivé à son terme ? »

« Il est expiré, » prétendit Gonzague. Mais Granvelle refusa de se prononcer.

Finalement, les conseillers impériaux déclarèrent
qu'ils avaient résolu d'introduire auprès de l'empereur
M. d'Annebaut qui n'avait pas encore eu d'audience
de Charles-Quint (²) et de fournir à l'amiral le moyen
de suivre Sa Majesté jusqu'à son prochain logement.
Pendant ce temps, M. d'Arras serait peut-être de retour.

---

(1) Ces paroles sont une nouvelle que rien n'était définitivement conclu avant le retour d'Antoine Perrenot, et que Charles-Quint avait d'abord attribué le retard de l'ambassadeur à la mauvaise volonté de Henri VIII.

(2) Jusqu'alors il n'avait communiqué qu'avec Granvelle et Gonzague.

En effet, quelques instants après cette conversation, l'empereur consentit à recevoir l'hommage de l'amiral. Il voulut conserver en cette circonstance l'attitude d'un vainqueur ; il se fit revêtir de son armure et entourer de 50 gentilshommes armés, tandis qu'Annebault et ses compagnons se présentèrent sans armes (1).

Ensuite on leva le camp et on partit pour coucher le soir à Pinon. L'empereur emmenait avec lui Granvelle, Gonzague, les ambassadeurs étrangers et les négociateurs français.

A l'étape de Pinon (2), il eut la courtoisie d'assurer les meilleurs logements aux Français, et c'est pourquoi la majeure partie de la cour dût passer la nuit aux champs (3).

Dans la matinée du 18 septembre et probablement avant de se remettre en marche, l'empereur fit mander l'ambassadeur anglais, ce qui parut extraordinaire à Navagero parce qu'on avait jusqu'alors gardé avec tous les autres un silence complet (4).

« Les Français, dit Charles-Quint à Wotton, nous
« pressent de répondre et même de jurer la paix au-

(1) « E stato monsr d'Anibao, insieme con molti altri Francesi, a fare, « questa mattina al tardo, riverentia a Cesare, il quale si hà voluto dimostrare « armato, con circa 50 delli suoi gentil'huomini, sendo però et esso monsieur « d'Anibao et tutti gl'altri disarmati. » (Navagero, lettre datée du 17 septembre, à quatre lieues de Soissons).

(2) Vandenesse dit Pinon ; Villefrancon dit Anizy. Ces deux villages sont fort rapprochés.

(3) « Ha poi (l'amiral) accompagnato l'imperatore a questo alloggiamento, « nel quale per esser et lui et la sua compagnia ben alloggiata, la corta di Ce-
« sare sta gran parte di essa alla campagna. » (Même dépêche.)

(4) « Questa mattina è stato l'ambasciatore d'Inghilterra a corte chiamato « da Cesare. A gl'altri tutti fin' hora non è stato detto parola. » Ce silence explique pourquoi Navagero ne parle ni de la signature du traité ni du serment prêté par l'empereur.

« jourd'hui. Néanmoins nous ne voulons ni jurer ni
« faire aucune promesse jusqu'à ce que nous ayons
« appris le plaisir de notre bon frère par M. d'Arras,
« qui va sans doute arriver. »

« Mon maître, répondit Wotton, a plusieurs fois
« certifié, malgré les grandes et favorables offres que
« le roi de France voulait lui faire, qu'il ne s'accorde-
« rait jamais avec lui sans que préalablement il n'eût
« donné satisfaction entière à Votre Majesté. Il ne
« doute pas que Votre Majesté n'agisse de même en ce
« qui le concerne. »

« Oui certes, répliqua l'empereur, vous pouvez être
« certain que j'aurai aux affaires de Sa Grandeur tel
« égard que méritent notre alliance, notre amitié et
« notre parenté. »

Wotton sortit de cette audience plus tranquille. Il
put reconnaître bientôt que cette confiance n'était pas
justifiée.

Le même jour, un peu après midi, pendant que les
Impériaux, ayant quitté l'étape de Pinon-Anizy, cheminaient vers Crépy-en-Laonnois (1), l'évêque d'Arras
rejoignit enfin l'empereur et lui rendit compte de sa
mission près du roi d'Angleterre. Il n'envoya à Wotton
le paquet dont il était chargé pour lui qu'après qu'on
fut arrivé à la nouvelle étape, et c'est le secrétaire
Bonnet qui porta le pli à l'ambassadeur.

---

(1) Charles-Quint, dans sa lettre du 20 septembre à Chapuis et Courrières, dit que l'évêque l'est venu trouver « avant-hier, aux champs, *sur le chemin.* » Navagero, dans sa dépêche au doge du 18 septembre, écrite le soir à Crépy, dit que l'évêque arriva un peu après midi. « E anche poco doppo mezzo giorno
« aggionto mons' d'Aras. »

Le 19 au matin, Wotton se présenta devant l'empereur et lui fit connaître la substance des dépêches qu'il avait reçues.

« Nous prenons en très-bonne part, lui dit Charles-
« Quint, les avis et conseil de Sa Grandeur, et l'en re-
» mercions. En nous accordant avec le roi de France (¹),
« nous avons plutôt égard au bien commun de toute la
« Chrétienté qu'à notre avantage particulier, et d'ail-
« leurs nous n'agissons que sous la réserve de l'alliance
« et de l'amitié qui existent entre Sa Grandeur et nous.
« Nous sommes charmé d'apprendre qu'Elle recevra
« pour sa part satisfaction du roi de France (²). »

Charles-Quint ajouta encore quelques mots. Mais, comme on sait, à cause de la proéminence de sa mâchoire inférieure, il eut toujours une certaine difficulté à articuler nettement ; de plus, en 1544, il était déjà passablement édenté. Wotton n'entendit pas ces dernières paroles parce qu'il parlait doucement et d'une façon peu intelligible, et que la chambre était pleine de gentilhommes qui faisaient beaucoup de bruit. L'ambassadeur se mit donc en devoir de s'éclairer : « Est-ce
« bien ainsi qu'a parlé l'empereur ? » demanda-t-il à ses voisins. Charles-Quint s'en aperçut et lui dit qu'il ferait plus ample réponse après avoir conféré avec Granvelle.

Dans l'après-midi, Wotton alla trouver Granvelle et

---

(1) « In agreeing with the french King. » Il y a là une nuance à observer. Wotton ne fut officiellement informé de la conclusion définitive de la paix que le 23 septembre, au Cateau.

(2) « And was glad to know how Your Highnes wold be satisfied for your
« part of the french King. »

eut avec lui une conversation à laquelle assista l'évêque d'Arras. Il annonça tout d'abord qu'il venait pour chercher la réponse à la communication faite dans la matinée à Charles-Quint :

« Je suis très charmé, lui dit Granvelle, des bonnes
« paroles que vous me transmettez de la part de votre
« roi. Tel j'ai été jusqu'ici, tel je continuerai à être,
« toujours prêt à lui faire service selon mes faibles
« moyens. Je lui rends de cordiales actions de grâces
« de ce qu'il a bien voulu témoigner à mon fils la même
« bienveillance qu'il m'a toujours montrée ; cela est
« d'autant plus gracieux de sa part que jamais, il le
« sait bien, ni mon fils ni moi ne pourrons nous ac-
« quitter envers lui. Quant à la réponse de l'empereur,
« la voici. Les Français ont fait à Sa Majesté des offres
« qui sont au grand avantage de la Chrétienté : non-
« seulement leur roi abandonnera son alliance avec le
« Turc, si toutefois il en a une, mais encore il donnera
« un secours important contre lui. Par là, mon maître
« méritera la reconnaissance du Saint-Empire, et certes
« les princes et électeurs trouveront qu'il a bien em-
« ployé l'argent qu'ils lui ont accordé. L'empereur
« estime d'ailleurs avoir assez fait pour son honneur et
« pour son profit en traversant victorieusement la
« France et en forçant le monarque de ce pays à traiter
« avec lui. L'arrangement ne sera pas moins utile à cer-
« tains de ses amis, qui pendent fort sur sa manche (1) ;
« le duc de Savoie, le marquis de Montferrat et le duc
« de Lorraine seront rétablis dans tous les territoires

(1) « Who hang much upon hes sleeve. »

« que le roi de France leur a pris. L'empereur lui-
« même recouvrera tout ce qu'il a perdu, sauf Hesdin (¹).
« Enfin Sa Grandeur recevra satisfaction, car les Fran-
« çais offrent de s'accorder avec elle et d'accepter
« l'arbitrage de l'empereur, en cas de difficulté (²).

(1) L'empereur écrit presque dans les mêmes termes à Chapuis et Courrières, le 20 septembre : « Et aussi, à la vérité, nous eust esté grandement imputé
« de non passer ledict traicté de paix.... puisque le roy de France accordoit
« l'ayde contre le Turcq de six cens hommes d'armes et dix mille hommes
« de pied, ou la soulde de quelle nation nous les vouldrons choisir, qu'est chose
« tant requise et nécessaire... et l'obligation que y avons, mesmes pour
« considération du Sainct Empire, et pour pourveoir à la résistance dudict
« Turcq que ledict Sainct Empire a accordé faire ; et tant plus y estions-nous
« adstrainct pour austant que, par tous les advertissemens venans de Hongrie,
« icelluy Turcq faict grandes apprestes. Davantaige, puisque ledict roy de
« France offroit nous restituer tout ce qu'il nous avoit occupé, tant deça que
« delà les monts, et aussi au duc de Savoye et au duc de Mantoue et avans
« dis ayans suivy nostre party, ledict sʳ roy (d'Angleterre) considérera com-
« ment nous ne pouvions rebrousser à refuser et nous en retourner, après
« avoir faict ce passaige au travers du royaume de France avec insupporta-
« bles fraiz et les inconvéniens avant dis, en délaissant telle conjoncture de
« relever noz royaulme et pays des fraiz de la guerre, puisque l'on nous offroit
« ce que nous prétendions... »

(2) Voici l'article du traité de Crépy qui concerne l'arbitrage de l'empereur.
« Et pour ce que les commis et procureurs dudict sʳ empereur ont tousjours
« prédit et déclaré, dès le commencement de ladicte communication et durant
« icelle, que ledict sʳ empereur leur maître n'entendoit ny vouloit traiter et
« passer lad. paix, sinon que très-haut, très-excellent et très-puissant prince
« le roy d'Angleterre et d'Irlande etc. fût aussi satisfait et s'accordât avec
« ledict sʳ roy très-chrestien et se comprit expressément en ceste paix, et il
« soit que ledict sʳ roy d'Angleterre ait fait advertir ledict sʳ empereur qu'il
« estoit content de s'accorder avec ledict sʳ roy très-chrestien et desjà soient
« par ensemble au traitement d'icelle, dont l'on espère la pacification des
« prétentions dudict sʳ roy d'Angleterre, et davantage que ledict sʳ roy très-
« chrestien s'est offert et offre, et se sont en son nom soumis sesd. procureurs
« et commis, que, si iceux deux roys ne se peuvent entre eulx accorder, que
« dès maintenant ledict sʳ roy très-chrestien se remet de tous différens et
« prétentions dud. sʳ roy d'Angleterre, à cause des traictés et choses passées
« entre eulx, à l'arbitrage et jugement de Sadicte Majesté Impériale, et promet
« observer et accomplir ce qu'elle en déterminera pleinement à la seule vérité
« du fait connue et sans mistère ni figure de procès, et d'envoyer ses gens
« avec toutes les informations et instructions ensemble ses gens quand de ce
« sera requis par led. sʳ empereur, toutes excuses cessant ; Sadicte Majesté
« Impériale a accepté ladicte soumission pour ce qui là concerne et touche
« ledict sʳ roy d'Angleterre. »

« Je vous ai déjà dit en quelle nécessité est l'empereur
« par suite du manque d'argent. Ses soldats, qu'il ne
« peut payer, aspirent à la paix et sont près de se mu-
« tiner. *Les Français ne veulent pas attendre plus*
« *longtemps la conclusion de cette affaire, et Sa Majesté*
« *a eu bien de la peine à la différer jusqu'à l'arrivée*
« *de M. d'Arras.* Toutes ces choses considérées, l'em-
« pereur est déterminé à passer outre à cette paix, qui
« sera de toute façon profitable et qui d'ailleurs ne
« peut rester plus longtemps en suspens. »

« En résumé, répondit Wotton, l'empereur sera
« en paix avec le roi de France, tandis que le roi mon
« maître continuera à être en guerre. Vous savez ce-
« pendant ce qui a été toujours dit et promis, qu'on ne
« conclurait rien à moins que tous deux ne fussent
« satisfaits. »

« Et pourquoi, s'écria Granvelle, la guerre conti-
« nuerait-elle entre le roi d'Angleterre et le roi de
« France ? Ne vous ai-je pas dit que le roi de France
« offre de s'accorder avec celui d'Angleterre ? »

« Toujours est-il, objecta Wotton, que l'accord n'est
« point conclu ; et je crains que le roi de France, après
« avoir traité avec votre maître, ne soit beaucoup plus
« difficile pour s'accorder avec le mien et ne persiste
« pas dans les offres déjà faites. »

« L'empereur, repartit Granville, a déjà dit de la fa-
« çon la plus formelle à l'amiral qu'il tiendrait la
« main à ce qu'une conclusion intervînt entre le roi de
« France et celui d'Angleterre. Dans ce but, il enverra
« d'ici à deux jours vers le roi de France M^r l'évêque

« d'Arras, et il attend de cette démarche le meilleur
« résultat. En supposant que les choses tournent mal,
« les Français ne pourront s'esquiver ; car ils sont
« tenus de s'en remettre à l'arbitrage de l'empe-
« reur, qui ne déclarera jamais son option sur l'alter-
« native des deux mariages ([1]) tant que l'accord ne
« sera pas conclu. Votre maître ne doit conserver au-
« cune défiance au sujet de cet arbitrage ; car, soyez en
« convaincu, mon maître n'oubliera jamais son vieil
« ami pour un ami fraîchement réconcilié. »

« Je ne me défie point de l'arbitrage impérial ([2]),
« dit Wotton ; mais je n'ai pas d'instruction pour par-
« ler de ce sujet. Il me semble cependant qu'il vau-
« drait mieux différer la conclusion de l'affaire jusqu'à
« ce que les deux rois fussent d'accord, où du moins

---

(1) Le traité de Crépy réservait à l'empereur le choix entre l'un ou l'autre des deux mariages dont il a été question ci-dessus.

(2) Il est évident que, malgré ces protestations, l'arbitrage impérial ne rassu-rait que médiocrement Wotton et Henry VIII. L'empereur, dans la lettre du 20 septembre précitée, s'exprime ainsi sur ce sujet : « Touchant la submission
« dudict roy de France à nous pour la vuydange des différendz d'entre eulx,
« nous l'avons faict à droit propoz pour plus induyre et astraindre lesdictz
« Francoys de son opportunité avec ledict s^r roy et comme nous pensons qu'ilz
« feront plustost que de venir à ce que nous en deussions mesler, et aussi que,
« en ce cas, nostre dict frère peut bien estre tout assheuré que nous y voul-
« drons faire l'office tel que la raison et honnesteté nous obligent, si, comme il
« a bien peu entendre de ce que nous avons cy-devant déterminé entre le feu
« pape Clément et le duc de Ferrare touchant Modène, Régio et Rivera, no-
« nobstant toutes diligences très grandes et fort véhémentes dudict feu pape
« Clément, et aussy d'entre le duc de Savoye, nostre beau-frère, et le duc de
« Mantoue, auquel nous avons adjugé le marquisat de Montferrat ; et puisque
« nous estions à ceste nécessité de traicter pour les considérations et respectz
« avant dittes, nous a semblé que nous ferions très bonne œuvre de accepter
« ladicte submission d'icelluy, qu'estoit nostre ennemy et se réconcilioit, pour
« assheurer à nostre ancien amy la raison de ce qu'il prétend à l'encontre de
« luy ; et aussi, à la vérité, nous eust esté grandement imputé de non passer
« ledict traicté de paix avec ladicte submission, qui assheure la raison dudict
« s^r roy... »

« que l'empereur traitât conditionnellement, en stipu-
« lant que l'accord intervenu ne serait valable qu'au-
« tant que le roi de France s'arrangerait aussi avec mon
« maître. »

Granvelle se hâta de couper court à cette ouverture en se lançant dans le champ des récriminations :

« Ne vous ai-je pas signalé déjà, dit-il, les motifs
« pour lesquels l'empereur ne peut remettre davan-
« tage ? Si votre armée eût marché en avant, il aurait
« pu faire venir de l'argent des Pays-Bas ; mais, après
« la réponse de votre maître, il n'a plus d'autre res-
« source que de faire la paix, à moins de renoncer aux
« grandes et raisonnables offres qu'on lui fait et de
« mettre en danger son armée prête à se révolter.
« Quant à l'accord conditionnel, le roi de France ne veut
« en entendre parler à aucun prix. »

« Il n'eût pas été, répliqua Wotton, plus honorable
« pour mon maître d'abandonner le siège mis devant
« Boulogne, que pour le vôtre de laisser Saint-Dizier
« derrière lui. »

« Sans doute, reprit Granvelle ; mais le fait est que
« nous ne serions pas acculés à cette nécessité si votre
« armée eût marché, comme nous en avions la con-
« fiance. En outre, Sa Grandeur Royale a dit à mon
« fils l'évêque d'Arras qu'Elle verrait à s'arranger avec
« les commissaires du roi de France arrivés en son
« camp, réserve faite de l'alliance entre Elle et l'em-
« pereur, et *Elle a avisé mon maître de faire de même*
« *avec les gens qui traitent avec lui.* »

« *Telle est la vérité,* » dit l'évêque.

« Je n'en sais rien, répartit Wotton ; car mon maî-
« tre ne me parle pas de cela dans sa lettre (¹). Vous
« savez donc mieux que personne ce que vous avez à
« faire là-dessus. »

Ainsi se termina l'entretien (²). Wotton informa
Henri VIII que, malgré tous ses efforts, il n'avait pu
obtenir l'ajournement du traité entre Charles-Quint et
François Ier. « Si Votre Majesté, écrivait-il, n'a pas
« déjà terminé avec du Bellay et ses compagnons, je
« crains que l'accord précipité de l'empereur ne rende
« les Français un peu plus difficiles. Cependant, si
« vous atteignez le but, le résultat n'en sera que plus
« honorable pour Votre Majesté qui est restée en ar-
« mes devant son ennemi, tandis que l'empereur a dé-
« posé les siennes. »

Ce que Wotton ne pouvait écrire à son maître, parce
que Granvelle ne lui en avait rien dit, c'est qu'antérieurement à cet entretien le traité de Crépy avait été
signé, scellé et juré par l'empereur (³).

---

(1) La lettre du 15 septembre. — Cette autorisation de traiter séparément
est un point fort important. Dans la dépêche justificative du 20 septembre,
l'empereur dit : « De ce que ledict s^r roy a respondu touchant la paix, et de
« la communication en laquelle il estoit avec le cardinal de Belay et autres
« députez du roy de France, et que, en icelle, il regarderoit de la conclure
« avec moyens honnestes et plus gracieux que lesdicts Francois ne luy avoient
« fait offrir, comme il vous dict, et que il serviroit expressément nostre dicte
« amytié, *et que pourrons aussy traicter de ce coustel avec semblable réserva-
« tion*, selon qu'il s'en confioit entièrement, ce a esté chose très-bien advisée
« et selon la grant prudence dudict s^r roy. »

(2) Tous les détails de cet entretien sont extraits de la dépêche adressée par
Wotton à Henri VIII le 20 septembre.

(3) Il ne s'agit point d'analyser ici le traité de Crépy, dont chaque article
demanderait une longue étude. Le texte de ce traité est dans le Corps Diplomatique de Dumont, tome IV, 3e partie, p. 279-286. On trouve à la page 288
l'option de l'empereur pour le mariage du duc d'Orléans avec la seconde fille

du roi des Romains. Une copie ancienne des lettres de François 1er, en date de décembre 1544, pour la ratification du traité, avec le texte de ce traité inséré dans ces lettres, et l'acte d'enregistrement au Parlement de Paris, du 9 janvier 1544 (1545), se trouvent à la Bibliothèque Nationale, FR. 2832. Enfin on conserve aux Archives Nationales, sous la cote K. 1338, n° 11, un original du traité, en parchemin, scellé sur double lacs de soie rouge et verte, avec diverses pièces annexées, notamment les pouvoirs donnés aux négociateurs par Charles-Quint le 29 août et par François 1er le 10 septembre 1544, et l'acte de vérification à Mons le 10 août 1545. (G. H.)

CHAPITRE XXVI.

Le duc d'Orléans vient trouver Charles-Quint. La paix est signée et jurée à Crépy-en-Laonnois (18-19 septembre). L'armée impériale se retire et est licenciée. Appréciation des contemporains sur la paix de Crépy.

Quelques jours avant les événements racontés ci-dessus, François Ier, décidé à faire la paix, avait rappelé à Paris le duc d'Orléans dans l'intention de l'envoyer ensuite vers l'empereur. Navagero rapporte qu'au moment du départ du prince le roi lui aurait dit : « Mon
« fils, vous avez vingt-deux ans. Vous avez pu voir que
« toutes les guerres que j'ai faites, tous les périls aux-
« quels je me suis exposé, ont été à cause de vous et
« pour l'amour que je vous porte. Dieu et la fortune
« ont voulu que toutes ces guerres eussent le résultat
« dont vous êtes témoin. Je me suis résolu à vous
« donner à l'empereur pour fils et serviteur. Honorez-le
« comme un père et obéissez-lui comme à votre souve-
« rain. Je vous bénis, en vous exhortant à cause de
« mon âge et en vous commandant parce que vous
« êtes mon fils, au cas où l'empereur vous chargerait
« de prendre les armes, fût-ce contre moi et contre
« mon royaume, de le faire sans aucun scrupule ([1]). »

(1) Nous transmettons cette information telle que nous la trouvons dans la dépêche de Navagero au doge, du 19 septembre, écrite à Crépy ; nous la con-

Le duc d'Orléans prit sa route par Villers-Cotterets et expédia un messager au camp français pour prévenir Villefrancon, frère de Gaspard de Saulx-Tavanes, de le rejoindre en cette ville. Le mercredi 17 septembre, le duc, Villefrancon et leur suite quittèrent Villers-Cotterets pour aller dîner à Soissons. Là, ils apprirent que l'empereur venait de partir et qu'il coucherait à Pinon ou à Anizy (1).

Le 18, ils se rendirent à Anizy où ils trouvèrent Gonzague qui, avec une suite de 25 chevaux et un roi d'armes, était venu au devant du prince. Les deux troupes réunies se mirent en chemin pour Crépy et ne tardèrent pas à rencontrer la queue de l'armée impériale. Villefrancon rapporte qu'elle marchait comme le font des gens qui n'ont plus rien à craindre : « Nous, « dit-il, sur nos aridelles, par les chemins rencontras- « mes l'arrière-garde de l'empereur, et y avoit trois

sidérons cependant comme suspecte, 1° parce que Navagero ne pouvait guère être informé de ce que le roi disait à Paris, 2° parce que la dernière phrase surtout est fort invraisemblable. Navagero dit qu'il tient cette information du comte Giovanni Francesco della Sommaria, « homo in niuna parte vano, et che « lo può sapere, per haver stretta mistà con questi signori francese. » — « Figliuolo mio, havete già 22 anni, et havete potuto veder che tutte le guerre « ch'io ho fatto e li pericoli alli quali mi sono messo, sono stati per causa « vostra et per l'amor che vi porto. Ha voluto Dio et la fortuna che tutte le « guerre habbino havuto quello fine che voi vedete. Io mi son risolto di darvi « all' imperatore per figliuolo et servitor. Honoratelo come padre et obeditelo « come signore. Et con questo io vi benedico, essortandovi come vecchio et « commandandovi come padre, che se d'all' imperatore vi fosse commisso che « vi armiate, anchè contra di me et contra il regno mio, lo faciate senza al- « cuno rispetto. »

(1) Les dates données dans la lettre de Villefrancon sont manifestement fausses ; on y lit qu'ils allèrent dîner à Soissons le *lundi 15 septembre*, et que l'empereur venait de partir ; or nous savons que l'empereur ne quitta Soissons que le 17 septembre. Le duc d'Orléans paraît avoir été trois ou quatre jours à Villers-Cotterets.

« fois plus de bagages que n'en avions, en grand dé-
« sordre. »

Quelques instants après se présenta l'amiral d'Annebaut qui amenait au prince une haquenée. A quatre heures, le duc d'Orléans arrivait à Crépy-en-Laonnois.

L'empereur vint recevoir son hôte jusqu'à la porte de son logis, et l'amiral lui présenta le prince en disant : « Sire, voici un de vos prisonniers que le roi mon sei- « gneur vous envoie. » — « Non pas mon prisonnier, « répartit Charles-Quint, mais mon fils, et comme tel « je le reçois. » Il accompagna ces paroles d'un sourire plein de douceur et d'embrassements paternels [1].

Le duc fit une impression très-favorable sur la cour, à cause de sa jolie figure et de sa tournure élégante. « Il paraît vif et gracieux, courtois et modeste, écrit « Navagero. Les révérences qu'il a faites à l'empereur « ont été infinies, et les caresses que l'empereur lui a « rendues ont été telles qu'elles ne pouvaient s'adresser « qu'à un gendre ou à un neveu [2]. »

Après les premiers compliments, Charles-Quint conduisit son hôte dans sa propre chambre, où il le fit dé- « bouzer [3] ; » puis il eut avec lui un entretien particulier. Ce soir là, le duc logea dans une chambre voisine de celle de l'empereur ; il dîna seul, et son repas lui fut servi par la cuisine impériale.

[1] « Ecco un vestro presoniero che presenta à V. Maestà il re, mio signore... « Questo è mio figliuolo e per tale l'accetto. » accompagnando queste parole « d'un riso pieno di dolcezza e abbracciamenti paterni. » (Navagero, lettre au doge, du 19 septembre.)

[2] « Appare gratioso et vivo principe, tutto humano et tutto modesto. La « reverentia all' imperatore è state infinita ; le carezze di Cesare verso lui sono « state tali quali si convieneno ad uno che li deve essere ò genero ò nepuote. »

[3] Décrotter.

Tous les traités diplomatiques portent que le traité de Crépy fut signé le 18 septembre. Il n'est pas invraisemblable que la signature des plénipotentiaires impériaux et français ait été donnée à cette date, puisque l'évêque d'Arras était arrivé dans l'après-midi. Cependant ce n'est pas une vérité qui ne laisse prise à aucun doute. Les *State Papers* énoncent expressément que ce fait eut lieu le 19, et Charles-Quint lui-même, dans une lettre à sa sœur, datée aussi du 19, dit qu'il a conclu la paix « ce jour là (1). » Si l'on fait attention que la soirée du 18 a dû être fort occupée par l'entretien avec le duc d'Orléans et par les rapports de l'évêque d'Arras, la date du 19 n'en devient que plus probable, et il est assez facile d'admettre que le texte du traité, libellé la veille, a été antidaté de quelques heures avant la signature effective (2).

(1) Manuscrits de Wynants. Mais nous proposons une conjecture, sans rien affirmer, et la lettre datée du 19 a fort bien pu être minutée le 18, ce que donnerait même à entendre ce post-scriptum : « L'évêque d'Arras arrive à « l'instant. »

(2) Il nous paraît résulter jusqu'à la dernière évidence de tout ce qui précède que le traité fut signé à *Crépy-en-Laonnois* et non pas à *Crépy-en-Valois*, comme plusieurs historiens l'ont dit. Beaucaire, du Boullay nomment Crépy-en-Laonnois, et ce dernier assista à la négociation du traité où son maître le duc de Lorraine était intéressé à cause de Stenay, en qualité d'officier d'armes de Pierre du Châtelet, abbé de Saint-Martin. Nous n'insisterions pas sur ce point si nous n'avions eu pour antagoniste M. A. Michaux, de Soissons, avec qui nous avons eu l'honneur de correspondre, et dont voici les arguments : 1° La position géographique des armées au moment des négociations ; or M. Mignet a signalé à M. Michaux les instructions données par François Ier à ses agents près du roi d'Angleterre, instructions où on lit « que jamais le roy n'a « voulu consentir que ses députez allassent au camp de l'empereur pour traiter, « afin qu'il n'y eût aucun advantage, mais que les députez viendroient *entre* les « deux armées avec sauf-conduit de chaque côté. » 2° On a dû traiter plutôt dans la capitale du duché de Valois que dans un simple village. 3° Si les recueils diplomatiques de Léonard, de Dumont, portent Crépy-en-Laonnois, la ratification originale du traité, qui relate le traité lui-même, porte simplement Crépy, d'où l'on conclut que les mots *en Laonnois* ont été ajoutés par Léonard.

Le traité de paix fut ensuite juré par l'empereur. Charles-Quint, après avoir entendu la messe, prêta le serment sur le saint chrême tenu par l'évêque d'Arras. Etaient présents, suivant Vandenesse, l'archiduc Maximilien, les ducs d'Orléans et de Vendôme et l'amiral d'Annebaut ([1]). Mais il est bien certain que l'assistance ne se bornait pas à ces personnages. Comment Granvelle et Gonzague auraient-ils été exclus ? D'ailleurs

4° Muldrac, prieur de Longpont, dans son ouvrage sur le Valois Royal, donne la version Crépy-en-Valois, et, comme Gabriel de Guzman avait été prieur de Longpont, Muldrac devait être bien informé. 5° Il existe à Crépy-en-Valois une tradition que le traité a été signé dans cette ville, et on y désigne même une chambre de l'ancien château qui aurait servi aux négociateurs. — Nous répondrons point par point : 1° la phrase des instructions ne prouve rien, puisqu'au contraire il est certain que les négociateurs français sont venus vingt fois au camp de l'empereur, et que, si la seule conférence de Saint-Amand n'a pas été tenue au camp, c'est que l'empereur n'a pas voulu y recevoir les négociateurs ; 2° On traite là où l'on est, ville ou village ; 3° Si Léonard a fait au texte l'addition des mots *en Laonnois*, c'est que de son temps il était de notoriété que le traité avait été signé dans cette localité (*) ; 4° L'ouvrage de Muldrac est un piètre ouvrage, écrit 75 ans après les événements, et son autorité ne peut prévaloir contre celle de Charles-Quint, de Granvelle, de Navagero, de Wotton ; 5° Sans attacher une importance exagérée aux traditions locales, l'argument qu'on en tire est celui qui nous touche le plus ; si l'on veut absolument que celle-ci ait quelque fondement, la seule explication plausible, à notre avis, consisterait à admettre que l'importante conférence des 10-11 septembre entre Gilbert Bayart et Neuilly d'une part, Granvelle et Gonzague d'autre part, (voir chapitre XXIV), aurait eu lieu à Crépy-en-Valois ; et encore faut-il beaucoup de bonne volonté pour accepter cette hypothèse, car Navagero dit expressément que toutes ces conférences ont eu lieu au camp, « in questo essercito. » — M. Joffroy, correspondant de M. Ch. Paillard, a adopté la même opinion dans sa Dissertation sur la paix de Crépy. (Bulletin de la Société archéologique de Soissons, 2° série, II, p. 55.)

(1) Le duc de Vendôme était arrivé dans la matinée, et il repartit le soir pour aller coucher à La Fère.

(*) Nous ne savons pourquoi M. Paillard et M. Michaux admettent que l'original du traité porte simplement le nom de *Crépy*. Nous avons consulté l'original des Archives Nationales, K. 1338, n° 11, et nous y avons lu les mots : « *Crépy-en-Lanois, dix-huyctiesme jour de septembre,* l'an mil cinq cens « quarante-quatre. » Ce texte nous paraît résoudre définitivement la question. (G. H.)

Granvelle, dans une lettre adressée à la reine Marie (1), mentionne le duc de Guise et Gilbert Bayart parmi les personnes qui furent à la cérémonie.

La lettre adressée par l'empereur à sa sœur le 19 septembre contient une information de premier ordre et que nous croyons nouvelle, sans oser toutefois l'affirmer (2). Il y eut, à côté du traité ostensible, un traité secret, dont Charles-Quint mentionne les 4 articles suivants :

1° Le roi de France aidera l'empereur « à remettre « la religion comme celui-ci le requerra, sans attendre « l'effet du traité ; »

2° Il s'oblige à ne pas porter secours en Hongrie à la femme et au fils du roi Jean (3) ;

3° Il s'oblige *à ne pas traiter avec Henri VIII sans l'aveu de l'empereur ;* et si, à l'occasion de la paix, le roi d'Angleterre devenait l'ennemi de Charles-Quint, *le roi de France serait tenu de prendre parti contre Henri VIII ;*

4° Le roi de France devra promettre sur sa foi et son honneur d'observer ces articles secrets, *sans qu'ils obligent en rien l'empereur.*

(1) Correspondance avec Chapuis, f° 146. Lettre du 20 septembre, datée de Ribemont. — Notons que, dans cette lettre du 20 septembre, Granvelle dit que le serment a eu lieu *aujourd'hui*, ce qui jette quelque incertitude sur la date donnée par Vandenesse. Mais il y a toujours lieu de tenir compte de la différence entre la rédaction et l'expédition des dépêches. Au surplus, si le duc de Guise a réellement assisté au serment, la date donnée par Granvelle devient probable ; car Vandenesse dit que le duc de Guise n'arriva au camp que le 20 au matin.

(2) Ce traité secret n'est pas dans le corps diplomatique de Dumont. On en ignore aussi l'existence aux Archives Nationales. (G. H.)

(3) Jean Zapoly, élu roi de Hongrie en 1526. Ses droits étaient contestés par Ferdinand d'Autriche, frère de l'empereur.

Charles-Quint annonçait à sa sœur l'intention de faire telle diligence que les articles secrets fussent acceptés et vérifiés par François Ier avant que l'amiral d'Annebault quittât le camp. Il obtint sur ce point complète satisfaction ; car, dans le post-scriptum de la même lettre, il dit que ces articles en due forme sont déjà entre ses mains.

Le traité de Crépy stipulait que des ôtages seraient donnés par François Ier. Cette clause avait pour but, 1° d'assurer la restitution des places et territoires qui devaient faire retour à l'empereur et à ses alliés ; 2° de garantir l'exécution de l'engagement pris par le roi de France de fournir des vivres à l'armée impériale jusqu'à ce qu'elle eût franchi la frontière des Pays-Bas ; 3° enfin Charles-Quint, toujours soupçonneux à l'excès, voulait par là se mettre à l'abri d'un retour offensif de la part de l'armée française.

Les ôtages furent au nombre de quatre : 1° le duc Claude de Guise, 2° Antoine Sanguin, cardinal de Meudon, oncle de Mme d'Etampes, 3° le seigneur de Laval, 4° Jean d'Annebaut, seigneur de la Hunaudaye, fils de l'amiral. Le 20 septembre, le duc de Guise et le sieur de Laval étaient déjà arrivés ([1]) ; le cardinal de Meudon devait aller rejoindre l'empereur à Cambrai ; probablement la Hunaudaye s'était présenté dès le 17 avec son père. On attendait aussi d'un moment à l'autre le cardinal de Tournon qui venait « de son mouvement « et par charge du roy pour consulter comment s'en-« chemineroit l'affaire de la religion ». Tout étant ainsi

---

(1) Lettre de Granvelle du 20 septembre.

réglé, l'amiral partit du camp impérial le 20 septembre dans l'après-midi.

D'Annebaut et Bayart avaient insisté beaucoup auprès du premier conseiller d'état de l'empereur pour qu'il vînt à la cour de France rendre visite à leur maître ; mais Granvelle s'en excusa sur sa mauvaise santé et sur la multiplicité de ses occupations. Ce fut l'évêque d'Arras qui le remplaça dans cette mission, et il eut charge « d'estre présent au serment que le roy doit
« faire du traicté de paix, tenir main que ledict sieur
« roy et celluy d'Angleterre se accordent, et aussi pour
« parler au Daulphin sur le contentement du traicté
« et qu'il entende que Sa Majesté l'a fait aussi bien
« en sa considération que celle du roy, et pour visiter
« la Royne (¹). »

Le 20 septembre (²), l'empereur et son armée quittèrent Crépy-en-Laonnois et vinrent coucher à Ribemont-sur-Oise. Le 21, ils étaient à l'abbaye de Fervacques, à proximité de Saint-Quentin ; le 22, au Cateau-Cambrésis. Le 23, Charles-Quint, en arrivant dans la matinée à Cambrai, y trouva la reine Marie de Hongrie, le cardinal Jean de Lorraine venu pour remplacer comme otage le duc de Guise son frère (³), le car-

---

(1) Lettre de Granvelle précitée. Les instructions données en cette occasion à Perrenot sont aux archives de Bruxelles et elles portent la date du 19 septembre. — Le 19 septembre, don Francisco d'Este quitta le camp pour une mission vers le roi de France. — L'empereur ratifia le traité à Bruxelles en juillet 1545. (Voir Dumont, IV, 3ᵉ partie, p. 289.)

(2) Vandenesse. Wotton dit le 19 septembre.

(3) Cette substitution eut sans doute pour cause la santé du duc de Guise. Wotton dit cependant dans sa lettre du 20 septembre que le duc était allé à son château de Guise pour recevoir l'empereur.

dinal de Meudon et le cardinal de Tournon. Le 24, l'empereur laissa à Cambrai sa sœur et les otages, et, pour licencier son armée, il retourna au Cateau où il séjourna le 25 septembre. Ce même jour, la reine Marie et les otages couchèrent à Valenciennes. Le 26 septembre, Charles-Quint quitta le Cateau, traversa Landrecies, dîna au Quesnoy et rejoignit sa sœur à Valenciennes.

La France était évacuée par l'armée allemande.

Il reste à rapporter comment le traité de Crépy fut accueilli par les parties intéressées. On peut dire qu'à l'exception de Charles-Quint et de François Ier, il fut mal venu de tout le monde [1].

En France, on oublia la panique de Paris et on prétendit que, si on eût résisté encore, les Impériaux impuissants à opérer leur retraite auraient subi une destruction totale [2]. On ne se souvenait plus que l'armée française, rétrogradant de Jaalons jusqu'à La Ferté-sous-Jouarre et Meaux, ne possédait plus les qualités nécessaires pour prendre l'offensive. La paix, disait-on encore, avait été faite, non pour le roi et pour la France, mais pour le duc d'Orléans et pour Mme d'Etampes [3].

---

(1) M. Paillard avait, dans un chapitre de son histoire diplomatique, étudié les sentiments que la conclusion un peu précipitée du traité avait fait naître chez Henry VIII et ses conseillers. Nous ne possédons pas cette partie du manuscrit. (G. H.)

(2) Tavanes fait allusion à ce mouvement d'opinion sans l'approuver. « Ainsi « va, dit-il, fortune à la guerre ; ceux qui se méfioient il y a huit jours de « pouvoir garder Paris disent, maintenant que l'on est sur le traité, qu'ils « prendront l'empereur si on leur veut permettre; tant sont ces grands princes « vains et mal advertis. ». — M. Paillard avait écrit un chapitre spécial sur Paris après la paix. Nous n'en avons pas le texte. (G. H.)

(3) Les instructions données à Perrenot le 19 septembre se terminent ainsi : « Aussi ferez-vous noz affectueuses recommandations à la duchesse d'Estam-

Il faut reconnaitre que cette appréciation n'était pas sans quelque fondement ; car le mariage du jeune duc et toutes les conséquences qui s'y rattachaient constituaient la clause capitale du traité. Aussi Perrenot, malgré toute son habileté, ne vint-il pas à bout de persuader le Dauphin, qui, le 12 décembre 1544, protesta secrètement contre les conventions de Crépy ([1]).

Les Espagnols qui étaient dans le camp impérial, écrit M. Gachard ([2]) d'après Navagero, furent encore plus mécontents. « Ils disaient que, si le roi de France
« eût pénétré jusqu'au cœur de la Castille avec une
« armée, il n'aurait pas obtenu des stipulations plus
« avantageuses. Ils donnaient à entendre que le prince
« Philippe consentirait difficilement à ce que les Pays-
« Bas, son patrimoine naturel, fussent aliénés de cette
« façon. L'Espagne, ajoutaient-ils, ne voudrait pas
« qu'une fille de son souverain, qui pouvait devenir hé-
« ritière de tous ses états, se mariât dans la maison de
« France ([3]). »

« pes, et luy direz comment nous avons entendu le désir qu'elle a eu à ceste
« dicte paix et le bon debvoir qu'elle en a faict, dont bien fort luy mercions,
« espérans qu'elle vueille bien continuer en tout ce qu'elle verra convenir à
« icelle et à la parfaicte amytié d'entre ledict sr roy très chrestien et nous. »
Cette phrase ne prouve pas que la duchesse ait trahi ; il en résulte seulement qu'elle travailla à la conclusion d'une paix nécessaire pour la réalisation de ses projets.

(1) Voir Dumont, t. IV, 3º partie, p. 288. Le 22 janvier 1544 (1545) les gens du roi du Parlement de Toulouse protestèrent aussi contre la publication du traité. *Eod. loco*, p. 289. (G. H.)

(2) Trois ans de règne, p. 63.

(3) « Dicono che se il re de Franza fosse stato in mezza Spagna armato, non
« haveria havuto più honorate conditioni. Si lassano anchò intendere che farà
« male il principe figliuolo di Cesare a contentare che Fiandra et questi Paesi-
« Bassi, patrimonio suo natural, sia alienato per questa via, et che la Spagna
« non vorrà che una figliuola dell'imperatore, che potria hereditar tutti li stati
« suoi, sia maritata nella casa di Franza. » (Dépêche du 7 octobre.)

La reine Marie et les seigneurs des Pays-Bas n'épargnaient pas non plus les critiques. Tout le monde s'en prenait aux négociateurs du traité, à Granvelle et à Gonzague. Gonzague ayant, dans les premiers jours d'octobre, demandé à l'ambassadeur de Venise si le garde des sceaux lui avait communiqué les articles de la paix, Navagero répondit que non, et Gonzague répartit : « Le pauvre seigneur doit en être excusé ; car « je puis vous dire que, lui et moi, nous sommes dé-« chirés par les attaques des seigneurs flamands et au-« tres ; et la reine Marie, qui avait pour moi tant de « bienveillance, maintenant me parle à peine. Je n'en « crois pas moins avoir fait une des meilleures choses « et dont il peut résulter le plus grand bien, et je suis « prêt à en rendre compte à qui y contredirait ; mais « M. de Granvelle perd la tête facilement et sa manière « à lui est de se chagriner (1). »

En somme, après les événements accomplis, la France s'en était tirée à bon marché, et l'honneur de ce résultat revenait en grande partie à l'activité et à l'habileté de la diplomatie française.

(1) « Il povero signor dee esser escusato, perché io vi so dire che et esso et « io siamo stati lacerati da questi signori flamenghi e altri per questa pace, « et la regina Maria, che mi soleva far tante carezze, a pena hora mi parla. « Io credo haver fatto et poter fare poche altre cose megliori e di maggior « beneficio universal di questa, et son huomo da darne conto a chi me dicesse « in contrario. Ma mons^r di Granvela si perde facilmente, et il remedio suo è « affannarsi. » (Dépêche du 9 octobre, de Bruxelles.) Ce qui confirme ces paroles, c'est que Granvelle crut devoir adresser à l'empereur un mémoire apologétique de sa conduite. (Papiers d'Etat de Granvelle, III, 26.)

FIN.

NOTE ADDITIONNELLE.

Les archives des départements dont le territoire eut à subir l'invasion allemande recèlent sans doute beaucoup de pièces intéressantes ; mais les inventaires sommaires de ces dépôts sont loin d'être achevés. Pour les départements de la Marne et de la Haute-Marne, rien n'a été publié jusqu'à ce jour (1). Pour le département de la Meuse, la série B a seule été inventoriée. Pour le département de Meurthe-et-Moselle, l'inventaire est terminé ; mais il ne paraît pas contenir beaucoup d'indications relatives à notre objet. Nous avons parcouru rapidement ce qui est imprimé pour le département de l'Aisne et pour les anciens départements de la Moselle et du Bas-Rhin ; mais nous n'y avons rien remarqué qui concernât l'invasion allemande.

Nous notons ci-dessous ce que nous avons trouvé. M. Ch. Paillard n'avait pas eu recours à ces sources, et l'examen des documents que nous signalons pourra être utile à ceux qui s'occuperaient encore du même sujet au point de vue de l'histoire locale.

(1) Le premier volume des archives de la Marne, qui n'a pas encore paru, mais dont l'impression est finie, contient le dépouillement du fonds de l'Intendance ; on sait que la formation de ce fonds est postérieure aux événements racontés dans cette histoire.

Inventaire sommaire des archives départementales de la Meuse.

B. 548. Compte de Jean Prudhomme, receveur général du duché de Bar. (1543-1544).

Les gens de guerre pillent le pays. On leur donne la chasse.

B. 549. Compte du même. (1544-1545).

Mesures prises par le duc de Lorraine et de Bar pour empêcher les soldats de Charles-Quint de séjourner dans les environs de Bar. — Arrivée du prince d'Orange à Saint-Mihiel. — Le château de Bar est armé. — Mise en état du château de Louppy. — On enlève du trésor de la chambre des comptes de Bar deux coffres bahuts remplis de titres et lettres pour les envoyer à Nancy. — Les soldats de Charles-Quint envahissent le pays ; ils tuent le maire de Robert-Espagne et celui de Véel, brûlent et ruinent ces deux villages. Ils détruisent aussi Grivauval et Longeaux.

B. 853. Compte de Wanault-Collesson, célérier de Bar. (1544-1545).

Le recouvrement des revenus devient impossible dans certaines localités de la prévôté de Bar, ravagées par suite de la guerre entre François Ier et l'empereur Charles-Quint. — Recette de 220 livres 10 sols « ve- « nant de la vendition de cent XI septiers bled et sei- « gle, du reste de la munition de l'empereur au lieu

« de Saint-Dizier, vendus par led. célérier de l'ordon-
« nance de monseigneur. » (F° 118).

B. 1189. Compte de Jean de Gorcy, prévôt, gruyer et receveur d'Etain. (1543-1544).

Les arbalétriers d'Amel, de Senon, Spincourt et Pareid sont réunis à Etain pour concourir à la garde de cette ville pendant le passage des gens de guerre dans cette prévôté. — L'empereur Charles-Quint séjourne à Metz. — Délivrance de poudre aux arbalétriers d'Etain pour charger les arquebuses à croc et autres « gros bastons » de ladite ville.

B. 1226. Compte d'Antoine Cardon, écuyer, prévôt, receveur et gruyer de Souilly. (1544-1545).

Les Espagnols arrivent et s'installent dans la prévôté de Souilly ; ils occupent notamment Dugny, Dieue, Monthairon et Charny.

B. 1367. Comptes de Jean Maillet, capitaine, receveur et gruyer de Louppy. (1543-1544).

Mesures prises pendant le passage des gens de guerre de l'empereur et du roi de France. On fait clore le jardin du château de Louppy, « pour éviter le dangier
« des gens de guerres qui régnoient pour lors de eulx
« mectre dedens la bassecourt dudit Louppy. » (F° 125). Construction d'une barrière à la porte du château. On établit « une cannonière au rampart qui a esté fait
« dedens le fossé devant la grant porte de devant, et
« (le receveur) a esté forcé prandre ledit bois (dans la
« maison de Louppy), parce qu'on n'eust osé mectre
« gens ne chevaulx dehors pour aller ès forestz de

« mond seigneur, pour les gens de guerre qui destrous-
« soient tout. » (F° 116). » On remet « sur futz de bois
« les hacquebuzes à crocts et faulconneaulx estans au-
« dit chasteau. » On achète à Claude Artillier, marchand
de Bar, 15 livres de poudre et 36 livres de plomb. —
Le maire de Tronville a fui à cause des gens de guerre
et a amené ses bêtes à Louppy. Les « bêtes rousses »
sont retirées dans le parc.

B. 1471. Compte de Nicolas Vollant, écuyer, prévôt
et receveur de Gondrecourt. (1543-1544).

Des gens de guerre de l'armée de l'empereur enlè-
vent tout le bétail des habitants de Burey-en-Vaux. —
Achat de plomb pour les arquebuses et autres bâtons
à feu nécessaires à la défense du château de Gondrecourt.

B. 1473. Compte du même. (1545-1546).

Le roi de France fait construire un nouveau château
à Ligny.

B. 1586. Compte d'Antoine de Saulsure, écuyer,
seigneur de Dommartin et de Sorcy en partie, capitaine, prévôt, gruyer et receveur de Bouconville. (1544-
1545).

Les Impériaux établissent un camp dans les prés du
domaine sur le territoire de la commune de Bouconville.

B. 1677. Compte de noble homme Pierre Millet, châtelain, prévôt et receveur de la Chaussée, et gruyer
général du bailliage de Saint-Mihiel (1544-1545).

Le bailli de Saint-Mihiel donne aux officiers de la prévôté des ordres pour la garde des places, notamment du château de la Chaussée. — Les Espagnols stationnent dans les environs de la Chaussée et de Gorze.

B. 1983. Compte d'Arnould de Gorcy, écuyer, seigneur dudit lieu en partie, prévot et receveur de Longuion. (1543-1544.)

Le capitaine de Longwy fait constater tout ce que les gens de guerre Espagnols, de la garnison d'Arlon et autres lieux, ont pris aux sujets de la prévôté de Longuion.

B. 2083. Compte de noble homme François du Mont, receveur et gruyer de la prévôté de Briey. (1543-1544.)

Reprise de la guerre entre la France et l'Empire. Les soldats espagnols dévastent la prévôté de Briey.

B. 2155. Compte de Philippe Boudet, écuyer, prévôt, gruyer et receveur de la terre et seigneurie de Conflans en Jarnisy. (1543-1544.)

Le camp de l'empereur est établi devant Luxembourg. — Les Espagnols, après avoir quitté Saint-Dizier, s'installent dans les environs de Saint-Mihiel.

Lacune dans les comptes de Pont-à-Mousson, de 1539 à 1545.

Lacune dans les comptes de Saint-Mihiel, de 1542 à 1547.

Inventaire sommaire des archives départementales de Meurthe-et-Moselle.

B. 6299. Compte de Didier Gondrecourt, admodiateur de la recette de la prévôté d'Hattonchastel. (1543-1544).

Achat de plomb et de poudre pour la ville d'Hattonchastel, quand l'armée de l'empereur passait. — Dépenses pour un neuf pont-levis fait devant Notre-Dame en la porte de la ville ; pour ouvrages aux canonnières des tours du château.

B. 6300. Compte du même. (1544-1545).

Dépense faite par M. de Florainville, capitaine d'Hattonchastel, en allant par les villages avertir les hommes de la mort du duc Antoine de Lorraine, pour venir faire le guet à Hattonchastel.

B. 7012. Compte de Martin Ranconnel, receveur de Mirecourt. (1543-1544).

Somme payée à un messager envoyé à Nancy pour avertir le duc des lansquenets qui passaient en troupe à Mirecourt, revenant de France.

B. 2273. Compte de Nicolas des Pillart, écuyer, prévôt, gruyer et receveur de Fou. (1543-1544).

La guerre éclate de nouveau entre Charles-Quint et le roi de France. — Le prévôt de Fou va trouver le bailli de Saint-Mihiel au camp du vice-roi, pour savoir s'il doit fournir les vivres et les munitions qui lui ont été demandés. — Les bouchers de S. A. de Lorraine et de Bar, se rendant à Nancy, sont détroussés par des aventuriers.

B. 2352. Compte de noble homme Humbert Mourtin, sénéchal de La Mothe et Bourmont. (1543-1544).

Le bailli de Bassigny engage le seigneur d'Aulcey, capitaine de Montéclaire, à défendre à ses gens de se répandre dans les villages de la sénéchaussée de La Mothe, d'y vivre aux dépens des habitans et de les rançonner. — Le capitaine de la Mothe charge un émissaire de surveiller les mouvements des gens de guerre réunis à Colombey et à Choiseul. — Le sénéchal fait publier à Damblain, un jour de marché, un mandement par lequel le duc ordonne que « s'il y avoit com-« paignons de guerre ou aultres qui voulsissent piller « et manger le bonhomme comme il avoit fait du passé, « que l'on mit la main à eulx. »

G. H.

TABLE DES NOMS DE PERSONNES.

N. B. — La lettre *n*, après le chiffre de la page, indique que le nom propre figure seulement en *note* dans cette page.

Si un nom se trouve dans plusieurs pages consécutives, les chiffres extrêmes sont réunis par un tiret.

Les noms d'historiens, chroniqueurs, auteurs de lettres et mémoires ou autorités quelconques, cités dans l'ouvrage, sont précédés du signe * lorsqu'ils n'ont point été mêlés personnellement aux événements.

ABBENBROUCK (le sr d'), 3 *n*.
ACUNA (Velasco de), 113, 114, 117, 134, 262, 281.
AIX, voir HABARCQ.
ALLENDORF, 225 *n*.
ALTESTAING (Laurent d'), 234, 270.
ALVEZ (le duc d'), 147 *n*.
ANDELOT (l'écuyer d'), 107.
ANGELO (Hugo), trésorier, 265, 275.
ANGLURE, voir ESTOGES.
ANNEBAUT (l'amiral Claude d'), 244, 246, 305, 314, 321, 325, 326, 346, 347, 368-376, 387, 389, 393, 394, 398, 399, 404, 411, 413, 415, 416.
ANNEBAUT (le cardinal d'), 314 *n*.
ANNEBAUT (Jean d'), sr de la Hunaudaye, fils de l'amiral, 175, 187, 415.
AOUST (Jacques d'), 295.

Argarayn (Jean de), 259, 266.
Armuyde (le sr d'), 22 n.
* Arneth (le chevalier d'), 213 n, 272 n.
Arschot (Philippe de Croy, duc d'), gouverneur du Hainaut, 2, 3 n, 20 n, 21, 22 n, 23, 38, 42, 116 n, 117, 236, 308, 310, 359.
Artillier (Claude), 424.
Aspremont (Mahaut d'), 61.
Assigny (le sr d'), 292.
Aubespine (Claude de l'), secrétaire d'Etat, 317 n, 335, 368.
Aubri (Claude), 335.
Aulcey (le sr d'), 427.
Aumale (Claude II de Lorraine, duc d'), 101.
Aumale (François de Guise, comte d'), 223, 230, 231, 269, 315, 334, 335.
Autriche (l'archiduchesse Anne d'), fille de Ferdinand, roi des Romains, 380-383.
Autriche (Eléonore d'), sœur de Charles-Quint et femme de François Ier, 367, 376, 416.
Autriche (Jeanne d'), fille cadette de Charles-Quint, 370.
Autriche (Marie d'), infante, fille aînée de Charles-Quint, 370, 371 n, 380-382.
Autriche (l'évêque Georges d'), 104.
Avalos (Roderico d'), 320.
Avesnes (le bailli d'), 22 n.
Avilliers (Gérard d'), seigneur de Sarrebruche, 62.
Aymeries, voir Rolin.
Bacca (don Alphonse de), 116 n, 117 n.
Baentz (Jean de), 110 n.
Baeverich, voir Paemerich.
Balde, 96.
Bar (Claude de), 335.
Bar (Jean de), 335.
Bar (Philippe de) 335.
* Barbat (L.), cité ch. XVI.
Barberousse (Kayr-Ed-Dyn), 390.
* Barre, cité p. 204 n.

* Barthélemy (Edouard de), cité ch. XVI.
Bastard (le capitaine), 241 n.
Baudoche (François), 109 n.
Bave (Jean ou Josse), secrétaire et contrôleur des sceaux de l'empereur, 29, 142, 199, 200.
Bavière (Sabine de), 21 n.
Bayart (Gilbert), s^r de la Font, 369, 376, 387, 388, 413 n, 414, 416.
* Beaucaire de Péguilhem, cité passim.
Beaumont (Jean de), 335.
Beaurain (le s^r de), 3 n, 22 n.
Beckelingen (Hubert de), 110 n.
Bellay (le cardinal Jean du), 314 n, 407.
Bellay (Martin du), s^r de Langey, cité passim. Pour la bande de Langey, 175, 184, 185.
* Belleforest, cité passim.
Belleforière (le secrétaire de), 311.
Bemmelberg (Conrad de), s^r d'Ehingen, surnommé Hessen ou le Petit Hesse, 68, 72, 73, 82, 87-89, 107, 113, 129 n, 274, 278, 280.
Berchem, voir Lyère.
Bergara (le capitaine), 232, 233.
Berlette (Robert), 361.
* Berlette, cité p. 363.
Bermerain (le s^r de), 22 n, 308.
Bersscle, 22.
Berteville (le s^r de), 96, 97 n, 367.
* Berthelé, cité chapitre XX.
* Bertin, p. 363.
Bertranges, voir Blétenges.
Biez (Oudard du), gouverneur de Boulogne, 307.
Bigot (J.), 335.
Bisbal (don Fernando de), 202.
Blétenges, 5 n, 34 n, 57, 58.
Bloys (Adrien de), bailli d'Avesnes, 308.
Bocqueley (Clément de), 133.

Boileau (Jean), 132.
Boisot (Charles), conseiller de l'empereur, 106, 109 *n*, 389.
* Boitel (l'abbé), cité ch. XII.
* Bonnabelle, cité ch. VII.
Bonnet (le secrétaire), 400.
Bonneval (le s^r de), 321.
Bordes (le s^r des), 299, 300.
Bossu, voir Longueval.
Boubers (le s^r de), 21 *n*, 38.
Boudet (Philippe), 425.
Boullant (Guillaume de), s^r de Rolle ou Roullers, 22 *n*, 58.
Boullay (Edmond du), héraut d'armes lorrain, cité passim. Voir spéc. 412 *n*.
Bourbon (Antoinette de), 101.
Bourbon, voir Montpensier, Roche-sur-Yon et Vendôme.
Bourdois (le s^r du), 300.
Bourseau (le s^r de), 332 *n*.
Boussu (Jean de Hénin-Liétard, comte de), grand écuyer, 3, 6, 8-11, 14-24, 32-39, 42, 43 *n*, 46 *n*, 49, 50 *n*, 53, 56 *n*, 59, 60, 68 *n*, 97, 110 *n*, 119 *n*, 126, 127, 129, 166, 172, 232-236, 279.
Boutières (le s^r de), 369.
Bouton (Claude), baron de Corberon, 54 *n*, 139, *n*, 200 *n*.
Brandebourg (le marquis Albert de), 107-109, 112, 172-174, 180, 217, 236, 238-240, 279.
* Brantôme, cité passim.
Bréderode (Renaud de), 3, 11, 16, 17, 20, 22-24, 32, 33 *n*, 37, 44, 53, 56 *n*, 59, 68 *n*, 127, 129, 230, 233-240, 251 *n*, 279.
Brendel (Georges), 282.
Brienne (Antoine II de Luxembourg, comte de), 63, 90-94, 99-105.
Brissac (Charles de Cossé, s^r de), 167-170, 175, 183, 188 *n*, 189-193, 195, 197-202, 204, 207, 218, 379.
Bruges, voir Flandre.
Brunswick (le duc de), 269.
Bryas (le s^r de), 3 *n*.
Buat (Nicole), 295.

Bugnicourt (Ponthus de Lalaing, sr de), 21, 38, 44, 97.
Bulach (Georges Zorn de). 280.
Buren (Maximilien d'Egmont, comte de), 3, 9, 22 n, 25, 27, 28, 57, 116, 271, 329, 338, 395.
Busancy (Jean d'Aspremont, sr de), 22, 23.
Butkens (Pierre), 8 n, 28 n, 46.
Caballis (Marinus de), ambassadeur vénitien, 98, 241, 317 n.
* Cabaret (Pierre), cité ch. XX.
Cabron ou Canteron (le sr de), 121, 257.
* Calmet (Dom), cité passim.
Cammaja (le capitaine Alonzo de), 145.
Canteron, voir Cabron.
Cantonville, surnommé Timéju, 326 n.
Carbon, ingénieur italien, 63, 65 n, 66.
Cardon (Antoine), 423.
* Carlier, cité ch. XX.
Carpentier (Jean), 116, 277.
Castelnau, 175.
Cercelier ou Césalier (Pierre), 335.
Cère (Rance de), 63, 64.
Chabannes (Joachim de), baron de Curton, 300.
Chalon (Claude de), 4 n.
Chalon (Philibert de), prince d'Orange, 4 n.
Chalon, voir Orange.
Chalons (l'évêque de), voir Lenoncourt.
Chappoigne (Gilles de), 5 n, 34 n, 50, 51, 57, 58.
Chapuis, ambassadeur de Charles-Quint, 286 n, 380, 382-384, 393, 400 n, 403 n.
Charles-le-Téméraire, duc de Bourgogne, 311.
Charles-Quint, empereur, voir tout l'ouvrage.
Charlet (Antoine), 270 n.
Charuel (Philippe), 335.
Chastaigneraie, voir Chesmière.
* Chastillon, graveur, 196.
Chatelet (Pierre du), 225 n, 412 n.
Chemans (Errault de), garde des sceaux, 369, 374.

CHENETS (Guillaume de Dinteville, sr des), 63, 91-105.
CHESMIÈRE (Jacques de la Chastaigneraie, sr de la), 121, 251-256.
CHESNE, voir MALIHAN.
CHESNEY, 120.
CHUNES (Jean Martinez de), 259.
CILLY (Nicolas de), bourguignon, 278.
CLAUSTRUEL, 51.
CLAVERO (le capitaine), 259.
CLÉMENT (le pape), 405 n.
CLÈVES (Guillaume II de la Marck, duc de), 9, 107, 275 n.
CLÈVES (la princesse de), 225 n.
COLLESSON (Wanault), 422.
CLÈVES, voir NEVERS.
COLOGNE (l'archevêque de), 9.
COLOGNE (le président de), 378.
COLONNA (Camillo), 173.
COLONNA (Pyrrho), 293.
CORBERON, voir BOUTON.
CORLAON (le baron de), 200, 201.
CORSO (San Pietro), 175, 176 n, 188, 203.
COSSÉ, voir BRISSAC.
COURBARON, 200 n.
COURRIÈRES, ambassadeur de Charles-Quint, 272, 286 n, 380, 382-384, 393, 400 n, 403 n.
COURTEVILLE (Jean de), 147.
CRÉHANGES (Goric, baron de), 108, 112, 278.
CROY (Charles de), prince de Chimay, 22 n.
CURTON, voir CHABANNES.
DAMPIERRE (le sr de), 292, 321.
DAUPHIN (le), Henri, fils de François Ier, 49, 167, 305-307, 311-321, 327, 328 n, 336, 339, 340, 343, 346, 347, 350 n, 354, 379, 381, 416, 418.
DEVENTER (Wolter van), 3 n.
DIJON (le bailli de), voir VILLERS-LEZ-PONS.
DINTEVILLE, voir CHENETS.
DISCHA (Othon), 230.

Dissey (Marc de Rye, sr de), 77, 103, 112, 174, 200 n, 279, 324.

* Dormay, cité ch. XXI.

Dourriers ou Douilly (le sr de), 121, 125 n.

Duarte (Francisco), 163, 164, 225 n, 226, 276.

Duarte (Jean), 277.

Dubois (Georges), 8 n.

Dubois (Watrin), 109 n.

* Dumont, cité ch. V.

* Dumont, auteur d'un Corps Diplomatique, cité passim dans les derniers chapitres.

Eeke, voir Scépérus.

Dupuy, 123 n.

Ee (Cornelius van der), 76, 225, 234 n, 235 n.

Egmont (Lamoral, comte d'), prince de Gavre, 20, 21, 38, 44, 279.

Egmont, voir Buren.

Enghien (le comte d'), 7, 310 n, 315, 390.

Escars (le sr d'), 244, 300, 321.

Eschenets, Eschenoy ou Eschène, voir Chenets.

Espinards (le sr d'), 316.

Espinoy (le comte d'), 3 n.

Este (don Franscisco d'), marquis de Padula, 32 n, 34 n, 49, 128, 173, 174, 180-191, 198, 199, 201, 203, 205, 214, 216, 217, 262, 263, 278, 324, 345, 416 n.

Este (le cardinal Hippolyte d'), 363.

Esternay (le sr d'), 121, 256.

* Estienne (Charles), cité 180 n, 287 n.

Estoges (François d'Anglure, vicomte d'), gouverneur de Luxembourg, 31, 39, 45, 46, 49, 292.

Estourmel, voir Vendeville.

Estrainchamps (François d'), 5 n, 34 n, 57, 58.

Etampes (Anne de Pisseleu, duchesse d'), 101, 246, 338-341, 367, 415, 417.

Evreux (monsieur d'), 369.

Fauquemberghe, voir Ligne.

Ferdinand, roi des Romains, frère de Charles-Quint, 76, 106, 302, 325, 327 n, 331, 383, 408, 414 n.

Feria (le comte de), 132 n, 150, 173.
Féron (l'avocat), 305.
Ferrare (le duc de), 405 n.
* Ferron (Arnould), cité passim.
Flagy (le sr de), 73.
Flandre (Louis de), appelé aussi de Bruges, sr de Praet, 2, 3 n.
Florainville (le sr de), 426.
Forge (Antoine de la), sr de Quiévigny, 4, 8 n, 18, 162.
* Formière (de la), 124 n.
Fosse (Aubry de la), 132.
* Fourot (l'abbé), cité passim dans le récit du siège de Saint-Dizier.
Francis (le capitaine don), 114 n.
François Ier, roi de France, passim, et spécialement ch. XVII, XXII, XXIV-XXVI.
Frénay (le sr de) ou du Fresnoy, 71.
Frentz (le sr de), 21, 38, 232.
Fresnoy, voir Frénay.
Fromy, 21.
Furstemberg (Guillaume de), 5, 7, 12, 34, 36, 38, 76, 114 n, 129 n, 173, 174, 180-183, 189-191, 197, 198, 204-206, 217, 218, 225, 234, 236, 274, 280, 285 n, 286-288, 304 n, 318, 323-329.
* Gachard, cité passim.
* Gaillard, cité passim.
Geldre (Hanshen van), 71, 72 n.
Genlis (le sr de), 299, 300.
Germiny, 337.
* Gillot, avocat, 209, 210.
Giltzen (le capitaine Jean), 278 n.
Girard (Claude), 163.
Givry (le cardinal de), 314 n.
Glajon, voir Stavele.
Gneulf, pseudonyme, 314.
Gomez (le capitaine Ruy), 114 n.
Gondrecourt (Didier), 426.
Gonsoles (Jacques de), 91, 95, 99, 103-105.

Gonzague (Fernand de), duc d'Ariano, vice-roi de Sicile, 2, 7, 13-15, 23, 26, 28, 30. 32-43. ch. IV, ch. V, 68, 87, 88, ch. VII, ch. IX, 134, 135, 143, 145, 149, 155, 161, 162, 172, 217, 218, 227, 249, 252-256, 261, 276, 309, 368, 373, 376, 387-389, 392, 396, 399, 410, 413, 419.

Gorcy (Jean de), 423.

Gorcy (Arnould de), 425.

Gotschalk (Eric), 278.

Gouffier (Claude), duc de Roanne, 314.

Gournay (Michel de), 109 n.

Gouverneur (Nicolas le), 11, 32 n, 159 n, 241.

Granvelle (Nicolas Perrenot, s^r de), chancelier, 29 n, 79, 84, 86, 94, 96, 98, 100, 103, 105, 106, 110, 119 n, 133, 134 n, 169, 245, 247, 258, 264, 286, 342, 352, 367-376, 387-392, 396-404, 406, 407, 413, 414, 416, 419.

Grisevol ou Grisebol, 47, 51, 52.

Grœninghen (Josse de), 274, 275.

Grofay (le s^r de), 22 n.

Guastaldo (Jean-Baptiste), 128, 173, 174, 263, 277.

Guasto (le marquis del), 7, 109, 320.

Guérin (Jean), 133.

* Guillaume (le général), cité p. 2.

Guise (le cardinal de), 101.

Guise (Claude de Lorraine, duc de), gouverneur de Champagne et de Bourgogne, 92, 100-102, 133, 223, 229, 230, 233-235, 238, 240, 241, 245-247, 262, 294, 305, 307, 310, 315, 322, 334, 414-416.

Guise, voir Aumale.

Gunzech (Jean, baron de), 280.

Guyon (Féry de), 301, 304, 337.

Guzman (fray Gabriel de), 367-369, 375, 390 n, 413 n.

Habarcq (Jacques de), s^r d'Aix, 3 n.

Habize (Guillaume de), 41 n.

* Hagnerel, cité p. 179 n.

Hallewin (Jean III de Piennes, s^r de), 22, 23, 202, 232.

* Hannoncelles, cité ch. VIII.

Hansteyn (Conrad de), 73, 82, 83, 87, 89, 274.
Haraucourt (Catherine d'), 62.
Hauben (Erasmus van der), 73, 77, 81, 83, 87, 89, 280.
Hayrault, 48.
* Hébert, cité ch. XX.
Hellencourt, voir Meleun.
Hémart, voir Turck.
Hénin-Liétard, voir Boussu.
Henri II, roi de France, 123, 124 n, 341.
Henri VIII, roi d'Angleterre, passim, et spécialement chap. XXIII-XXV.
* Hérelle, cité ch. XII.
Hesse, voir Bemmelberg.
Heu, voir Huy.
Heydeck (le baron de), 36.
Heyldessen (Jean de), surnommé Hilliquin, sr de Hilarez, 111, 112, 129 n, 170, 171, 230, 278.
Hilduin (l'abbé), 364.
Hilliquin, voir Heyldessen.
Holl (Georges van), 3 n.
Homberg (le capitaine Frédéric van), 270, 273.
Hoogstraeten, voir Lalaing.
Hoyos (Pierre de), 277.
Huesinger (le capitaine Georges), 270.
* Huguenin, cité passim.
Humières (le sr de), 240 n, 308.
Hunaudaye, voir Annebaut.
Huy ou Heu (famille de), 109 n.
Huy (Nicolas de), sr d'Ennery, 225 n.
Huy (Robert de), sr de Malroy, 61 n, 62, 63, 99 n, 120, 168, 225, 309.
Idiaquez (Allonzo de), 369.
Immerseele (le sr d'), 138.
* Jacob, archiviste, 110 n.
Jarnac, 175.
* Joffroy, 353 n, 413 n.
* Jove (Paul), cité passim.

KRICHEM (le capitaine Dierich de), 278 *n*.

LAGUNAS, voir MARDONES.

LALAING (Charles, comte de), 22 *n*.

LALAING (Philippe de) comte de Hoogstraeten, gouverneur de la Gueldre, 2, 3 *n*, 71.

LALAING, voir BUGNICOURT.

LALANDE (Pierre), 40, 120-122, 125, 140-142, 149, 260.

LANDAS (le capitaine), 230.

LANDENBERG (le colonel Christophe de), 27, 103, 104, 233, 236-238, 268, 269, 272, 276, *n*, 281.

LANDENBERG (Sigismond de), 268.

LANGEY, voir BELLAY.

LARA (don Juan Manrique de), 116 *n*.

LARBAN (Jacques de), s^r de Villeneuve, 62.

LAVAL (le sieur de), 292, 415.

LEGRAND (Sébastien), 163.

LEMAIRE (François), 335.

LENONCOURT (Henri de), bailli de Vitry, 292.

LENONCOURT (Robert de), évêque de Châlons, 290, 294 *n*, 295.

* LÉONARD, cité p. 412 *n*.

* LEPAGE, archiviste, cité p. 133 *n*.

LESPINASSE, 123 *n*.

LHOSTE (Claude), 295.

LIÈVRE (Jean le), 335.

LIGNE (Jacques de), comte de Fauquemberghe, 20, 21, 22, 38.

LINIÈRES (le capitaine), 121, 125, 221, 248.

LIZET (Pierre), 152, 244.

LONGUEVAL (Nicolas de Boussu, s^r de), 93, 100, 120, 246, 257, 321, 339, 341, 346 *n*, 367.

LORGES (François de Montgomery, s^r de), 314, 346, 347.

LORRAINE (Anne de), 137 *n*, 138, 140.

LORRAINE (le cardinal Jean de), 71, 101, 416.

LORRAINE (Antoine, duc de), 62, 66, 94, 110 *n*, 225 *n*, 426, 427.

LORRAINE (Charles II, duc de), 341.

LORRAINE (François Ier, duc de), 62, 110 *n*, 133, 134 *n*, 139, 321, 367, 368, 378, 402, 412 *n*.

Lorraine, voir Guise.

* Louen (Antoine de), cité ch. XX.

Luna (Alvaro de), 344.

Luxembourg, voir Brienne et Roussy.

Luz (Henri de), 51.

Lyère (Jean de), s^r de Berchem, 73-89, 107, 108, 117, 158-160, 166, 225, 228-238, 270, 271 n, 273, 275, 277, 362.

Lyère (Jean, bâtard de), 283.

Madruce ou Madrutsch (Aliprand ou Hildebrand de), 73, 82, 87-89, 107-109, 164, 218, 219, 280.

Maillet (Jean), 423.

Mailly (Africain de), 388.

Maldonat (Jean), 262.

Malihan (Philippe du Chesne, s^r de), 19, 20.

Manderscheidt (François, comte de), 112, 165, 265, 278.

Manès (Théodore), 190.

Mansfelt (Gwolfard, comte de), 112, 278.

Mansfelt (Pierre, comte de), gouverneur du Luxembourg, 22, 23.

Mantoue (le duc de), marquis de Montferrat, 402, 403 n, 405 n.

Marck, voir Clèves.

Mardones (don Sancho Bravo de), appelé aussi de Lagunas, 4, 15, 20, 277.

Margueritte, fille de François Ier, 370, 371 n.

Marie, reine de Hongrie, citée dans tout le volume.

Marignan (Jean-Jacques de Médicis, marquis de), 4 n, 32 n, 46, 130, 163, 238, 239, 251, 254, 276.

Marino (Hieronimo), ingénieur, 120-123, 126, 155, 253, 256, 257, 262.

Marles, voir Noyelle.

* Martin (Henri), cité passim.

Marville (Cathelin Raillart, s^r de), 175, 184-188.

Masséga (Pierre de), 259.

Mastaing (le s^r de), 3 n.

Maugérard (Georges), 336.

Maugeron (le s^r de), 175 n, 321.

Maximilien (l'archiduc), 106 n, 108, 109 n, 112, 172, 279, 370 n, 371 n, 413.

* Mayeux, cité ch. XX.

Médicis, voir Marignan.

Meleun (Frédéric de), s^r de Hellencourt, 4, 8 n, 10, 38, 46, 130, 164.

Melfi (Jean Caraccioli, prince de) 30, 316, 321.

Meluzey (le s^r de), 77, 81.

Mérode (le s^r de), 139 n.

Meslier (Nicolas), 335.

Metz (l'évêque de), 110 n, 134.

Meudon (Antoine Sanguin, cardinal de), 152, 306, 314, 415, 416.

* Mézeray, cité passim.

* Michaux, cité ch. XX et XXVI.

Michel-Ange, 187, 188.

* Mignet, cité p. 412 n.

Millet (Pierre), 424.

Môle (le capitaine la), 73.

Molembais, 22.

Molinon (le s^r de), 121, 257.

Moncade (Hugues de), 240 n.

Moncade (Michel de), 240 n.

Moncheaux, 22.

Mont (François du), 425.

Mont (Christophe), 70.

Montbardon (le s^r de), 230 n, 292, 293, 297, 306, 317.

Montferrat, voir Mantoue.

Montgomery, voir Lorges.

Montholon (Fr. de), 369.

Montmorency (Anne de), maréchal, puis connétable, 90, 315, 354.

Montpensier (Louis de Bourbon, duc de), 316, 321, 323.

Morette (le s^r de la), 369, 370.

Motte-Gondrin (le capitaine la), 175, 184-188.

Mourtin (Humbert), 427.

Mouton (Pierre), 335.

* Muldrac, prieur de Longpont, 413 *n*.

Musica (Antoine de), cité passim.

Nassau (Henri de), 4 *n*, 139 *n*.

Nassau (Jean, comte de), 112, 278.

Nassau, voir Orange.

Navagero (Bernardo), ambassadeur vénitien, cité dans tout le volume.

Navarre (Henri d'Albret, roi de), 314.

Navarre (la reine de), 355.

Naves (Nicolas de), 51 *n*.

Neufvilette (le capitaine), 121, 125.

Neuilly ou Nully (Charles de), 375, 387, 388, 413 *n*.

Nevers (François de Clèves, duc de), 167, 189 *n*, 291, 292, 294-296, 314.

* Nicaise (A.), cité ch. XIX.

Nieuwenaar (Hermann, comte de), 112, 165, 278.

Nonaquila (Hermann de), 265.

Noot (Jean van der), 225, 278.

Norfolk (le duc de), 311 *n*.

Noyelle (Adrien de), sieur de Marles, 3 *n*.

Oost-Frize (Jean d'), gouverneur des Pays-Bas d'Outre-Meuse, 22 *n*.

Orange (Guillaume de Nassau, prince d'), 137 *n*, 139 *n*, 210.

Orange (René de Chalon ou de Nassau, prince d'), gouverneur de Hollande, 3, 4, 9, 11, 13-16, 21, 23, 25-28, 35, 39, 56, 59, 60, 71, 104, 108, 109 *n*, 112, 113, 129, 134-141, 146, 147, 150, 151 *n*, 166 *n*, 222, 261, 279, 422.

Orgnies (le s^r d'), 105 *n*.

Orléans (Charles, duc d'), fils de François Ier, 1, 49, 95, 102, 105, 121, 122, 175, 242, 247, 257, 299, 305, 307, 314, 315-317, 319, 321, 339, 340, 343, 347, 367, 370, 371 *n*, 380-383, 395, 407-413, 417, 418.

Paemerich ou Baeverich (Wolff van), appelé aussi Wolfgand a Pomeren, 26, 28, 60, 113, 129, 281.

Paget, 386.

* Paradin, cité passim.

* Paris (Louis), cité p. 337 *n*.
Peligliano (le comte de), 109.
Peralta (Inigo de), 277.
Perrenot (Antoine), évêque d'Arras, 302, 344, 369, 378-387, 389, 392-396, 398, 400, 402, 404-406, 412, 413, 416, 417 *n*, 418.
* Pestre, architecte, cité ch. XII.
Petit (Jacques), 360.
Pétremol (le s^r de), 176 *n*.
Philippe, prince d'Espagne, fils de Charles-Quint, 115, 418.
Piers (Karste), 3 *n*.
Pillart (Nicolas des), 426.
Plane (le s^r de), 202.
* Poilleux (Antony), cité ch. XX.
Poitiers (Diane de), 101, 340, 341.
Pomeren, voir Paemerich.
* Poquet, cité ch. XX.
Portugal (Jean de), 371.
* Poterlet, cité p. 337 *n*.
Pothon (Raffin), sénéchal d'Agénois, 175, 192, 201.
Praet, voir Flandre.
Prudhomme (Jean), 422.
Pupin (Blaise), 335.
Pupin (Guillaume), 335.
Quecquy, 120.
* Raigecourt (la famille de), 66.
Raigecourt (Richard de), 109 *n*.
Raillart, voir Marville.
Ranconnel (Martin), 426.
Ratisbonne ou Reghensburg (Georges de), 4, 15, 20, 37, 129 *n*, 146, 155, 280.
Rausa, voir Rosoy.
Recourt, voir Sicques.
Ricarville (le capitaine), 121, 125, 155.
Rivière (le vicomte de la), 120, 121, 125, 251-253, 256.
* Robert (Ulysse), cité p. 305 *n*.
* Robertson, cité p. 354 *n*.

Robillard (Nicolas), 335.
Roche (le s^r de la), 202.
Rochebaron (le s^r de la), 121, 256.
Rochechouart (Louise de), 68.
Roche-du-Maine (Monsieur de la), 321.
* Rocheret (Bertin du), cité p. 207.
Roche-sur-Yon (Charles de Bourbon, prince de la), 292, 323, 324, 327.
Rocquendorf (le comte de), 360.
Rœulx (Adrien de Croy, comte de), gouverneur d'Artois et de Flandre, 2, 3 *n*, 21, 22 *n*, 38, 42, 44, 54, 114-117, 273, 308, 309, 312, 316, 317, 359, 395.
Rolin (Georges), s^r d'Aymeries, 3 *n*, 22 *n*.
Rolle ou Roullers, voir Boullant.
Roncel (Androuin), s^r d'Aubigny, 110.
Rosne (le s^r de), 294.
Rosoy (le s^r du), 63, 65 *n*, 66.
Rossem (Martin van), maréchal de la Gueldre, 148 *n*, 275 *n*.
Rothelin (le marquis de), 322.
Roussy (Louis de Luxembourg, comte de), 63, 90, 91, 93, 96, 97 *n*, 99, 100-105.
Rumain, 337.
Saint-Mihiel (le bailli de), 425, 426.
Saint-Pol (de), 322.
Saint-Segond ou Sansegondi (le capitaine), 292.
Sallant (Jean de), 146, 147 *n*, 281.
* Salligny (de), cité p. 210.
Sancerre (le comte de), 40, 120-122, 125, 140, 144, 148, 149, 152, 154, 156, 221, 241, 242 *n*, 244-248, 251-256, 259-262, 266.
Sande (Alvaro de), 5, 13, 14, 31 *n*, 32, 34, 114, 144, 145, 150, 262, 263, 281.
* Sandoval, cité p. 367 *n*.
Sansac (Jacques Prévost, baron de), 168, 199, 201.
* Sanson, géographe, 180 *n*.
Saracate (Jean de), 145.

Sarrebruche (Jean I de), 61.
Sarrebruche (Jean II de), 61.
Sarrebruche (Philippe de), 61.
Sarrebruche (Simon I de), 61.
Saulsure (Antoine de), 424.
Saulx-Tavanes (Gaspard de), cité p. 122, 175, 410, 417 n.
Saver (don Diego de), 236.
Savignac (le sʳ de), 300.
Savoie (Louise de), 334.
Savoie (Emmanuel-Philibert, duc de), 370 n, 380, 383.
Savoie (Marguerite de), 90.
Savorgano (Mario), ingénieur vénitien, 250, 268.
Saxe (le duc Maurice de), 107, 109, 112, 170-174, 180-189, 191-193, 198, 199, 203, 204, 208, 209, 212-218, 229-231, 279, 286, 287, 328 n, 360, 363.
Scépérus (Cornelius), sʳ d'Eeke, 270, 275.
Schauembourg (Bernard de), 73, 82, 83, 87, 89, 107, 266, 280.
Schauembourg (Christophe de), 278.
Schauembourg (Maximilien de), 270, 271.
Schauwenbourg, voir les précédents.
Schertel (Sébastien), sʳ de Burtembach, 36 n, 112, 277, 279.
Schuzbar (Wolfgang), grand-maître de l'Ordre Teutonique, 108, 112, 279.
Schwalbach (le capitaine Laurent), 270, 273.
Senne, voir Chenets.
Séry (le capitaine François), 336, 337.
Sfane (Rudolf), 269.
Sickingen (le colonel Hans de), 236, 273, 274.
Sicques (Jacques de Recourt, sʳ de), 21-23, 38, 225, 230 n, 234, 236-238.
Silly (Amé III de), 62.
Silly (Charles de), sʳ de la Roche-Guyon, 62.
* Sismondi, cité p. 331 n, 342.
* Sleidan, cité passim.
Soliman, 75.
Solys (le capitaine), 238, 239.

Sombreffe (Frédéric de), 3 n.

Sommaria (le comte Giovanni Francesco della), sans doute le même dont le nom est aussi écrit Sommaia et Somnaria, 207 n, 287, 410 n.

Souville (Georges de), 20 n.

Spedt (Frédéric), de Brême, 269, 272.

Stavele (Philippe de), s^r de Glajon, 22 n.

Strozzi (Pierre), 109, 317 n.

Sturm ou Sturmius (Jacques ou Jacob), 74, 76, 79, 80, 83, 84, 86, 87 n.

Téligny (le s^r de), 121, 125 n, 126, 148 n.

Thalen (Bernard de), 280.

Thauen (André), tyrolien, 282.

Thais (le s^r de), 321.

Thays (le s^r de), 211.

Thibaut, comte de Champagne, 345.

* Thierry, cité p. 133 n.

Thionville (le receveur de), 13.

Thoraise (le s^r de), 73.

* Thou (de), cité p. 211 n.

* Torcy (de), cité ch. XII.

Torn (Eydelfred, comte de), 147.

Toul (l'évêque de), 110 n, 132.

Tournon (François de), cardinal d'Ostie, 415, 416.

Turck (Libert ou Lubert), s^r de Hémart, 112, 230 n, 279.

Turin (Jean de), 175, 176 n, 203.

Urre (Jean d'), s^r de Thénières, 62.

* Valentin (le d^r), cité ch. XII.

* Vandenesse, cité passim.

Vargas (Luiz Pérez de), 4, 15, 19, 20 n, 114, 128, 144, 145, 150, 281.

* Varilas, cité passim.

Vendeville (d'Estourmel, s^r de), 114, 117.

Vendôme (Antoine de Bourbon, duc de), 305, 307, 308, 312, 313, 315, 316, 413.

Vervins (le s^r de), 394.

VÉSALE (André), 148.
VILLEFRANÇON, 347 n, 362, 388 n, 391, 410.
VILLENEUVE, voir LARBAN.
VILLERS-LEZ-PONS (le sr de), bailli de Dijon, 367, 376, 387.
VITRY (le bailli de), voir LENONCOURT.
VOLLANT (Nicolas), 424.
WAUWILLERS (le sr de), 202.
WERCHIN (Pierre, baron de), sénéchal du Hainaut, 5, 13, 16 n, 30, 32, 34 n, 43, 47, 50-52, 54, 57, 58, 94, 110 n, 159 n, 162, 163 n, 270, 271.
WICHEL (Hilmich van), 3 n.
WORTSAW (Wolff van), 3 n.
WOTTON (Nicolas), ambassadeur anglais, cité dans tout le volume.
* WYNANTS (le comte de), cité passim.
WYNDENBACH (Richard), 269.
WYNNEZELLES (le sr de), 3 n.
WYSMES (le sr de), 3 n.
YNSTENS (le sr d'), 121, 257.
YPRE (Gaspard d'), 163.
YVE (Jean d'), dit le Petit Yve, 3 n, 22 n, 57.
YVE (Louis d'), sr de Renescure, 3, 11, 16 n, 23, 24, 37, 45, 50, 53, 56 n, 59, 100, 170-172, 181, 225, 229-232, 234-238, 240, 242, 279, 292, 319 n.
ZAPOLY (Jean), roi de Hongrie, 414.
ZINNER (Nicolas), 277.
ZOLLERN (le comte de), 278.
ZORN, voir BULACH.
ZUICHEM (Viglius de), 106.

TABLE.

		Pages.
Avertissement..		I
I.	Composition de la première armée d'invasion...	1
II.	L'armée des Pays-Bas s'ébranle................	18
III.	Campagne du Luxembourg....................	29
IV.	Séjour de Gonzague à Luxembourg. Organisation de la première armée d'invasion............	44
V.	Gonzague se remet en marche. Prise de Commercy	60
VI.	Marche du régiment allemand de Conrad de Bemmelberg. Embauchages pratiqués par les agents du roi de France...........................	68
VII.	Siège et prise de Ligny-en-Barrois............	90
VIII.	§ 1. L'empereur à Metz......................	106
	§ 2. Dénombrement des troupes rassemblées à Metz et dans les environs (deuxième armée d'invasion)................................	111
IX.	Fernand de Gonzague arrive devant Saint-Dizier. Description de la place. Commencement du siège (du 5 au 13 juillet)....................	119
X.	§ 1. Arrivée de Charles-Quint devant Saint-Dizier....................................	132
	§ 2. Journée du 14 juillet. Mort du prince d'Orange et de Lalande........................	135
	§ 3. L'assaut du 15 juillet....................	143
XI.	Continuation du siège (du 16 au 23 juillet).......	153
	§ 1. Changement du système d'attaque.........	154
	§ 2. Difficultés rencontrées par l'empereur......	158
	§ 3. Premiers travaux pour les boyaux, mines et tranchées...........................	163

		Pages.
XII.	Le combat de Vitry-en-Perthois (24 juillet).....	167
XIII.	§ 1. Continuation du siège de Saint-Dizier (du 24 au 31 juillet)...............................	220
	§ 2. Marche des convois.......................	222
	§ 3. La disette des vivres.....................	225
	§ 4. Opérations sur les derrières de l'armée pour assurer la liberté des communications........	228
	§ 5. Expédition de Vaucouleurs (du 1er au 5 août)	232
	§ 6. Détresse des défenseurs de Saint-Dizier...	241
XIV.	Reddition de Saint-Dizier.....................	245
	§ 1. La fausse lettre. Causes de la reddition.....	245
	§ 2. La reddition.............................	250
	§ 3. L'évacuation (17 août)....................	258
	§ 4. Ruine de Joinville (20 août)...............	262
XV.	§ 1. Charles-Quint à Saint-Dizier. Etablissement d'une garnison. Travaux aux fortifications....	264
	§ 2. Détails rétrospectifs sur le recrutement pendant le siège...............................	268
	§ 3. Recensement général de l'armée impériale.	276
XVI.	§ 1. L'empereur marche sur Châlons...........	284
	§ 2. Préparatifs de défense à Châlons...........	291
	§ 3. Passage de l'armée impériale autour de cette ville..	298
	§ 4. Note critique sur la discordance des témoignages relatifs au passage de l'armée impériale	300
XVII.	L'armée française. Le camp de Jaalons........	305
XVIII.	Marche du 3 septembre sur Epernay...........	323
	§ 1. Prise du prince de la Roche-sur-Yon.......	323
	§ 2. Prise du comte de Furstemberg............	324
	§ 3. Projet de l'empereur, de livrer bataille.....	327
	§ 4. Abondance de vivres au camp impérial.....	330
XIX.	§ 1. Les Impériaux à Epernay et Ay (4 septemb.).	334
	§ 2. Prétendue trahison de la duchesse d'Etampes.	338
XX.	§ 1. Les Impériaux prennent Château-Thierry (7 septembre)..............................	343

		Pages.
	§ 2. Mouvements des Français.................	346
	§ 3. Itinéraire mal connu de Charles-Quint, du 8 au 11 septembre............................	348
	§ 4. Causes pour lesquelles l'empereur avait changé la direction de sa marche...........	354
XXI.	Les Impériaux à Soissons.....................	360

FRAGMENTS DIPLOMATIQUES.

XXII.	§ 1. Négociations pour la paix dès le début de la campagne...................................	366
	§ 2. Conférence du 29 août, à Saint-Amand.....	368
	§ 3. Conférence du 1er septembre, à Sarry.......	374
	§ 4. Conférence du 5 septembre (près de Châtillon)......................................	376
XXIII.	Mission de l'évêque d'Arras auprès de Henri VIII.......................................	379
XXIV.	Dernières conférences. Les conditions de la paix entre Charles-Quint et François Ier sont arrêtées à Soissons..............................	387
XXV.	Suprêmes efforts de l'ambassadeur anglais pour empêcher la paix............................	396
XXVI.	Le duc d'Orléans vient trouver Charles-Quint. La paix est signée et jurée à Crépy-en-Laonnois (18-19 septembre). L'armée impériale se retire et est licenciée. Appréciation des contemporains sur la paix de Crépy.................	409
NOTE ADDITIONNELLE		421
TABLE DES NOMS DE PERSONNES........................		428
TABLE...		447

ERRATA.

Page 7, ligne 11, au lieu de *Coustel*, lire *coustel*.
P. 20, note 4, — *Egmond*, — *Egmont*.
P. 22, n. 5, l. 5, — *Rolen*, — *Rolin*.
P. 27, l. 15, — *Landenbergher*, — *Landenberg*.
P. 36, l. 15, — *Meydeck*, — *Heydeck*.
P. 133, n. 2, — *dit tutti*, — *di tutti*.
P. 155, l. 1, — *Hieromino*, — *Hieronimo*.
P. 165, l. 14, — *Manderscherdt*, — *Manderscheidt*.
P. 176, l. 1, — *avaient*, — *avoient*.
P. 191, l. 14, — *Furstemburg*, — *Furstemberg*.
P. 241, n. 3, — *Marne*, — *Aube*.
P. 257, l. 5, — *Ynstyns*, — *Ynstens*
P. 265, l. 9, — *Manderschert*, — *Manderscheidt*.
P. 307, l. 18, — *Maximilien*, — *Nicolas*.
P. 307, l. 8, — *Coterets*, — *Cottcrets*.
P. 350, n. 2, — § 3, — § 4.
P. 351, n. 1, — *Loucq*, — *Louen*.
P. 354, l. 1, — § 3, — § 4.
P. 404, l. 26, — *Granville*, — *Granvelle*.

Vitry-le-François, Typographie PESSEZ et Cº.

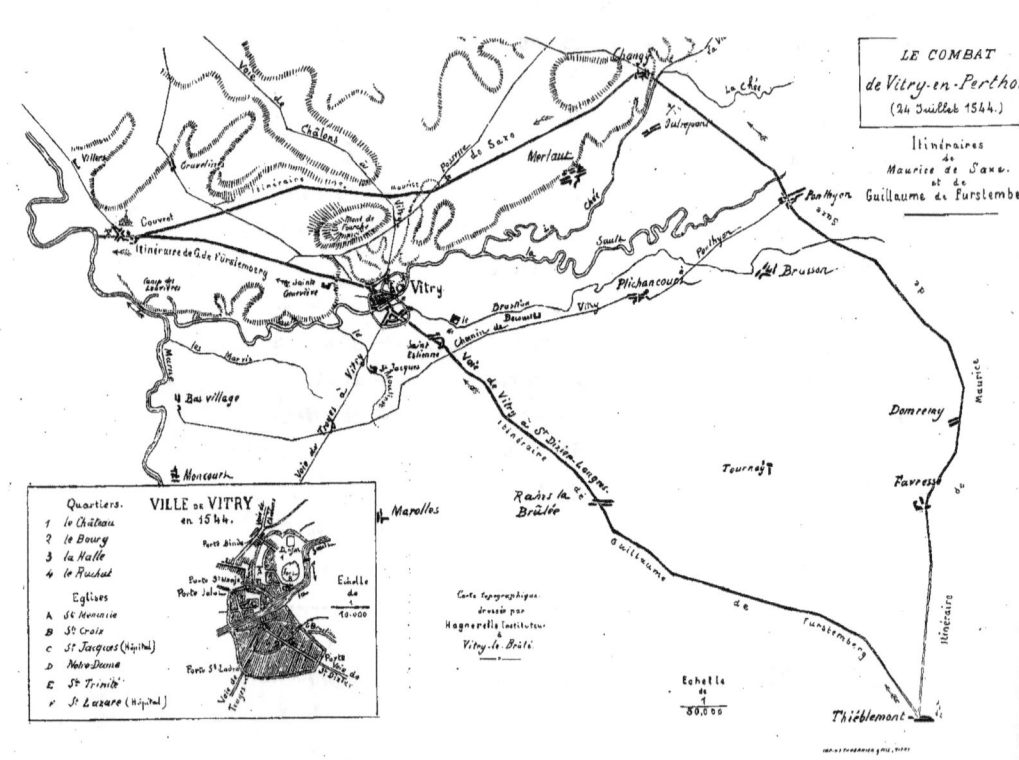

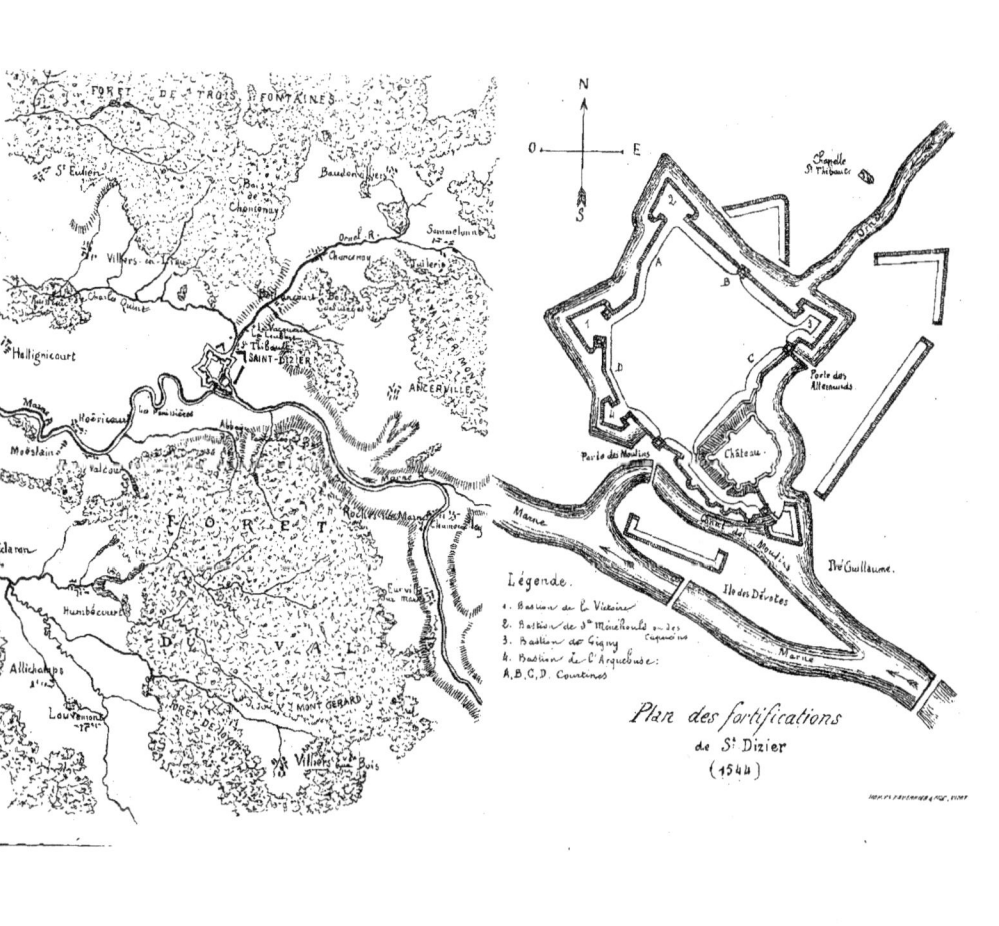

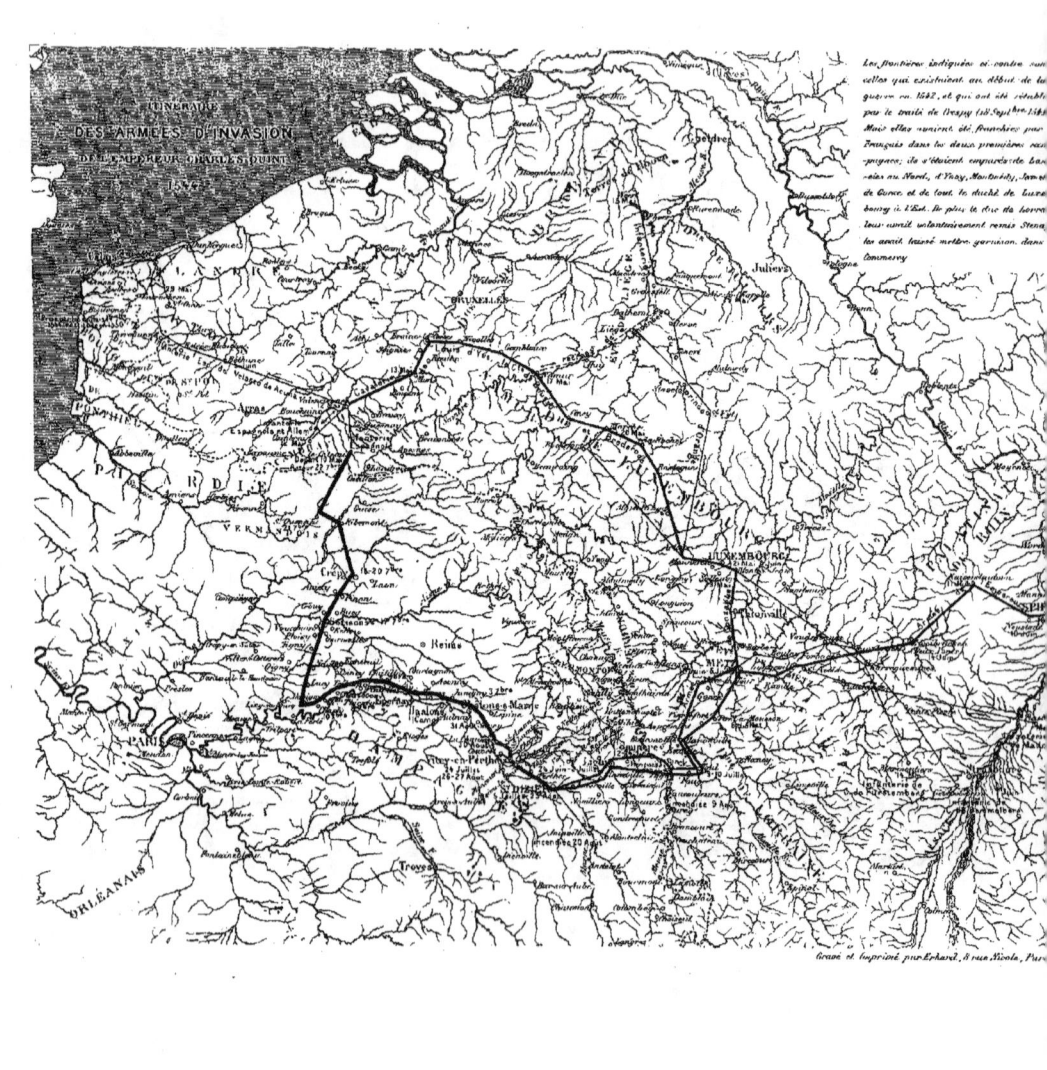

www.ingramcontent.com/pod-product-compliance
Lightning Source LLC
Chambersburg PA
CBHW070216240426
43671CB00007B/666